COLLECTION
FOLIO ESSAIS

G. W. Leibniz

Discours de métaphysique

suivi de

Monadologie

et autres textes

Édition établie, présentée et annotée par Michel Fichant

Gallimard

INTRODUCTION

L'INVENTION MÉTAPHYSIQUE

Ce qu'il y eut de plus grand en Leibniz,
... la force inventive jamais lassée

JEAN BARUZI

I

SITUATION DES TEXTES

Les deux textes réunis dans ce volume, *Discours de métaphysique* et *Monadologie*, sont parmi les plus célèbres de Leibniz. L'un marque le moment dont il a lui-même déclaré qu'il était celui où il s'était trouvé « satisfait » sur les questions fondamentales, et inaugure ainsi la maturité de sa pensée ; l'autre se situe à l'état terminal de son évolution. Tous deux sont demeurés inédits du vivant de leur auteur : le second toutefois a connu très tôt la notoriété, fût-ce au travers de traductions, alors que le premier a attendu cent soixante ans sa première publication. Enfin l'un et l'autre étaient, originellement, des écrits sans titre, et les dénominations sous lesquelles ils sont connus sont le fait des éditeurs, et non de Leibniz lui-même.

1. *La rédaction du* Discours *et de la* Monadologie

A. Le *Discours de métaphysique* a été rédigé par Leibniz dans un court laps de temps, durant les toutes dernières semaines de 1685 ou au tout début de 1686, à un moment où l'élan spirituel des premières années hanovriennes était encore à sa plus grande intensité. Si Leibniz avait laissé sans titre son brouillon et les copies qu'il en avait fait prendre, celui de « discours de métaphysique » s'est imposé aux éditeurs, parce qu'il est suggéré par la manière tout à fait explicite dont Leibniz a désigné son ouvrage dans une lettre du 1/11 février 1686 au Landgrave Ernst von Hessen-Rheinfels [1] :

> J'ai fait dernièrement (étant à un endroit où quelques jours durant je n'avais rien à faire [2]) un petit discours de Métaphysique [...] Les questions de la grâce, du concours de Dieu avec les créatures, de la nature des miracles, de la cause du péché et de l'origine du mal, des idées etc., y sont touchées d'une manière qui semble donner de nouvelles ouvertures propres à éclaircir des difficultés très grandes (GP II, 11, Le Roy, 79).

Dans la même lettre, Leibniz faisait part à son correspondant de son souhait de recevoir l'avis d'Antoine Arnauld [3], en ajoutant que, faute de temps pour faire mettre au net le manuscrit, il se contenterait de joindre une feuille où serait consigné un Sommaire en trente-sept articles. La transmission de ce document à Arnauld par l'entremise du Landgrave provoqua l'ouverture d'une correspondance entre le philosophe de Hanovre et le cartésien janséniste, dont les pièces constituent, de l'avis même de Leibniz, l'une des élaborations majeures de sa pensée. Si bien qu'il envisagera à plusieurs reprises de rendre public son échange de lettres avec Arnauld, et qu'il l'évoquera dans des textes publiés[4], alors que, selon son habitude, il ne fera plus mention du *petit discours* lui-même, oublié dans la masse de ses papiers. C'est seulement en 1846, quand le commerce épistolaire de Leibniz avec le Landgrave de Hessen-Rheinfels sera publié pour la première fois par Grotefend, que l'éditeur y intégrera la correspondance avec Arnauld, en y joignant en Appendice le texte, sans titre, de l'opuscule métaphysique.

Grotefend (1846), puis après lui Gerhardt (1880) établirent le texte d'après une transcription d'un copiste, sur laquelle figuraient des correctifs et adjonctions de la main de Leibniz. Dans la classification des manuscrits conservés à Hanovre, ce document avait été rangé dans la Division des Textes philosophiques (LH IV). Le manuscrit autographe de Leibniz fut identifié plus tard par l'abbé Henri Lestienne ; il se trouvait dans la Division des Écrits théologiques (LH I), sous une chemise portant le faux titre de « Traité sur les perfections de Dieu », donné pour la commodité du classement par un bibliothécaire[5]. On comprend assez bien que la lecture hâtive des toutes premières lignes de l'opuscule ait pu suggérer cette appellation, qui par ailleurs n'exprime que très imparfaitement la teneur de l'ensemble. C'est pourquoi il faut proscrire l'usage de ce titre, qui n'est autorisé par aucun texte de Leibniz : il n'y a aucune raison de ne pas donner à ce « petit discours de métaphysique » le nom qui correspond au mieux à ce qu'il est en réalité.

B. L'appellation de « Monadologie » n'est pas davantage le fait de Leibniz, mais avec cette fois la circonstance particulière qu'aucun texte n'en authentifie l'usage comme leibnizien : sauf découverte hautement improbable dans les manuscrits encore inédits d'une occurrence qui aurait échappé à tous leurs lecteurs, Leibniz n'a jamais employé ce terme pour son propre compte. Il a été inventé par Heinrich Köhler, auteur de la traduction allemande parue en 1720, qui a donné pour la première fois connaissance du texte tout en faisant la fortune de son faux titre[6].

Le titre de « Principes de la Philosophie » qu'on lui attribue aussi parfois n'est pas non plus celui que Leibniz lui a donné. En fait, aucun des trois manuscrits primitifs — le brouillon autographe et deux copies revues et corrigées de la main de Leibniz — ne porte de titre[7].

Les complications sont venues de ce que la genèse de la « Monadologie » a eu partie liée, dès le départ, avec celle d'un autre écrit, qui porte bien, quant à lui, un titre authentique : *Principes de la nature et de la grâce fondés en raison*. L'un et l'autre ont été rédigés à des dates très voisines, et peut-être simultanément pour une partie de leur élaboration ; ils ont le même contenu, et ils répondent à la même intention, de sorte que dès leurs premières diffusions, ils seront fréquemment confondus, au point qu'on ait pu attribuer à l'un ce qui est vrai de l'autre. C'est ainsi qu'une tradition tenace présentera durablement la « Monadologie » comme l'objet d'un présent fait par Leibniz au prince Eugène de Savoie, alors qu'en réalité ce sont les *Principes de la nature et de la grâce* qui avaient reçu cette destination[8].

Sans entrer ici dans les détails de l'histoire des textes[9], on en retiendra les faits suivants.

Lassé et déçu par la détérioration de sa situation à Hanovre, Leibniz est venu à la Cour impériale de Vienne vers la mi-décembre 1712, et il y est resté jusqu'au 3 septembre 1714. Il y a fait, en mars 1713, la connaissance du prince Eugène de Savoie, commandant en chef des armées de l'Empereur, mais aussi fin lettré et érudit. À partir de février 1714, il fut sollicité par des membres de l'entourage du duc d'Orléans, férus de philosophie, qui lui réclamaient des « Éclaircissements sur les Monades » : Hugony, le poète Fraguier, qui se proposait de composer un nouveau *De natura rerum* leibnizien, et surtout Rémond[10]. C'est la correspondance avec Rémond qui permet de suivre la manière dont Leibniz a tâché de donner satisfaction à ses demandeurs. Or il n'y est pas question de l'écrit qui recevra le titre de « Monadologie ». Sans doute Leibniz confie-t-il à Rémond, dans une lettre de juillet 1714 : « J'espérais de joindre à cette lettre quelque Éclaircissement sur les Monades, que vous paraissez demander, mais il m'est crû sous la main, et bien des distractions m'ont empêché de l'achever si tôt » (GP III, 618). En revanche, le brouillon conservé avec la minute de cette lettre préfigure assez bien, par sa composition et son style, les *Principes de la nature et de la grâce.* Et ce sont bien d'eux qu'il est encore question quand Leibniz annonce au même Rémond, le 26 août :

> Je me sers maintenant de l'occasion de M. Sulli, [...] pour vous envoyer un petit discours que j'ai fait ici pour Mgr le prince Eugène sur ma Philosophie. J'ai espéré que ce petit papier contribuerait à mieux faire entendre mes méditations, en y joignant ce que j'ai mis dans les journaux de Leipzig, de Paris et de Hollande[11]. Dans ceux de Leipzig, je m'accommode assez au langage de l'École ; dans les autres, je m'accommode davantage au style des Cartésiens. Et dans cette dernière pièce je tâche de m'exprimer d'une manière qui puisse [être] entendue encore de ceux qui ne sont pas encore trop accoutumés au style des uns et des autres (GP III, 624).

La réponse de Rémond permet d'identifier indiscutablement cette pièce comme étant une copie des *Principes de la nature et de la grâce*[12]. C'est donc bien ce même texte qui a fait l'objet de l'offrande au prince Eugène et qui a répondu à la requête d'éclaircissement sur les monades présentée par Rémond et ses amis.

Qu'en est-il alors de l'élaboration de la *Monadologie* ? La reconstitution la plus plausible conduit à supposer que Leibniz en aurait entrepris la rédaction au moment où il considérait ses *Principes de la nature et de la grâce* comme assez achevés pour pouvoir être communiqués à des tiers. Au cours de ce travail, il aurait pu montrer son texte à Köhler, qui en aurait pris copie [13]. Il est très vraisemblable enfin que l'état ultime n'en a été mis au point qu'au retour de Leibniz à Hanovre (où il est arrivé le 3 décembre 1714). Le style exotérique des *Principes de la nature et de la grâce*, que Leibniz souligne lui-même dans la lettre qui accompagne leur envoi à Rémond, peut expliquer qu'il ait voulu reprendre la même matière dans une élaboration plus rigoureuse, explicitant de façon directe les fondements de la doctrine, et les exprimant dans un langage concis, retenu au plus près de leur haute abstraction. Il n'est pas nécessaire de supposer qu'il l'ait fait dans une autre intention que d'être au plus clair avec lui-même, sans se proposer d'abord de répondre à quelque attente de communication ou de publication que ce soit. Il s'agit bien d'un prolongement du travail d'écriture suscité par la demande d'*Éclaircissement sur les Monades*, mais allant au-delà de la commande, et dont l'achèvement n'aura donc eu d'autre juge que Leibniz lui-même.

Au demeurant, le titre de « Monadologie », inventé par Köhler, ne signifie rigoureusement rien d'autre qu'« Éclaircissement sur les Monades ». La célébrité ultérieure de cette dénomination n'ira pas sans de nombreux malentendus, qui jetteront après coup une ombre sur l'éclaircissement attendu. Il n'en reste pas moins que, s'il fallait justifier par une désignation indirecte mais authentique de Leibniz lui-même un titre pour son plus célèbre ouvrage, c'est encore celui d'« Éclaircissement sur les Monades » qui serait le plus conforme à son inspiration initiale et qui en marquerait le mieux l'objet.

Il est cependant plus raisonnable de s'en tenir à ce qui fut la règle constante de Leibniz lui-même, en respectant les traditions bien fondées et attestées par l'usage, sans y introduire d'arbitraires changements ; nous avons bien affaire ici à un discours raisonné portant sur les monades, qui donne le seul sens recevable au néologisme de *Monadologie*.

2. *Du* Discours *à la* Monadologie *(1)*

Vingt-huit années séparent le *Discours de métaphysique* de la *Monadologie*. Les différences stylistiques des deux textes sont manifestes ; le ton du *Discours*, qui suppose constamment un interlocuteur à entraîner et persuader en le rendant témoin de la pensée se faisant, contraste avec la solitude hautaine où s'isole l'écriture de la *Monadologie*, qui se donne plutôt comme le relevé de thèses d'une pensée faite. Pourtant, c'est bien, semble-t-il, de la même vérité qu'il est question dans l'un et dans l'autre, en ce que les structures fondamentales où s'exprime le sens de la réalité donnée y sont globalement les mêmes. Les deux exposés sont des « imitations » du même univers, dont ils proposent des « échantillons architectoniques », produits en cela de l'esprit dans sa puissance qui l'assimile à Dieu même ; c'est ainsi que la *Monadologie* caractérise la situation qui, dans la hiérarchie des êtres, rend possible l'écriture du philosophe dans sa plus haute ambition spéculative :

> Les Esprits sont encore des images de la Divinité même, ou de l'Auteur même de la nature, capables de connaître le Système de l'univers et d'en imiter quelque chose par des échantillons architectoniques ; chaque Esprit étant comme une petite divinité dans son département (*Monadologie*, § 83).

À s'en tenir aux traits généraux du système de l'univers, c'est bien la même architecture que dessinent nos deux textes. Dieu y occupe la même situation, de créateur par émanation ou fulguration ; sur le plan du créé, la même hiérarchie ordonne les corps, les âmes, les esprits ; la même coupure sépare le règne de la nature de celui de la grâce, ou Cité de Dieu ; et à l'égard de cette division, Dieu partage ses propres rôles, architecte dans un cas, prince, législateur et père dans l'autre. Enfin, l'ensemble des êtres y forme réellement un système sans qu'aucune interaction causale physique les lie entre eux : un rapport idéal, qu'on nommera, en une acception originale et neuve du mot, « expression », établit la correspondance de chaque être à chaque autre et à leur ensemble. La cartographie de l'univers leibnizien serait donc fixée invariablement et, du *Discours* à la *Monadologie*, Leibniz n'aurait fait autre chose que d'y tracer des itinéraires distincts par le point de départ, les étapes et le rythme du parcours, sur le fond identique d'une même représentation idéale.

C'est là pourtant une illusion. Elle procède de

l'amphibologie que suscite la notion même de système, selon qu'on l'applique à l'ordre des choses ou à l'ordre des notions formées pour penser les choses. Que l'univers réel de Leibniz soit un système, que par conséquent chaque exploration qui y est conduite doive épouser une systématicité intrinsèque pour en rendre compte, cela ne signifie pas pour autant que toutes ces explorations successives, de 1680 à 1716, se fondent dans l'unité abstraite d'un « Système de Leibniz » ; d'un tel système, le commentaire pourrait exhiber la structure idéale, en traitant comme contemporains les uns des autres des écrits qui s'étalent sur plus de trente-cinq ans, pendant lesquels il ne se serait rien passé, sinon des variations sur un ensemble de thèmes donné une fois pour toutes. Il est trompeur d'appliquer à l'économie interne du corpus le concept d'entr'expression par lequel Leibniz aurait pensé la corrélation des êtres tous pareils et tous distingués par la manière dont ils représentent le même univers[14]. Suivant cette méthode de lecture, ce que cet univers est pour chacun de ses spectateurs, le « Système de Leibniz » le serait pour chaque texte qui l'expose selon des angles d'attaque différents, mais où il serait pareillement présent[15]. Mais, plus a progressé l'exploration du corpus, en particulier au travers de l'important travail d'édition accompli depuis trente ans dans des entreprises isolées ou dans l'avancement de l'édition intégrale, et plus l'on s'est rendu compte de façon concrète que, si le paysage de l'univers leibnizien est demeuré invariable, les moyens conceptuels utilisés pour son exploration et la grille lexicale de son interprétation se sont transformés dans une continuelle invention. L'attention portée au vocabulaire dans sa rigoureuse chronologie permet de mettre en évidence ces transformations. La bonne image leibnizienne pour définir la loi de composition de ce corpus n'est pas celle de l'entr'expression dans la coexistence idéale, mais plutôt celle de l'appétition qui tend à une nouvelle perception, ou du progrès continuel à de nouvelles perfections[16].

À cet égard, *Discours* et *Monadologie* offrent, aux deux extrémités de la trajectoire de pensée de Leibniz, les termes d'une expérience décisive. Dans l'un, l'entrée dans le « système de l'univers » se fait par le concept de substance individuelle ; dans l'autre, c'est la notion de monade qui permet d'en ouvrir l'accès. Terminologiquement, il va de soi que les deux expressions ne disent pas la même chose et ne font pas sens de la même manière ; ce ne sont pas non plus les mêmes validations qui les accréditent. Il n'empêche : pour pouvoir donner consistance à la représentation du « Système », au sens de la cohérence unique, invariable et fermée de la pensée philosophique, il a fallu accorder que les deux notions se superposaient, au point de n'être que des terminologies équivalentes pour exprimer la même pensée, dans un même rapport au même objet.

Telle fut notamment l'attitude de Louis Couturat et de Bertrand Russell. En interprétant la « Monadologie » comme la version exotérique de la métaphysique leibnizienne, ils ont considéré l'un et l'autre que la construction logique de la notion de substance individuelle, telle qu'elle est mise au point dans le *Discours de métaphysique* et discutée dans la Correspondance avec Arnauld, constituait le noyau invariant d'un système définitif[17]. Quand Couturat écrit, dans son article « Sur la métaphysique de Leibniz » : « La monade, c'est le sujet logique érigé en substance[18] », il transpose à la monade une caractérisation dont la seule légitimation ne peut reposer que sur la construction de la substance individuelle, elle-même comprise comme une extrapolation de l'analyse logique de la proposition ; il contracte ainsi dans cette formule l'interprétation selon laquelle toute la métaphysique de Leibniz résulterait de la logique, elle-même fondée sur la règle selon laquelle, en toute proposition vraie, la notion du prédicat est contenue dans la notion du sujet *(praedicatum inest subjecto)*[19].

D'inspiration opposée, l'interprétation de Heidegger inverse les rapports de la logique à la métaphysique. Mais elle accepte le même présupposé que la partie adverse. Dans le cours où se trouvent les plus importants des développements qu'il a consacrés à Leibniz, Heidegger, interprétant la logique comme « métaphysique de la vérité », n'hésite pas à écrire : « La thèse métaphysique capitale que nous avons à éclairer s'énonce : La substance individuelle est monade. L'interprétation leibnizienne de l'être est l'interprétation monadologique[20]. »

La substance individuelle est monade : on ne pouvait formuler aussi nettement l'identité conceptuelle qui immobilise, une fois pour toutes, l'unité du Système. Sans doute, aussi bien du côté du logicisme que de celui de l'herméneutique de l'histoire de l'être, la thèse est justifiée par des engagements philosophiques qui, en tant que tels, débordent le cadre de l'interprétation historique du corpus leibnizien ; leur validité propre échappe par principe à une évaluation qui la mesurerait aux seuls effets heuristiques de leur application à l'histoire d'une œuvre singulière. Mais si c'est de cette histoire qu'il s'agit, il faut reconnaître les conséquences d'une méthode qui impose l'identification de concepts construits dans des contextes manifestement différents. Un exemple, en mode mineur, en est apporté par les assurances tranquillement affirmées par Jacques Jalabert dans sa *Théorie leibnizienne de la substance* : il y aurait complémentarité et enveloppement mutuel entre le « panlogisme » du *Discours de métaphysique* et le « panpsychisme » de la *Monadologie*, et « si la *Monadologie* conserve des allusions à la théorie logique de la substance, le *Discours de métaphysique* contient virtuellement [!] toute la physique des monades. Le terme *monade* ne s'y trouve pas encore ; mais la *substance individuelle* en a les caractéristiques, l'unité, l'indivisibilité ; sa nature est de percevoir[21] ». D'où résulte évidemment la dénégation de toute genèse réelle : « Nous n'avons aucun motif d'admettre une évolution, après 1686, dans les positions fondamentales du leibnizianisme [...]. C'est pourquoi nous avons pu faire appel indifféremment aux textes des deux périodes dans notre exposé » (*ibid.*, p. 99)[22]. À cette condition, en effet, des textes dont l'écriture s'est étalée sur une trentaine d'années sont unis dans une coexistence dont le Système exposerait l'ordre idéal : *Discours de métaphysique* et *Monadologie* seraient rendus contemporains l'un de l'autre dans un même espace[23].

Nous soutiendrons ici que, du *Discours de métaphysique* à la *Monadologie*, un changement réel s'est bien produit : dans le sens où prend corps l'idée de métaphysique, et dans la formation des concepts fondamentaux par lesquels Leibniz se donne les moyens de penser la réalité. De la substance individuelle à la monade s'est accompli un passage, dont l'examen précis, du point de vue génétique, interdit d'identifier les deux termes, comme s'il ne s'était rien passé d'autre qu'une variation langagière, une traduction sans transformation du contenu exprimé.

II

LA MÉTAPHYSIQUE DU *DISCOURS*

Leibniz a lui-même désigné la période d'élaboration du *Discours* comme celle où il avait conquis la maîtrise définitive de ses conceptions fondamentales. C'est ce qu'assure *a posteriori* une lettre à l'évêque anglais Thomas Burnett, du 18 mai 1697 :

> Je n'ai pris parti enfin sur des matières importantes qu'après y avoir pensé et repensé plus de dix fois, et après avoir encore examiné les raisons des autres. C'est ce qui fait que je me suis extrêmement préparé

> sur les matières qui ne dépendent que de la méditation. La plupart de mes sentiments ont été enfin arrêtés après une délibération de vingt ans, car j'ai commencé bien jeune à méditer, et je n'avais pas encore quinze ans quand je me promenais des journées entières dans un bois pour prendre parti entre Aristote et Démocrite. Cependant j'ai changé et rechangé sur de nouvelles lumières, et ce n'est que depuis environ douze ans que je me trouve satisfait et que je suis arrivé à des démonstrations sur des matières qui n'en paraissent pas capables (GP III, 205).

Au moins en ce qui concerne l'aboutissement[24], l'indication chronologique fournie par ce texte est cohérente avec les informations autobiographiques données ailleurs par Leibniz. Les douze ans passés avant la rédaction de cette lettre nous renvoient à 1685, et vingt années de réflexions commencées à l'âge de quinze ans à peine s'achèvent au début de 1681. L'intervalle 1681-1685 marque ainsi la brève période au cours de laquelle Leibniz *a pris parti... sur des matières importantes... qui ne dépendent que de la méditation*, et est parvenu à donner à ses choix une formulation doctrinale satisfaisante. Le *Discours de métaphysique* apparaît comme le point culminant de cette phase décisive[25].

Or, l'état actuel d'avancement de l'édition intégrale des *Écrits* et des *Lettres* de Leibniz nous permet de disposer aujourd'hui de presque tous les textes qu'il a archivés jusqu'aux années décisives durant lesquelles le *Discours* a été rédigé ; du moins connaissons-nous tous les textes qui permettent de cerner la formation des motifs qui se retrouvent composés les uns avec les autres dans la synthèse métaphysique qu'il expose. Celle-ci n'apparaît plus comme un brusque surgissement, mais comme la recherche d'un point de rencontre entre des élaborations qui se sont antérieurement développées à des rythmes différents, et suivant des objectifs distincts. Nous en reconnaissons principalement trois : la métaphysique, conçue comme théologie (1), réunit la vocation religieuse initiale de Leibniz (2.1), l'établissement d'une nouvelle physique (2.2), et la constitution d'un outil logique (2.3).

1. *La métaphysique comme théologie naturelle*

Dans le contexte le plus proche de la rédaction du *Discours*, la définition explicite du concept de métaphysique se trouve dans une lettre de Leibniz au Landgrave de Hesse-Rheinfels :

> Or puisque ce qui perfectionne notre esprit (la lumière de la grâce mise à part) est la connaissance démonstrative des plus grandes vérités par leurs causes ou raisons, il faut avouer que *la métaphysique ou théologie naturelle, qui traite des substances immatérielles*, et particulièrement de Dieu et de l'âme, est la plus importante de toutes (GP II, 83, Le Roy, 152).

L'équivalence entre Métaphysique et Théologie rationnelle marque, du point de vue de la topique des disciplines, une constante de la pensée leibnizienne, qui inspire manifestement les premiers développements du *Discours*. Elle se trouve dans le droit-fil de ce que Leibniz écrivait en 1678 à la princesse Palatine Élisabeth, dans le cadre d'une critique globale de la philosophie cartésienne :

> J'ai reconnu que la Métaphysique n'est guère différente de la vraie Logique, c'est-à-dire de l'art d'inventer en général. Car en effet la Métaphysique est la Théologie naturelle, et le même Dieu qui est la source de tous les biens, est aussi le principe de toutes les connaissances. C'est parce que l'idée de Dieu renferme en elle l'Être absolu, c'est-à-dire ce qu'il y a de simple en nos pensées, dont tout ce que nous pensons prend son origine (GP IV, 292, ou A II, 1, 434).

La proximité ainsi affirmée de la métaphysique et de la « vraie logique » ne suffit pas à justifier l'interprétation logiciste, qui a vu dans la métaphysique de Leibniz une doctrine tout entière fondée sur la logique, sous son aspect d'analyse des propositions et de leurs conditions formelles de vérité. Bien plutôt, la quasi-identité entre Logique et Métaphysique doit elle-même être pensée comme la suite de l'équivalence fondamentale entre Métaphysique et Théologie naturelle. Dieu, objet de la Théologie, est bien l'Être qui est au principe de tous les êtres, donc l'objet de la Métaphysique ; mais il est aussi l'objet dont l'idée est en nous l'origine première de toutes nos pensées et connaissances : en ce sens, l'art d'inventer (la vraie logique) s'intègre à la métaphysique, puisque l'invention consiste à combiner les connaissances dérivées à partir des formes simples de nos pensées, origine de « tout ce que nous pensons ».

Dans la lettre au Landgrave de décembre 1686, Leibniz caractérise en outre la métaphysique par ses objets : les substances immatérielles, c'est-à-dire Dieu et les âmes, ce qui répond exactement au plan de réalité dont le *Discours de métaphysique* expose l'ordre général. Dans le vocabulaire qui sera institué par la systématisation scolaire de la métaphysique héritée de Leibniz, celle de Wolff et de Baumgarten, il s'agit donc de doctrines relevant de la *metaphysica specialis*, c'est-à-dire de théologie et de psychologie. Cependant, Leibniz ajoutait :

> Et on n'y saurait assez avancer sans connaître la véritable notion de la substance [...]. Enfin, ces méditations nous fournissent des conséquences surprenantes, mais d'une merveilleuse utilité pour se délivrer des plus grands scrupules, touchant le concours de Dieu avec les créatures, sa prescience et préordination, l'union de l'âme avec le corps, l'origine du mal, et autres choses de cette nature (GP II, 83, Le Roy, 152).

Avec la notion de substance, il s'agit proprement d'un concept commun de l'étant en général, dont le traitement se situe, selon la même topique à venir des disciplines métaphysiques, au niveau de la *metaphysica generalis* ou ontologie. Ainsi la notion de substance est-elle le présupposé dont la connaissance véritable conditionne tout progrès en métaphysique, celui-ci étant mesuré par la possibilité de résoudre des problèmes dont l'obscurité laisserait autant d'obstacles à la justification rationnelle de la foi. En 1686, cette antériorité est assurée dans un contexte qui est celui de la doctrine de la substance individuelle, caractérisée par sa notion complète. Mais l'antériorité fondamentale de la notion de substance n'est pas spécialement liée à *cette* théorie de la substance : elle sera constamment réaffirmée par Leibniz, et constituera l'argument du manifeste publié en 1694 *Sur la réforme de la philosophie première et la notion de substance*[26], où la substance sera pensée à nouveaux frais et à la lumière du concept dynamique de force. La métaphysique doit enfin être une science *utile* par ses conséquences : Leibniz a toujours eu le souci des applications des vérités, même les plus abstraites (d'où sa devise *Theoria cum praxi*). En 1686, l'effet attendu en était le règlement des questions doctrinales enveloppées dans la solution des controverses religieuses.

2. *Les trois sources doctrinales du* Discours

A. La vocation religieuse

L'engagement théologique ainsi revendiqué fut originel chez Leibniz. Un témoignage autobiographique en confirme l'importance et la permanence ; dans le post-scriptum (sans doute non envoyé au destinataire) d'une lettre à Thomas Burnett, datée du 11 février 1697, Leibniz évoque la satisfaction qu'il trouverait à pouvoir se consacrer davantage à « l'établissement des vérités chrétiennes », en portant sa réputation de mathématicien au crédit de sa contribution. L'esquisse d'un parallèle entre ses intentions et ses réalisations propres et celles de Pascal le conduit à un rappel autobiographique :

> J'espère que mes découvertes de Mathématiques, dont le public est déjà instruit maintenant [...] contribueront quelque chose à donner du crédit à mes méditations Philosophico-Théologiques [...]. Ainsi si les belles productions de M. Pascal dans les sciences les plus profondes devaient donner du poids aux pensées qu'il promettait sur la vérité du Christianisme, j'oserais dire que ce que j'ai eu le bonheur de découvrir dans les mêmes sciences ne ferait point de tort à des méditations que j'ai encore sur la religion ; d'autant que mes méditations sont le fruit d'une application bien plus grande et bien plus longue que celle que M. Pascal avait donnée à ces matières relevées de Théologie, outre qu'il avait l'esprit plein des préjugés du parti de Rome, comme ses pensées posthumes le font connaître, et qu'il n'avait pas étudié l'Histoire ni la Jurisprudence avec autant de soin que j'ai fait. Et cependant l'une et l'autre est requise pour établir certaines vérités de la religion chrétienne... Enfin si Dieu me donne encore quelque temps de la santé et de la vie, j'espère qu'il me donnera aussi assez de loisir et de liberté pour m'acquitter de mes vœux, faits il y a plus de trente ans, pour contribuer à la piété et à l'instruction publique sur la matière la plus importante de toutes (GP III, 195-197).

L'évocation des « vœux » renvoie à la période durant laquelle Leibniz a commencé de travailler au projet des *Demonstrationes catholicæ*, élaboré sous le patronage du baron de Boinebourg[27] ; le thème de la conciliation entre la foi et la raison, fondement de toute la politique de réunion des confessions chrétiennes, y apparaissait comme un des arguments unificateurs les plus originels de l'œuvre à venir. L'esquisse tracée annonçait, entre autres, des *Éléments de Philosophie*, concernant aussi bien l'être en général (métaphysique), l'esprit (logique), le corps (physique), et l'État (philosophie pratique) (A VI, 1, 494). Outre le plan d'ensemble (*ibid.*, 494-500), ont été conservés quelques fragments des développements qui auraient dû y trouver place, sur la possibilité du mystère de l'Eucharistie, la défense de la Trinité et l'Incarnation (*ibid.*, 501-535). Plus de dix ans après, dans les débuts de son installation à Hanovre et de son implication, au service du duc Jean-Frédéric, dans les négociations religieuses, Leibniz renouera avec le vaste projet :

> [...] J'avais formé le plan d'un ouvrage de la dernière importance [...] dont le titre était : *demonstrationes catholicæ* [...]. Il devait contenir trois parties : la première des démonstrations de l'existence de Dieu, de l'immortalité de l'âme et de toute la Théologie naturelle [...]. La seconde partie devait être de la religion chrétienne ou Théologie révélée, où je voulais démontrer la possibilité de nos mystères et satisfaire à toutes les difficultés de ceux qui prétendent de montrer des absurdités et contradictions dans la Trinité, dans l'incarnation, dans l'Eucharistie, et dans la résurrection des corps [...]. La troisième partie traitait de l'Église [...].
>
> Mais afin de jeter le fondement de ces grandes démonstrations, j'avais dessein de les faire précéder par les Éléments démontrés de la vraie philosophie, pour servir à l'intelligence de l'ouvrage principal. Car il faut une nouvelle logique [...]. Il faut aussi pousser la métaphysique bien plus avant qu'on n'a fait jusqu'ici, pour avoir les véritables notions de Dieu et de l'âme, de la personne, de la substance et des accidents. Et à moins que d'avoir quelque entrée dans la physique plus profonde, on ne saurait satisfaire aux difficultés qui se forment contre l'histoire de la création, le déluge, et la résurrection des corps. Enfin la vraie morale doit être démontrée, pour savoir ce que c'est que justice, justification, liberté, plaisir, béati-

> tude, vision béatifique. Et pour conclusion, il n'y a rien de si conforme à la vraie politique et à la félicité du genre humain, même ici-bas et en cette vie, que ce que j'ai avancé [...] (A II, 1, 488-489)[28].

Ainsi, le dispositif encyclopédique des disciplines fondamentales, avec la place qu'y occupe la métaphysique, s'intègre à la réalisation d'un plan guidé par la justification philosophique de la religion. Dans le même temps où il méditait ce plan, Leibniz mettait au point divers projets de publications et d'institutions, où l'on peut reconnaître les premiers noyaux de l'entreprise encyclopédique. De la même période datent aussi les premiers projets d'institutions associant, dans un esprit de dévouement religieux, recherche scientifique, diffusion des connaissances et service de l'État. On retiendra notamment le projet, conçu dès 1669, d'une « Société philadelphique », qui serait l'instrument de la « vraie politique », définie par le service du plus utile, qui lui-même se confond avec ce qui est le plus agréable à Dieu : la perfection de l'univers, à laquelle contribue plus que tout la perfection du genre humain ; or celle-ci passe par l'accroissement et la communication des sciences et des arts[29]. Les projets un peu plus tardifs (1671) d'une Société pour le progrès des sciences et des arts en Allemagne précisent et développent les motifs et les moyens d'une organisation répondant à ces fins[30]. Unir la gloire de Dieu et le service du bien public, tel sera du reste le programme constant de cette mystique pragmatique[31] qui inspire toute la politique leibnizienne, et dont l'organisation du savoir dans tous les domaines constitue l'une des voies privilégiées. Le bonheur suprême, qui est d'aimer Dieu, se fonde sur la connaissance de sa nature et de ses perfections, de l'harmonie entre sa puissance et sa sagesse telle qu'elle s'exprime dans l'ordre et la liaison qui s'observent dans le monde et qui y déterminent la place du genre humain. Aimer Dieu c'est donc découvrir avec tous les moyens de l'intelligence la beauté de l'univers, et c'est en cela que les inventions théoriques et pratiques sont les leviers de la vraie politique, qui a en vue le bonheur des hommes. Il y a là, dans la conjonction du plan religieux, du projet d'institution de la science et de l'entreprise politique, une ligne forte et structurante de la pensée de Leibniz, que l'on sous-estime trop souvent dans l'histoire de la formation de ses idées[32].

C'est que, aux yeux de Leibniz, la ligne de partage tracée par Descartes entre une métaphysique relevant de la raison seule et une foi religieuse dont l'élaboration doctrinale serait laissée à la Théologie, n'avait pas de sens, en raison de son adhésion fondamentale à la « conformité de la foi et de la raison » (selon l'expression qui figure dans le titre du *Discours préliminaire* de la *Théodicée*). La séparation de la foi et de la raison comportait selon lui un double danger : ou bien, en posant les vérités de la religion *contre* la raison (et non seulement *au-dessus* d'elle), elle ouvrirait la voie à un fidéisme conduisant à toutes les exagérations de la sentimentalité enthousiaste et du mépris irrationnel de la connaissance[33] — ou bien, en s'encourageant des succès immanents de la raison dans le champ du nouveau savoir établi par les sciences, elle cautionnerait le naturalisme et l'athéisme en suggérant que ces succès se suffisent à eux-mêmes et dispensent de toute autre recherche d'intelligibilité. Les trois remarquables dialogues français, écrits en 1679 à l'intention du duc Jean-Frédéric, témoignent de cette double négation, qu'implique l'affirmation fondamentale que la connaissance de Dieu en vérité, dans son essence intelligible à la raison, est en même temps le seul fondement de l'amour de Dieu sur toutes choses, source unique de la piété et du droit naturel[34]. Or la même primauté de l'amour de Dieu doit servir de règle à la discussion des conditions doctrinales et morales de la réunion religieuse[35].

Deux questions majeures sollicitaient la réflexion du philosophe pour établir conformément à la raison la vérité du christianisme[36]. La première était celle de l'accord entre la grâce de Dieu et l'action des créatures, entendue principalement au sens de la liberté de l'homme. Ce sera là, comme on le sait assez, le thème central de la *Théodicée* de 1710, mais c'est un sujet auquel Leibniz avait travaillé de longue date : il avait déjà soumis à Antoine Arnauld durant son séjour à Paris un dialogue latin sur ce même sujet[37]. Elle sera au cœur du *Discours de métaphysique*, puisque c'est pour déterminer les parts respectives de l'action de Dieu et de celle des créatures que sera définie la notion cardinale de substance individuelle.

La seconde question rencontrée par Leibniz

tenait à la difficulté sur laquelle achoppait la discussion des problèmes philosophiques soulevés par la Réforme et la Contre-Réforme : quelle doit être la nature du corps pour que soit à tout le moins rendue *possible* (à défaut de rendre compréhensible sa *réalité*) le mystère eucharistique, qu'on l'interprète comme présence réelle ou comme transsubstantiation ? Dès ses premières méditations, Leibniz a pensé que la solution d'un tel problème impliquait que le corps contînt autre chose que la seule configuration de son étendue, c'est-à-dire qu'il fût autre chose que ce que Descartes en avait fait dans sa physique géométrisée[38]. Or Leibniz rencontrait de nouveau ces questions en abordant à Hanovre la discussion sur les conditions de la réunion des Églises chrétiennes, qu'il envisageait à la fois sous leurs aspects doctrinaux et dans leurs enjeux politiques[39]. C'est ici que Leibniz tirera le bénéfice indirect de ses réflexions sur les lois et concepts fondamentaux de la nature, qui constitue la seconde source de sa métaphysique.

B. La voie de la nouvelle physique

En publiant, en 1695, le *Système nouveau de la nature et de la communication des substances*, Leibniz, sans mentionner son *Discours de métaphysique*, faisait état de sa correspondance passée avec Arnauld, dont il présentait l'aboutissement de manière quelque peu abusive comme un ralliement à ses positions métaphysiques. Situant celles-ci dans la ligne de sa formation intellectuelle antérieure, il observait :

> Quoique je sois un de ceux qui ont fort travaillé sur les mathématiques, je n'ai pas laissé de méditer sur la philosophie dès ma jeunesse, car il me paraissait toujours qu'il y avait moyen d'y établir quelque chose de solide par des démonstrations claires. J'avais pénétré bien avant dans le pays des scolastiques lorsque les mathématiques et les auteurs modernes m'en firent sortir encore bien jeune. Leurs belles manières d'expliquer la nature mécaniquement me charmèrent et je méprisais avec raison la méthode de ceux qui n'emploient que des formes ou des facultés, dont on n'apprend rien. Mais depuis, ayant tâché d'approfondir les principes mêmes de la mécanique pour rendre raison des lois de la nature que l'expérience faisait connaître, je m'aperçus que la seule considération d'une masse étendue ne suffisait pas et qu'il fallait employer encore la notion de la force, qui est très intelligible, quoiqu'elle soit du ressort de la métaphysique [...]. Au commencement, lorsque je m'étais affranchi du joug d'Aristote, j'avais donné dans le vide et dans les atomes, car c'est ce qui remplit le mieux l'imagination ; mais en étant revenu, après bien des méditations [...] il fallut donc rappeler et comme réhabiliter les formes substantielles, si décriées aujourd'hui ; mais d'une manière qui les rendît intelligibles et qui séparât l'usage qu'on en doit faire de l'abus qu'on en a fait (GP IV, 478-479, Frémont [b], 66-67).

Comme les autres témoignages du même ordre[40], le récit de Leibniz ne saurait être pris tout entier à la lettre, et doit être interprété en fonction des enseignements que soutiennent des textes contemporains des faits évoqués, afin de rectifier la trop nette simplification de souvenirs littérairement reconstruits selon une intention polémique. Le fait majeur dont il soit ici fait état est aussi le plus récent, c'est-à-dire la réhabilitation des formes substantielles[41]. Pour le reste, la profondeur de l'imprégnation scolastique du premier apprentissage est incontestable et bien connue. À l'époque des *Démonstrations catholiques*, Leibniz en restait encore tributaire dans sa tentative de préserver la notion de forme substantielle, nécessaire à l'intelligence de la possibilité du mystère eucharistique[42].

Mais il n'a pas attendu d'avoir véritablement approfondi les mathématiques pour se confronter à la philosophie naturelle de ceux qu'il appelle les modernes. Il est d'ailleurs douteux que Leibniz ait jamais adhéré à l'atomisme au sens strict, puisque aucun document des années de jeunesse ne vient confirmer sur ce point la reconstitution de 1695. La *Confessio Naturae contra Atheistas* de 1669 doit plutôt être lue comme un exposé des difficultés intrinsèques du concept d'atome, et comme la preuve conditionnelle que, si on adopte cependant le programme atomiste en physique, on ne peut qu'être reconduit à l'admission d'un principe d'intelligibilité métaphysique, dans l'idée d'un Dieu recteur de l'univers et garant de son harmonie[43]. Dès que s'ouvre, au même moment, la Correspondance avec Thomasius[44], on y voit Leibniz soucieux d'établir, contre la prétention des modernes à une rupture radicale avec le passé, une conciliation raisonnée entre la nouvelle physique des *recentiores* et la philosophie de la nature d'Aristote : le moyen de cet accord résidera, entre autres termes de compromis, dans l'abandon de la notion des formes substantielles au sens des scolastiques, assimilées à des agents mystérieux et inintelligibles venant loger de la pensée et de l'intention dans les corps ; la forme aristotélicienne sera préservée, pourvu qu'on l'interprète comme n'étant autre chose que la figure au sens géométrique, délimitant une matière elle-même identifiée à l'étendue et à l'impénétrabilité[45]. Leibniz adopte alors le programme théorique de la science mécaniste des modernes : tout dans la nature doit pouvoir être expliqué de façon exacte à partir des trois notions élémentaires de la grandeur, de la figure et du mouvement, lui-même conçu comme changement de lieu[46].

C'est du reste l'analyse du mouvement qui mobilisera les développements ultérieurs de la période au cours de laquelle Leibniz cherchera à préciser les termes de son apport original, et encore novice, à la science des modernes. Or, dans l'optique du temps, les lois de la nature sont les lois du mouvement, et celles-ci s'expriment principalement dans les règles de la *communication du mouvement* telle qu'elle s'opère dans les chocs des corps. Leibniz a lu dès leur parution en 1669 les lois du choc de Christian Huygens, mais ce fut d'abord pour leur opposer ses propres *Rationes motuum*, qui entérinent une opposition de principe entre les notions abstraites du mouvement pur, qui serait celui de corps conçus mathématiquement, et les concepts qui rendent compte des faits observables ou des phénomènes[47]. La dualité se retrouve dans les deux mémoires que Leibniz adressa en 1673 à l'Académie des sciences de Paris et à la Royal Society de Londres, pour tenter d'entrer dans la communauté savante de l'époque :

la *Theoria motus abstracti* considère le mouvement séparé (abstrait) du système physique, pour n'en retenir que l'extension de son état élémentaire ou indivisible, pour lequel Leibniz emprunte à Hobbes le concept de *conatus*. Les lois du choc s'établissent alors sur la simple composition algébrique des *conatus*, d'où résulteront des règles manifestement contraires à l'expérience[48]. La contrepartie est apportée par une *Theoria motus concreti seu Hypothesis physica nova*, qui rend compte de l'économie divine dans l'ordonnancement d'un système du monde, dont l'unité est matériellement soutenue par le mouvement universel unique de l'éther, milieu continu de la propagation de la lumière ; cette hypothèse rend compte de la gravité et de l'élasticité des corps, et permet de retrouver ainsi les phénomènes du mouvement, tel qu'il est concrétisé dans le Système[49].

Le séjour de Leibniz à Paris devait ensuite lui permettre d'entrer de plain-pied dans la science de son temps, et d'y donner tout aussitôt la preuve de son génie inventif, par la découverte du calcul de l'infini. La notion d'indivisible, admise dans la *Theoria motus abstracti*, ne pouvait plus être conservée, et l'étude de la continuité du mouvement devait être entreprise à nouveaux frais, ce qui fut fait avec le *Pacidius Philalethi* d'octobre 1676[50]. La rencontre de Huygens à Paris a pu aussi renouveler l'intérêt pour les lois du mouvement : en tout cas, Leibniz y consacre un travail intensif tout au long de l'année 1677, qui aboutit à l'adoption, en janvier 1678, de règles fondées sur la loi générale de conservation de la force ou puissance, elle-même définie par le produit de la grandeur du corps par le carré de la vitesse (mv^2)[51]. Ainsi est défini l'invariant dans un principe général de conservation régissant tous les échanges de mouvements qui se font dans le monde. On devra donc opposer le nouveau principe de la conservation du total des forces, mesurées par mv^2, au principe de la conservation de la quantité de mouvement, définie comme le produit de la grandeur du corps par la valeur absolue de sa vitesse ($m|v|$), que Descartes reconnaissait pour l'expression de la « Première Cause » de tout ce qui arrive dans la nature (*Principes*, IIe Partie, art. 36). Mais, du même coup, la notion de force ainsi conçue ne relevait plus de l'intelligibilité géométrique, telle qu'elle était assurée en physique par la réduction aux seules notions de la grandeur, de la figure et du mouvement, lui-même conçu comme simple déplacement : il fallait pour en rendre compte admette qu'il y a autre chose dans la réalité physique que la seule étendue à trois dimensions, qui, pour Descartes, suffisait à constituer la nature ou substance du corps. C'est à cette découverte que fait référence le morceau précédemment cité du *Système nouveau* : « Mais depuis, ayant tâché d'approfondir les principes mêmes de la mécanique pour rendre raison des lois de la nature que l'expérience faisait connaître, je m'aperçus que la seule considération d'une masse étendue ne suffisait pas et qu'il fallait employer encore la notion de la force, qui est très intelligible, quoiqu'elle soit du ressort de la métaphysique. »

Mais si la théorie géométrique de la substance corporelle est invalidée, les critiques élevées en son nom et justifiées par elle à l'encontre des notions scolastiques, et en particulier de celle de forme substantielle, tombent. À partir de la nouvelle définition de la force, il est donc possible de réhabiliter les formes substantielles et de leur donner un sens nouveau, compatible avec les exigences de clarté que les modernes ont eu raison d'imposer, mais qu'ils ont eu le tort de limiter aux seules notions de type géométrique. Nous pouvons dater avec précision le moment auquel Leibniz fait référence, puisque la première déclaration de la réhabilitation des formes substantielles se trouve dans une lettre de 1679 destinée au duc Jean-Frédéric[52], celle-là même où Leibniz renoue avec le projet des *Demonstrationes catholicæ* :

> [*Suite du texte cité* supra, *p. 27, 28*] Car je rétablis démonstrativement les formes substantielles que les Cartésiens prétendent d'avoir exterminées comme des chimères inexplicables, au préjudice de notre religion dont les mystères ne seraient que des impossibilités si la nature des corps ne consistait que dans l'étendue comme prétend Descartes. Ce point de métaphysique sera infiniment agréable aux Jésuites et autres docteurs Théologiens (A II, 1, 488-490).

L'évolution des idées fondamentales de Leibniz en philosophie naturelle s'intègre ainsi à la réalisation du projet religieux, et apporte un point d'appui d'autant plus précieux à la synthèse métaphysique qu'exposera le *Discours*. En témoignera, au moment même de sa composition, la belle esquisse de Préface pour une nouvelle rédaction des *Demonstrationes catholicœ*, où l'on voit Leibniz mettre les acquis récents de sa réflexion en physique au service de la réactualisation de son ancien projet (texte traduit en Appendice I-3).

C. L'élaboration des instruments logiques : le nominalisme de Leibniz

Une thèse cardinale est exposée par Leibniz dans le *Discours de métaphysique* avec la définition de la substance individuelle par sa « notion complète », elle-même construite à partir de la règle logique de vérité des propositions qu'énonce le fameux *praedicatum inest subjecto* (art. VIII). Elle y joue un rôle si central que beaucoup de commentateurs y ont réduit tout l'apport original du texte ; cela a été le cas, en particulier, de ceux qui ont défendu la thèse d'une fondation exclusive de la métaphysique leibnizienne sur la logique (Russell, Couturat). Or il se trouve que cette doctrine a elle aussi été préparée par des élaborations antérieures, sur lesquelles les documents rendus accessibles par l'édition intégrale de l'Académie de Berlin jettent désormais des lumières tout à fait nouvelles[53].

L'année 1679 apparaît bien comme celle des initiatives décisives pour la définition des engagements qui conduisent au *Discours*. Leibniz y a conçu en effet, en association encore avec la réactivation des *Démonstrations catholiques*, ce qu'il appellera dans les années suivantes la *Science générale*. L'élaboration d'un vaste projet d'Encyclopédie et la réflexion corrélative sur les conditions d'une Caractéristique universelle se sont conjuguées dans l'idée de cette Science : elle devait regrouper toutes les procédures de l'invention *(ars inveniendi)* et de la technique démonstrative *(ars demonstrandi)*. Si l'Encyclopédie est restée pour l'essentiel contenue dans des plans et des préambules, et si la Caractéristique n'a trouvé de réalisation effective que dans les échantillons particuliers de la caractéristique géométrique, des calculs logiques et du calcul infinitésimal, il demeure cependant que ces deux ambitions ont produit des résultats effectifs qui doivent retenir l'attention, parce qu'ils ont contribué de façon déterminante à façonner les instruments conceptuels mis en œuvre par la métaphysique du *Discours*.

Ce vaste programme conduisit en effet Leibniz à renouveler des tentatives antérieures, qui n'étaient guère restées encore qu'à l'état d'indications très générales : le *De Arte combinatoria* de 1666[54] avait formulé l'idée d'un dénombrement des concepts primitifs, dont les combinaisons formeraient le thème et l'instrument d'une « Logique inventive ». L'établissement de cet « Alphabet des pensées humaines » impliquait qu'on arrêtât des listes de définitions, permettant de construire les termes fondamentaux de la connaissance à partir des éléments de pensée les plus simples. Cette entreprise définitionnelle a d'abord été accomplie dans le domaine du droit et de la justice[55], puis dans celui des propriétés physiques des corps et des qualités sensibles, où elle a constitué le champ d'inscription des attributs supra-géométriques justifiant la réhabilitation des formes substantielles[56] ; elle s'est ensuite déployée, au début des années 1680, dans un imposant travail d'analyse à la fois logique, grammaticale et ontologique : nombre de textes répètent inlassablement, en faisant varier le choix des termes primitifs, les listes de définitions portant sur les catégories fondamentales de l'étant *(ens)*, du quelque chose *(aliquid)* et du rien *(nihil)*, du possible, du nécessaire et du contingent, de l'existant et de l'imaginaire, de l'universel, de l'individu, de la substance, etc. Deux préoccupations connexes sous-tendent ces analyses, conformément à l'intention de ce qui est généralement désigné désormais comme le nominalisme de Leibniz[57] : d'une part celle d'élaborer la distinction de l'abstrait et du concret, d'autre part celle d'établir les conditions de l'attribution.

Leibniz a en effet adopté un nominalisme provisionnel, qui consiste à considérer les abstraits non comme des choses mais comme des abréviations linguistiques *(compendia loquendi)* : « Par exemple, quand je nomme la chaleur, il n'est pas besoin que je fasse mention d'un sujet vague, mais que je dise que quelque chose est chaud, et en ce sens je suis nominaliste, du moins par provision » (Grua, 547, et A VI, 4 A, 996)[58]. Dire l'abstrait « chaleur » n'est rien d'autre qu'abréger la proposition qui énonce l'état d'un sujet concret quelconque, qui est chaud. C'est ainsi que la question embrouillée de la réalité des accidents et de l'apparition et disparition de réalités diverses dans la substance qui change d'état, cède le pas à la règle selon laquelle « il suffit de poser comme choses les seules substances, et d'en énoncer des vérités ».

Est plus précisément *nominaliste* de ce point de vue la position qui consiste à n'accorder de subsistance qu'aux seuls sujets concrets, et à ne reconnaître de signification réellement dénotante qu'aux termes qui les désignent, de sorte qu'un terme attributif ou adjectif enveloppe toujours, au moins implicitement, la mention de son sujet[59] ; inversement, les abstraits (attributs séparés de leur sujet, relations indépendantes de leurs termes, noms de propriétés érigées en pseudo-sujets) n'ont de réalité que mentale, et une langue philosophique bien faite doit pouvoir s'en passer, ou du moins viser idéalement à n'utiliser que des termes (noms ou adjectifs) concrets[60]. Ce nominalisme n'est cependant que provisionnel, puisque l'énonciation des vérités doit exprimer un ordre des significations qui, en dernier ressort, est fondé dans les idées de l'entendement divin[61] : la réalité des vérités et des relations est supportée par cet entendement, que nos propres opérations mentales expriment de manière limitée sans doute, mais selon une corrélation qui interdit à Leibniz d'adopter l'ultra-nominalisme de Hobbes, qui réduit les signification à l'arbitraire des langues humainement instituées[62]. Ce fondement réel des relations vaut donc aussi bien pour la relation fondamentale d'inclusion, l'*in-esse*, qui lie le sujet et le prédicat de toute proposition vraie.

C'est que, parallèlement, Leibniz avait aussi repris, en avril 1679, l'idée avancée dans le *De Arte combinatoria* d'un traitement arithmétique des concepts, permettant de fonder un calcul logique, dans lequel la syllogistique serait traitée de façon exacte. Or c'est à cette occasion qu'il a été amené à reconnaître la validité universelle, pour toute proposition vraie, de la règle du *praedicatum inest subjecto*, interprétée comme une inclusion de notions ou de concepts[63] ; le parti pris nominaliste commandait en effet la version proprement leibnizienne de l'adage, en ce sens que l'attribution vraie ne renvoie pas à l'inhérence réelle, dans les choses mêmes, d'un accident dans le sujet, mais exprime une énonciation, c'est-à-dire un rapport entre termes, notions ou idées : qu'en toute proposition vraie, la notion du prédicat est contenue dans la notion du sujet.

Comme nous le verrons, la définition de la substance individuelle par sa notion complète résulte de la conjonction de ces deux élaborations. De 1677 à 1685, Leibniz est passé de la caractérisation traditionnelle de la substance comme un *être complet* à la conception de la *notion complète* de la substance : la propriété de complétude a été ainsi transférée de l'être à la notion ou concept, c'est-à-dire à la forme logique de la conception de la substance, interprétée comme répondant au sujet d'une énonciation en termes concrets. L'approfondissement de l'analyse des catégories logico-grammaticales mises en œuvre dans l'attribution a fourni le champ de cette transposition. Il ne s'agit donc pas, comme on a pu le croire, d'une brusque innovation, mais bien d'un aboutissement. On trouvera en Appendice I-4 quelques échantillons qui marquent clairement l'importance et l'intérêt de cette analyse.

Les antécédents du *Discours* permettent ainsi

de mesurer la puissance de cohérence et de globalisation de ce texte. Leibniz y concerte trois apports qui se sont constitués de façon relativement indépendante, mais dont le concept de *métaphysique* doit réaliser la convergence : l'intention apologétique issue des *Demonstrationes catholicæ* (depuis 1668) a repris vigueur avec le retour à la métaphysique impliqué par l'approfondissement de la mécanique et des lois du mouvement (après 1678), cependant que le dénombrement des notions primitives et l'analyse de la vérité se rencontraient dans la constitution de la notion individuelle concrète (à partir de 1680). En combinant ces trois aspects, on s'approchera d'une compréhension elle aussi concrète du texte, dans ce qui le rend singulier et irremplaçable comme expression majeure de la pensée de Leibniz ; ce sont là comme trois attributs dont la cohérence permet d'en former une notion aussi complète que possible.

3. *Substance individuelle et forme substantielle*

A. La constitution de la substance individuelle [art. VIII]

L'investissement théologique du *Discours de métaphysique* a été maintes fois souligné. Il est manifeste à la fois à l'ouverture du texte — dans l'exposition de l'ordre général de l'univers comme effet direct des perfections de Dieu, qui font inversement l'objet de l'amour véritable — et à sa fin — par l'invocation à l'enseignement proprement philosophique du Christ dans la promesse faite aux justes. On a aussi observé les recoupements nombreux qui suggèrent que la lecture récente du *Traité de la nature et de la grâce* de Malebranche avait proposé les thèmes auxquels s'ordonne la composition de l'opuscule[64]. Il n'est pas exclu non plus que l'intention de renouer le dialogue avec Arnauld ait été présente dès le début de la rédaction. Mais, comme nous l'avons déjà souligné, l'élaboration proprement métaphysique des problèmes théologiques impliqués dans les controverses religieuses passe par la distinction entre ce qui est de Dieu et ce qui est de la créature, celle-ci étant considérée comme le sujet de ses actions. Le rappel de l'adage scolastique *actiones sunt suppositorum* reconduit les actions à leur « suppôt » et, par là, aux substances individuelles. La signification littérale de l'adage traverse de bout en bout l'œuvre de Leibniz pour qui, toujours, « la substance est un être capable d'action ». Leibniz n'a jamais dit autre chose, même si les modalités sous lesquelles cette action a été pensée n'ont pas toujours été les mêmes[65] : le *receptissimum dogma* sera par exemple invoqué dans le *De ipsa natura* de 1698, au service cette fois de l'interprétation de la substance à partir de la dynamique. Leibniz l'interprète toujours comme une proposition réciproque : « Il n'y a que les substances qui agissent et il n'y a point de substances qui n'agissent[66]. » En 1686, l'imputation de l'action des créatures exploite les acquis de l'élaboration logique qui s'est développée dans l'analyse des notions primitives et de l'attribution concrète : puisque l'agent est toujours un sujet singulier, qu'est-ce donc qu'une substance individuelle ? À cette question Leibniz répond explicitement par la mise en œuvre de l'outil logique qu'apporte la « notion complète », et implicitement par l'exploration de son champ d'application.

1. *L'outil logique : la notion complète*

Une substance est individuelle si, et seulement si, sa notion jouit de la propriété logique d'être complète, ou accomplie[67]. La notion d'un sujet est complète si, et seulement si, elles contient tous les prédicats de son sujet. Sous la forme qu'elle prend à l'article VIII du *Discours* et dans la correspondance avec Arnauld, la justification de cette thèse repose sur un second adage, qui énonce une loi logique concernant la condition de vérité des propositions :

> Toujours, dans toute proposition affirmative véritable, nécessaire ou contingente, universelle ou singulière, la notion du prédicat est comprise en quelque façon dans celle du sujet : *praedicatum inest subjecto* ; ou bien je ne sais ce que c'est que la vérité (à Arnauld, 14 juillet 1696, GP II, 56, Le Roy, 121).

Leibniz en attribue ordinairement la paternité à Aristote, au prix d'ailleurs de l'identification de deux relations prédicatives que le Stagirite distinguait sous les dénominations de « être dans » et « être dit de... »[68]. Par cette distinction, Aristote se mettait en mesure de distinguer ainsi deux sortes de substances : les substances premières, qui ne sont ni dans un sujet ni dites d'aucun sujet, et les substances secondes, qui ne sont pas dans un sujet mais sont dites d'un sujet ; sont substances premières les réalités individuelles concrètes, comme *cet homme-ci*, alors que *homme* simplement désigne une substance seconde, qui est dite d'un sujet singulier, mais n'est pas dans son sujet. En identifiant les deux relations logiques, Leibniz abroge du même coup la distinction entre substance première et substance seconde : dans son ontologie nominaliste, il faut considérer que le substantif *homme* est entendu concrètement comme un « sujet avec prédicat », c'est-à-dire comme « être humain » ; on reconnaîtra en outre sous le nom de « substance universelle » des termes qui désignent de façon abrégée une substance individuelle *quelconque* [69]. Enfin, s'agissant de l'apport de la loi logique du *praedicatum inest subjecto* à la caractérisation de la substance individuelle, on ne prendra en considération que les propositions singulières, dont le sujet désigne un individu par un nom propre (Alexandre, César, Adam...), ou par une description définie (l'Apôtre qui a renié le Christ).

La condition de complétude à laquelle doit satisfaire la notion d'un sujet pour que celui-ci soit reconnu comme une substance individuelle est d'autre part appelée par la caractéristique fondamentale de l'être substantiel : il s'agit en tout cas d'un « être complet ». Descartes lui-même n'avait pas manqué de recourir à cette définition scolastique en insistant sur l'équivalence entre une « chose complète » *(res completa)* et la « substance revêtue de ses formes ou attributs » *(substantia induta iis formis sive attributis)* [70], équivalence fondée sur la corrélation entre complétude et attribution. Leibniz a fréquemment recouru à cette caractérisation ; par exemple nous lisons dans un morceau de 1676 :

> [*Traduction*] La Substance ou Être complet est selon moi ce qui, pris isolément, enveloppe tout, ou ce à l'intelligence de quoi il n'est besoin de l'intellection de rien d'autre... [*à la différence par exemple de la figure, dont l'intelligence présuppose celle du mouvement qui la décrit*] (A VI, 3, 400).

Les nombreuses études définitionnelles menées par Leibniz au début des années 1680, dont il a été fait état précédemment, et qui conjuguent analyse logico-grammaticale et investigation catégoriale, montreraient le basculement du caractère complet de la chose ou étant *(ens)* sur le *terme*, la *notion*, ou le *concept*. Un terme étant déterminé comme une composition d'autres termes traités comme des sujets ou des prédicats de propositions possibles, sa complétude se définira par la réunion ou enveloppement de tous les prédicats qui peuvent être attribués dans une proposition vraie à un même sujet, ou de tout ce qui peut être dit de ce même sujet[71].

L'analyse de la prédication reconduit enfin à la substance comme sujet dernier, qui ne peut plus à son tour être prédicat d'un autre sujet, selon la caractérisation aristotélicienne[72]. Leibniz qualifie cette définition de nominale, en ce sens que l'on peut douter de la possibilité réelle d'un tel sujet dernier, puisque rien n'atteste encore que tout terme-sujet ne puisse être à son tour utilisé comme terme-prédicat d'un autre terme-sujet, et ce à l'infini. Cette définition ne pourra donc être reçue que si elle est confirmée par une définition réelle, qui ne peut venir que de ce qui fait la réalité de l'attribution et en fonde la validité. Il s'agit là d'une réalité logique, en ce sens très précis que la proposition n'est pas une relation entre des choses en dehors de l'esprit, fût-ce une relation entre ces « choses » d'un genre particulier que sont les noms d'une langue, mais bien une connexion entre termes, notions ou concepts[73]. De là l'insistance de Leibniz, quand il ne se contente pas de formules abrégées, sur la traduction de la formule abrégée du *praedicatum inest subjecto* en un énoncé portant sur les termes ou notions : « Le terme du sujet enferme toujours celui du prédicat, en sorte que celui qui entendrait parfaitement la notion du sujet jugerait aussi que le prédicat lui appartient. » Pour atteindre le sujet dernier, il faut pouvoir former jusqu'au bout, c'est-à-dire accomplir ou parfaire, une notion telle qu'aucun des prédicats d'un seul et même sujet lui fasse défaut : une telle notion ne pourra plus être attribuée à un autre sujet et sera donc singulière.

L'enjeu est ici celui d'une détermination conceptuelle (ou par notions) des individus mêmes, qui ne sont donc pas renvoyés à la perception sensible (comme le faisait Aristote) ou à l'intuition (comme le fera Kant) : autrement dit, un individu doit coïncider avec l'espèce dernière dont il est l'unique représentant[74].

Pourtant, en dépit de ce que l'interprétation logiciste de Couturat avait tenu trop vite pour acquis, il n'est pas possible de garantir le critère d'individuation si la thèse de la notion complète n'est dérivée que de la seule formule logique du *praedicatum inest subjecto*. En effet, tout terme figurant en position de sujet propositionnel définit une classe de propositions, qui réunit toutes celles qui énoncent tous les prédicats vrais de ce sujet : cette classe permettra toujours de construire la notion du sujet qui contient tous ses prédicats ainsi attribués dans les propositions de la classe. Par exemple, le sujet *cercle*, tel que le définit le géomètre, doit bien avoir une notion qui inclut tous les prédicats qui dénotent les propriétés dont la géométrie démontre qu'elles sont celles du cercle. En ce sens-là, cette notion pourrait être dite complète, mais elle ne détermine pas pour autant un sujet unique et dernier qui pourrait être reconnu comme une substance individuelle[75]. De fait, cette chose-ci, qui est un cercle, ou plutôt qui est circulaire, recevra bien tous les attributs que la géométrie démontre du cercle, mais, en tant que sujet concret, elle possédera aussi d'autres propriétés dont ces attributs géométriques ne rendent pas compte ; une autre chose singulière pourra tout autant posséder les attributs du cercle, et, en cela, être semblable à la précédente, tout en s'en différenciant par d'autres propriétés non géométriques[76]. À cette observation il n'y a qu'une réponse qui puisse s'autoriser des textes de Leibniz. On écartera en effet celle qui consisterait à traiter *cercle* comme une substance universelle, qui désignerait toutes les choses singulières circulaires par cette propriété commune, à la manière dont *homme* dénote tous les êtres humains par leur possession commune de l'animalité et de la rationalité ; dans ce dernier cas, on peut bien parler encore, d'un point de vue d'universalité, de substance, parce que les attributs retenus constituent bien l'essence ou nature de l'être humain en tant que tel. Mais le regroupement d'un ensemble de sujets sous leur caractère commun d'être circulaires ne retient qu'un aspect qui, pour la plupart d'entre eux, reste accidentel, ce qui ne permet pas de parler ici de substance. Il ne restera donc qu'à considérer le cercle du géomètre comme un « être incomplet », dont, par là même, la notion est impuissante à déterminer son sujet[77]. Si l'on s'en tient au seul contenu prédicatif de cette notion, elle doit être traitée comme un abstrait, à qui la référence substantielle est par principe interdite : comme Leibniz l'a suggéré, il vaudra mieux alors parler de notion pleine plutôt que de notion complète[78]. Que si au contraire on l'emploie concrètement, alors il faut toujours sous-entendre la mention du sujet à qui convient l'attribut de circulaire, mais qui en comprend en outre une infinité d'autres pour être déterminé à l'individualité. Ainsi entendu, ce que l'on peut appeler le nominalisme de Leibniz constitue à tout le moins une clause complémentaire et nécessaire, pour que la définition logique de la vérité par l'*inesse* conduise à la caractérisation de l'individu réel[79], ou pour que celui-ci soit, pour transposer la formule que Couturat appliquait improprement à la monade, « le sujet logique érigé en substance ». La traduction du *praedicatum inest sub-*

jecto en termes de connexion des notions du sujet et du prédicat doit en outre être restreinte à des notions concrètes, pour que la notion du sujet ainsi obtenue soit complète au sens requis par le principe d'individuation des substances.

À cette condition seulement, la cohérence logique de la doctrine exposée de façon ramassée à l'article VIII pourra être établie en recourant à des outils que Leibniz a mis au point durant la même période, et qui sont sous-entendus dans le *Discours de métaphysique*. Cette cohérence se constitue par le réseau qui unit les trois caractéristiques qui rendent compte de la structure logique de la substance individuelle : la *complétude* de la notion, l'*unicité* du sujet auquel elle convient, le caractère *dernier* de ce sujet. La démonstration peut être donnée comme suit :

1. *Complétude* :

Soit la proposition vraie *S* est *N*.

N est une *notion complète* si *N* contient ou permet de déduire tous les prédicats, actions ou événements de *S* :

a) Si *N est A, N est B, ... N est X*, alors *S est A, S est B, ... S est X* (= tout prédicat contenu dans *N* est prédicat de *S*) ;

b) Si *S est Y*, alors *N est Y* (= tout prédicat de *S* est contenu dans *N*).

Remarque : la suite de prédicats *A, B, ... X*, qui permet de construire (b) est *infinie*.

2. *Unicité* :

Remarque : L'identité sera définie par la substituabilité *salva veritate* dans toute proposition vraie[80].

L'*unicité* est la propriété d'une notion *M* qui ne convient comme prédicat qu'à un seul sujet, ou, autrement dit, telle que deux sujets quelconques qui satisfont *M* sont toujours identiques. Ce que Leibniz exprime ainsi : Si *X est M*, si *Y est M*, et si *X = Y*, alors *M est un (ou unique)*[81]. Cela étant, on pourra écrire :

a) Tout sujet *S'* qui satisfait *N* possède tous les prédicats de *S* (puisque *N* les contient), *et n'en possède pas d'autres*. En effet, si *S' est Y*, et si *S est non-Y*, alors *N est non-Y* (par 1b). Donc *S'* ne satisferait pas *N*, contre l'hypothèse.

b) Par conséquent, *S* et *S'* sont mutuellement substituables *salva veritate* dans toute proposition vraie attribuant un prédicat à l'un ou à l'autre : *S' = S*.

c) Puisque *S est N* et *S' est N*, et que *S' = S*, *N* est *unique*.

3. *Caractère dernier* :

Que S ne soit pas dernier : alors on pourrait trouver un sujet S° dont S serait prédicat : *S° est S*. Mais, puisque *S est N*, *S° est N* (par syllogisme). Donc (par 2), *S° = S*. Par conséquent *S* ne peut être prédicat que de lui-même, et est un sujet dernier.

On a ainsi montré que, dès lors qu'une notion est complète, elle ne convient qu'à un sujet à la fois unique et dernier : elle permet donc de reconnaître une substance individuelle. Toutefois, il faut préciser que *N* ne contient que des prédicats concrets. Sans cette stipulation, on ne pourrait établir la clause d'unicité. En effet, soit la notion *C* du cercle du géomètre, qui est un être incomplet : elle contient bien tous les prédicats vrais du cercle, tels que la géométrie est susceptible de les démontrer. Soit un sujet *S* qui satisfait *C*. Il possède tous les prédicats de *C*, mais il en possède d'autres dont la formation de *C* fait abstraction. De sorte que deux sujets différentes *S* et *S'* peuvent satisfaire *C*, tout en possédant des prédicats distincts.

Sous cette condition, la complétude de la notion

du sujet et l'individualité de la substance sont réciproques :

> [*Traduction*] Si une notion est complète, c'est-à-dire telle qu'on puisse rendre raison par elle de tous les prédicats d'un même sujet auquel cette notion peut être attribuée, elle sera la notion d'une Substance individuelle, *et inversement* (C, 403).

La notion complète est ainsi construite comme une exigence fondée sur l'analyse des conditions de l'attribution concrète. Mais l'exigence ainsi explicitée n'est réalisée qu'en Dieu, dans la science qu'il détient de la création, et qui est présentée à l'article VIII comme une vision des individus existants (les articles XXX et XXXI feront intervenir les idées des êtres simplement possibles). Nous ne possédons pas quant à nous cette notion complète, et nous ne connaissons le contenu factuel qu'elle enveloppe que de façon partielle et par la donnée de l'expérience :

> *Dieu voyant la notion individuelle* ou hecceïté d'Alexandre, y voit en même temps le fondement et la raison de tous les prédicats qui se peuvent dire de lui véritablement, comme par exemple qu'il vaincrait Darius et Porus, jusqu'à y connaître *a priori* (et non par expérience) s'il est mort d'une mort naturelle ou par poison, *ce que nous ne pouvons savoir que par l'histoire* (art. VIII, souligné par nous).

L'histoire est donc à cet égard pour nous le substitut d'une notion complète considérée comme possible, dont l'entendement divin est le site. Ce point suscitera l'incompréhension et les doutes d'Arnauld, qui témoignera avoir du mal à comprendre que « la notion individuelle de chaque personne » la désigne « en tant qu'elle est dans l'entendement divin » plutôt qu'« en tant qu'elle est en elle-même. Car il me semble qu'on n'a pas accoutumé de considérer la notion spécifique d'une sphère par rapport à ce qu'elle est représentée dans l'entendement divin, mais par rapport à ce qu'elle est en elle-même : et j'ai cru qu'il en était ainsi de la notion individuelle de chaque personne » (13 mai 1686, GP II, 28, Le Roy, 95-96). Dans sa réponse, Leibniz se borne à récuser l'opposition sur laquelle se fonde l'objection, puisque « les notions pleines et compréhensives sont représentées dans l'entendement divin comme elles sont en elles-mêmes » (14 juillet 1686, *ibid.*, resp. 49 et 115).

Ainsi, nous ne pouvons connaître pleinement ou *a priori* aucun individu comme individu, et nous ne connaissons les choses singulières que par expérience ; et pourtant nous savons qu'il n'y a que des individus, que rien d'autre n'existe véritablement en dehors de l'esprit connaissant. Mais c'est que nous savons qu'il existe, pour chaque individu, une notion complète qui le fait tel, et sans posséder distinctement cette notion, nous savons pourtant qu'elle est réelle : et nous savons enfin que Dieu la possède dans une connaissance parfaite, c'est-à-dire intuitive.

2. *Le champ historique et ses personnages (art. VII-IX, art. XIII, art. XIV-XVI)*

Parmi les données de notre expérience, à quoi donc s'applique expressément la notion ainsi formée de substance individuelle ? Un concept philosophique ne se caractérise pas seulement par sa provenance (ici l'élaboration définitionnelle des notions ontologiques et catégoriales élémentaires) et par sa structure logique (en ce cas celle de la notion complète). Il se construit aussi dans son rapport à son ou ses champs d'application, relativement auxquels des concepts philosophiques servent à résoudre des problèmes.

Le philosophème fondé par la réunion de substance individuelle et de sa notion complète intervient à l'article VIII pour répondre au problème de la distinction entre l'action de Dieu et celle des créatures, dans un contexte où la métaphysique répond à une détermination théologique première. À l'article XIII, il est impliqué dans la solution du problème de la liberté humaine et de la fatalité des événements du monde, au regard du libre choix du meilleur par Dieu. Les articles XIV-XVI l'investissent dans l'exposé des rapports des substances avec Dieu et entre elles. L'article XXXI en fait de nouveau usage à propos du rapport des grâces et des actions libres, et enfin l'article XXXIII fait fond sur lui pour établir la spontanéité de l'âme dans son union avec le corps. Mais c'est par la mention de ses exemples que Leibniz fournit implicitement la détermination du domaine d'application dans lequel ce philosophème fait sens : Alexandre (art. VIII) ou Jules César (art. XIII), Judas (art. XXX), Pierre et Jean (art. XXXI), c'est-à-dire des personnes ou des « personnages » (art. XIII) de l'histoire profane et sacrée. À la notion accomplie de la substance individuelle répond une

« nature ou forme » (art. XIII), qu'on peut dire aussi une « âme », puisque c'est dans l'« âme d'Alexandre » que résident « des restes de tout ce qui lui est arrivé et les marques de tout ce qui lui arrivera » (art. VIII). L'action de Dieu se définit d'abord par rapport aux hommes et, par extension seulement, aux autres créatures (art. XVI). Enfin, quand se referme l'excursus consacré aux lois de la nature et à l'intelligibilité de la physique, il est bien question de revenir aux *natures immatérielles* et spécialement aux *esprits* (art. XXIII). Par conséquent, l'élaboration du concept de substance individuelle s'applique au champ historique, pour y reconnaître l'intervention des agents humains dans leur rôle (ce que signifie proprement personnage). Les exemples invoqués dans la discussion avec Arnauld seront ceux d'Adam, ou de Leibniz lui-même [82]. Le problème capital à résoudre est donc celui de la destinée singulière, dans l'enchaînement des événements profanes ou dans l'histoire du salut, où se croisent les questions de la liberté, de la prédestination, de la grâce, etc., dont la solution métaphysique est requise principalement pour penser raisonnablement la religion, en se donnant le moyen d'y résoudre les controverses (art. XXXII). À cet égard, l'exemplification de la notion individuelle complète par des noms propres n'a pas seulement valeur d'illustration : elle trace la frontière d'un domaine de validité.

Les deux adages scolaires introduits à l'article VIII pour étayer la doctrine, *actiones sunt suppositorum*, et *praedicatum inest subjecto*, doivent donc être considérés comme disant en un sens la même réalité : en les superposant, on doit reconnaître que le sujet logique de la forme propositionnelle prédicative 'S est P' dénote aussi le suppôt des actions, qui sont elles-même les prédicats du sujet (ou plus exactement les termes qui dénotent ces actions du « suppôt » sont les prédicats de la notion du sujet). Or, terminologiquement, qu'est-ce qui exemplifie ces prédicats ? Nous trouvons successivement : la *qualité* de roi d'Alexandre, mais aussi *avoir vaincu* Darius et Porus, ou *mourir* de mort violente ou de mort naturelle, soit *ce qui lui est arrivé et ce qui lui arrivera* (élargi à tout ce qui se passe dans l'univers) (art. VIII), expressions qu'on retrouve à l'article XIII *(ce qui lui est jamais arrivé, ce qui doit arriver à quelque personne)*, de sorte que l'article XIV peut poser explicitement l'équivalence entre *prédicats* et *événements*. Autres exemples, s'agissant de César : *devenir dictateur* et *renverser la liberté*, *passer le Rubicon* et *gagner la bataille* de Pharsale (art. XIII), qu'accompagne cette fois la reconnaissance de l'équivalence entre *prédicat* et *action* : « ... cette action est comprise dans sa notion, car nous supposons que c'est la nature d'une telle notion parfaite d'un sujet de tout comprendre, afin que le prédicat y soit enfermé, *ut possit inesse subjecto.* »

À s'en tenir à ce jeu de transpositions, il serait tentant de conclure que les substances individuelles du *Discours de métaphysique* sont les acteurs du champ historique[83], et que le problème crucial que l'élaboration doctrinale doit résoudre est celui de la liberté et de la détermination de leurs actions dans l'ordre général fondé sur les perfections de Dieu. Seulement, la notion complète a aussi permis d'établir, entre la substance singulière et l'univers, un rapport d'envelopement idéal du second dans la première, pour lequel Leibniz emploie, dans le sens général qu'il donne à ce terme, le concept d'*expression* : « Toute substance est comme un monde entier et comme un miroir de Dieu ou bien de tout l'univers, qu'elle exprime chacune sa façon » (art. IX). Puisqu'elle contient non seulement « le fondement et la raison de tous les prédicats qui se peuvent dire [d'elle] véritablement », elle inclut aussi, en raison de « la connexion des choses », « des traces de tout ce qui se passe dans l'univers, quoiqu'il n'appartienne qu'à Dieu de les reconnaître toutes » (fin de l'article VIII, résumée dans l'énoncé de l'article IX). Ainsi la liaison de tous les prédicats entre eux s'étend de proche en proche à tous les états du monde dont la substance fait partie : on peut dire qu'elle contient en quelque sorte le monde entier dans sa notion. Si Leibniz utilise la métaphore du miroir pour caractériser cette relation de la substance au monde, c'est pour la préciser aussitôt par le verbe *exprimer*, qui fonde lui-même le recours au terme d'*expression*. On n'oubliera pas en cela la dérivation du substantif à partir du verbe : quand on dira que les substances ont ou forment des expressions, celles-ci seront toujours à traiter comme des relations : de même qu'*exprimer* renvoie à un sujet et à un complément d'objet, *expression* implique toujours un exprimant et un exprimé.

En cela, Leibniz forge un emploi tout à fait inédit du lexique de l'expression, en lui conférant une acception dont la nouveauté n'a pas manqué de dérouter les contemporains, à preuve l'incompréhension témoignée par Arnauld à l'égard de cet usage[84]. Du reste, le *Discours* utilise le mot d'expression dans son acception courante, par exemple à l'article II : « ... je trouve encore cette expression de quelques philosophes tout à fait étrange... » ; il s'agit bien là de manière de dire, d'énonciation particulière d'une opinion, thèse, assertion, sous la forme d'une phrase ou formule. En ce sens la phrase exprime aussi l'opinion ou la pensée de l'auteur. Mais comment peut-on dire encore qu'une substance exprime l'univers ? Comme le *Discours* ne fournit aucune élucidation directe de l'acception prise par ce verbe, il faut donc tout d'abord repérer contextuellement les modalités d'utilisation qui contribuent à en former la signification.

Aux articles IX et XVI, la relation 'exprimer' associe *toute* substance à *tout* l'univers. L'effet produit par l'extension doublement universelle de la relation est désigné comme une multiplication de l'univers « autant de fois qu'il y a de substances », trouvant sa justification dans la gloire de Dieu. D'abord transposée à partir de la métaphore du miroir (qui soutient elle-même la fonction multiplicative), la relation 'exprimer' est alors relayée par 'représenter', et expression est associée à perception et connaissance ; à l'article XIV, on trouve expressément la mise en équivalence « *perception ou expression* ». Ainsi est-il requis par la gloire de

Dieu que les substances individuelles perçoivent ou représentent l'univers entier ; cette relation des substances à la gloire de Dieu s'ordonne à la notion de *phénomène*.

En d'autres termes, en suivant cette ligne d'élaboration, la connexion précédemment reconnue entre prédicat, événement et action bascule sur un versant où « tout ce qui nous peut jamais arriver » s'identifie à « *nos phénomènes* » ou « *nos perceptions* » (art. XIV). Mieux encore : « *Rien ne nous peut arriver que des pensées et des perceptions.* » Le basculement s'opère autour de la notion de phénomène. Celle-ci intervient en réalité à deux niveaux :

Tout d'abord (art. XIII), les phénomènes sont *rapportés à Dieu* qui les produit pour manifester sa gloire, et chaque substance est l'effectuation d'une *vue* que Dieu prend sur le système entier des phénomènes : la gloire appelle des spectateurs qui la multiplient d'autant.

Mais en outre ce sont aussi *nos* phénomènes, c'est-à-dire nos *perceptions*. La formule de l'article IX, « toute substance est comme un monde entier », s'accentue en celle selon laquelle « chaque substance est comme un monde à part, indépendant de toute autre chose ». Dans cette insularité de l'individu, les phénomènes peuvent être dits véritables « sans nous mettre en peine s'ils sont hors de nous et si d'autres s'en aperçoivent aussi ». Cependant, le sens théocentrique de la notion garantit d'emblée que les phénomènes particuliers de toutes les substances s'entrerépondent, ce qui implique qu'il y en a effectivement d'autres hors de nous, de sorte que « ce qui est particulier à l'un soit public à tous ». L'article XXXII reprendra le même balancement en assurant que, relativement à Dieu, « les phénomènes des uns se rencontrent et s'accordent avec ceux des autres, et par conséquent qu'il y a de la réalité dans nos perceptions », alors même que « l'âme doit penser comme s'il n'y avait que Dieu et elle au monde » (selon la formule empruntée à sainte Thérèse d'Avila).

Il ne s'agit plus alors des personnages de l'action historique, mais de sujets percevants, dont l'opération est de représenter ou exprimer le monde, et c'est en ce sens que les substances individuelles sont aussi qualifiées à l'article XXIII de « substances immatérielles ». Or cette approche ne peut pas non plus être interprétée comme une conséquence directe ou un simple corollaire de la construction logique de la notion complète. Elle ne peut être comprise que comme l'intégration dans cette construction d'une inspiration tout autre, comme l'extrême rationalisation d'une théologie mystique[85].

Mais, du même coup, la question de l'extension du concept de substance se trouve posée en des termes dont on peut supposer qu'ils vont la rendre particulièrement difficile et problématique.

B. Le champ physique et la réhabilitation des formes substantielles

Y a-t-il d'autres substances que les agents personnels et les esprits connaissants (qui sont du reste les mêmes sujets) ? Plus exactement, le *concept* de substance tel qu'il a été formé dans la notion complète permet-il de penser d'autres êtres que ceux-là ? Subsidiairement : y a-t-il d'autres âmes que celles dont la forme nous est connue par l'expérience interne de nos opérations cognitives ? À ces questions le texte canonique du *Discours*, dans l'état terminal de sa rédaction, apporte une réponse qui, derrière l'assurance apparente, demeure ambiguë. Elle consiste dans l'affirmation que les corps aussi sont des substances, pour autant qu'ils ont des *formes substantielles*, qu'on devra concevoir comme des âmes. C'est bien qu'il existe d'autres âmes que les seuls esprits, par où se trouve légitimée l'opinion commune qui, contre la réduction des animaux à des machines, a bien raison de croire en l'âme des bêtes.

L'étude des étapes de la rédaction du texte est ici instructive, en ce qu'elle prouve que Leibniz a délibérément écarté les réalités corporelles du champ de constitution du concept de substance individuelle. Le premier jet de la rédaction de l'article VIII illustrait en effet les caractéristiques de la notion complète sur l'exemple de l'anneau de Gygès, aussitôt remplacé par celui de Polycrate[86]. Sans doute s'agit-il là d'exemples de corps qui sont aussi, en un sens, les supports de transformations et d'avatars qui forment, à leur égard, une sorte d'histoire dont ils seraient les sujets[87]. Il n'en reste pas moins que Leibniz a préféré raturer son texte, et substituer à celui de l'anneau l'exemple d'Alexandre de Macédoine. Il ne peut l'avoir fait que pour laisser en suspens les apories que susciterait l'application directe de la notion de substance individuelle à des sujets qu'on ne peut considérer que de façon détournée et analogique comme les agents véritables des événements d'une histoire[88]. L'abord du problème de la substantialité des corps devait utiliser un autre recours, celui précisément qu'offrait la réévaluation des formes substantielles.

La réhabilitation du concept de forme substantielle fait intervenir en effet dans le texte du *Discours* un argumentaire que Leibniz avait mis au point dès 1679, et ce indépendamment de la doctrine logique de la notion complète et antérieurement à elle : la cohésion des deux thèmes n'est donc pas assurée d'emblée, malgré le souci de Leibniz de lisser la difficulté par la continuité apparente du discours suivi. La notion de forme substantielle est appelée par la considération des propriétés des corps (art. X), et présentée comme une anticipation de la part des anciens et de l'École, qui auraient eu « quelque connaissance » de ce que Leibniz vient d'exposer dans les lignes immédiatement précédentes. La réhabilitation pourrait donc sembler, à ce point de la chaîne discursive, confortée par la théorie de la notion complète ; mais il faut cependant relever le caractère de parenthèse des articles X et XI, marqué au début de l'article XII (« Mais, pour reprendre le fil de nos considérations, je crois que celui qui méditera sur la nature de la substance que j'ai expliquée ci-dessus... »). C'est pourquoi l'argumentaire assez rhétorique de cette réhabilitation doit être plutôt lu comme l'insertion dans le texte d'un résultat antérieurement obtenu sur le terrain de recherches liées aux « expériences de physique » et aux « démonstrations de géométrie » (élément autobiographique explicitement formulé à l'article XI)[89]. En fait, la raison réelle, conforme à la formation génétique des conceptions de Leibniz, en sera retrouvée seulement dans les articles XVII et XVIII, avec la critique explicite de la physique cartésienne. À ce moment-là seulement il sera pleinement justifié que, lorsque le fil des considérations avait été renoué à l'article XII, c'était précisément pour constater que « la nature de la substance... expliquée ci-dessus » excluait la thèse cartésienne selon laquelle l'étendue constituerait la substance des corps.

En imputant aux modernes le décri qui a frappé les formes substantielles, Leibniz ordonne en fait son argumentation en fonction des raisons sur lesquelles Descartes avait fondé sa propre doctrine de la substance, tout autant qu'il rappelle sa propre adhésion antérieure à la critique des notions scolastiques. Bien que Descartes n'ait été d'abord, aux yeux de Leibniz, qu'un représentant parmi d'autres du mécanisme géométrique, au même titre que Gassendi, Hobbes, et d'autres auteurs moins connus, les énoncés polémiques du *Discours de métaphysique* visent cependant de manière aisément reconnaissable les conceptions cartésiennes ; le contexte est en effet celui où Leibniz s'apprête à ouvrir publiquement l'offensive par son article *Brève démonstration de l'erreur mémorable de Descartes* (qui paraîtra en mars 1686 dans la revue de Leipzig, *Acta eruditorum*).

Descartes tenait que la notion d'étendue constitue l'attribut principal par lequel nous pouvons connaître les corps[90], d'où la distinction réelle de l'âme, substance pensante, et du corps, chose étendue. Il en résultait, sur le plan ontologique, que l'étendue « constitue » la substance même du corps (qui est une « chose étendue ») et, sur le plan cognitif, que tout ce qui se rapporte au corps et constitue l'objet de la physique doit pouvoir s'expliquer à partir des « modes » de l'étendue, qui sont la figure, la grandeur et le mouvement. En fondant sa physique sur le principe métaphysique de la distinction réelle des deux substances, Descartes ne pouvait évidemment que rejeter la notion même de forme substantielle comme un monstre réunissant dans une même nature des attributs incompatibles. Ainsi, si l'on conçoit la pesanteur d'une pierre comme une qualité réelle mise dans la pierre par sa forme substantielle, cette pesanteur est à la fois quelque chose d'étendu et de mesurable, répandu dans toute la grandeur de la pierre, et quelque chose de quasi mental que nous pouvons concevoir comme concentré en un point et exerçant, en dirigeant la chute de la pierre vers le centre de la Terre, une sorte de connaissance du but à atteindre[91]. Cette analyse de la confusion inhérente à ces notions fausses permet d'en reconnaître l'origine : les préjugés de l'enfance, qui ont enraciné en nous des idées qui procèdent de l'indistinction vécue de l'âme et du corps. La dissociation entre l'âme, chose qui pense, et le corps, chose étendue, comme entre deux substances réellement distinctes, libère le champ d'une physique définitivement débarrassée de toute projection anthropomorphique. Mais, en même temps, Descartes maintenait un usage légitime de la notion de forme substantielle, sous condition de n'appliquer cette notion ni au corps comme tel, ni à l'âme conçue distinctement, mais à l'union substantielle de l'âme et du corps de l'homme : en ce cas, et en ce cas seulement, il est vrai de dire que l'âme informe le corps, et qu'elle est, dans cette union, la seule forme substantielle qui soit [92]. Mais les formes substantielles doivent du même coup disparaître du monde des corps, tels que les étudie le physicien : en celui-ci, il ne reste plus que de l'étendue, et le mécanisme, qui réduit tout effet physique à un résultat du mouvement des parties de cette étendue, doit prévaloir.

Leibniz n'a jamais été cartésien, mais, comme nous l'avons vu, il a adhéré au programme théorique du mécanisme et à l'éviction corrélative des formes substantielles. Sur le premier point, il maintiendra constamment qu'il n'y a pas d'autre explication recevable des phénomènes particuliers que mathématique et mécanique ; après 1678, l'approfondissement des lois de la nature et l'adoption d'un nouveau principe de conservation gouvernant les règles du mouvement l'amèneront à réviser l'interprétation métaphysique du mécanisme. Le *Discours* y fait directement référence : le fil conducteur qui guide les considérations de physique évoquées dans le texte réunit, d'un côté, la correction des théories modernes qu'on peut réunir sous la catégorie du mécanisme géométrique, de l'autre, la légitimation de notions nouvelles ou renouvelées, qui dépassent la représentation géométrique et subordonnent le mécanisme de la nature à des principes « plus élevés », métaphysiques : ce sont eux qui justifient les arguments pour réhabiliter d'une certaine façon l'aristotélisme et la scolastique.

Le *Discours* exécute cette critique en deux temps et à deux niveaux : d'abord à l'égard de la constitution substantielle des corps, ensuite relativement à la formulation des lois de la nature. Sur le premier point, l'insuffisance de la définition du corps par l'étendue seule est soulignée à plusieurs reprises :

> ... toute la nature du corps ne consiste pas seulement dans l'étendue [art. XII] ; ... tout ce qui est conçu dans le corps ne consiste pas uniquement dans l'étendue [art. XVIII].

Ces propositions négatives reposent sur une analyse des modes de l'étendue, dans le but d'en faire apparaître le caractère « imaginaire et relatif à nos perceptions », qui ne laisse qu'une différence de degré entre eux et les qualités sensibles telles que la couleur et la chaleur (dont Descartes affirmait qu'elles ne résident que dans l'âme pour autant qu'elle perçoit les impressions du corps) (art. XII). Au-delà de l'analyse des notions, il s'agit pour Leibniz de mettre en évidence l'insuffisance de la conception cartésienne de la substance étendue sur le plan même de l'explication des phénomènes, entendus cette fois dans l'acception de l'objet de la connaissance physique (comme c'est le cas aux articles X, XII, XVII, XVIII, XIX et XXI).

Mais c'est particulièrement dans le cas du mouvement que son caractère essentiellement relatif (que Descartes reconnaissait) ne permettra pas de le retenir comme indicateur de substantialité :

> Le mouvement, si on n'y considère que ce qu'il comprend précisément et formellement, c'est-à-dire un changement de place, n'est pas une chose entièrement réelle (art. XVIII).

Car il n'est pas possible d'assigner de façon univoque, à partir de la seule considération du changement de lieu ou de situation, quel est le sujet du mouvement : celui-ci n'est pas véritablement une propriété du corps, mais seulement un rapport. Il faudra donc dépasser cette caractéristique géométrique du mouvement pour assigner ce qu'il y a en lui de réel, que Leibniz désigne au travers de l'identification de ce qui se conserve véritablement dans les changements d'état de mouvement. C'est ici qu'intervient la considération de la loi fondamentale de la nature.

En effet, chez Descartes, la thèse métaphysique de la constitution de la substance corporelle par l'étendue géométrique s'exprimait du point de vue physique par la position d'un principe général de conservation de la quantité de mouvement, dont le concept ne requiert rien d'autre que la composition de la grandeur du corps avec la mesure de son déplacement (*Principes*, II, art. 36), et peut être abusivement mais commodément symbolisé comme le produit *mv*[93] ; en outre, les règles particulières du mouvement, c'est-à-dire de la redistribution des états de mouvement dans les chocs, devaient vérifier localement cette même conservation (*ibid.*, art. 46-52). Leibniz a considéré, à tort plutôt qu'à raison[94], que la conjonction de ces deux assertions revenait à mesurer la cause du mouvement, c'est-à-dire la force, par sa quantité brute. À cela il oppose, d'une part, que ce qui se conserve en général dans les interactions des corps n'est pas la quantité de mouvement *mv*, mais la force mv^2 (art. XVII), et, d'autre part, que si les corps se réduisaient à ce que Descartes voulait qu'ils fussent, les règles particulières du mouvement seraient tout autres (art. XXI).

Par là, sera confirmé que l'étendue comme telle ne donne aucune garantie de subsistance et que le « *principe d'identité* » des corps doit être cherché ailleurs que dans les seules notions géométriques. Mais si, outre la masse étendue et ses prédicats de grandeur, figure, et mouvement, il n'y a pas d'autre genre de réalité que ce que nous connaissons en nous-mêmes comme une âme, le principe cherché devra résider dans « quelque chose qui ait du rapport aux âmes », qui est justement la forme substantielle (art. XII). La forme substantielle a rapport aux âmes au moins en ce qu'elle est une unité indivise non corporelle. Cela induit tout aussitôt une distinction entre « les âmes et les formes substantielles des autres corps » et les « âmes intelligentes », celles pour lesquelles la théorie de la notion complète a été proposée, et qui prendront encore le nom d'esprits à l'article XXIII.

Ainsi, si la notion individuelle intervient dans le champ « historique », et la forme substantielle sur le registre proprement physique, un échange s'opère doublement entre elles. De façon lexicale d'abord, puisque la notion complète, comme toute notion, connaissance ou idée, est aussi une forme, ou encore ce qui, dans l'esprit, exprime une nature ou forme (art. XXVI). À cette notion complète répond dans l'objet une forme ou nature (art. XIII), identifiable à une âme comme sujet des actions. Notion, nature, âme, forme, relèvent d'un lexique commun dont les éléments sont permutables, et donnent lieu à des analogies. Ensuite, du point de vue analogique, la forme substantielle a rapport aux âmes, voire même est une âme, pourvu qu'on en admette qui ne sont pas intelligentes (art. XXXIV). *Comme la notion complète joue le rôle d'un principe d'individuation des substances individuelles, la forme substantielle remplit la fonction d'un principe d'identité des substances corporelles.* Il faut interpréter de cette façon le concept de forme substantielle pour pouvoir soutenir que ses promoteurs scolastiques avaient soutenu « quelque chose d'approchant » : dans les corps même, c'est seulement un attribut immatériel qui peut leur donner une identité de substance.

On peut cependant se demander encore *quels sont les corps* pour lesquels le recours aux formes substantielles vient combler l'insuffisance de l'étendue à constituer une substance. Deux réponses concurrentes seront apportées, l'une confortée par la critique opposée au mécanisme cartésien au nom du concept de force, l'autre fondée sur la doctrine de l'union de l'âme et du corps.

S'agissant de la première, l'article XVIII suggère

en effet qu'il s'agira des corps considérés en toute généralité physique comme sujets du mouvement, lequel, considéré comme mode de l'étendue, « n'est pas une chose entièrement réelle » : ce qui se conserve en revanche, dans la nature totale ou dans les systèmes isolables de corps interagissants, est pour cela même quelque chose de plus réel, que nous appelons la force. C'est donc elle qui apparaît alors comme le fondement de l'attribution du mouvement à un sujet dont elle caractérise l'identité dans les changements d'états de mouvement. Or, du moment que l'on sait qu'elle ne s'exprime pas par la quantité de mouvement, mais par le facteur mv^2, il est établi qu'elle diffère des notions géométriques tirées de l'étendue ; c'est en ce sens que le concept dynamique, en invalidant le mécanisme géométrique, accréditerait le retour des formes abandonnées par les modernes au nom de ce même mécanisme.

En quoi cependant l'introduction d'une notion « supra-géométrique » comme celle de la force, estimée par l'effet futur et mesurée par mv^2, peut-elle justifier la réhabilitation des formes substantielles ?

C'est que certains des caractères de la notion de force permettent de rapprocher d'elle celle de forme substantielle : dans un contexte où l'on assimilera la masse étendue à la matière des corps, la force est irréductible à cette matière. En outre la force, en désignant le sujet du mouvement, permet d'identifier les corps en introduisant un principe de différenciation dans l'étendue homogène. Enfin, en se définissant par l'anticipation de son effet futur, la force comporte quelque chose d'analogique à la perception et, en général, aux processus mentaux[95]. — Mais, en même temps, la force est une notion intelligible, qui outrepasse la représentation imaginative ; elle est aussi une notion distincte, à laquelle nous parvenons par l'analyse des réquisits des lois du mouvement et qui s'exprime exactement dans la connaissance symbolique, où nous composons l'expression mv^2, parfaitement maîtrisée dans les calculs. C'est ce qui permettra à Leibniz d'écrire en 1695, dans le *Système nouveau :*

> Il fallut donc rappeler et comme réhabiliter les *formes substantielles*, si décriées aujourd'hui, mais d'une manière qui les rendît intelligibles et qui séparât l'usage qu'on doit en faire, de l'abus qu'on en fait. Je trouvai donc que leur nature consiste dans la force, et que de cela s'ensuit quelque chose d'analogique au sentiment et à l'appétit ; et qu'ainsi il fallait les concevoir à l'imitation de la notion que nous avons des *âmes* (GP IV, 178-179, et Frémont [b], 67).

Il y a cependant une autre manière d'identifier les corps susceptibles de réaliser les formes substantielles. Elle est indiquée à l'article XXXIII : ce sont les corps que caractérise une unité intrinsèque (« qui sont *unum per se* »), comme celui de l'homme, et des bêtes, « si elles ont une âme », qui sont substances ou qui ont une forme substantielle. Encore une fois, une thèse cartésienne est à l'arrière-plan de l'argument de Leibniz : comme nous l'avons déjà mentionné, Descartes avait reconnu que l'union de l'âme et du corps — mais pour lui dans le cas unique de l'homme — légitimait en un sens que l'on continuât à traiter de forme substantielle l'être constitué par cette union réelle, toute différente d'une simple juxtaposition instrumentale ; mieux même, on pouvait comprendre par là que l'attribution de formes substantielles aux autres corps résultait d'une illusion anthropomorphique, projetant abusivement dans la nature la notion de cette union. La réhabilitation des formes par Leibniz reviendrait alors à reconnaître, contre la restriction abusive imposée par Descartes, la généralité d'application de cette notion, partout où il y a des corps qui manifestent une unité intrinsèque : en vertu cette fois de la divisibilité de l'étendue, aucun corps ne posséderait cette unité, s'il se réduisait aux notions géométriques. Substances, âmes, formes substantielles sont alors des notions réciprocables, dans le champ des corps possédant le genre d'unité qui est le corrélat de leur union avec l'âme (problème que vient de résoudre l'article XXXIII). Leibniz ne dit pas que tous les corps comportent ce genre d'unité, et le *Discours de métaphysique* laisse dans l'ombre ce que la correspondance avec Arnauld assumera bientôt de façon explicite, en reprenant presque mot à mot la formule aristotélicienne : « L'âme cependant ne laisse pas d'être la forme de son corps » (14 juillet 1686, GP II, 58, Le Roy, 123[96]).

4. *Conclusion : un texte problématique*

Le texte du *Discours* présente donc le caractère d'une synthèse doctrinale, assemblant des apports génétiquement et systématiquement distincts, qui ne permettent pas de réduire la métaphysique qui y est exposée à une systématicité unique : dès 1686, la notion de la substance individuelle n'épuise pas tout le champ de la substantialité, et c'est précisément son *extension* qui pose problème. Cette situation a conduit Catherine Wilson, dans une brillante exposition de la métaphysique leibnizienne, à distinguer dans le *Discours* trois « semi-systèmes » indépendants. On distinguerait selon elle :

1. Une métaphysique 'A', qui est la théorie de la substance individuelle fondée sur la « logique des descriptions », au sens où une description définie dénote un individu par une propriété ou un ensemble de propriétés qu'il est le seul à posséder (c'est-à-dire par sa notion complète).

2. Une métaphysique 'B', qui apporte, avec une forte connotation scolastique, la caractérisation de la substance corporelle, la notion traditionnelle de forme substantielle trouvant ainsi une extension et une légitimité nouvelles par le concept de force.

3. Une métaphysique 'C', qui répond à une doctrine idéaliste et phénoméniste de l'harmonie des perceptions, à résonance malebranchiste[97].

Catherine Wilson peut observer à juste titre que 'A' comporte des compatibilités manifestes avec 'B', et d'autres avec 'C', mais que pour autant 'B' et 'C' sont incompatibles : car, si les corps sont des phénomènes cohérents, il n'y a plus à se demander en quels sens ils seraient des substances. Cette élégante analyse, précise et toujours suggestive, a en outre le mérite de bousculer les préjugés d'une lecture qui reste à la surface du texte, en le traitant comme une ligne continue et unidimensionnelle. En particulier, elle respecte le caractère *ouvert* d'un écrit, que méconnaît la lecture dogmatique de Couturat et de beaucoup d'autres interprètes. Reste cependant à saisir comment les thèmes de ces trois semi-systèmes ne coexistent pas simplement sur la même plage d'écriture, mais s'insèrent dans la dynamique d'une pensée en travail.

La difficulté d'accorder l'idéalisme de la métaphysique de l'expression au réalisme de la physique des formes substantielles marque le *Discours de métaphysique*, dans l'état du texte tel que Leibniz l'a arrêté à la relecture et révision des copies ultimes. Cet état laisse cependant transparaître une hésitation significative dans la première phrase de l'article XXXIV :

> *Supposant* que les corps qui font *unum per se*, comme l'homme, sont des substances, et qu'ils ont des formes substantielles... [Infra, p. 211]

La substantialité des corps n'est donc pas affirmée comme une thèse générale : elle n'est prise en compte que comme une *supposition*, restreinte au cas des corps qui présentent une unité intrinsèque (Leibniz ne les appelle pas encore organiques comme il le fera plus tard, mais c'est bien de cela qu'il s'agit). Le retour à l'état antérieur du texte, sur le brouillon initial très travaillé de Leibniz, fait apparaître qu'il avait d'abord formulé de la façon la plus explicite le caractère conditionnel ou disjonctif de cette hypothèse de substantialité. La formulation conditionnelle se trouve dans l'énoncé du titre de l'article X :

> Que l'opinion des formes substantielles a quelque chose de solide, *si les corps sont des substances...* [*Restriction raturée sur la copie*, infra, p. 162]

On rencontre la formulation disjonctive la plus explicite à l'article XII :

> ... celui qui méditera sur la nature de la substance que j'ai expliquée ci-dessus, trouvera *ou que les corps ne sont pas des substances dans la rigueur métaphysique (ce qui était en effet le sentiment des Platoniciens), ou* que toute la nature du corps ne consiste pas seulement dans l'étendue [*le morceau en italique est raturé sur la copie finale*, infra, p. 165-166].

En appliquant la loi logique élémentaire en vertu de laquelle 'non-p *ou* q' est équivalent à '*si* p, *alors* q', l'énoncé précédent signifie bien que *si les corps sont des substances dans la rigueur métaphysique, alors la nature du corps ne consiste pas seulement dans l'étendue*, ce qui contredit ouvertement Descartes. Et donc inversement, si les corps consistent en étendue seulement, alors ils ne sont pas véritablement substances — et c'est en ce sens que Descartes reconduirait paradoxalement aux Platoniciens.

À l'article XI, le rappel des formes substantielles était donné comme hypothétique :

> ... réhabiliter en quelque façon l'ancienne philosophie et de rappeler *postliminio* les formes substantielles presque bannies (ce que je ne fais pourtant qu'*ex hypothesi* en tant qu'on peut dire que les corps sont

des substances)... [*La phrase entre parenthèses est raturée sur la copie*, infra, p. 165]

On comprend ainsi que la rédaction initiale de l'article XXXIV commençait par une formulation qui laissait entièrement ouverte, et provisoirement hors champ, l'alternative entre le statut substantiel ou phénoménal des corps :

> *C'est une chose que je n'entreprends pas de déterminer, si les corps sont des substances (à parler dans la rigueur Métaphysique), ou si ce ne sont que des phénomènes véritables comme est l'arc-en-ciel, ni par conséquent s'il y a des substances, âmes, ou formes substantielles, qui ne soient pas intelligentes. Mais* supposant que les corps sont des substances... [Infra, p. 211]

Il résulte de ces observations sur la genèse du texte et sur la succession des correctifs apportés par Leibniz dans ses relectures qu'il y a eu un état explicitement formulé de sa pensée où la possibilité que les corps *ne soient pas des substances* a été envisagée au même titre que l'affirmation qu'ils en sont. Dans ce contexte, la réhabilitation des formes substantielles, conditionnée par un des deux membres de l'alternative, ne peut évidemment pas se situer sur la même ligne que la doctrine de la substance individuelle, dont la validité est inconditionnée et n'est suspendue à aucune hypothèse sur la nature de ses objets (les substances intelligentes). Il est bien vraisemblable que c'est en vue de la communication éventuelle de son texte que Leibniz a gommé de l'état final les ouvertures théoriques ainsi laissées disponibles (c'est ainsi, par exemple, que pour l'article X, le Sommaire envoyé à Arnauld écarte la restriction conditionnelle « si les corps sont des substances »)[98].

Du brouillon tourmenté à l'état de la copie à laquelle Leibniz a arrêté son travail de réécriture, le *Discours de métaphysique* exprime donc une pensée qui opère sur des réseaux conceptuels qui ne se raccordent pas les uns aux autres dans une systématicité fermée. L'écart entre les états génétiques du texte mesure matériellement les enjeux de ce travail : discontinuités et décrochements rendent l'unité du texte problématique, en y introduisant des fissures qui, à leur tour, vont appeler la recherche de solution inédites. La Correspondance avec Arnauld va constituer dans son intégralité la mise à l'épreuve, où l'on verra progressivement se dégager les thèmes et les thèses qui seront déployés dans la période ultérieure, aboutissant en 1695 au *Système nouveau de la nature et de la communication des substances.* Par là, elle ouvrira aussi la voie à la doctrine de la monade.

III

LA *MONADOLOGIE*

1. *Du* Discours de métaphysique *à la* Monadologie *(II)*

Nous avons déjà remarqué que l'équivalence supposée des deux concepts de substance individuelle et de monade était une des conditions interprétatives de la reconstruction d'un « Système de Leibniz » idéalement clos et soustrait à la durée effective de la genèse. Or une comparaison superficielle des deux textes capitaux fait apparaître une différence stylistique qui est rien moins qu'anodine : le vocabulaire de l'individuation disparaît de la *Monadologie*[99], et avec lui, le domaine d'exemplification par des noms propres que lui associaient le *Discours* et les textes de la même période. En d'autres termes, on devra s'interdire de formuler quelque chose comme « la monade de César[100] ». Pour déterminer le sens de la notion de monade, il sera éclairant de se demander pourquoi une telle expression serait mal formée, incompatible avec la sémantique de la langue de Leibniz, où elle ferait intervenir un terme ne remplissant plus les conditions de la dénotation concrète.

Dans les textes ultimes, la monade est posée par définition comme n'étant « autre chose qu'une substance simple [...] simple, c'est-à-dire sans parties » (*Monadologie*, § 1). Nous appellerons *thèse monadologique* fondamentale la position de la réalité des monades à partir de l'existence du composé ou des multitudes : « Il faut qu'il y ait des substances simples, puisqu'il y a des composés ; car le composé n'est autre chose qu'un amas, ou *aggregatum* des simples » (*ibid.*, § 2). Rien encore dans le *Discours de métaphysique* n'équivaut à cette thèse, ni même n'anticipe la définition de la monade : la substance individuelle ne se définit pas par sa simplicité, mais plutôt par la complexité prédicative de sa notion. Les termes de *simple, composé, agrégat*, dans l'acception stricte que leur donnera le lexique monadologique, sont absents du texte. En revanche, on voit poindre les conditions d'usage de ce lexique dans le développement de la Correspondance avec Arnauld.

Avant d'examiner cette évolution de plus près, nous formulerons ici un constat d'ordre général : le refus d'accorder une évolution dans les positions fondamentales d'un leibnizianisme qui aurait été achevé, pour l'essentiel, en 1686 — refus qui s'exprime aussi dans la thèse selon laquelle chaque exposé métaphysique contiendrait virtuellement tous les autres dans une synchronie idéale —, aboutit à dénier aux correspondances la valeur d'expérience déterminante de pensée qu'elles ont pu parfois avoir pour Leibniz ; tel est le cas, par exemple, de celles échangées sur des questions très diverses avec des interlocuteurs comme Jean Bernoulli, le Père Des Bosses, et, bien entendu, Antoine Arnauld. Dans des échanges qui se situent à ce plan, on ne peut pas simplement considérer les lettres de Leibniz comme la défense de positions acquises et l'illustration d'une doctrine préexistante, qui n'apporteraient qu'un perfectionnement des arguments d'exposition ou de justification en fonction des objections ou des incompréhensions de l'interlocuteur. Le préjugé du Système méconnaît ainsi l'inventivité théorique qui s'y exerce, dès lors que l'écriture n'aurait plus qu'à remplir, à partir d'un bloc de thèses établi une fois pour toutes, un rôle de transmission, en s'accommodant à une tactique de persuasion.

Certaines correspondances sont bien plutôt le lieu privilégié d'une stratégie de recherche et doivent être visitées comme un laboratoire d'invention philosophique. C'est éminemment ce qui arrive dans l'échange avec Arnauld, qui, en approfondissant l'examen des questions laissées en suspens par le *Discours*, a offert à Leibniz l'occasion décisive d'inscrire la problématique de la substance dans un nouveau site, où un vocabulaire lui-même nouveau déterminera pour la monade ses conditions d'inscription théorique.

A. La Correspondance avec Arnauld : l'émergence de l'unité substantielle

L'ensemble de l'échange entre Leibniz et Arnauld laisse clairement reconnaître deux phases distinctes : la première, ouverte par la discussion de l'article XIII du Sommaire, est consacrée à la doctrine de la substance individuelle et de sa notion complète, examinée à partir de ses conséquences pour la liberté tant divine qu'humaine, et elle s'achève explicitement par l'abandon d'Arnauld, convaincu, ou feignant de l'être, par l'argument tiré de l'invocation du *praedicatum inest subjecto*[101]. La seconde phase qui s'ouvre ensuite porte sur deux questions en partie connexes, soulevées dans la même lettre par Arnauld en écho aux formulations rapides données par Leibniz à la fin de son envoi précédent : l'union de l'âme et du corps, d'abord, et la réalité substantielle du corps, ensuite. Toutes les lettres échangées ensuite jusqu'à celle que Leibniz envoie le 9 octobre 1687 comportent, de la part de chaque interlocuteur, deux développements distincts se rapportant alternativement à ces deux thèmes.

C'est donc une fois close la discussion sur « la notion de la nature individuelle » *(ibid.)* que la question des formes substantielles *des corps*, et du sens dans lequel elles peuvent être encore recevables, va ouvrir une nouvelle ligne de développement : cette ligne conduit à la constitution d'un champ doctrinal original qui appellera, à terme, l'introduction de la terminologie et de la problématique de la monade. Il faudra en cela observer en outre que l'essentiel de la *thèse monadologique* sera acquis bien avant que le dénomination définitive ne vienne mettre fin aux tâtonnements qui auront peu à peu cerné le nouveau concept.

La lettre de Leibniz à Arnauld du 14 juillet 1686 comporte vers sa fin deux paragraphes qui évoquent deux conséquences paradoxales de la théorie de l'expression : l'explication de l'union de l'âme et du corps sans commerce physique immédiat, et la négation de l'action physique immédiate d'une substance corporelle sur une autre. La notion de forme est commune aux deux thèses, puisqu'on doit reconnaître à la fois, relativement à la première, que « l'âme ne laisse pas d'être la forme de son corps », suivant une formule de provenance aristotélicienne, et, quant à la seconde, que « si le corps est une substance [...] il y faut nécessairement concevoir quelque chose qu'on appelle forme substantielle, et qui répond en quelque façon à ce qu'on appelle l'âme » (GP II, 58, Le Roy, 123 [102]). Faute de cela, le corps serait un simple phénomène (comme l'arc-en-ciel), ou un être uni par accident ou par agrégation (comme un tas de pierres). La substantialité des corps, qui ne peut être constituée par la seule étendue, suppose une forme qui soit une âme, ou au moins analogue à l'âme, au même titre que l'âme est elle-même la forme de son corps.

Les instances d'Arnauld vont contraindre Leibniz à retravailler ce dispositif à la symétrie trop facile. Dans sa lettre du 28 septembre 1686, se fondant sur son attachement à la conception cartésienne de la distinction réelle de « notre corps » et de « notre âme », et sur l'inacceptabilité, en philosophie, « des entités dont on n'a aucune idée claire et distincte », telles que sont les formes substantielles, il formule à l'encontre de leur utilisation par Leibniz sept objections. S'étonnant de voir celui-ci traiter les formes comme indivisibles, il met au jour avec une perspicacité remarquable le motif de cette acception pour le moins non conforme à leur usage ordinaire en philosophie scolastique : c'est que Leibniz entend faire des formes substantielles des principes de l'*unité du corps*, sinon de son individualité. D'où deux questions décisives dans leur simplicité : 1. « Est-ce la forme d'un carreau de marbre qui fait qu'il est un ? » (GP II, 67, Le Roy, 135). Mais que devient cette forme si on casse le carreau en deux ? « Ou elle est anéantie, ou elle est devenue deux », *tertium non datur*. Or l'un lui est impossible, l'autre la rend superflue : on ne pourrait détruire la forme substantielle que si elle était une modalité, mais de quelle substance le serait-elle, sinon de l'étendue, que Leibniz ne reconnaît pas comme substance ? Elle se divise donc en deux, mais alors elle n'ajoute rien à l'étendue, dont on pourra se contenter pour constituer, suivant Descartes, la substance du corps. — 2. Nous disons *la* Terre, *le* Soleil, et *la* Lune, pour traduire qu'il n'y en a à chaque fois qu'un seul. Faut-il pour autant que « la terre, par exemple, composée de tant de parties hétérogènes, ait une forme substantielle qui lui donne cette unité [...]. J'en dirai de même d'un arbre, d'un cheval » *(ibid.)*. En bref, les formes substantielles sont obscures et inutiles, et il n'y a pas lieu de les réhabiliter. Leibniz, du reste, le reconnaît, en avouant « que c'est par la philosophie corpusculaire qu'on doit expliquer tous les phénomènes particuliers de la nature, et que ce n'est rien dire que d'alléguer ces formes » *(ibid.)*. Ainsi est explicitement soulevée par Arnauld, sous la question des formes substantielles, celle du genre d'*unité* qui convient à la réalité substantielle. Ce qui le conduit à faire état de la conception de « cartésiens qui, pour trouver de l'unité dans les corps, ont nié que la matière fût divisible à l'infini, et qu'on devait admettre des atomes indivisibles » (ellipse pour *et affirmé qu'on devait*, 67, 135).

Un premier projet de réponse se présente comme un texte tourmenté, qui soulève à l'envi difficultés et incertitudes, en revenant à l'état des premières formulations biffées du manuscrit original du *Discours*, avant que Leibniz ne se range, dans la version définitive de la copie corrigée, à une thèse univoque de substantialité des corps. Le projet s'ouvre par un aveu d'insatisfaction « touchant les formes substantielles et les âmes des corps » (71, 141). D'abord, « il faudrait être assuré que les corps sont des substances », ce qu'ils pourraient ne pas être s'ils n'étaient que des agrégés de substances ou des phénomènes : « Je ne sais pas si le corps, quand l'âme ou la forme substantielle est mise à part, est une substance » (73, 142). Pourquoi l'âme ou la forme (le choix de dénomination étant indifférent) ? Parce que « la substance des corps, s'ils en ont une, doit être indivisible » ; *s'ils en ont une*, c'est-à-dire s'ils ne se réduisent pas à l'étendue divisible. Toutes les conséquences relatives à l'indivisibilité valent, y compris relativement à l'âme des bêtes : « Si les corps ont des formes substantielles, par exemple si les bêtes ont des âmes, ces âmes sont indivisibles », et il faut leur accorder l'indestructibilité (72, 141). Il s'agit là du reste de probabilité plutôt que d'assurance métaphysique : « Il me semble assuré que, s'il y a des substances corporelles, l'homme ne l'est point seul, et il paraît probable que les bêtes ont des âmes » (73, 142).

La lettre effectivement envoyée le 8 décembre 1686 maintient pour une part les hésitations de son ébauche, mais, simultanément, elle fait intervenir explicitement de nouveaux critères et esquisse une nouvelle terminologie. L'exemple du carreau de marbre est fermement invalidé : sa cohésion apparente n'en fait peut-être pas quelque chose d'intrinsèquement différent d'« un tas de pierre ». De deux diamants éloignés, celui du Grand-Duc et celui du Grand Mogol, on dit bien qu'ils forment *une* paire de diamants, mais non qu'ils font *une* substance. Ici et là, le mot *une* n'a pas le même sens : dans le premier cas, l'unité « dépend de la fiction de notre esprit » ou, comme Leibniz le dira plus tard, elle résulte d'une conception qui « ne sert qu'à abréger nos pensées et à représenter les phénomènes » (GP II, 96, Le Roy, 164), et elle est donc seulement modale et nominale [103] ; dans le second cas, l'unité est réelle, elle est la chose même dans son être. La proximité et la liaison matérielle des parties n'y changent rien : « Je tiens donc qu'un carreau de marbre n'est pas une seule substance accomplie, non plus que le serait l'eau d'un étang avec tous les poissons y compris, quand même toute l'eau avec tous ces poissons se trouverait glacée » (GP II, 76, Le Roy, 145).

Tous les doutes ne sont pas dissipés pour autant. S'agissant de « notre corps », il est avéré que « en lui-même, l'âme mise à part, [il] ne peut être appelé une substance que par abus » : le *cadaver* n'est plus qu'un être par agrégation (75, 144). À tel point qu'on ne saurait « dire précisément s'il y a d'autres substances corporelles véritables que celles qui sont animées » (76-77, 146). Mais qu'en est-il alors de corps tels que le Soleil, la Terre, la Lune, les arbres, et même les bêtes ? Y a-t-il, « hormis l'homme, rien de substantiel dans le monde visible » ? À vrai dire, l'incertitude demeure, seule étant assurée la clause conditionnelle : si les corps sont autre chose que des phénomènes véritables, il leur faut des formes substantielles. Pour la dernière fois, Leibniz tente encore de justifier la notion de forme substantielle comme une extension de celle de substance individuelle : « Comme la notion de la substance individuelle en général que j'ai donnée est aussi claire que celle de la vérité, celle de la substance corporelle le sera aussi ; et par conséquent celle de la forme substantielle » (77, 146). Mais, sous l'apparence verbale de la redite, cette justification enveloppe une nouvelle exigence, dont l'explicitation va jouer un rôle décisif : l'« être complet » de l'article VIII du *Discours* est maintenant désigné comme un « être accompli indivisible », qui est ce que requiert l'« unité substantielle ». L'indivisibilité de la forme substantielle devient le vecteur de cette *unité substantielle*, telle qu'elle a été jusqu'alors elle-même exprimée dans l'unité logique de la notion :

> L'unité substantielle demande un être accompli indivisible, et naturellement indestructible, puisque sa notion enveloppe tout ce qui lui doit arriver, ce qu'on ne saurait trouver ni dans la figure, ni dans le mouvement [...] mais bien dans une âme ou forme substantielle à l'exemple de ce qu'on appelle *moi* (76, 145).

La division actuelle de la matière à l'infini devient ainsi la marque de son caractère phénoménal, puisqu'on n'y arrive jamais à « quelque chose dont on puisse dire : voilà réellement un être, que lorsqu'on trouve des machines animées dont l'âme ou forme substantielle fait l'unité substantielle » (77, 146). Leibniz rebondit sur la suggestion d'Arnauld : on a cru en effet sauver cette unité dans les corps en recourant aux atomes, et tel fut notamment l'essai de Géraud de Cordemoy, dont il avait lu l'année précédente l'ouvrage *Du discernement de l'âme et du corps*, et qui deviendra la référence canonique associée à cet argument (28, 147)[104], mais c'était peine perdue : l'intention était bonne de « trouver quelque chose de fixe pour faire un être simple ». Mais l'atome n'était pas le bon candidat à ce rôle, faute de pouvoir envelopper dans son abstraction « tous ses états passés et futurs, et encore moins ceux de tout l'univers » (78, 147). Seul pourrait le faire un être capable d'exprimer l'univers, ce que ne peut la masse figurée. Ainsi se met en place peu à peu, et comme par esquisses, un vocabulaire qui prépare une nouvelle conceptualisation de la substance : si la forme substantielle intervient comme opérateur de substantialité des corps, c'est par son indivisibilité (72, 141). C'est à ce titre qu'elle permet de dire : « Voilà réellement un être » (77, 146).

Dans sa réponse, datée du 4 mars 1687, Arnauld reconnaît en des termes très suggestifs qu'il a compris maintenant pourquoi il n'avait pas d'abord compris. La méprise venait d'une équivoque sur le niveau d'intervention auquel la forme substantielle est censée conférer au corps une unité :

> Car je supposais que vous raisonniez ainsi : les corps doivent être de vraies substances ; or ils ne peuvent être de vraies substances qu'ils n'aient une vraie unité, ni avoir une vraie unité qu'ils n'aient une forme substantielle ; donc l'essence du corps ne peut pas être l'étendue, mais tout corps, outre l'étendue, doit avoir une forme substantielle (GP II, 85, Le Roy, 155).

Arnauld supposait parfaitement juste quant à la position, que du reste il ne pouvait pas connaître dans sa littéralité, qui était celle de Leibniz à l'état terminal des révisions du texte du *Discours de métaphysique*, et qui était en outre la plus naturellement compréhensible pour quelqu'un qui avait reçu une formation scolastique. Mais il n'avait pas vu que déjà Leibniz s'orientait vers une autre interprétation de la portée des formes substantielles comme opérateurs d'unité. Par là même, Arnauld va engager Leibniz à une explicitation plus distincte de ce que son écriture en travail n'a pas encore complètement mis au jour. Il y parvient d'abord en rappelant son objection : suivant les partisans des formes substantielles, elles sont généralement divisibles, et on ne voit pas comment elles pourraient « donner à un corps l'unité qu'il n'aurait pas sans cette forme substantielle » *(ibid.)*. Mais surtout, il relève que Leibniz fait implicitement usage d'une définition de la substance et du substantiel qui « n'a pas encore été reçue », et qu'il faut donc formuler et justifier : « J'appelle *substance* et *substantiel* ce qui a une véritable unité. » La définition plus commune, selon laquelle on a tout autant le droit d'appeler *substance* « ce qui n'est point modalité ou manière d'être », rendrait tout à fait simple et raisonnable la reconnaissance du carreau de marbre comme une substance. Double déviance donc de Leibniz, dans l'usage des termes : il veut que la forme substantielle soit par principe et en tout cas indivisible, et il introduit subrepticement l'unité comme un critère inédit et injustifié de la substantialité.

C'est ce qui va conduire Leibniz, dans la lettre du 30 avril 1687, à reconnaître pour sienne la caractérisation de la substance qu'Arnauld a décelée dans des textes où elle était tacitement assumée, sans être encore expressément formulée : « La substance demande une véritable unité » (96, 164), « ... je ne conçois nulle réalité sans une véritable unité » (97, 165). Dès lors que l'unité de l'être prend définitivement le pas sur la complétude de la notion, la thèse monadologique fondamentale peut être énoncée pour la première fois, bien avant le recours à la dénomination : laissant de côté les définitions scolastiques, il faut désormais « prendre les choses de bien plus haut », au niveau du rapport de l'un et du multiple, thème qu'une série de formulations va doter de ses variations :

> Tout être par agrégation suppose des êtres doués d'une véritable unité, parce qu'il ne tient sa réalité que de celle de ceux dont il est composé [...].
>
> S'il y a des agrégés de substances, il faut bien qu'il y ait aussi de véritables substances dont tous les agrégés sont faits.
>
> Il n'y a point de multitude sans de véritables unités.
>
> Le pluriel suppose le singulier (96-97, 164-165).

C'est qu'on a soutenu depuis toujours que l'être et l'un sont réciproques : « Je tiens pour un axiome cette proposition identique qui n'est diversifiée que par l'accent : *que ce qui n'est pas véritablement* un *être n'est pas non plus véritablement un* être » (97, 165). L'axiome identique <u>*Un*</u> *être = un* <u>*Être*</u> se substitue au *praedicatum inest subjecto* pour donner le fil conducteur de l'analyse de la substantialité.

Ainsi s'opère un renversement capital au regard de l'interprétation antérieure de la forme substantielle : ce qu'il y a de substantiel dans les corps, en tant qu'ils n'ont qu'une « unité de phénomène ou de pensée » (119, 187), vient de l'unité véritable de ce qui est au fondement de leur composition. Alors que, selon la première interprétation, la forme substantielle devait conférer pour ainsi dire « par en haut » une unité globale aux corps possédant une unité par soi, désormais l'unité réelle procède pour ainsi dire « par en dessous », à partir des réquisits de la multitude où la perception découpe ses unités nominales (101, 168). Dès lors, ce qu'il y a de substantiel dans les choses qui n'ont pas de véritable unité (et telle est la masse étendue des corps) résulte de la véritable unité de ce qui entre dans sa composition : « Le corps à part, sans l'âme, n'a qu'une unité d'agrégation, mais la réalité qui lui reste provient des parties qui le composent et qui retiennent leur unité » (100, 167). Il ne s'agit donc plus désormais de corréler *un* corps à *sa* forme substantielle unique, mais de remonter de la multitude qu'enveloppe chaque corps-agrégat aux véritables unités qu'elle suppose. Ce sont les parties du composé qui détiennent l'unité qui fait d'elle des Êtres, dont le composé tire par délégation ce qu'il a lui-même de réel. Si l'emploi du mot « partie » entretient encore ici une équivoque, il est clair cependant que l'unité réelle dont jouissent présomptivement ces parties, et qui les rend indivisibles, les écarte déjà d'un rapport usuel de composition par parties homogènes à leur tout. Que seront alors ces unités ? Une disjonction à quatre termes épuise toutes les possibilités théoriques :

> Il faut donc en venir nécessairement ou aux points de mathématiques dont quelques auteurs composent l'étendue, ou aux atomes d'*Épicure* ou de *M. Cordemoy* [...], ou bien il faut avouer qu'on ne trouve nulle réalité dans les corps, ou enfin il faut reconnaître quelques substances qui aient une véritable unité (96, 164).

Les deux premières solutions sont exclues : le continu n'est pas composé de points, et l'atome est contradictoire. Ne reste donc que l'alternative selon laquelle ou bien il n'y a pas de réalité dans les corps, ou bien il y a de véritables unités, que, faute d'un autre vocabulaire, on continuera de désigner comme des formes substantielles, voire même comme des « substances corporelles douées d'une véritable unité » (97, 165). Cette incertitude, ou cette inconséquence, devra être levée dans le sens qui est d'ores et déjà clairement indiqué : les substances véritables sont des expressions de tout l'univers, et comportent de ce fait des propriétés irréductibles à ce qui est purement corporel ou machinal. Mais l'universalité de la notion d'expression permet de s'attendre à trouver partout des unités expressives, sous des états multiples. Ainsi l'anthropocentrisme est-il dépassé : « De vouloir renfermer dans l'homme presque seul toute la véritable unité ou substance, c'est être aussi borné en métaphysique que l'étaient en physique ceux qui enfermaient le monde dans une boule » (98, 166)[105]. La multitude omniprésente d'êtres animés est suggérée par les observations microscopiques : « On trouve qu'il y a une multitude prodigieuse d'animaux dans une goutte d'eau imbue de poivre » (99, 167). Une ontologie à deux niveaux peut alors être esquissée : le composé est « un être d'imagination ou de perception, c'est-à-dire un phénomène » (96, 164), voire, selon les formules de Démocrite, d'opinion ou de convention (*opinione, lege,* νόμῳ), dont l'unité n'est que celle d'un nom (101, 168), « mais cela ne sert qu'à abréger nos pensées » (96, 164) ; en faire une substance serait réaliser indûment des abstractions de l'esprit (101, 168). Autre chose sont donc les véritables substances, ou « êtres accomplis, doués d'une véritable unité » *(ibid.)*.

Avec la lettre du 9 octobre 1687, la notion de substance corporelle reçoit une nouvelle précision essentielle. « Substance corporelle » ne peut vouloir dire que *corps animés* : bien loin que ceux-ci ne soient qu'une petite partie des autres, il faut convenir qu'il y en partout, que le nombre des âmes ou formes est infini, enfin « que la matière étant divisible sans fin, on n'y peut assigner aucune partie si petite où il n'y ait dedans des corps animés, ou au moins informés, c'est-à-dire des substances corporelles » (118, 186). L'agrégat qu'aucune forme substantielle ne lie n'a que le nom d'*un* arc-en-ciel ou d'*un* troupeau de moutons, « unité de phénomène ou de pensée » (120, 187). En réponse à une objection d'Arnauld, Leibniz esquisse ce qui deviendra ultérieurement la hiérarchie des monades dans le corps organique, unifié par sa monade dominante[106] ; l'unité d'un corps organisé, qui est aussi une multitude, ne se disperse pas dans une pluralité de formes ou d'âmes :

> Je réponds que, supposant qu'il y a une âme ou forme substantielle[107] dans les bêtes ou autres substances corporelles, il en faut raisonner en ce point comme nous raisonnons tous de l'homme, qui est un être doué d'une véritable unité que son âme lui donne, nonobstant que la masse de son corps est divisée en organes, vases, humeurs, esprits ; et que les parties sont pleines sans doute d'une infinité d'autres substances corporelles douées de leurs propres formes (120, 187).

La suite de la lettre exploite la précision que Leibniz y a donnée, à son début, quant à l'extension de la notion d'expression, qui ne se ramène pas à la pensée ou connaissance, mais est « commune à toutes les formes », enveloppant la perception naturelle et le sentiment animal autant que la connaissance intellectuelle : « Dans la perception naturelle et dans le sentiment, il suffit que ce qui est divisible et matériel, et se trouve dispersé en plusieurs êtres, soit exprimé ou représenté dans un seul être indivisible, ou dans la substance qui est douée d'une véritable unité » (112, 181). Inversement, toute véritable substance indivisible n'est pas un esprit ; que toute substance corporelle doive avoir une âme ou une forme analogue à l'âme n'implique point « qu'une huître pense, qu'un ver pense ». Au contraire, « la nature qui aime la variété a produit d'autres formes que celles qui pensent » (121, 188). En deçà du plan des esprits, et de leur liaison de société avec Dieu, l'ordre de la nature est celui des transformations et des enveloppements, par où les formes indestructibles échappent aussi bien à la naissance absolue qu'à une mort à la rigueur (123, 189-190).

Tel est l'apport de la Correspondance avec Arnauld : c'est une fois close la discussion sur la notion de substance individuelle qu'un autre débat s'ouvre sur la nature de la substance corporelle ; il fait apparaître au premier plan, à partir de l'indivisibilité que Leibniz attribue aux formes substantielles, le critère de l'*unité* de la réalité substantielle ; la reconnaissance de l'âme des bêtes, l'omniprésence des êtres animés et l'enveloppement des organismes dessinent une nouvelle approche de la réalité, où la vitalisation de la nature prépare la naturalisation de la substance en général. Ce bilan n'est pas mince, et ne se borne pas à une réécriture du *Discours de métaphysique* ; il vérifie plutôt, pour reprendre la belle formule de Baruzi, « ce qu'il y eut de plus grand en Leibniz, qui fut la force inventive jamais lassée »[108]. C'est la même force qui va s'affirmer pour déployer les conditions définitives d'émergence de la notion de monade.

B. De l'unité substantielle à la « monade »

Au fur et à mesure que l'échange avec Arnauld faisait ressortir un nouveau dispositif conceptuel pour penser la substance en général à partir de la substantialité des corps, les textes que Leibniz écrivait sans davantage les mener jusqu'à une publication intégraient ces acquis. Tel est le cas, par exemple, de l'*Échantillon des découvertes concernant de merveilleux secrets de la nature en général*, de 1688 (reproduit *infra* en Appendice

I-5). Ce sera plutôt l'inverse qui se produira, lorsque, en mars 1690, Leibniz adressera de Venise une dernière lettre à Arnauld (qui restera sans réponse), dans laquelle il s'empresse de lui faire part de quelques-unes des formules qu'il venait de mettre au point dans ses conversations avec Michel Fardella (Appendice II-1).

Ne sous-estimons pas, pour l'intelligence historique du leibnizianisme, le fait que Leibniz n'a rien publié de sa métaphysique comme telle avant son retour du voyage en Italie (1689-1690), durant lequel il avait établi l'édifice doctrinal de ce qu'il a appelé à ce moment-là sa *dynamique* [109]. Le premier manifeste public en sera porté par le très bref article de 1694, *Sur la réforme de la philosophie première et sur la notion de substance* (GP IV, 468-470, trad. Schrecker, 161-167). Si Leibniz y fait valoir la nécessité de réhabiliter les concepts métaphysiques décriés, et au premier chef celui de substance, s'il annonce que la notion de force constituée par sa nouvelle dynamique va contribuer à le rendre limpide et utilisable, c'est en vain cependant qu'on rechercherait dans ces quelques pages une caractérisation positive et directe de ce qu'est la substance, et une exploitation des acquis anciens ou récents, du *Discours de métaphysique* aux entretiens avec Fardella, en passant par l'échange avec Arnauld. Comme souvent, Leibniz procède par annonce et n'abat pas son jeu. On sait mieux aujourd'hui, grâce à une savante étude de Gerda Utermöhlen, dans quel contexte et à quelles fins Leibniz a écrit son article : il s'agissait pour lui de prendre position sur le débat suscité, au sein de son ancienne université de Leipzig, à l'occasion d'une soutenance de thèse présidée par Christian Thomasius (lui-même fils de l'ancien professeur de Leibniz Jacob Thomasius) : l'inutilité et l'obscurité de la notion de substance y avaient été au centre de la discussion. C'est à cette occasion que Leibniz destina à la revue de Leipzig *Acta eruditorum* l'article-programme cité [110]. Tout aussitôt, Christian Thomasius faisait paraître un *Dialogue sur la définition de la substance*, où l'un des interlocuteurs remarquait que l'article signé G. G. L. (celui de Leibniz) était fort intéressant, mais qu'il y manquait précisément une définition du concept de substance. Or il se trouve que Leibniz a pris des extraits de ce *Dialogue* et les a annotés ; à la suite de ces annotations, figure, couvert de nombreuses ratures, l'essai de définition suivant :

> [*Traduction*] La Substance est un Être complet d'une parfaite unité. La substance n'a donc pas de parties, autrement elle ne serait pas d'une parfaite unité, elle ne serait pas une substance mais des substances. Être complet est ce qui a un concept complet, c'est-à-dire duquel peut peuvent être déduits tous [les prédicats] qui sont dits du même sujet.
>
> Concret, plein, un.
>
> Plein, c'est-à-dire qui enveloppe tous les prédicats du même sujet — et est séparé en tant que concret des accidents, en tant que plein des [êtres] incomplets, en tant qu'un des agrégats.
>
> Est-ce ainsi : Sujet, dernier, plein, un ?
>
> Il suffira [de dire] : la *Substance* est un Être un plein. Un comme homme, et non armée ; plein comme Homme, et non âme, ni vertu. Ou bien la *Substance* est un Être simple complet [111].

Ce fragment représentatif d'une recherche définitionnelle en travail montre comment la notion complète restitue à l'être même dont elle est la notion son caractère de complétude : ainsi est retrouvée finalement la définition traditionnelle de la substance comme être complet, dont Leibniz était parti pour arriver à la notion homonyme : la boucle est bouclée. La complétude est déclinée dans les trois caractères du concret, du plein, et de l'un. Et, après plusieurs tentatives, le caractère de l'un se déplace sous un terme jusqu'alors inédit : *simple*[112]. Si le syntagme de *substance simple*, qui fera la définition nominale de la monade, n'est pas encore constitué, la formule obtenue est pour ainsi dire prête à en suggérer l'usage[113].

Le Système nouveau (1695) :
du « point métaphysique » à la « substance simple »

C'est précisément ce qui adviendra l'année suivante, quand Leibniz consentira enfin à rendre public un premier exposé de sa métaphysique, en français cette fois, et dans le *Journal des savants*. Ce n'est pas un hasard si, dès les premières lignes du *Système nouveau de la nature et de la communication des substances*, il soit fait référence à la correspondance avec Arnauld plutôt qu'au *Discours*, qui semblera disparu de sa mémoire[114]. Leibniz évoque la « rétractation » d'Arnauld, et la cessation de ses réserves à l'égard des propositions contestées, ce qui ne peut désigner de façon vraisemblable que l'aveu contenu dans la lettre du 28 septembre 1686, qui met fin à la première phase de l'échange (cf. *supra*, note 101). De même, l'article ne fait plus aucune mention de la doctrine de la notion complète[115]. Il est remarquable en revanche que le texte publié évince la détermination théologique de la problématique du *Discours*, au profit d'un exposé de forme autobiographique dont la ligne conductrice est celle de l'approfondissement des concepts de la seule philosophie de la nature[116]. Il comporte ensuite deux moments distincts, qui répondent exactement aux deux sujets de discussion sur lesquels s'est concentrée la seconde phase de l'échange avec Arnauld : d'une part l'union de l'âme et du corps, selon la thèse de la concomitance ou de l'accord sans interaction physique, d'autre part la détermination de l'unité substantielle. Alors que dans les lettres de 1686-1687 les deux discussions étaient simplement juxtaposées dans cet ordre, l'exposé de 1695 inverse la séquence, en mettant en scène une péripétie qui fait apparaître le problème de l'union de l'âme et du corps comme un rebondissement inattendu de la solution apportée à celui de l'unité substantielle[117]. S'agissant de la destinée qui sera celle de la première diffusion du leibnizianisme, il n'est pas indifférent de noter que c'est à peu près exclusivement l'explication proposée de l'union qui occupera les débats publics, avec l'abbé Simon Foucher et avec Pierre Bayle notamment, que suscitera le *Système nouveau* ; c'est du reste à l'occasion des éclaircissements qu'il versera à ces débats que Leibniz inventera l'expression d'*Harmonie préétablie*[118], que relaiera celle de *Système de l'Harmonie préétablie* : il en résultera des distorsions de l'image reçue de la philosophie de Leibniz, sur lesquels nous n'avons pas à nous arrêter ici[119]. En revanche, on notera que l'avènement de la monade interviendra dans la voie ouverte par la doctrine de l'unité de substance, en dehors du débat public, et dans ce que l'on peut bien appeler à cet égard le versant ésotérique de la formation de la pensée de Leibniz.

Texte de transition, le *Système nouveau* n'est plus le *Discours de métaphysique*, et il n'est pas encore la *Monadologie* ou les *Principes de la nature et de la grâce.* Il faut débrouiller la complexité de ses formulations en les replaçant dans une trajectoire dont sans doute l'allure générale est définie, mais dont l'aboutissement n'est pas pour autant fixé d'avance[120]. Pour la clarté de l'analyse, il convient de distinguer deux moments, même si le texte les compose intimement l'un avec l'autre : d'une part, la mise en avant d'une formule nouvelle de l'argument de réhabilitation des formes substantielles, d'autre part, le déploiement des comparaisons de l'unité substantielle avec les idéalités mathématiques de l'unité arithmétique et du point géométrique, dans la voie ouverte par les entretiens avec Fardella (cf. Appendice II-1).

On est encore tout près des formules de la lettre à Arnauld du 30 avril 1687 (GP II, 96, Le Roy, 164, texte cité *supra* p. 90), lorsque Leibniz présente, à l'encontre de l'histoire telle qu'elle s'était réellement passée, la reprise des formes substantielles comme apportant une réponse à la requête de « véritable unité », alors que c'est bien plutôt, à l'inverse, pour justifier à nouveaux frais leur usage déjà acquis qu'il a été conduit à formuler cette demande :

> Après bien des méditations, je m'aperçus qu'il est impossible de trouver les principes d'une véritable unité dans la matière seule ou dans ce qui n'est que passif, puisque tout n'y est que collection ou amas de parties jusqu'à l'infini. Or la multitude ne pouvant avoir sa réalité que des unités véritables, qui viennent d'ailleurs et sont tout autre chose que les points, dont il est constant que le continu ne saurait être composé ; donc, pour trouver ces *unités réelles*, je fus contraint de recourir à un atome formel, puisqu'un être matériel ne saurait être en même temps matériel et parfaitement indivisible, ou doué d'une véritable unité. Il fallut donc rappeler et comme réhabiliter les *formes substantielles*, si décriées aujourd'hui, mais d'une manière qui les rendît intelligibles et qui séparât l'usage qu'on doit en faire, de l'abus qu'on en fait. Je trouvai donc que leur nature consiste dans la force, et que de cela s'ensuit quelque chose d'analogique au sentiment et à l'appétit ; et qu'ainsi il fallait les concevoir à l'imitation de la notion que nous avons des *âmes* (GP IV, 478, Frémont [b], 66, suivant dans les deux cas la leçon donnée en note)[121].

L'enchaînement paraît limpide, et comme associant sans heurt des formules qui s'appellent familièrement les unes les autres : la substance réclame une unité indivisible qui, ne se trouvant pas dans la matière, réside dans un « atome formel » : et voilà la forme substantielle toute (re)trouvée ! Mais l'essentiel pour Leibniz est ailleurs, dans la réponse apportée ici aux perplexités que pouvait susciter l'article précédent, *Sur la réforme de la philosophie première :* le concept dynamique de force apporte à la fois l'éclaircissement et la justification majeure, tel qu'il peut désormais être exposé à partir des acquis du grand travail d'élaboration doctrinale menée par Leibniz durant son voyage en Italie [122] ; à quelques semaines de là, les lecteurs des *Acta eruditorum* de Leipzig en sauront quelque chose par la publication d'un *Specimen dynamicum* [123], qui est en quelque sorte le pendant du *Système nouveau.*

Les correspondances de la même période attestent l'ampleur de l'effort déployé par Leibniz pour faire accréditer, en même temps que les théorèmes de sa « nouvelle science de la puissance et de l'action », la capacité de ses concepts à rendre intelligible la notion de substance. Nous avons précédemment observé comment la notion de la force, telle que Leibniz l'a constituée sur le terrain de l'établissement des lois de la nature en l'exprimant dans la formule mv^2, est intervenue dans la justification de la réhabilitation des formes substantielles (cf. *supra*, p. 37 et p. 66 sq.). Désormais, et pour nous en tenir ici à l'essentiel, la même notion de la force apparaît comme un moyen d'unification théorique, tout en préservant la spécificité ontologique des niveaux de la réalité, phénoménale et substantielle. La force, telle qu'elle s'expose dans la production du mouvement et qu'elle se mesure par mv^2 à partir de ses effets, et notamment à partir de la communication apparente du mouvement dans les chocs, est dite désormais *force dérivative*. Elle relève du phénomène. Corrélativement, se trouve introduit un nouvel emploi du concept, par la désignation d'une *force primitive*, attribut de la substance, qui comme telle ne relève plus de l'étendue et du mouvement, mais consiste dans la perception et l'appétition, qui fait passer d'une perception à une autre. Ainsi doit se trouver levée, au moins en partie, l'ambiguïté qui affectait le rapprochement entre forme et force, tel qu'il était avancé à l'article XX du *Discours de métaphysique*. C'est bien la force primitive qui hérite des fonctions et caractères de la forme substantielle réhabilitée, dont l'éviction du plan des phénomènes peut être alors pleinement assumée, tandis que les forces dérivatives jouent exclusivement sur ce plan [124]. Reste que, pour qu'il y ait quelque chose de réel, et non d'imaginaire seulement, dans les phénomènes, il faut qu'en deçà du jeu des échanges cinétiques apparents régis par la conservation des forces dérivatives, il y ait des réalités substantielles. Or, par la forme, elles sont pensées comme analogues au Moi, c'est-à-dire comme susceptibles de perception, au sens large que Leibniz donne à ce terme de représentation expressive de l'univers dans l'unité du percevant [125]. En ce sens, la forme peut bien être dite encore une force (primitive), dans la mesure où la force désigne en général l'état présent qui tend de lui-même à son conséquent, si rien ne l'empêche [126], et cet état peut être aussi bien l'état instantané de mouvement qu'un état représentatif ou une perception. De même que la force, cause du mouvement dans les corps, se mesure par son état futur, de même toute perception présente enveloppe le passage à une nouvelle perception, que Leibniz nommera appétition. Ce passage permet encore de reconnaître dans l'unité de la substance « quelque chose de vital » (GP IV, 483, Frémont [b] 71). Le bénéfice de clarté conceptuelle que

Leibniz estime avoir atteint par cette nouvelle analyse de la signification de la force l'incite, après la réhabilitation des formes substantielles, à reprendre à son compte la notion aristotélicienne d'*entéléchie* :

> Aristote les appelle [les formes substantielles] *entéléchies premières*, je les appelle peut-être plus intelligiblement *forces primitives*, qui ne contiennent pas seulement l'*acte* ou le complément de la possibilité, mais encore une activité originale (GP IV, 479, Frémont [b], 67).

La force primitive n'est donc rien d'autre que le nom plus intelligible de ce qu'Aristote désignait en définissant l'âme comme « l'entéléchie première d'un corps naturel organisé » [127]. Ainsi dédoublé, le concept de force permet de penser à la fois la distinction et le raccord des deux niveaux de la réalité substantielle et des phénomènes qui en résultent [128].

Comme l'observe justement Antonio Lamarra, le *Système nouveau* ne tranche pas encore en cela de façon décisive l'ambiguïté de l'emploi des formes substantielles, dont l'incompréhension d'Arnauld nous avait fourni l'indication : « Dans le *Système nouveau*, les formes substantielles jouent le double rôle de fournir l'élément unitaire, ultime et constitutif, et d'opérer comme éléments unifiants de la multiplicité organique : si la matière n'est pas pure étendue, les organismes vivants ne sont pas de pure machines [129]. » Il est clair, en ce sens, que le *Système nouveau* n'est pas une protomonadologie sous un vocabulaire différent, ou encore incomplet.

Du point de vue lexical, l'avancée majeure que le texte du *Système nouveau* accomplit en direction de la monade réside dans l'élaboration de distinctions conceptuelles dans l'interprétation de la notion de *point*. En effet, si, dans les lettres à Arnauld, Leibniz avait introduit la considération de la « véritable unité », en faisant référence, au moins implicitement, à la composition numérique des « multitudes » à partir des unités, la notion de point n'avait été mentionnée en passant que pour être écartée, au motif que le point ne peut produire aucune composition (GP II, 96, Le Roy, 164, cité ci-dessus p. 92). Une démarche nouvelle, et décisive, va s'engager par l'essai d'éclaircissement des rapports entre les trois entités voisines que sont l'unité-substance, l'unité-nombre et le point. La considération de l'atome physique venant s'y adjoindre, c'est dans un système formé de quatre éléments qu'il va falloir désormais faire apparaître, en préservant les oppositions et les incompatibilités, un réseau de correspondances et d'analogies. De ce réseau pourra bientôt surgir, d'abord par un simple jeu d'écriture, l'emploi de la monade. Voici comment le texte du *Système nouveau* en expose la mise en place :

> Les *atomes de matière* sont contraires à la raison : outre qu'ils sont encore composés de parties, puisque l'attachement invincible d'une partie à l'autre (quand on le pourrait concevoir ou imaginer avec raison) ne détruirait point leur diversité. Il n'y a que les *atomes de substance*, c'est-à-dire les unités réelles et absolu-

> ment destituées de parties, qui soient les sources des actions, et les premiers principes absolus de la composition des choses, et comme les derniers éléments de l'analyse des choses substantielles. On les pourrait appeler *points métaphysiques :* ils ont *quelque chose de vital* et une espèce de *perception*, et les *points mathématiques* sont leur *point de vue* pour exprimer l'univers. Mais quand les substances corporelles sont resserrées, tous leurs organes ensemble ne font qu'un *point physique* à notre égard. Ainsi les points physiques ne sont indivisibles qu'en apparence ; les points mathématiques sont exacts, mais ce ne sont que des modalités ; il n'y a que les points métaphysiques ou de substance (constitués par les formes ou âmes), qui soient exacts et réels, et sans eux il n'y aurait rien de réel, puisque sans les véritables unités il n'y aurait point de multitude (GP IV, 482-483, Frémont [b] 71).

Tels sont les apports directement constatables de la version du *Système nouveau* publiée par le *Journal des savants.* La thèse monadologique y est formulée da façon aussi explicite que dans la dernière phase de l'échange avec Arnauld : « La multitude ne pouvant avoir sa réalité que des unités véritables [...] s'il n'y avait point de véritables unités substantielles, il n'y aurait rien de substantiel ni de réel dans la collection[130]. » Deux exploitations de la thèse préparent la constitution prochaine du concept même de monade, en attente de sa dénomination : a. l'identification de l'unité véritable avec l'âme, le Moi, ou ce qui est analogue à l'âme relativement à tous les corps organiques ; sur ce plan, la réhabilitation des formes substantielles est prolongée par celle de la notion d'entéléchie, éclairée par la nouvelle disposition dédoublée du concept de force ; en outre, le renfort des observations atteste l'omniprésence de l'organique et donc de l'animé dans toute la nature ; b. un jeu subtil de correspondances se met en place pour signifier le double rapport d'assimilation formelle et de distanciation entre la structure du réel et celle des idéalités mathématiques.

Mais ce n'est pas tout : car Leibniz est revenu sur son texte, et, à partir d'une copie qu'il avait fait prendre de l'article, il l'a retravaillé en y apportant des corrections non négligeables. C'est ainsi que le passage déjà cité, amorçant le rappel de la réhabilitation des formes substantielles, se trouve remanié dans le sens d'une mise en concours expresse des *unités* et des *points*, comme pour rendre ce passage concertant avec celui qui vient plus loin dans le corps de l'article :

> Or la multitude ne pouvant avoir sa réalité que des unités véritables, qui viennent d'ailleurs et sont tout autre chose que les points MATHÉMATIQUES, QUI NE SONT QUE DES EXTRÉMITÉS DE L'ÉTENDU ET DES MODIFICATIONS, dont il est constant que le continu ne saurait être composé ; donc, pour trouver ces *unités réelles*, je fus contraint de recourir à UN *POINT RÉEL ET ANIMÉ*, POUR AINSI DIRE, OU À UN ATOME DE SUBSTANCE QUI DOIT ENVELOPPER QUELQUE CHOSE DE FORMEL OU D'ACTIF, POUR FAIRE UN ÊTRE COMPLET. Il fallut donc rappeler et comme réhabiliter les *formes substantielles* [...] (GP IV, 478, Frémont, [b] 66, nous imprimons en petites capitales les innovations apportées).

Une ultime avancée est apportée par Leibniz quand il relit le développement sur l'ingénérabilité des formes indivisibles. Il avait fait imprimer d'abord dans le *Journal* :

> Je voyais que ces formes et ces âmes devaient être indivisibles, aussi bien que notre esprit, comme en effet je me souvenais que c'était le sentiment de saint Thomas à l'égard des âmes des bêtes. Mais cette vérité renouvelait les grandes difficultés de l'origine et de la durée des âmes et des formes. Car toute substance qui a une véritable unité ne pouvant avoir son commencement ni sa fin que par miracle, il s'ensuit qu'elles ne sauraient commencer que par création ni finir que par annihilation.

Cette dernière phrase est amendée par la simple adjonction de deux mots, mais c'est ainsi qu'un tournant décisif est opéré, qui va définitivement implanter dans le lexique leibnizien le définissant ultérieur de la monade, avant même que le défini soit utilisé :

> Car toute substance *SIMPLE* OU qui a une véritable unité ne pouvant avoir son commencement ni sa fin que par miracle, il s'ensuit [...] [131].

Cette relecture par Leibniz a certainement suivi de peu la parution de l'article. Dès ce moment-là, « substance simple », qui sera l'équivalent définitionnel canonique de « monade », devient d'usage constant et courant sous la plume de Leibniz [132].

Soit donc, au terme de cette mise en quatre du lexique, le tableau des correspondances et des oppositions : nous partons de la requête d'unités, toujours nécessaires, sur le modèle euclidien du nombre entier, pour composer une multitude [133]. Mais il s'agit là d'unités *véritables*, ou encore *réelles*, ou de *véritables unités substantielles :* véritables, parce que, à la différence de l'unité numérique, elles sont absolument *destituées de parties*, alors que le nombre un peut toujours être divisé en fractions.

Indivisibles donc, et, au sens strictement étymologique du mot, des *atomes :* mais pas les atomes de matière de la physique de Démocrite ou d'Épicure, dont le concept est contradictoire (la matière est divisible à l'infini), plutôt des *atomes de substance* ou encore des *atomes formels*. Or l'absence de parties est aussi chez Euclide la caractéristique définitionnelle du *point* géométrique [134], qui, à la différence du point apparent de l'atome, est un point exact, mais idéal seulement : les substances seront donc des points aussi exacts que ceux de la géométrie, mais *réels*, en bref, des *points métaphysiques*. Mais être sans parties ou indivisible, c'est être exclusif de toute composition par adjonction d'éléments : et cela se dit *simple*. De là, en fin de compte, la formule qui rassemble et unifie toutes les autres : *substance simple ou qui a une véritable unité*.

En outre, les points réels sont dits *animés ;* ils ont *quelque chose de vital*. Ils ne font en cela que récupérer les caractéristiques déjà associées à la notion de forme substantielle, et que sont venues confirmer les notions réputées équivalentes d'entéléchie et de force primitive. À terme, ils seront reconnus comme des *principes de vie* [135].

Enfin, une liaison s'établit entre les deux espèces recevables de points exacts : les points mathématiques sont les « *points de vue* » sous lesquels chaque unité de substance exprime l'univers. Le concept d'expression manifeste une fois de plus sa puissance unificatrice en suggérant comment la métaphore du point de vue permet de raccorder l'ordre réel des substances à l'ordre idéal des entités mathématiques. L'étendue, dont le continu mathématique dégage les propriétés abstraites, est elle-même fondée sur le caractère de « localité » qui affecte les substances créées. Comme l'a profondément remarqué Martial Gueroult, il faut pour cela que le point soit conçu non seulement comme extrémité de la ligne, de sorte qu'aucune réunion de points, même en nombre infini, ne peut constituer une étendue, mais qu'il soit aussi admis comme position ou localité [136]. En ce sens, Leibniz pourra écrire plus tard que « la substance simple, même si elle ne contient pas l'étendue, a néanmoins une position, qui est le fondement de l'étendue, puisque celle-ci est la répétition simultanée de la position, comme nous disons que la ligne vient de la fluxion du point [137] ».

Soit donc le tableau synoptique qui réunit tous les éléments de ce lexique :

Unité(s) véritable(s), réelle(s), substantielle(s)	Unités divisibles en fractions	Idéalités mathématiques
Destituées de parties Points exacts et réels, et animés Points métaphysiques, avec quelque chose de vital et une espèce de perception	Points mathématiques, exacts mais des modalités seulement Points de vue	
Atomes de substance, atomes formels Substances simples	Atomes matériels = Points physiques, réels mais apparents	Réalité physique (phénomènes)

Avec cette nouvelle thématique de l'unité et du point, la monade était désormais pour ainsi dire à portée de plume.

Il y a là du reste de quoi répondre aux interrogations sur ce qui a pu suggérer à Leibniz l'emploi de cette dénomination. On a soutenu qu'il s'agissait d'un emprunt à Giordano Bruno, ou à Henry More, à moins que ce ne soit à Cudworth, et, plus récemment, d'une suite des rencontres avec François-Mercure van Helmont[138]. Mais la question des éventuels emprunts a moins d'intérêt que celle de l'articulation interne des significations dans la constitution génétique des concepts et du lexique leibniziens[139]. On se souviendra simplement des définitions pythagoriciennes, puis euclidiennes, de l'un et du point, rappelées plus haut (notes 133 et 134), pour ne rien dire des spéculations platoniciennes et plotiniennes. Cet arrière-plan ne pouvait pas être absent de la mémoire de Leibniz, qui s'est beaucoup occupé et à plusieurs reprises de la doctrine du point[140]. Dès lors qu'était admise la caractérisation des éléments substantiels ultimes comme des unités et comme des points métaphysiques, l'absence de parties, et donc la simplicité, en résultait naturellement, et tout aussi naturel était le recours au vieux mot de « monade ». Il est d'ailleurs caractéristique que le texte où l'on s'accorde à trouver la première occurrence connue, à la fin du brouillon de la lettre au marquis de l'Hôpital du 22 juillet 1695, expose le terme dans sa tournure originellement grecque :

> Ainsi selon moi toute substance exprime déjà par avance et se produit à elle-même par ordre tout ce qui lui arrivera intérieurement à jamais, Dieu s'étant proposé de n'y concourir que conformément à ces délinéations primitives ou à la nature primitive de la chose dont les suites ne sont que des développements de l'avenir [...]. La clé de ma doctrine sur ce sujet consiste dans la considération de ce qui est proprement une unité réelle, *Monas* (GM II, 295)[141].

En ce sens, l'opération langagière par laquelle Leibniz se réapproprie la monade n'est pas intrinsèquement différente de celle qui lui fait réemployer « atome » en un sens qui n'est plus celui de l'atomisme physique : il s'agit bien aussi d'une unité ponctuelle en une acception qui n'est pas non plus celle de l'idéalité arithmétique et géométrique. Plus donc que d'une source exploitée par un emprunt invérifiable à tel ou tel auteur contemporain ou récent, le sens proprement leibnizien de la monade se reconnaît à partir de la constitution antérieure d'un réseau conceptuel associé à un lexique dont « monade » était solidaire depuis près de vingt-deux siècles.

On ne s'étonnera donc pas de retrouver le même vocabulaire mis en œuvre lors de la première publicité donnée au terme de monade dans la lettre que Leibniz a adressée le 13 septembre 1696 au répondant des entretiens de Venise, l'abbé Michel Fardella :

> [*Traduction*] L'essentiel de la question me paraît consister dans la vraie notion de la substance, qui est la même que la notion de Monade, ou d'une unité réelle et pour ainsi dire d'un atome formel, ou d'un

point essentiel, — car il ne peut y avoir [d'atome] matériel, ce pourquoi on cherche en vain l'unité dans la matière ; et le point mathématique n'est pas essentiel, mais modal, ce pourquoi le continu n'est pas constitué de points, et pourtant tout ce qui est substantiel découle des unités (FC, 326).

2. *La constitution du concept de monade*

Comme nous l'avons déjà suggéré, l'introduction du concept de monade, à l'issue d'un travail complexe sur la question de la réalité substantielle des corps, répondait à un besoin d'unification ontologique : concept d'extension véritablement universelle, la monade permet de penser toute réalité et le tout de la réalité. En même temps, elle intervenait comme un opérateur de la naturalisation du champ métaphysique. Non sans doute que la visée théologique soit oubliée, ni, avec elle, la supériorité des esprits, membres de la Cité de Dieu, sur le reste de la création [142] ; mais cette supériorité se définit désormais selon une ligne ascendante ordonnatrice d'une réalité totale qui a d'abord été conçue de façon unitaire sous l'univocité de la monade. Autre chose est de poser d'abord, comme le faisait le *Discours de métaphysique*, un concept de substance propre à des substances individuelles, ellesmêmes identiques de fait aux esprits agissants et connaissants, et de se demander ensuite en quel sens les corps peuvent encore être des substances, — autre chose est de partir de la caractérisation indifférenciée de la monade en tant que telle, au maximum d'extension et de simplicité du concept, et d'introduire ensuite un ordre et des divisions dans son champ d'application. Comme l'observait profondément Baruzi, Leibniz procède alors à une « croissante introduction du point de vue cosmique faisant s'estomper de plus en plus la manière dont [il] entendait vers 1685 la précellence des esprits[143] ». Les notions de *vie*, de *vivant* et d'*organisme* viennent désormais occuper le devant de la scène métaphysique. Universalité de la vie, omniprésence des corps organiques désignent les éléments fondamentaux du peuplement de la réalité, dans une intuition dont pourront se dire héritières les philosophies de la nature postkantiennes et romantiques :

> Ainsi il n'y a rien d'inculte, de stérile, de mort dans l'univers, point de chaos, point de confusion qu'en apparence ; à peu près comme il en paraîtrait dans un étang à une distance dans laquelle on verrait un mouvement confus et grouillement pour ainsi dire de poissons dans l'étang sans discerner les poissons mêmes (*Monadologie*, § 69).

Du point de vue des corrélations notionnelles, ce changement de vision se traduit par des relais et des substitutions remarquables : ni *forme substantielle* ni *entéléchie* ne disparaissent du lexique au seul avantage de *monade*, puisque, pour une part de ses fonctions, celle-ci répond aux mêmes exigences qui avaient suscité le recours aux deux autres ; en ce sens-là, les textes associent ces termes comme de quasi-équivalents[144]. En revanche, *substance individuelle* s'efface, et le recours à la notion complète et au *praedicatum inest subjecto* disparaît. De là, la disparition des mentions de

César, d'Alexandre, et des autres acteurs de nos histoires, dans l'anonymat désormais des monades omniprésentes, toutes différentes assurément les unes des autres, mais dans la prolifération d'un monde de la vie plus riche de formes que les annales des destinées singulières des hommes en pourront jamais nommer d'un nom propre.

Pour autant, la notion de monade, tout en répondant à une exigence d'intelligibilité par la simplicité, comporte à son tour de redoutables difficultés, qui se reconnaissent dans la pluralité de ses justifications et de ses emplois.

Leibniz nous en donne lui-même une indication, en rappelant à l'occasion qu'aucun de ses écrits publiés ne donne à cet égard l'exposition complète et cohérente d'une doctrine qui devait rester, pour les contemporains, essentiellement ésotérique :

> Dans les pages que j'ai écrites en français où il est question du Système de l'Harmonie préétablie, j'ai pris l'âme seulement en tant que substance spirituelle, mais non point comme entéléchie du corps, parce que cela ne touchait pas au sujet qui m'intéressait alors, savoir l'explication de l'union du corps et de l'âme ; et c'est tout ce que voulaient les Cartésiens. En outre, non seulement l'entéléchie adéquate du corps organique mais aussi toutes les entéléchies partielles concourent aux actions qui s'exercent selon une loi mécanique. Car les forces dérivatives, avec leurs actions, sont des modifications des forces primitives ; ce que j'ai expliqué dans ma dispute en latin avec Sturm ; et il faut joindre les deux écrits [145].

On retiendra ici, outre une information utile sur les modalités de la communication leibnizienne, la mention d'une sorte de dédoublement de l'entéléchie, qui désigne à la fois l'« entéléchie adéquate du corps organique », mais aussi les « entéléchies partielles » qui entrent dans l'agrégat. Ce qui vaut de l'entéléchie vaut tout autant de la monade, dont elle exprime l'activité. Cela mérite examen.

L'exposé de la *Monadologie*, comme du reste celui des *Principes de la nature et de la grâce*, rend compte tout d'abord du pouvoir d'unification attendu du concept de monade : tout ce qui est véritablement relève indistinctement de la même notion univoque de substance simple ou d'unité véritable. L'examen des modalités sous lesquelles cette notion est introduite et constituée permettra d'en reconnaître la cohérence et d'en mesurer aussi certaines difficultés intrinsèques.

A. Atomistique formelle

« Et ces Monades sont les véritables Atomes de la Nature et, en un mot, les Éléments des choses » (*Monadologie*, § 3).

Quoi qu'il en soit de l'adhésion que Leibniz aurait pu donner, pendant une brève période de sa prime jeunesse, à l'atomisme physique (cf. *supra*, p. 33), la condamnation qu'il en a portée est demeurée chez lui constante dans sa rigueur et dans ses raisons : des corps étendus indivisibles, qui devraient être d'une dureté infinie pour s'opposer à toute séparation de leurs parties, sont contraires à l'ordre et à l'intelligibilité de la nature[146]. Il n'en reste pas moins que si le transfert du mot même d'atome à la dénomination des monades est concevable et légitime, c'est qu'il faut bien que son premier emploi n'ait pas été complètement privé de sens. C'est ce que permet de préciser la rencontre avec les conceptions de Cordemoy, que Leibniz, en 1705, rappelle en ces termes :

> Feu Mons. Cordemoy en a été bien embarrassé dans son livre du discernement du corps et de l'âme. Et Monsieur Arnauld me fit ressouvenir de ce livre, lorsque je lui communiquai ma doctrine des Unités. M. Cordemoy donc, voyant que les choses composées devaient être le résultat des choses simples, fut forcé, tout Cartésien qu'il était, d'avoir recours aux Atomes, en abandonnant son maître, c'est-à-dire de recevoir de petits corps d'une dureté insurmontable, qu'il prenait pour les premiers Éléments ou pour les substances les plus simples qui soient dans la matière [147].

À vrai dire, la suggestion d'Arnauld, comme nous l'avons vu, n'avait pas été provoquée par la communication de la « doctrine des unités », mais par l'emploi singulier fait par Leibniz de la notion de forme substantielle, dans laquelle la perspicacité du vieux théologien avait reconnu qu'il s'agissait du principe d'unité des corps (cf. *supra*, p. 83 et 88). Leibniz pouvait alors se ressouvenir d'une lecture encore récente, puisque c'est en 1685 qu'il avait pris connaissance, en l'annotant, de la traduction latine du *Traité du discernement de l'âme et du corps*. Sa note de lecture est à cet égard instructive [148].

Leibniz y met en évidence la façon dont Cordemoy distingue, à l'encontre de l'habitude de les confondre, la matière et les corps : la matière n'est pas substance, le corps en est une. La matière est plutôt un assemblage de corps, dont chacun est une substance identique et unique, qui ne peut donc être divisée, ni changer de figure, ni être pénétrée ; car « aucune substance ne peut être divisée en elle-même ». Voici donc le noyau du « cartésianisme » de Cordemoy, tel que résumé par Leibniz :

> [*Traduction*] Un corps ne peut avoir de parties, mais la matière si. L'idée de la substance étendue est absolument claire, mais on la confond à tort avec les perceptions de la matière. Tout étendu n'est pas divisible. Il faut considérer les choses non comme elles apparaissent, mais comme elles sont ; il n'y a d'étendue dans la matière que parce que chaque corps dont elle est constituée en est doté, et la masse est donc divisible parce qu'elle est composée de parties qui sont diverses substances (A VI, 4 B, 1798).

Les quelques observations critiques dont Leibniz parsème sa lecture comportent d'abord le rappel d'un thème bien connu : Cordemoy « s'est trompé en ce qu'il n'a pas reconnu qu'il y a dans la substance corporelle, outre l'étendue, quelque chose d'autre dont procède en effet la notion même de substance, que l'étendue seule ne peut fournir. Et c'est la puissance ou vertu d'agir et de pâtir, suivant l'axiome universellement reçu que les actions sont le fait des substances *(actiones sunt suppositorum)* » (A VI, 4 B, 1799). Toutefois, au-delà de l'invocation trompeuse de la clarté de l'idée, une conciliation est possible :

> [*Traduction*] Il est remarquable que tant les cartésiens vulgaires, qui tiennent tout étendu pour divisible, que le semigassendiste Cordemoy, qui estime que toute substance est indivisible et véritablement

> une, en appellent aux idées. Peut-être que l'un et l'autre peuvent s'accorder à mon sentiment, si en effet tous les corps organiques sont animés et si tous les corps sont ou organiques ou des collections de corps organiques ; toute masse est alors divisible, mais la substance même ne peut pas être divisée ni s'éteindre [...]. L'auteur éminent a vu la vérité confusément et au travers d'un nuage, mais il n'a pu la démontrer exactement (*ibid.*, 1798)[149].

Cordemoy avait donc bien vu que « la substance demande une véritable unité » (GP II, 96, Le Roy, 164), mais il avait eu tort d'assigner cette unité à l'élément intrinsèquement contradictoire d'un corps qui serait encore quelque chose d'étendu tout en étant indivisible. L'unité véritable exige une indivisibilité absolue qui implique rigoureusement l'absence de parties et donc toute étendue. Si l'on veut donner des répondants au seul sens exact de la dénomination d'atome, c'est-à-dire d'un élément véritablement indivisible, ils ne peuvent jamais se trouver dans quelque chose de corporel ou, plus généralement, de matériel : ils sont donc essentiellement des « atomes formels », selon l'expression utilisée dans le *Système nouveau*[150]. On dissipera le nuage qui a empêché Cordemoy de reconnaître toute la vérité en déplaçant son argument du matériel au formel, en dématérialisant les atomes, et en les situant dans des formes qui peuvent bien alors être encore appelées substantielles, mais qui seront bientôt mieux nommées monades.

On parlera donc désormais aussi bien de « vrais atomes » (opposés alors à « atomes matériels »)[151], ou d'« atomes de substance »[152] (ce qui en soi fait pléonasme si la substance consiste dans l'unité indivisible). Et l'indestructibilité des « faux » atomes d'une mauvaise physique rend d'autant plus acceptable celle des vraies substances de la bonne métaphysique : « Je ne vois point pourquoi il y aurait moins d'inconvénient à faire durer les atomes d'Épicure ou de Gassendi, que de faire subsister toutes les substances véritablement simples et indivisibles, qui sont les seuls et vrais atomes de la nature » (*Théodicée*, § 89).

B. L'idéal et l'actuel

Jusqu'à un certain point, les notions mathématiques, précisément par leur caractère d'idéalité et de non-matérialité, peuvent servir de guide pour penser ces atomes d'un nouveau genre, soit sur le modèle de l'unité arithmétique, principe de tout nombre considéré comme une multitude déterminée, soit sur celui du point, qui est proprement inétendu et sans parties. Mais jusqu'à un certain point seulement : en effet, une ambiguïté intrinsèque du concept de monade peut s'observer à partir de la distorsion des deux analogies mathématiques qui en soutiennent la constitution : celle de l'unité et celle du point.

Les composés sont des agrégats ou des multitudes, et, à ce titre, ils sont, comme la multitude constitutive du nombre entier, faits d'unités[153]. Chaque agrégat réunit ainsi plusieurs monades. Un corps, en tant qu'il est considéré comme une masse étendue concrète, est un tel agrégat, et il est donc corrélé à une pluralité de monades, qui sont *les* unités dont sa réalité phénoménale est dérivée. Cependant, la division à l'infini de l'agrégat marque la limite de l'analogie avec la composition du nombre entier. En raison même de cet enveloppement de l'infini, il ne peut y avoir homogénéité entre les unités et ce qu'elles composent. Alors que l'unité arithmétique est homogène au nombre (fini) qu'elle constitue par sa répétition, les monades ne sont pas des parties de l'agrégat dans lequel elles entrent. Elles y sont plutôt comme les fractions sont dans l'unité, ou comme les points sont dans la ligne. Or l'unité n'est pas composée des fractions : s'il est vrai « dans les choses nombrées » que 1/2 + 1/2 = 1/4 + 1/4 + 1/2 = ... = 1, à l'égard du nombre abstrait, l'unité est antérieure aux fractions qui ne s'obtiennent que par ses subdivisions. Pas davantage une ligne ne peut être considérée, selon Leibniz, comme un ensemble de points.

Mais, à son tour, l'analogie avec la composition du continu rencontre aussi une limite : la divisibilité de la ligne, comme celle de l'unité arithmétique, est idéale et chaque division actuelle qu'on peut y opérer sera toujours arbitraire ; un même segment peut être divisé à l'infini en moitiés, en tiers, ou selon toute association arbitrairement compliquée, variée à chaque étape, des facteurs de division. Les parties ne sont données que par ces opérations de division effectuées sur l'unité préalable du segment. Les points compris dans le segment sont désignés à chaque fois comme les extrémités des segments partiels obtenus (un point sera assigné, par exemple, par la division d'un segment en deux sous-segments connexes qu'il assigne de part et d'autre). Dans l'idéal, le tout est antérieur aux parties. En revanche, la division infinie d'un agrégat réel est actuelle et déterminée ; dans les réalités, les parties précèdent le tout ou les éléments sont antérieurs à l'agrégat[154]. Ainsi la distinction correctement maîtrisée de la composition actuelle des agrégats à partir de leurs unités réelles et de la composition idéale des entités mathématiques permet-elle aussi de résoudre les contradictions qui nous ont fourvoyés dans le labyrinthe du continu :

> Dans les Actuels, il n'y a que de la Quantité discrète, c'est-à-dire la multitude des monades ou substances simples, mais plus grande que tout nombre, dans chaque agrégat sensible ou répondant aux phénomènes. Mais la Quantité continue est quelque chose d'idéal, qui relève des possibles, ou des actuels considérés comme possibles. Car le Continu enveloppe des parties, alors qu'il n'y a pourtant rien d'indéfini dans les actuels, dans lesquels en effet toute division qui peut être faite est effective. Les choses actuelles sont composées comme le nombre est composé des unités, les choses idéales comme le nombre est composé de fractions : les parties sont en acte dans le tout réel, mais non dans le tout idéal. Mais en confondant les choses idéales avec les substances réelles, tant que nous cherchons des parties actuelles dans l'ordre des possibles et des parties indéterminées dans l'agrégat des actuels, nous avons nous-mêmes introduit des contradictions inextricables dans le labyrinthe du continu (à De Volder, 19 janvier 1706, GP II, 282 [155]).

Cependant, le schème ainsi donné de la composition des choses actuelles, par opposition à l'ordre des idéalités, ne suffit pas à déterminer leur contenu réel. Il faut y faire intervenir la spécificité qui fait des agrégats de monades des corps organiques.

C. Vie et organisme

C'est du reste ce qu'énonce explicitement Leibniz, aussitôt formulée cette opposition :

> Mais dans les réalités où il n'entre que des divisions faites actuellement, le tout n'est qu'un résultat ou assemblage, comme un troupeau de moutons ; il est vrai que le nombre des substances simples qui entrent dans une masse, quelque petite qu'elle soit, est infini, puisque, outre l'âme qui fait l'unité réelle de l'animal, le corps du mouton (par exemple) est sous-divisé actuellement, c'est-à-dire qu'il est encore un assemblage d'animaux ou de plantes invisibles, composés de même outre ce qui fait aussi leur unité réelle ; et quoique cela aille à l'infini, il est manifeste, qu'au bout du compte tout revient à ces unités, le reste ou les résultats n'étant que des phénomènes bien fondés (GP IV, 492).

Jusqu'à présent, chaque agrégat a été rapporté à la pluralité infinie des monades qu'il présuppose comme ses réquisits immédiats, et non proprement comme ses parties. Mais si cet agrégat est lui-même considéré comme une unité qui n'est pas seulement nominale, comme l'est celle d'un tas de pierre ou d'une armée, il lui faut être corrélé à *une unique monade* qui est comme le foyer de son unité. Tel doit être le cas s'il y a des substances corporelles. Un tel foyer d'unité est ce dont nous faisons en nous-mêmes l'expérience dans ce que nous appelons *moi*, dans l'unité simple et indivise qu'enveloppe toute pensée ou toute perception. En cela, tout comme l'analogie du Moi justifiait la clarté du concept de forme substantielle, il y a bien toujours une voie d'accès égologique à la monade[156].

Partout où il y a des corps organiques, dont l'unité n'est pas de simple juxtaposition, quelque chose d'analogue répond à cette fonction d'unicité. Dans cette fonction, la monade reprend à son compte les justifications qui avaient supporté la réhabilitation des formes substantielles. De là que Leibniz associe indifféremment les deux dénominations. Ainsi le même corps peut-il supporter simultanément deux références distinctes à la sphère monadique : en tant que multitude, il renvoie aux unités plurielles qu'il requiert, et en tant que substantiel ou organique il réfère à l'unique monade qui est comme sa forme, ou qui en fait l'entéléchie primitive. Par un dernier contrecoup, les monades désignées par le premier renvoi sont elles-mêmes considérées comme des formes substantielles ou comme des entéléchies, ce qui suppose qu'elles soient aussi, à leur propre niveau, corrélées à une matière seconde qu'elles informent et animent.

Parmi les nombreux textes où cette structure complexe de la composition monadique est explicitée par Leibniz, nous en retiendrons deux, qu'il convient de citer assez longuement pour en retirer la substance. Le premier, écrit par Leibniz en français, se trouve dans une lettre de 1699 à Thomas Burnett :

> Dans les corps je distingue la substance corporelle de la matière, et je distingue la matière première de la seconde. La matière seconde est un agrégé ou composé de plusieurs substances corporelles, comme un troupeau est composé de plusieurs animaux. Mais chaque animal et chaque plante aussi est une substance corporelle, ayant en soi le principe de l'unité, qui fait que c'est véritablement une substance et non pas un agrégé. Et ce principe d'unité est ce qu'on appelle Âme ou bien quelque chose qui a de l'analogie avec l'âme. Mais outre le principe de l'unité la substance corporelle a sa masse ou matière seconde, qui est encore un agrégé d'autres substances corporelles plus petites, et cela va à l'infini. Cependant la matière primitive ou la matière prise en elle-même est ce qu'on conçoit dans les corps, tous les principes de l'unité mis à part, c'est-à-dire ce qu'il ÿ a de passif, d'où naissent deux qualités : resistentia et restitantia vel inertia[157]. C'est-à-dire qu'un corps ne se laisse point pénétrer et cède plutôt à un autre, mais qu'il ne cède point sans difficulté et sans affaiblir le mouvement total de celui qui le pousse. Ainsi on peut dire que la matière en elle-même, outre l'étendue, enveloppe une Puissance passive primitive. Mais le principe de l'unité contient la puissance active primitive, ou la force primitive, laquelle ne se perd jamais et persévère toujours dans un ordre exact de ses modifications internes qui représentent celles du dehors (GP III, 260).

Il s'agit bien d'établir à la fois la réalité d'une véritable « substance corporelle », et d'autre part son irréductibilité à la matière (et *a fortiori*, à l'étendue à laquelle Descartes identifiait la matière). On partira de ce qui est donné par les phénomènes : une substance corporelle *A* (ce corps qui se présente à la perception comme quelque chose d'un) se manifeste d'abord par la matière dite seconde, en ce qu'elle est un résultat dans lequel une multitude de substances corporelles *x*, *y*, *z*, etc. se trouvent réunies ou agrégées. La même structuration se reproduira donc pour chacune des substances *x*, *y*, *z* qui entrent dans l'agrégat, et ce, à l'infini. Mais cette masse ou matière seconde de *A*, s'il s'agit d'une véritable substance, et non d'un simple phénomène comme l'arc-en-ciel, doit posséder un principe interne d'unité, analogue à l'âme, constitué par la puissance ou force active *primitive*. Derechef, chaque principe d'unité propre à *x*, *y*, *z*... est aussi une des unités dont la multitude fait l'agrégat [158]. Supposons qu'on mette à part, par une opération mentale, tous les principes d'unités, c'est-à-dire toutes les forces primitives ou entéléchies qui interviennent à tous les niveaux d'organisation de la substance corporelle : il restera l'abstraction de la matière première, dénuée de toute forme, mais non de toute puissance ou force, puisque, derrière la négation ou la mise à l'écart qui permet de l'obtenir, il reste les caractères positifs de l'impénétrabilité et de la résistance, puissance ou force passive primitive.

Le second document que nous voulons mentionner part non plus de la division notionnelle de la matière en matière première et matière seconde, mais de la dualité qui sépare la monade prééminente des monades subordonnées, selon le même jeu de passage du singulier au pluriel :

> [*Traduction*] Si on prend la masse pour un agrégat contenant plusieurs substances, on pourra cependant concevoir en elle une substance une prééminente, c'est-à-dire quelque chose d'animé par une entéléchie première [159]. En outre, dans la Monade ou substance simple complète [160], je ne conjoins à l'Entéléchie que la force passive primitive rapportée à toute la masse du corps organique, dont les autres monades subordonnées placées dans les organes ne constituent pas des parties, mais qui cependant lui sont immédiatement requises, et concourent avec la Monade première à la substance corporelle organique, qu'elle soit animal ou plante. Je distingue donc : (1) l'Entéléchie primitive ou âme, (2) la Matière au sens de première ou puissance passive primitive, (3) la Monade complétée par ces deux-là, (4) la Masse ou matière seconde, c'est-à-dire la Machine organique, à laquelle concourent d'innombrables Monades subordonnées, (5) l'Animal ou substance corporelle, que la Monade dominante dans la Machine rend Une (lettre à De Volder, 1703, GP II, 252).

On retiendra la clarté énumérative par laquelle Leibniz réunit ici les éléments complets du tableau monadologique, et explicite par là même ce que le texte précédemment cité exposait de façon plus cursive [161]. La réunion de l'entéléchie ou force active primitive et de la matière première ou puissance passive primitive constitue proprement *la* monade. Mais la multitude, plus grande que tout nombre, *des* monades, fait la matière seconde de la machine organique, qui, sous la domination de la monade prééminente, donne l'animal. Le double emploi, pluriel et singulier, de la notion de monade, relativement au même corps, pourrait suggérer une dualité de signification, instaurant un nouveau déséquilibre ou une nouvelle dichotomie ontologique. Mais Leibniz réunit les deux versants fonctionnels de la monade par la théorie de ce qu'il appelle monade dominante ou centrale : *les* monades d'un corps *A*, qui fondent sa réalité dérivée de composé, sont hiérarchiquement subordonnées à *la* monade dominante de *A*, qui fait son unité de composition.

Cette relation hiérarchique appelle deux précisions : elle est absolument universelle et elle est purement idéale. Universelle, en ce sens qu'elle se retrouve partout à tous les degrés de résolution de la matière seconde :

> Il n'y a point d'Âme ou d'Entéléchie, qui ne soit dominante par rapport à une infinité d'autres qui entrent dans ses organes, et l'âme n'est jamais sans quelque corps organique convenable à son présent état (GP IV, 564, Frémont [b], 202).

Mais cette domination n'implique aucune diminution d'existence de la part des monades subordonnées : la hiérarchie ne s'exerce par aucun « commerce » qui restaurerait les illusions de l'interaction causale transitive entre substances. Il s'agit bien toujours de corrélations idéales fondées sur les perfections de chacune des monades, dont la variété répond à leurs degrés d'expression ou de perception plus ou moins distincte, auquel répond la plus ou moins grande complexité du corps organique :

> La domination et la subordination, pour les monades, consiste seulement en degrés de perfection

(à Des Bosses, 16 juin 1712, GP II, 451 ; trad. Frémont, *op. cit.*, 212).

La monade assure ainsi deux modes d'intégration : comme monade dominante ou centrale elle confère pour ainsi dire « par en haut » l'unité de l'agrégat ou du composé et lui donne la réalité d'une substance corporelle, dans un corps organique. En même temps, l'agrégat lui-même ne tire sa réalité dérivée de multitude que « par en dessous », des monades qui sont ses unités constitutives. L'idée d'une hiérarchie où la monade unificatrice de la substance corporelle se subordonne les monades impliquées dans l'agrégat vient ici résoudre la tension entre ces deux fonctions, unificatrice et réalisatrice, du même concept de monade.

On conçoit dès lors que l'universalité d'extension de la monade fasse reconnaître partout de la vie et des vivants. La vie, au sens où Leibniz l'entend, consiste dans la perception et l'appétit, elle est « principe perceptif[162] » ; un être vivant est « doué de perception[163] ». « Il y a de la vie et de la perception partout[164] », et donc, puisqu'« il n'y a pas de perception sans organes », « tout est plein de corps organiques[165] ». Ainsi

> s'il y a dans la Nature d'autres corps organiques vivants que ceux des animaux, comme il y a bien de l'apparence et comme les plantes nous en semblent fournir un exemple, ces corps aussi auront leurs substances simples ou *Monades*, qui leur donneront de la vie, c'est-à-dire de la perception et de l'appétit, quoiqu'il ne soit point nécessaire que cette percep-

tion soit une sensation (à Des Maizeaux, GP VII, 535).

Nous comprenons aussi pourquoi Leibniz, de fait, n'associe jamais un nom propre à la désignation des monades, et n'écrit jamais quelque chose comme « la monade de César » (mais il continue bien sûr de parler à l'occasion de l'« âme de César[166] ») : il préserve ainsi le caractère d'universalité des monades comme éléments derniers du monde, alors qu'on ne pouvait pas dire des substances individuelles au sens du *Discours* qu'elles étaient les éléments du monde (ou les « atomes de la nature »). Du point de vue monadologique, la notion complète de la substance individuelle qu'est César est remplacée par un complexe organique, où une multitude infinie de monades est subordonnée à une monade dominante qui en fait l'entéléchie ou force primitive. Il en est ainsi partout, depuis toujours et pour toujours, suivant l'universalité des lieux comme des temps :

> Depuis le commencement du monde, et pour tout le temps à venir, c'est toujours et sera tout comme ici et tout comme à présent dans le fond des choses, non seulement à l'égard des différents êtres, mais encore à l'égard d'un Être comparé avec soi-même. C'est-à-dire que chaque Être vivant ou doué de perception le demeurera toujours, et gardera toujours des organes proportionnés. La perception aussi bien que la matière étant universelles selon les lieux, le seront aussi selon les temps, c'est-à-dire non seulement chaque substance aura de la perception et des organes, mais encor elle les aura toujours. Je parle ici d'une substance, mais non pas d'un simple assemblage de substances, comme pourrait être un troupeau d'ani-

> maux ou un vivier plein de poissons, où il suffit que les brebis et les poissons aient de la perception et des organes, quoiqu'il faille juger que dans l'intervalle, comme dans l'eau du vivier entre les poissons, il y aura encor d'autres choses vivantes, mais plus petites, et il en sera toujours ainsi sans aucun vide (à Sophie-Charlotte, 8 mai 1704, GP III, 344, Frémont [c], 82-83).

Dans ce « vivier plein de poissons » qu'est désormais l'univers, et qu'est encore chacune de ses parties à l'infini, le nom propre ne trouve plus ses références usuelles.

3. *La monade dans les textes publiés avant 1714*

Nous n'examinerons pas davantage ici le développement des emplois de la notion de monade dans les textes ultérieurs de Leibniz, et notamment dans les correspondances où il a, non sans garder une certaine retenue, communiqué à ses interlocuteurs cette nouvelle manière de dire le mode d'être fondamental de ce qui est [167]. Si la doctrine de la substance individuelle définie par sa notion complète est demeurée totalement inconnue des contemporains et n'a eu, semble-t-il, qu'Arnauld pour unique confident, celle de la monade a certes connu une diffusion, mais sans trouver cependant d'élucidation publique complète et définitive. C'est pourquoi la rédaction de la *Monadologie* a pu suivre celle des *Principes de la nature et de la grâce*, entreprise elle-même pour répondre à une demande d'éclaircissement sur les monades venant de lecteurs assidus de ses ouvrages publiés. Il ne sera donc pas inutile de prendre en considération les raisons que ces ouvrages pouvaient donner d'attendre un éclaircissement supplémentaire.

À cet égard, on observera tout aussitôt que les écrits accessibles de Leibniz ne donnaient qu'une publicité très parcimonieuse et peu explicite à ce que pouvait recouvrir l'usage du mot même de monade. Si l'on s'en tient aux seuls documents publiés avant 1714, les occurrences en sont rarissimes, et ne se trouvent qu'en deux occasions : dans l'article *De Ipsa Natura*, paru en 1698 dans les *Acta eruditorum*, et dans un unique paragraphe de la *Théodicée* (1710).

Le texte du *De Ipsa Natura* mérite une attention particulière, puisqu'il a offert à Leibniz l'occasion de la première mention publique du terme de monade(s). Elles sont mentionnées une première fois comme en passant, dans un rappel du *Système nouveau* et de la manière dont celui-ci avait traité « la communication des substances ou monades entre elles » (GP IV, 510, trad. Schrecker, 215) ; précise et explicite en revanche est l'occurrence suivante, qui présente la monade comme englobant à la fois l'âme des vivants et la forme substantielle des autres êtres, en conférant l'unité véritable à la substance corporelle :

> Et c'est ce même principe substantiel qui, dans les vivants, s'appelle *âme*, dans les autres êtres, *forme substantielle*, et qui, en tant qu'il constitue avec la matière une substance véritablement une, ou une unité par soi, est *ce que j'appelle Monade*. Supprimez

> ces unités véritables et réelles : les corps ne seront plus que des êtres par agrégation, ou plutôt, c'en est la conséquence, ne seront plus de véritables êtres. Car quoiqu'il y ait *des atomes de substance, à savoir nos Monades* qui n'ont pas de parties, il n'y a cependant point d'atomes de masse ou d'étendue minima, qui soient les éléments ultimes des corps, puisque le continu n'est pas composé de points (*ibid.*, 511, et trad. Schrecker, 219).

Un peu plus loin dans le même article, Leibniz présente la « monade » comme une dénomination déjà habituelle dans sa façon d'écrire : « une chose substantielle, constitutive et persistante que j'ai coutume d'appeler *Monade* et qui renferme une sorte de perception et d'appétition » (GP IV, 513, trad. Schrecker, 221-223). Enfin, la diversité qualitative et l'altération du composé, insuffisamment expliquées par Aristote, sont présentées comme « engendrées précisément par les différents degrés et les diverses directions des tendances, donc par les modifications des monades concernées » (*ibid.*, 514, et trad. Schrecker, 229).

Au total, c'était tout de même bien peu pour justifier une habitude terminologique dont nous savons qu'elle était encore récente dans l'usage privé de Leibniz, et sur laquelle aucun autre texte publié n'apportait d'élément complémentaire. Douze années après, les lecteurs de la *Théodicée* n'en apprendront pas beaucoup plus en y lisant une sorte de profession d'indifférence terminologique, qui place sur la même ligne une suite d'appellations données comme indifférentes, alors que chacune n'a pu s'inscrire que dans un contexte de justification très déterminé par ses circonstances conceptuelles :

> Je soutiens que toutes les âmes, entéléchies ou forces primitives, formes substantielles, substances simples, *ou monades, de quelque nom qu'on les puisse appeler*[168], ne sauraient naître naturellement, ni périr. Et je conçois les qualités ou les forces dérivatives, ou ce qu'on appelle formes accidentelles, comme des modifications de l'entéléchie primitive ; de même que les figures sont des modifications de la matière. C'est pourquoi ces modifications sont dans un changement perpétuel, pendant que la substance simple demeure (§ 396, souligné par nous).

En revanche, « substance simple », que l'on peut considérer comme l'équivalent en langue usuelle de l'idiolecte « monade », se trouve dans la *Théodicée* à plusieurs reprises, dans le *Discours préliminaire*, § 10, puis, dans le corps de l'ouvrage, aux §§ 65, 66, 89, 90, 291, 372, 396, 400 et 403.

On peut donc comprendre que la diffusion indirecte de ce vocabulaire nouveau ait laissé perplexe plus d'un des admirateurs de Leibniz, qui pouvaient s'estimer insuffisamment éclairés. Deux textes parus après 1714, tout à la fin de la vie de Leibniz, apporteront bien quelques touches supplémentaires[169], mais c'est bien finalement la publication des *Principes de la nature et de la grâce* et des deux traductions, allemande puis latine, de la *Monadologie*, qui feront sortir les monades de leur réserve, en leur donnant la plus vaste publicité. C'est à titre posthume que

Leibniz sera généralement connu l'auteur d'un « système de monades »[170].

4. *Conclusion : la monade sans nom propre*

À lire et relire en parallèle les deux exposés fondamentaux de métaphysique leibnizienne que sont le *Discours de métaphysique* et la *Monadologie*, on ne peut se satisfaire d'y trouver seulement deux variantes textuelles d'un même Système : on y reconnaît finalement les termes extrêmes d'une expérience de pensée dont il y a peu d'autres exemples.

La monade n'est donc pas la substance individuelle sous une autre appellation : dans la transformation des dispositifs conceptuels qu'imposait l'incomplétude de la synthèse réalisée en 1686, elle ne vient pas relayer les individus agissants, César, Alexandre, *et alii*, mais elle transpose la fonction que remplissait la forme substantielle. Elle résout ainsi la tension qui rendait instable l'unité doctrinale exposée dans le *Discours de métaphysique* en fournissant un instrument conceptuel d'unification de la réalité : à la juxtaposition instable de la notion complète et de la forme substantielle, comme deux instruments plus ou moins accordés pour concevoir la substantialité, se substitue une unification conceptuelle : tout dans la réalité est monade ou agrégat de monades. L'empreinte théologique qui marquait si profondément l'intention du *Discours* laisse désormais le pas à une sorte de naturalisation de la métaphysique, où la monade offre un opérateur absolument universel permettant de penser de façon univoque tout ce qu'il y a de véritablement réel, tout en ramenant le problème de l'union de l'âme et du corps à un cas particulier du rapport des composés aux simples. L'extension du concept ménage la possibilité d'une variation qualitative, puisqu'il y a des degrés de l'unité, où la composition organique des corps répond à la hiérarchie des monades. Les concepts issus de la dynamique interviennent dans cette structuration de la réalité au travers de leur imprégnation vitaliste : les forces dérivatives, qui fondent les phénomènes du mouvement, sont « concentrées » dans les forces primitives, actions immanentes de la monade percevante, selon le point de vue de son corps organique.

C'est donc la notion naguère réhabilitée de forme substantielle qui a fourni l'opérateur permettant de transformer la détermination logique de la substance individuelle par la complétude de la notion en détermination ontologique de la substance par l'unité réelle et finalement par la simplicité (de la chose et non de sa notion). Par son universalité et sa naturalité, la Monade ne pouvait donc avoir d'emploi qu'anonyme [171], et Leibniz se corrige s'il lui arrive par mégarde de l'associer de façon prochaine à l'individualité [172]. On ne connaît, semble-t-il, aucun lieu où Leibniz écrive quelque chose comme « monade individuelle » ; ce n'est pas parce que l'expression serait redondante, c'est plutôt parce que la conception monadique de la réalité dissout le problème de l'individuation. La monade ne peut non plus être exhibée comme le référent d'un nom propre, et c'est bien pourquoi « monade de César » est une expression mal formée, à laquelle les règles de la langue métaphysique de Leibniz ne permettent pas de faire sens.

Au temps du *Discours de métaphysique* et dans les textes connexes, il s'agissait de l'individu et de ses événements ; dans la *Monadologie*, il s'agit du composé et de ses éléments, avec l'effacement de la problématique de l'individuation. Le dynamisme et le vitalisme, absents du *Discours*, apparaissent solidairement l'un de l'autre à l'arrière-plan de cette transformation, dont la nécessité immanente s'imposait pour résoudre les tensions qui rendaient instable la synthèse doctrinale de 1686. On dira encore, si l'on préfère, que l'architecture générale de l'univers leibnizien conserve ses grands équilibres, tout en accueillant de nouveaux aménagements intérieurs ; mais le passage de la substance individuelle à la monade signifie plus et autre chose : c'est qu'il faut désormais de nouvelles clés pour s'assurer l'entrée de l'édifice.

S'il n'y a pas en ce sens-là de Système de Leibniz, immobilisé dans l'invariance intemporelle d'une structure fermée, c'est bien en revanche une visée constante de systématicité qui traverse chaque texte, ceux qui sont restés à l'état d'ébauches comme ceux qui ont reçu un achèvement dont l'auteur pouvait être provisoirement satisfait. Mais, pour cette raison même, le *Discours de métaphysique*, sauf à vouloir y retrouver la *Monadologie* déjà virtuellement constituée, ne pouvait répondre de façon définitive et complète à cette exigence de systématicité. Sa richesse tient justement au caractère problématique de son unité conceptuelle, aux tensions internes qui y introduisent des ferments de devenir. La Correspondance avec Arnauld aura été l'occasion d'orienter les transformations qu'appelaient, sans les déterminer d'avance, les distorsions du champ de la substantialité. Sans doute, d'un strict point de vue leibnizien, l'âme de Leibniz, au moment où il écrivait le *Discours*, était « grosse de l'avenir », et contenait donc les traces confuses de la *Monadologie* : pour autant, celle-ci n'y était pas déjà écrite. Si l'avenir d'une substance individuelle y est toujours déterminé, soit dans sa notion complète, soit dans sa force primitive, c'est parce que ses replis enveloppent l'infini. Mais on ne peut en dire autant d'un texte, séquence finie de caractères, qui n'épuise jamais la totalité de l'exprimable dans les pensées qu'il porte à la distinction. Un écrit peut bien être, et c'est le cas du *Discours*, point de départ de transformations lexicales et doctrinales, mais, sauf à abuser du mouvement rétrograde du vrai, il n'en impose pas une unique et inévitable ligne d'évolution. Du *Discours* à la *Monadologie*, il y a eu pour Leibniz cette forme privilégiée de son bonheur à lui qu'était le bonheur d'écrire, et qui, comme tout bonheur, « ne consistera jamais, et ne doit point consister dans une pleine jouissance, où il n'y aurait plus rien à désirer, et qui rendrait notre esprit stupide, mais dans un progrès perpétuel à de nouveaux plaisirs et de nouvelles perfections [173] ».

L'attention portée à la micro-histoire des textes

vise ainsi à retrouver dans le fini du texte quelque chose du *détail de ce qui change* :

> Mais il faut aussi qu'outre le principe du changement, il y ait un *détail de ce qui change*, qui fasse pour ainsi dire la spécification et la variété des substances simples (*Monadologie*, § 12).

De ce « détail sans bornes », l'écriture n'exprime jamais, dans chacun de ses produits, qu'une vérité toujours partielle et inachevée, en se fiant à la liberté que le principe de raison promet aux esprits :

> Il y a une infinité de figures et de mouvements, présents et passés, qui entrent dans la cause efficiente de mon écriture présente, et il y a une infinité de petites inclinations et dispositions de mon âme, présentes et passées, qui entrent dans la cause finale (*ibid.*, § 36).

Du *Discours* à la *Monadologie*, la cause finale a bien toujours été la recherche de l'expression la plus distincte et la plus exacte de l'ensemble de la réalité donnée. Mais les stratégies discursives et les concepts inventés pour les mettre en œuvre sont des moyens : substance individuelle et notion complète, forme substantielle et force, entéléchie, monade sont autant d'outils ; ils servent d'autant mieux à la fin visée qu'ils diffèrent les uns des autres dans leurs usages successifs. Dans le cas de la monade, son utilité propre tient même à la variété de ses emplois, qui en compliquent la notion, en composant en elle des règles de signification non équivalentes. Ce sera du reste faute de l'avoir compris que la réception ultérieure d'un leibnizianisme dogmatisé tombera dans les apories que soulèveront, avec l'interprétation des monades comme parties ultimes d'un tout réel, les doctrines de la monadologie physique[174].

NOTE SUR L'ÉDITION

1. SOURCES ET HISTOIRE DE L'ÉDITION

1.1. *Le* Discours de métaphysique

Le fonds des manuscrits leibniziens de Hanovre contient cinq documents, qui constituent les sources de l'établissement du texte du *Discours*. Nous donnons pour chacun sa désignation selon l'apparat de l'édition des *Œuvres complètes* (dite de l'Académie de Berlin) et selon celui de l'édition Lestienne.

1. Le brouillon autographe de Leibniz (*L*[1] [Académie]) est classé dans la section des manuscrits théologiques, sous le faux titre de « Traité sur les perfections de Dieu » (Bodemann, *Die Leibniz-Handschriften der königlichen öffentlichen Bibliothek zu Hannover*, Hannover-Leipzig, 1895, p. 5). Le Sommaire des articles y a été ajouté après coup en marge. Une copie de ce sommaire se trouve sur une feuille annexée au dossier de la correspondance avec Arnauld *(L*[2]*)*.

2. Une copie intégrale de la main d'un secrétaire figure dans la section des manuscrits philosophiques (copie B [Lestienne] ou *l*[2] [Académie]). La chemise porte le titre de « Discours de métaphysique sur la grâce, le concours de Dieu avec les créatures, la nature des miracles, la cause du péché et l'origine du mal, l'immortalité de l'âme, les idées », directement et judicieusement repris de la lettre de Leibniz

au Landgrave de Hesse-Rheinfels du 11 février 1686. Les deux premiers articles ont reçu quelques corrections autographes de Leibniz, qui a relu l'ensemble en suppléant les mots que le copiste avait laissés en blanc. C'est cette copie qui a servi de base aux éditions jusqu'à la découverte du brouillon originel.

3. À la suite de celui-ci, les manuscrits théologiques contiennent en outre deux copies partielles par un secrétaire : l'une n'est qu'un fragment allant de l'article V jusqu'aux premières lignes de l'article VII (copie C [Lestienne] ou l^1 [Académie]) ; l'autre reproduit les articles I à XVII d'après la copie intégrale (copie A [Lestienne] ou l^3 [Académie]).

On remarquera que la numérotation des copies selon le code de l'édition académique rétablit leur succession chronologique, que ne respectait pas la désignation alphabétique de Lestienne.

Le *Discours* fut publié pour la première fois à Hanovre en 1846 par C. L. Grotefend en Appendice à une édition de la Correspondance de Leibniz avec Arnauld et le Landgrave de Hesse-Rheinfels. Suivirent en 1857 et 1880 les reproductions intégrées par Foucher de Careil et C. J. Gerhardt à leurs collections d'écrits et de lettres de Leibniz (voir Bibliographie). Dans tous les cas, le texte présenté était celui de la seule copie complète l^2 (ou B).

En 1907, l'abbé Henri Lestienne a réalisé une édition entièrement nouvelle fondée sur la découverte du manuscrit autographe et des deux copies partielles. En 1903, dans son édition des *Opuscules et fragments inédits*, Louis Couturat avait été le premier à fournir un état, d'ailleurs incomplet, des variantes génétiques des textes (rétablissement de passages raturés, signalement des ajouts interlinéaires ou marginaux). Lestienne systématisa le procédé et fut ainsi le premier à fournir pour un texte de Leibniz l'ensemble des variantes génétiques, en distinguant toutes les sources et en repérant tous les stades d'écriture, grâce à des conventions typographiques, qui, il est vrai, ne rendent pas la lecture aisée. Cette édition était précédée d'une Préface de A. Penjon et d'une brève et jolie notice de Lestienne ; un second fascicule devait suivre, donnant le commentaire perpétuel du *Discours de métaphysique*, mais il ne fut jamais publié. Reprise en 1929 par la Librairie Vrin, avec un Avant-propos d'Henri Gouhier, cette publication a été constamment réimprimée. Elle a été accompagnée en 1974 d'une Introduction nouvelle d'André Robinet, mettant à jour la présentation du *Discours* en fonction de l'état récent de la publication de la Correspondance de Leibniz (on regrettera cependant que la notice de Lestienne n'ait pas été conservée pour mémoire).

Les éditions classiques ont intégré à leur annotation et à leur commentaire quelques-unes des données génétiques fournies par Lestienne. Les meilleures (Le Roy et Rauzy) offrent ainsi un texte parfaitement établi, dont la base demeure la copie intégrale l^2.

Le *Discours de métaphysique* figure désormais dans le volume 4 de la Sixième Série des *Sämtliche Schriften und Briefe* (A VI, 4 B, 1529-1588). Le texte est établi par le Professeur Heinrich Schepers, de la Leibnizforschungsstelle de l'université de Münster. Dans le souci de préserver l'unicité et l'homogénéité du texte choisi comme source de l'édition, Heinrich Schepers a choisi de reproduire *in extenso* le seul document entièrement d'une seule main, à savoir le manuscrit original très travaillé de Leibniz lui-même. Les variantes génétiques (passages raturés) sont données en bas de page et en petits caractères, selon la technique adoptée pour l'ensemble des Œuvres complètes. Les correctifs apportés de la main de Leibniz sur les copies successives sont reproduits sous le texte, dans le même corps, et avant les variantes génétiques : ces mentions concernent d'ailleurs essentiellement l^2 (on en dénombre quatre-vingt-trois). Sont répertoriées de la même façon les différences (il y en a onze) entre les titres d'articles insérés après coup par Leibniz sur son manuscrit et ceux donnés sur le Sommaire préparé à l'intention Arnauld (L^2).

Le texte ainsi établi diffère à certains égards non négligeables de celui auquel on était accoutumé, et ce dès la première phrase : *la notion de Dieu la plus reçue et la plus significative* redevient ainsi *la notion de Dieu la plus significative*. Mais ailleurs, ce sont plutôt les simplifications et les réductions de la copie (et donc des éditions usuelles) qui cèdent la place à des énoncés plus complexes du manuscrit original : c'est le cas notamment pour tous les passages où Leibniz avait d'abord laissé indécidée la question de la réalité substantielle des corps, en maintenant ouverte l'alternative entre l'affirmation et la négation de cette réalité, et en présentant comme hypothétiques seulement les raisonnements qui résulteraient du choix de la première. Il existe cinq cas où Leibniz s'est manifestement résolu à écarter de la copie tout ce qui aurait pu suggérer que l'on pourrait *ne pas* considérer les corps comme des substances ; la métaphysique du *Discours* en recevait évidemment une assise doctrinale plus proche des opinions reçues, mais se trouvait du même coup ramenée à un schéma ontologique moins riche de possibilités.

1.2. *La* Monadologie

Les Archives de Hanovre détiennent trois états du texte :

1. Le brouillon autographe de Leibniz.

2. Deux copies (codées A et B selon Boutroux et Robinet) de la main d'un secrétaire, et revues par Leibniz. L'ordre alphabétique répond à la succession clairement identifiable des copies.

Une troisième copie se trouve à la Bibliothèque nationale de Vienne, parmi des manuscrits relatifs à l'enseignement de Christian Wolff ; elle porte le titre *Les principes de la philosophie, par Monsieur Leibniz*. Elle semble bien (selon Rudolf Boehm) avoir été prise sur le brouillon autographe, au cours de l'élaboration de la copie A ; elle n'a pas été contrôlée par Leibniz.

La *Monadologie* a d'abord été connue par des traductions : la première, en allemand, lui a inventé son titre, sous lequel elle est universellement connue, et dont Leibniz ne porte en rien la responsabilité ; elle figure au début d'un recueil publié à Iéna en 1720 par un ancien étudiant de Christian Wolff, Heinrich Köhler[1], avant la traduction d'autres textes de Leibniz déjà publiés[2]. Cette version a été suivie d'une traduction latine, publiée en 1721 dans la revue de Leipzig *Acta eruditorum*. Ces deux traductions sont issues de la copie de Vienne. L'édition Erdmann des *Opera philosophica*, en 1840, a été la première à fournir la reproduction de l'original, tout en laissant passer beaucoup de fautes. Elle faisait suivre le titre de *Monadologie* de l'observation : *Vulgo : Principia Philosophiae seu theses in gratiam principis Eugenii conscriptae* (« Ordinairement : Principes de la philosophie, ou Thèses rédigées en l'honneur du prince Eugène »). Un texte bien meilleur est donné par Gerhardt au tome VI des *Philosophische Schriften* (1885), sans titre, conformément aux manuscrits.

Un progrès important a été accompli grâce à l'édition, demeurée classique jusqu'à nos jours, réalisée en 1881 par Pierre Boutroux. Celui-ci avait systématiquement confronté les trois sources hanovriennes et composé à partir d'elles la mise au propre du texte, en intégrant à la version donnée par la copie B les corrections jugées pertinentes empruntées au manuscrit initial ou à la copie A. Il justifiait en ces termes sa méthode :

« Si l'on examine attentivement le brouillon autographe et les deux copies, on trouve que le rapport en est moins simple qu'il ne semblait au premier abord. Certaines corrections faites sur le brouillon autographe ne se retrouvent sur la copie A que faites de la main même de Leibniz, et l'analogue a lieu pour les copies A et B. Et même la copie A, bien qu'évidemment antérieure à la copie B, contient, écrites de la main de Leibniz, certaines additions qui ne se retrouvent pas du tout dans la copie B [...]. De cet état de choses il paraît résulter que Leibniz a revu et corrigé son brouillon, même après la confection de la première copie, et qu'il a revu la première copie, même après la confection et la correction de la seconde. Il y a donc lieu de tenir compte à la fois des trois manuscrits[3]. »

Boutroux utilisait comme allant de soi le titre de *Monadologie*, et acceptait sans l'ombre d'un doute la légende de la donation au prince Eugène de Savoie. Selon les critères choisis, le texte proposé était excellent. L'annotation détaillée article par article fait un commentaire perpétuel, vieilli mais encore utilisable. Cette édition a été reproduite dans la publication du Livre de Poche, où le texte de Leibniz et les notices de Boutroux sont précédés par le commentaire de la *Monadologie* emprunté aux *Leçons de métaphysique allemande* de Jacques Rivelaygue, tome I (Grasset, 1990).

L'équivalent du travail effectué par Lestienne pour le *Discours* a été accompli pour la *Monadologie* (avec les *Principes de la nature et de la grâce*) par André Robinet en 1954.

La présentation choisie juxtapose sur trois colonnes la reproduction intégrale de l'autographe, les changements apportés par la copie A, enfin le texte complet de la copie B. Les passages raturés sont restitués, et les ajouts interlinéaires ou marginaux sont notifiés. En outre, s'agissant de l'original et de la première copie, la typographie fait apparaître l'ordre de rédaction des divers éléments. Dans l'attente de la publication encore lointaine par l'Édition académique, c'est là la reproduction complète de tous les états génétiques d'un texte qui a fait l'objet, de la part de Leibniz, d'un intense travail d'écriture.

2. RÈGLES SUIVIES DANS LA PRÉSENTE ÉDITION

Il n'était pas question de prétendre redoubler ou imiter ici les éditions qui se sont proposé de restituer l'intégralité des variantes génétiques. Reste que se pose toujours la question du choix de la leçon offerte au lecteur comme la mieux représentative de la pensée de l'auteur. La méthode composite de Boutroux, fabriquant le bon texte en triant parmi toutes les sources, n'est plus admise aujourd'hui.

2.1. Dans le cas du *Discours de métaphysique*, nous ne pouvions pas suivre dans une édition d'usage le choix adopté par l'édition académique. Nous nous en sommes donc tenu par principe à la reproduction stricte de la seule copie complète partiellement corrigée par Leibniz, mais intégralement contrôlée par lui (l^2 ou B). En revanche, nous avons reproduit les intitulés du Sommaire selon la version intégrée par Leibniz à son manuscrit, puisqu'en ce cas il s'agit du dernier état validé par lui *(L^1)*. En bas de page, et dans le même corps, nous donnons, pour le texte lui-même, les variantes les plus significatives du manuscrit original L^1, abandonnées ou corrigées sur la copie de référence, et, pour les faux titres des articles, les variantes du premier Sommaire L^2. Enfin, nous avons exploité les variantes génétiques du manuscrit dans l'annotation, chaque fois qu'elles pouvaient éclairer la pensée de l'auteur, en explicitant des allusions ou en signalant des hésitations terminologiques instructives. Nous assumons la part de choix pragmatique, et donc de relatif arbitraire, que comporte forcément cette façon de faire.

2.2. Nous disposons pour la *Monadologie*, avec la copie B, d'une version du texte soigneusement contrôlée par Leibniz, et qui représente son état ultime d'élaboration. C'est donc cette copie que nous reproduisons. Ainsi que l'avait fait Boutroux, et conformément à ses indications, nous reproduisons à la suite de chaque article les renvois à la *Théodicée* ajoutés par Leibniz sur la copie A. En bas de page, et dans le même corps, nous avons mentionné trois compléments figurant sur cette même copie et non retenus sur le dernier état. À l'occasion, nous faisons état dans les notes de quelques variantes génétiques du manuscrit autographe, repérées sur l'édition Robinet.

Nous avons modernisé l'orthographe qui, comme le disait fort justement Boutroux, « n'a évidemment aucune importance ». En restant au plus près de la ponctuation propre à Leibniz, nous nous sommes autorisé quelques adaptations, qui nous paraissaient acceptables pour la commodité du lecteur.

2.3. *Observations diverses.*

Les lettres de Leibniz, jusqu'en 1700, portent, quand elles sont adressées à des destinataires résidant en France, en Italie ou aux Pays-Bas, deux dates décalées de dix jours : la première est celle du calendrier julien, toujours en vigueur dans les pays protestants, la seconde celle du nouveau calendrier grégorien, utilisé depuis la fin du XVIe siècle dans les pays catholiques. Dans notre Introduction comme dans les notes, la seule date retenue pour ces lettres est la seconde.

La mention [*Traduction*] au début d'une citation signale qu'il s'agit d'un texte latin de Leibniz traduit par nos soins.

S'agissant des textes reproduits en Appendice, les sources utilisées sont mentionnées en tête de chaque morceau. Nous remercions particulièrement de sa générosité Akademie-Verlag (Berlin), qui nous a permis de reproduire ou de traduire les textes figurant dans l'édition monumentale des *Sämtliche Schriften und Briefe*.

DISCOURS DE MÉTAPHYSIQUE

I. *De la perfection divine et que Dieu fait tout de la manière la plus souhaitable.*

La notion de Dieu la plus reçue et la plus significative[a] que nous ayons est assez bien exprimée en ces termes, que Dieu est un être absolument parfait, mais on n'en considère pas assez les suites. Et pour y entrer plus avant, il est à propos de remarquer qu'il y a dans la nature plusieurs perfections toutes différentes, que Dieu les possède toutes ensemble, et que chacune lui appartient au plus souverain degré. Il faut connaître aussi ce que c'est que perfection, dont voici une marque assez sûre [1], savoir que les formes ou natures qui ne sont pas susceptibles du dernier degré ne sont pas des perfections[b], comme par exemple la nature du nombre ou de la figure. Car le nombre le plus grand de tous (ou bien le nombre de tous

État du brouillon autographe :
a. La notion de Dieu la plus significative
b. n'en sont point

les nombres)[2], aussi bien que la plus grande de toutes les figures, impliquent contradiction, mais la plus grande science et la toute-puissance n'enferment point d'impossibilité. Par conséquent la puissance et la science sont des perfections, et en tant qu'elles appartiennent à Dieu, elles n'ont point de bornes. D'où il s'ensuit que Dieu possédant la sagesse suprême et infinie agit de la manière la plus parfaite, non seulement au sens métaphysique, mais encore moralement parlant, et qu'on peut exprimer ainsi à notre égard que plus on sera éclairé et informé des ouvrages de Dieu, plus on sera disposé à les trouver excellents et entièrement conformes à tout ce qu'on aurait pu souhaiter[a].

II. *Contre ceux qui soutiennent qu'il n'y a pas de bonté dans les ouvrages de Dieu ; ou bien que les règles de la bonté et de la beauté sont arbitraires.*

Ainsi je suis fort éloigné du sentiment de ceux qui soutiennent qu'il n'y a point de règles de bonté et de perfection dans la nature des choses, ou dans les idées que Dieu en a[3], et que les ouvrages de Dieu ne sont bons que par cette raison formelle que Dieu les a faits. Car si cela était, Dieu sachant qu'il en est l'auteur, n'avait que faire de les regarder par après et de les trouver bons, comme le témoigne la Sainte Écriture[4], qui ne paraît s'être servie de cette anthropologie[5] que pour nous faire connaître que

a. entièrement satisfaisants à tout ce qu'on aurait même pu souhaiter leur excellence se connaît à les regarder en eux-mêmes, lors même qu'on ne fait point de réflexion sur cette dénomination toute nue[a] [6], qui les rapporte à leur cause. Ce qui est d'autant plus vrai, que c'est par la considération des ouvrages qu'on peut découvrir l'ouvrier. Il faut donc que ces ouvrages portent en eux son caractère. J'avoue que le sentiment contraire me paraît extrêmement dangereux et fort approchant de celui des derniers novateurs [7], dont l'opinion est que la beauté de l'univers et la bonté que nous attribuons aux ouvrages de Dieu ne sont que des chimères des hommes qui conçoivent Dieu à leur manière. Aussi, disant que les choses ne sont bonnes par aucune règle de bonté mais par la seule volonté de Dieu, on détruit, ce me semble, sans y penser, tout l'amour de Dieu et toute sa gloire [8]. Car pourquoi le louer de ce qu'il a fait, s'il serait également louable en faisant tout le contraire ? Où sera donc sa justice et sa sagesse, s'il ne reste qu'un certain pouvoir despotique, si la volonté tient lieu de raison, et si, selon la définition des tyrans, ce qui plaît au plus puissant est juste par là même [9] ? Outre qu'il semble que toute volonté suppose quelque raison de vouloir et que cette raison est naturellement antérieure à la volonté[b]. C'est pourquoi je trouve encore cette expression de quelques autres philosophes [10] tout à fait étrange qui disent que les vérités éternelles de la Métaphysique et de la Géométrie, et par conséquent aussi les règles de la bonté, de la justice et de la perfection

a. dénomination extérieure toute nue
b. suppose *aliquam rationem volendi* ou que la raison est naturellement prieure à la volonté

ne sont que les effets de la volonté de Dieu, au lieu qu'il me semble que ce ne sont que des suites de son entendement, qui ne dépend point[a] de sa volonté, non plus que son essence.

III. *Contre ceux qui croient que Dieu aurait pu mieux faire.*

Je ne saurais non plus approuver l'opinion de quelques modernes[11] qui soutiennent hardiment que ce que Dieu fait n'est pas dans la dernière perfection, et qu'il aurait pu agir bien mieux[12]. Car il me semble que les suites de ce sentiment sont tout à fait contraires à la gloire de Dieu : *Uti minus malum habet rationem boni, ita minus bonum habet rationem mali*[13]. Et c'est agir imparfaitement, que d'agir avec moins de perfection qu'on aurait pu. C'est trouver à redire à un ouvrage d'un architecte que de montrer qu'il le pouvait faire meilleur. Cela va encore contre la Sainte Écriture lorsqu'elle nous assure de la bonté des ouvrages de Dieu. Car comme les imperfections descendent à l'infini, de quelque façon que Dieu aurait fait son ouvrage, il aurait toujours été bon en comparaison des moins parfaits, si cela était assez ; mais une chose n'est guère louable, quand elle ne l'est que de cette manière. Je crois aussi qu'on trouvera une infinité de passages de la divine écriture et des SS. Pères, qui favoriseront mon sentiment, mais qu'on n'en trouvera guère pour celui de ces modernes[14], qui est à mon avis inconnu à toute

a. qui assurément ne dépend point

l'antiquité, et ne se fonde que sur le trop peu de connaissance que nous avons de l'harmonie générale de l'univers et des raisons cachées de la conduite de Dieu, ce qui nous fait juger témérairement que bien des choses auraient pu être rendues meilleures. Outre que ces modernes insistent sur quelques subtilités peu solides, car ils s'imaginent que rien [n']est si parfait qu'il n'y ait quelque chose de plus parfait [15], ce qui est une erreur. [16] Ils croient aussi de pourvoir par là à la liberté de Dieu ; comme si ce n'était pas la plus haute liberté d'agir en perfection suivant la souveraine raison [17]. Car de croire que Dieu agit en quelque chose sans avoir aucune raison de sa volonté, outre, qu'il semble que cela ne se peut point, c'est un sentiment peu conforme à sa gloire ; par exemple supposons que Dieu choisisse entre *A* et *B* et qu'il prenne *A* sans avoir aucune raison de le préférer à *B*, je dis que cette action de Dieu, pour le moins, ne serait point louable ; car toute louange doit être fondée en quelque raison, qui ne se trouve point ici *ex hypothesi*. Au lieu que je tiens que Dieu ne fait rien dont il ne mérite d'être glorifié.

IV. *Que l'amour de Dieu demande une entière satisfaction et acquiescence touchant ce qu'il fait sans qu'il faille être quiétiste* [18] *pour cela*[a].

La connaissance générale de cette grande vérité que Dieu agit toujours de la manière la plus par-

a. *Omis sur le Sommaire* : sans qu'il faille être quiétiste pour cela.

faite et la plus souhaitable qu'il soit possible, est, à mon avis, le fondement de l'amour que nous devons à Dieu sur toutes choses, puisque celui qui aime cherche sa satisfaction dans la félicité ou perfection de l'objet aimé et de ses actions[19]. *Idem velle et idem nolle vera amicitia est*[20]. Et je crois qu'il est difficile de bien aimer Dieu, quand on n'est pas dans la disposition de vouloir ce qu'il veut quand on aurait le pouvoir de le changer. En effet ceux qui ne sont pas satisfaits de ce qu'il fait me paraissent semblables à des sujets mécontents dont l'intention n'est pas fort différente de celle des rebelles Je tiens donc que suivant ces principes, pour agir conformément à l'amour de Dieu il ne suffit pas d'avoir patience par force[21], mais il faut être véritablement satisfait de tout ce qui nous est arrivé suivant sa volonté. J'entends cet acquiescement quant au passé. Car quant à l'avenir, il ne faut pas être *quiétiste* ni attendre ridiculement à bras croisés ce que Dieu fera, selon ce sophisme que les anciens appelaient λογόν ἀεργόν, la raison paresseuse[22], mais il faut agir selon la *volonté présomptive* de Dieu autant que nous en pouvons juger, tâchant de tout notre pouvoir de contribuer au bien général et particulièrement à l'ornement et à la perfection de ce qui nous touche, ou de ce qui nous est prochain et pour ainsi dire à portée. Car quand l'événement aura peut-être fait voir que Dieu n'a pas voulu présentement que notre bonne volonté ait son effet, il ne s'ensuit pas de là qu'il n'ait pas voulu que nous fissions ce que nous avons fait. Au contraire, comme il est le meilleur de tous les maîtres, il ne demande jamais que la droite intention et c'est à lui de connaître l'heure et le lieu propre à faire réussir les bons desseins.

V. *En quoi consistent les règles de perfection et que la simplicité des voies est en balance avec la richesse des effets.*

Il suffit donc d'avoir cette confiance en Dieu, qu'il fait tout pour le mieux, et que rien ne saurait nuire à ceux qui l'aiment[23] ; mais de connaître en particulier les raisons qui l'ont pu mouvoir à choisir cet ordre de l'univers, à souffrir les péchés, à dispenser ses grâces salutaires d'une certaine manière, cela passe les forces d'un esprit fini, surtout quand il n'est pas encore parvenu à la jouissance de la vue de Dieu. Cependant on peut faire quelques remarques générales touchant la conduite de la Providence dans le gouvernement des choses. On peut donc dire que celui qui agit parfaitement est semblable à un excellent géomètre qui sait trouver les meilleures constructions d'un problème ; à un bon architecte qui ménage sa place et le fonds destiné pour le bâtiment de la manière la plus avantageuse, ne laissant rien de choquant, ou qui soit destitué de la beauté dont il est susceptible ; à un bon père de famille, qui emploie son bien en sorte qu'il n'y ait rien d'inculte ni de stérile ; à un habile machiniste qui fait son effet par la voie la moins embarrassée qu'on puisse choisir ; à un savant auteur, qui enferme le plus de réalités dans le moins de volume qu'il peut. Or les plus parfaits de tous les êtres et qui occupent le moins de volume, c'est-à-dire qui s'empêchent le moins, ce sont les esprits[24], dont les perfections sont les vertus. C'est pourquoi il ne faut point douter que la félicité des esprits ne soit le principal but de Dieu, et qu'il ne la mette en exécution autant que l'harmonie générale le permet. De quoi nous dirons davantage tantôt[25]. Pour ce qui est de la simplicité des voies de Dieu[26], elle a lieu proprement à l'égard des moyens, comme au contraire la variété, richesse ou abondance y a lieu à l'égard des fins ou effets. Et l'un doit être en balance avec l'autre, comme les frais destinés pour un bâtiment avec la grandeur et la beauté qu'on y demande. Il est vrai que rien ne coûte à Dieu, bien moins qu'à un philosophe qui fait des hypothèses pour la fabrique de son monde imaginaire[27], puisque Dieu n'a que des décrets à faire pour faire naître un monde réel ; mais en matière de sagesse les décrets ou hypothèses tiennent lieu de dépense à mesure qu'elles sont plus indépendantes les unes des autres : car la raison veut qu'on évite la multiplicité dans les hypothèses ou principes, à peu près comme le système le plus simple est toujours préféré en Astronomie[28].

VI. *Que Dieu ne fait rien hors d'ordre et qu'il n'est même pas possible de feindre des événements qui ne soient point réguliers.*

Les volontés ou actions de Dieu sont communément divisées en ordinaires ou extraordinaires. Mais il est bon de considérer que Dieu ne fait rien hors d'ordre. Ainsi ce qui passe pour extraordinaire ne l'est qu'à l'égard de quelque ordre particulier établi parmi les créatures. Car, quant à l'ordre universel, tout y est conforme. Ce qui est si vrai, que non seulement rien n'arrive dans le monde qui soit absolument irrégulier, mais on ne saurait même rien feindre de tel. Car supposons, par exemple, que quelqu'un fasse quantité de points sur le papier à tout hasard, comme font ceux qui exercent l'art ridicule de la Géomance[29]. Je dis qu'il est possible de trouver une ligne géométrique dont la notion soit constante et uniforme suivant une certaine règle, en sorte que cette ligne passe par tous ces points, et dans le même ordre que la main les avait marqués. Et si quelqu'un traçait tout d'une suite une ligne qui serait tantôt droite, tantôt cercle, tantôt d'une autre nature, il est possible de trouver une notion, ou règle, ou équation commune à tous les points de cette ligne, en vertu de laquelle ces mêmes changements doivent arriver. Et il n'y a par exemple point de visage dont le contour ne fasse partie d'une ligne géométrique et ne puisse être tracé tout d'un trait par un certain mouvement réglé[30]. Mais quand une règle est fort composée, ce qui lui est conforme passe pour irrégulier. Ainsi on peut dire que, de quelque manière que Dieu aurait créé le monde, il aurait toujours été régulier et dans un certain ordre général. Mais Dieu a choisi celui qui est le plus parfait, c'est-à-dire celui qui est en même temps le plus simple en hypothèses et le plus riche en phénomènes, comme pourrait être une ligne de géométrie dont la construction serait aisée et les propriétés et effets seraient fort admirables et d'une grande étendue. Je me sers de ces comparaisons pour crayonner quelque ressemblance imparfaite de la sagesse divine, et pour dire ce qui puisse au moins élever notre esprit à concevoir en quelque façon ce qu'on ne saurait exprimer assez. Mais je ne prétends point d'expliquer par là ce grand mystère dont dépend tout l'univers.

VII. *Que les miracles sont conformes à l'ordre général, quoi qu'ils soient contre les maximes subalternes*[31]*, et de ce que Dieu veut ou qu'il permet, par une volonté générale ou particulière.*

Or, puisque rien ne se peut faire qui ne soit dans l'ordre, on peut dire que les Miracles sont aussi bien dans l'ordre que les opérations naturelles qu'on appelle ainsi parce qu'elles sont conformes à certaines maximes subalternes que nous appelons la nature des choses[32]. Car on peut dire que cette nature n'est qu'une coutume de Dieu, dont il se peut dispenser à cause d'une raison plus forte que celle qui l'a mû à se servir de ces maximes. Quant aux volontés générales ou particulières[33], selon qu'on prend la chose, on peut dire que Dieu fait tout suivant sa volonté la plus générale, qui est conforme au plus parfait ordre qu'il a choisi ; mais on peut dire aussi qu'il a des volontés particulières qui sont des exceptions de ces maximes subalternes susdites, car la plus générale des lois de Dieu qui règle toute la suite de l'univers est sans exception. On peut dire aussi[34] que Dieu veut tout ce qui est un objet de sa volonté particulière ; mais quant aux objets de sa volonté générale tels que sont les actions des autres créatures, particulièrement de celles qui sont raisonnables, auxquelles Dieu veut concourir, il faut distinguer : car si l'action est bonne en elle-même, on peut dire que Dieu la veut et la commande quelquefois, lors même qu'elle n'arrive point, mais, si elle est mauvaise en elle-même et ne devient bonne que par accident, parce que la suite des choses, et particulièrement le châtiment et la satisfaction, corrige sa malignité et en récompense le mal avec usure, en sorte qu'enfin il se trouve plus de perfection dans toute la suite que si tout le mal n'était pas arrivé, il faut dire que Dieu le permet et non pas qu'il le veut, quoiqu'il y concoure à cause des lois de nature qu'il a établies et parce qu'il en sait tirer un plus grand bien.

VIII. *Pour distinguer les actions de Dieu et des créatures, on explique en quoi consiste la notion d'une substance individuelle.*

Il est assez difficile de distinguer les Actions de Dieu de celles des créatures[a]. Car il y en a qui croient que Dieu fait tout[35], d'autres s'imaginent qu'il ne fait que conserver la force qu'il a donnée aux créatures[36] : la suite fera voir combien l'un ou l'autre se peut dire. Or puisque les actions et passions appartiennent proprement aux substances individuelles (*actiones sunt suppositorum*[37]), il serait nécessaire d'expliquer ce que c'est qu'une telle substance. Il est bien vrai que, lorsque plusieurs prédicats s'attribuent à un même sujet, et

a. aussi bien que les Actions et passions de ces mêmes créatures que ce sujet ne s'attribue à aucun autre, on l'appelle substance individuelle [38] ; mais cela n'est pas assez et une telle explication n'est que nominale [39]. Il faut donc considérer ce que c'est que d'être attribué véritablement à un certain sujet. Or il est constant que toute prédication véritable a quelque fondement dans la nature des choses, et lorsqu'une proposition n'est pas identique, c'est-à-dire lorsque le prédicat n'est pas compris expressément dans le sujet, il faut qu'il y soit compris virtuellement, et c'est ce que les philosophes appellent *in-esse* [40], en disant que le prédicat est dans le sujet. Ainsi il faut que le terme du sujet enferme toujours celui du prédicat, en sorte que celui qui entendrait parfaitement la notion du sujet jugerait aussi que le prédicat lui appartient. Cela étant, nous pouvons dire que la nature d'une substance individuelle ou d'un être complet est d'avoir une notion si accomplie, qu'elle soit suffisante à comprendre et à en faire déduire tous les prédicats du sujet à qui cette notion est attribuée. Au lieu que l'accident est un être dont la notion n'enferme point tout ce qu'on peut attribuer au sujet à qui on attribue cette notion. Ainsi la qualité de roi qui appartient à Alexandre le Grand, faisant abstraction du sujet, n'est pas assez déterminée à un individu et n'enferme point les autres qualités du même sujet ni tout ce que la notion de ce prince comprend, au lieu que Dieu voyant la notion individuelle ou hecceïté [41] d'Alexandre, y voit en même temps le fondement et la raison de tous les prédicats qui se peuvent dire de lui véritablement, comme par exemple qu'il vaincrait Darius et

Porus, jusqu'à y connaître *a priori* (et non par expérience) s'il est mort d'une mort naturelle ou par poison[42], ce que nous ne pouvons savoir que par l'histoire. Aussi, quand on considère bien la connexion des choses, on peut dire qu'il y a de tout temps dans l'âme d'Alexandre des restes de tout ce qui lui est arrivé et les marques de tout ce qui lui arrivera, et même des traces de tout ce qui se passe dans l'univers, quoiqu'il n'appartienne qu'à Dieu de les reconnaître toutes[43].

IX. *Que chaque substance singulière exprime tout l'univers à sa manière et que dans sa notion tous ses événements sont compris avec toutes leurs circonstances et toute la suite des choses extérieures.*

Il s'ensuit de cela[a] plusieurs paradoxes considérables ; comme entre autres qu'il n'est pas vrai que deux substances se ressemblent entièrement et soient différentes *solo numero*[44], et que ce que saint Thomas assure sur ce point des anges ou intelligences (*quod ibi omne individuum sit species infima*[45]) est vrai de toutes les substances, pourvu qu'on prenne la différence spécifique comme la prennent les géomètres à l'égard de leurs figures[46]. [47]*Item* qu'une substance ne saurait commencer que par création, ni périr que par annihilation ; qu'on ne divise pas une substance en deux, ni qu'on ne fait pas de deux une, et qu'ainsi le nombre des substances naturellement n'augmente

a. *Nous préférons la leçon du manuscrit à celle de la copie de référence qui donne ici* : Ils s'ensuivent de cela...

et ne diminue pas, quoiqu'elles soient souvent transformées. De plus, toute substance est comme un monde entier et comme un miroir de Dieu ou bien de tout l'univers, qu'elle exprime[48] chacune sa façon, à peu près comme une même ville est diversement représentée selon les différentes situations de celui qui la regarde. Ainsi l'univers est en quelque façon multiplié autant de fois qu'il y a de substances, et la gloire de Dieu est redoublée de même par autant de représentations toutes différentes de son ouvrage[49]. On peut même dire que toute substance porte en quelque façon le caractère de la sagesse infinie et de la toute-puissance de Dieu, et l'imite autant qu'elle en est susceptible. Car elle exprime, quoique confusément, tout ce qui arrive dans l'univers passé, présent ou avenir, ce qui a quelque ressemblance à une perception ou connaissance infinie ; et comme toutes les autres substances expriment celle-ci à leur tour, et s'y accommodent, on peut dire qu'elle étend sa puissance sur toutes les autres à l'imitation de la toute-puissance du Créateur.

X. *Que l'opinion des formes substantielles a quelque chose de solide, si les corps sont des substances*[a][50], *mais que ces formes ne changent rien dans les phénomènes et ne doivent point être employées pour expliquer les effets particuliers*.

Il semble que les anciens aussi bien que tant d'habiles gens accoutumés aux méditations pro-

a. *Raturé sur le Sommaire :* si les corps sont des substances

fondes qui ont enseigné la théologie et la philosophie il y a quelques siècles, et dont quelques-uns sont recommandables pour leur sainteté, ont eu quelque connaissance de ce que nous venons de dire, et c'est ce qui les a fait introduire et maintenir les formes substantielles qui sont aujourd'hui si décriées[51]. Mais ils ne sont pas si éloignés de la vérité, ni si ridicules que le vulgaire de nos nouveaux philosophes[52] se l'imagine. Je demeure d'accord que la considération de ces formes ne sert de rien dans le détail de la physique et ne doit point être employée à l'explication des phénomènes en particulier. Et c'est en quoi nos scolastiques ont manqué, et les médecins du temps passé à leur exemple, croyant de rendre raison des propriétés des corps en faisant mention des formes et des qualités, sans se mettre en peine d'examiner la manière de l'opération ; comme si on se voulait contenter de dire qu'une horloge a la qualité horodictique provenant de sa forme, sans considérer en quoi tout cela consiste. Ce qui peut suffire, en effet, à celui qui l'achète, pourvu qu'il en abandonne le soin à un autre. Mais ce manquement et mauvais usage des formes ne doit pas nous faire rejeter une chose dont la connaissance est si nécessaire en métaphysique que sans cela je tiens qu'on ne saurait bien connaître les premiers principes ni élever assez l'esprit à la connaissance des natures incorporelles et des merveilles de Dieu. Cependant, comme un géomètre n'a pas besoin de s'embarrasser l'esprit du fameux labyrinthe de la composition du continu[53], et qu'aucun philosophe moral et encore moins un jurisconsulte ou politique n'a point besoin de se mettre en peine des grandes difficultés qui se trouvent dans la conciliation du libre arbitre et de la Providence de Dieu, puisque le géomètre peut achever toutes ses démonstrations, et le politique peut terminer toutes ses délibérations sans entrer dans ces discussions, qui ne laissent pas d'être nécessaires et importantes dans la philosophie et dans la théologie : de même un physicien peut rendre raison des expériences, se servant tantôt des expériences plus simples déjà faites, tantôt des démonstrations géométriques et mécaniques, sans avoir besoin des considérations générales qui sont d'une autre sphère ; et s'il y emploie le concours de Dieu ou bien quelque âme, Archée[54], ou autre chose de cette nature, il extravague aussi bien que celui qui, dans une délibération importante de pratique, voudrait entrer dans les grands raisonnements sur la nature du destin et de notre liberté ; comme, en effet, les hommes font assez souvent cette faute sans y penser, lorsqu'ils s'embarrassent l'esprit par la considération de la fatalité, et même parfois sont détournés par là de quelque bonne résolution ou de quelque soin nécessaire.

XI. *Que les méditations des théologiens et des philosophes qu'on appelle scolastiques ne sont pas à mépriser*[a].

Je sais que j'avance un grand paradoxe en prétendant de réhabiliter en quelque façon l'ancienne philosophie et de rappeler *postliminio*[55] les formes

a. *Sur le Sommaire* : à mépriser entièrement

substantielles presque bannies[a] [56] ; mais peut-être qu'on ne me condamnera pas légèrement, quand on saura que j'ai assez médité sur la philosophie moderne, que j'ai donné bien du temps aux expériences de physique et aux démonstrations de géométrie, et que j'ai été longtemps persuadé de la vanité de ces êtres que j'ai été enfin obligé de reprendre malgré moi et comme par force [57], après avoir fait moi-même des recherches qui m'ont fait reconnaître que nos modernes ne rendent pas assez de justice à saint Thomas et à d'autres grands hommes de ce temps-là, et qu'il y a dans les sentiments des philosophes et théologiens scolastiques bien plus de solidité qu'on ne s'imagine, pourvu qu'on s'en serve à propos et en leur lieu. Je suis même persuadé que, si quelque esprit exact et méditatif prenait la peine d'éclaircir et de digérer leur pensée à la façon des géomètres analytiques, il y trouverait un trésor de quantité de vérités très importantes et tout à fait démonstratives.

XII. *Que les notions qui consistent dans l'étendue enferment quelque chose d'imaginaire et ne sauraient constituer la substance des corps.*

Mais, pour reprendre le fil de nos considérations, je crois que celui qui méditera sur la nature de la substance que j'ai expliquée ci-dessus, trouvera [que] toute la nature du corps ne consiste pas

a. *La phrase suivante, entre parenthèses sur le brouillon, est raturée sur la copie* : (ce que je ne fais pourtant qu'*ex hypothesi* en tant qu'on peut dire que les corps sont des substances) seulement dans l'étendue[a] [58], c'est-à-dire dans la grandeur, figure et mouvement, mais qu'il faut nécessairement y reconnaître quelque chose qui ait du rapport aux âmes et qu'on appelle communément forme substantielle, bien qu'elle ne change rien dans les phénomènes, non plus que l'âme des bêtes, si elles en ont. On peut même démontrer que la notion de la grandeur, de la figure et du mouvement n'est pas si distincte qu'on s'imagine, et qu'elle enferme quelque chose d'imaginaire et de relatif à nos perceptions, comme le sont encore (quoique bien davantage) la couleur, la chaleur, et autres qualités semblables dont on peut douter si elles se trouvent véritablement dans la nature des choses hors de nous. C'est pourquoi ces sortes de qualités ne sauraient constituer aucune substance [59]. Et s'il n'y a point d'autre principe d'identité dans le corps que ce que nous venons de dire, jamais un corps ne subsistera plus d'un moment. Cependant les âmes et les formes substantielles des autres corps sont bien différentes des âmes intelligentes, qui seules connaissent leurs actions, et qui non seulement ne périssent point naturellement, mais même gardent toujours le fondement de la connaissance[b] de ce qu'elles sont ; ce qui les rend seules susceptibles de châtiment et de récompense et les fait citoyens de la république de l'univers, dont Dieu est le

a. Je crois que celui qui méditera sur la nature de la substance que j'ai expliquée ci-dessus, trouvera ou que les corps ne sont pas des substances dans la rigueur métaphysique (ce qui était en effet le sentiment des Platoniciens), ou que que toute la nature du corps ne consiste pas seulement dans l'étendue...

b. gardent toujours la connaissance

monarque, aussi s'ensuit-il que tout le reste des créatures leur doit servir, de quoi nous parlerons tantôt plus amplement[60].

XIII. *Comme la notion individuelle de chaque personne renferme une fois pour toutes ce qui lui arrivera à jamais, on y voit les preuves a priori de la vérité de chaque événement, ou pourquoi l'un est arrivé plutôt que l'autre ; mais ces vérités, quoique assurées, ne laissent pas d'être contingentes, étant fondées sur le libre arbitre de Dieu ou des créatures, dont le choix a toujours ses raisons qui inclinent sans nécessiter*[61].

Mais avant que de passer plus loin, il faut tâcher de satisfaire à une grande difficulté qui peut naître des fondements que nous avons jetés ci-dessus. Nous avons dit que la notion d'une substance individuelle enferme une fois pour toutes tout ce qui lui peut jamais arriver, et qu'en considérant cette notion on y peut voir tout ce qui se pourra véritablement énoncer d'elle, comme nous pouvons voir dans la nature du cercle toutes les propriétés qu'on en peut déduire. Mais il semble que par là, la différence des vérités contingentes et nécessaires sera détruite, que la liberté humaine n'aura plus aucun lieu, et qu'une fatalité absolue régnera sur toutes nos actions aussi bien que sur tout le reste des événements du monde. À quoi je réponds qu'il faut faire distinction entre ce qui est certain et ce qui est nécessaire : tout le monde demeure d'accord que les futurs contingents[62] sont assurés, puisque Dieu les prévoit, mais on n'avoue pas, pour cela, qu'ils soient nécessaires. Mais (dira-t-on) si quelque conclusion se peut déduire infailliblement d'une définition ou notion, elle sera nécessaire. Or est-il, que nous soutenons que tout ce qui doit arriver à quelque personne est déjà compris virtuellement dans sa nature ou notion comme les propriétés le sont dans la définition du cercle ; ainsi la difficulté subsiste encore. Pour y satisfaire solidement, je dis que la connexion ou consécution est de deux sortes : l'une est absolument nécessaire dont le contraire implique contradiction, et cette déduction a lieu dans les vérités éternelles, comme sont celles de géométrie ; l'autre n'est nécessaire qu'*ex hypothesi* et pour ainsi dire par accident, et elle est contingente en elle-même, lorsque le contraire n'implique point[63]. Et cette connexion est fondée, non pas sur les idées toutes pures et sur le simple entendement de Dieu, mais encore sur ses décrets libres, et sur la suite de l'univers.

Venons à un exemple ; puisque Jules César deviendra dictateur perpétuel et maître de la république et renversera la liberté des Romains, cette action est comprise dans sa notion, car nous supposons que c'est la nature d'une telle notion parfaite d'un sujet de tout comprendre. afin que le prédicat y soit enfermé, *ut possit inesse subjecto*. On pourrait dire que ce n'est pas en vertu de cette notion ou idée qu'il doit commettre cette action, puisqu'elle ne lui convient que parce que Dieu sait tout. Mais on insistera que sa nature ou forme répond à cette notion, et puisque Dieu lui a imposé ce personnage, il lui est désormais nécessaire d'y satisfaire. J'y pourrais répondre par l'instance des futurs contingents car ils n'ont rien encore de réel que dans l'entendement et volonté de Dieu, et puisque Dieu leur y a donné cette forme par avance, il faudra tout de même qu'ils y répondent. Mais j'aime mieux de satisfaire aux difficultés que de les excuser par l'exemple de quelques autres difficultés semblables, et ce que je vais dire servira à éclaircir aussi bien l'une que l'autre. C'est donc maintenant qu'il faut appliquer la distinction des connexions, et je dis que ce qui arrive conformément à ces avances est assuré, mais qu'il n'est pas nécessaire, et si quelqu'un faisait le contraire, il ne ferait rien d'impossible en soi-même, quoiqu'il soit impossible *(ex hypothesi)* que cela arrive. Car si quelque homme était capable d'achever toute la démonstration en vertu de laquelle il pourrait prouver cette connexion du sujet qui est César et du prédicat qui est son entreprise heureuse il ferait voir en effet, que la dictature future de César a son fondement dans sa notion ou nature qu'on y voit une raison pourquoi il a plutôt résolu de passer le Rubicon que de s'y arrêter, et pourquoi il a plutôt gagné que perdu la journée de Pharsale : et qu'il était raisonnable et par conséquent assuré que cela arrivât, mais non pas qu'il est nécessaire en soi-même, ni que le contraire implique contradiction [64]. À peu près comme il est raisonnable et assuré que Dieu fera toujours le meilleur, quoique ce qui est moins parfait n'implique point. Car on trouverait que cette démonstration de ce prédicat de César n'est pas aussi absolue que celles des nombres ou de la géométrie, mais qu'elle suppose la suite des choses que Dieu a choisie librement, et qui est fondée sur le premier décret libre de Dieu, qui porte de faire toujours ce qui est le plus parfait, et sur le décret que Dieu a fait (en suite du premier) à l'égard de la nature humaine, qui est que l'homme fera toujours (quoique librement) ce qui paraîtra le meilleur[65]. Or toute vérité qui est fondée sur ces sortes de décrets est contingente, quoiqu'elle soit certaine ; car ces décrets ne changent point la possibilité des choses, et comme j'ai déjà dit, quoique Dieu choisisse toujours le meilleur assurément, cela n'empêche pas que ce qui est moins parfait ne soit et demeure possible en lui-même, bien qu'il n'arrivera point, car ce n'est pas son impossibilité, mais son imperfection, qui le fait rejeter. Or rien n'est nécessaire dont l'opposé est possible. On sera donc en état de satisfaire à ces sortes de difficultés, quelque grandes qu'elles paraissent (et en effet elles ne sont pas moins pressantes à l'égard de tous les autres qui ont jamais traité cette matière), pourvu qu'on considère bien que toutes les propositions contingentes ont des raisons pour être plutôt ainsi qu'autrement, ou bien (ce qui est la même chose) qu'elles ont des preuves *a priori* de leur vérité qui les rendent certaines, et qui montrent que la connexion du sujet et du prédicat de ces propositions a son fondement dans la nature de l'un et de l'autre ; mais qu'elles n'ont pas des démonstrations de nécessité, puisque ces raisons ne sont fondées que sur le principe de la contingence ou de l'existence des choses, c'est-à-dire sur ce qui est ou qui paraît le meilleur parmi plusieurs choses également possibles, au lieu que les vérités nécessaires sont fondées sur le principe de contradiction et sur la possibilité ou impossibilité des essences mêmes, sans avoir égard en cela à la volonté libre de Dieu ou des créatures.

XIV. *Dieu produit diverses substances selon les différentes vues qu'il a de l'univers, et par la médiation*[a] *de Dieu la nature propre de chaque substance porte que ce qui arrive à l'une répond à ce qui arrive à toutes les autres, sans qu'elles agissent immédiatement l'une sur l'autre.*

Après avoir connu, en quelque façon, en quoi consiste la nature des substances, il faut tâcher d'expliquer la dépendance que les unes ont des autres, et leurs actions et passions. Or il est premièrement très manifeste que les substances créées dépendent de Dieu qui les conserve et même qui les produit continuellement par une manière d'émanation, comme nous produisons nos pensées[66]. Car Dieu tournant pour ainsi dire de tous côtés et de toutes les façons le système général des phénomènes qu'il trouve bon de produire pour manifester sa gloire[67] et regardant toutes les faces du monde de toutes les manières possibles, puisqu'il n'y a point de rapport qui échappe à son omniscience, le résultat de chaque vue de l'univers, comme regardé d'un certain endroit, est

a. *Sur le Sommaire* : par l'intervention

une substance qui exprime l'univers conformément à cette vue, si Dieu trouve bon de rendre sa pensée effective et de produire cette substance. Et comme la vue de Dieu est toujours véritable, nos perceptions le sont aussi, mais ce sont nos jugements qui sont de nous et qui nous trompent. Or nous avons dit ci-dessus et il s'ensuit de ce que nous venons de dire que chaque substance est comme un monde à part, indépendant de toute autre chose hors de Dieu ; ainsi tous nos phénomènes, c'est-à-dire tout ce qui nous peut jamais arriver, ne sont que des suites de notre être. Et comme ces phénomènes gardent un certain ordre conforme à notre nature, ou pour ainsi dire au monde qui est en nous, qui fait que nous pouvons faire des observations utiles pour régler notre conduite qui sont justifiées par le succès des phénomènes futurs, et qu'ainsi nous pouvons souvent juger de l'avenir par le passé sans nous tromper, cela suffirait pour dire que ces phénomènes sont véritables sans nous mettre en peine s'ils sont hors de nous et si d'autres s'en aperçoivent aussi. Cependant, il est très vrai que les perceptions ou expressions de toutes les substances s'entre-répondent en sorte que, chacun, suivant avec soin certaines raisons ou lois qu'il a observées, se rencontre avec l'autre qui en fait autant, comme lorsque plusieurs s'étant accordés de se trouver ensemble en quelque endroit à un certain jour préfixe, le peuvent faire effectivement s'ils veulent. Or, quoique tous expriment les mêmes phénomènes, ce n'est pas pour cela que leurs expressions soient parfaitement semblables, mais il suffit qu'elles soient proportionnelles ; comme plusieurs spectateurs croient voir la même chose, et s'entre-entendent en effet, quoique chacun voie et parle selon la mesure de sa vue. Or, il n'y a que Dieu (de qui tous les individus émanent continuellement, et qui voit l'univers non seulement comme ils le voient, mais encore tout autrement qu'eux tous), qui soit cause de cette correspondance de leurs phénomènes, et qui fasse que ce qui est particulier à l'un soit public à tous ; autrement, il n'y aurait point de liaison. On pourrait donc dire en quelque façon et dans un bon sens, quoique éloigné de l'usage, qu'une substance particulière n'agit jamais sur une autre substance particulière et n'en pâtit non plus, si on considère que ce qui arrive à chacune n'est qu'une suite de son idée ou notion complète toute seule, puisque cette idée enferme déjà tous les prédicats ou événements, et exprime tout l'univers. En effet, rien ne nous peut arriver que des pensées et des perceptions, et toutes nos pensées et nos perceptions futures ne sont que des suites, quoique contingentes, de nos pensées et perceptions précédentes, tellement que si j'étais capable de considérer distinctement tout ce qui m'arrive ou paraît à cette heure, j'y pourrais voir tout ce qui m'arrivera, ou me paraîtra à tout jamais ; ce qui ne manquerait pas, et m'arriverait tout de même, quand tout ce qui est hors de moi serait détruit, pourvu qu'il ne restât que Dieu et moi. Mais comme nous attribuons à d'autres choses comme à des causes agissant sur nous ce que nous apercevons d'une certaine manière, il faut considérer le fondement de ce jugement, et ce qu'il y a de véritable.[a]

XV. *L'action d'une substance finie sur l'autre ne consiste que dans l'accroissement du degré de son expression joint à la diminution de celle de*

a. *Sur le brouillon, Leibniz a raturé le morceau suivant :*
Il est constant surtout que lorsque nous désirons quelque phénomène, et qu'il arrive à point nommé, et que cela se rencontre ordinairement, nous disons d'avoir agi et d'en être la cause, comme lorsque je veux ce qu'on appelle remuer la main. Aussi lorsqu'il me paraît qu'à ma volonté quelque chose arrive à ce que j'appelle une autre substance, que cela lui serait arrivé par là (comme je juge par des fréquentes expériences), quand même elle n'aurait pas voulu, je dis que cette substance pâtit, comme je l'avoue de moi-même, lorsque cela m'arrive suivant la volonté d'une autre substance. Lors aussi que nous avons voulu quelque chose qui arrive, et qu'il s'ensuit encore quelque autre chose que nous n'avons point voulu, nous ne laissons pas de dire que nous avons fait cela, pourvu que nous entendions comme cela s'en est suivi. Il y a aussi quelques phénomènes d'étendue, que nous nous attribuons plus particulièrement, et dont le fondement *a parte rei* est appelé notre corps, et comme tout ce qui lui arrive de considérable, c'est-à-dire tous les changements notables qui nous y paraissent, se font sentir fortement au moins à l'ordinaire, nous nous attribuons toutes les passions de ce corps, et cela avec grande raison, car quand même nous ne nous en sommes pas aperçus alors, nous ne laissons pas de nous bien apercevoir des suites, comme lorsqu'on nous a transporté d'un lieu à un autre en dormant. Nous nous attribuons aussi les actions de ce corps, comme lorsque nous courons, frappons, tombons, et que notre corps continuant le mouvement commencé fait quelque effet. Mais je ne m'attribue point ce qui arrive aux autres corps, puisque je m'aperçois qu'il y peut arriver de grands changements qui ne me sont point sensibles, si ce n'est que mon corps s'y trouve exposé d'une certaine manière que je conçois y être propre. Ainsi on voit bien que quoique tous les corps de l'univers nous appartiennent en quelque façon, et sympathisent avec le nôtre, nous ne nous attribuons point ce qui leur arrive. Car lorsque mon corps est poussé, je dis qu'on m'a poussé moi-même, mais lorsqu'on pousse quelque autre, quoique je m'en aperçoive, et que cela fasse naître quelque passion en moi, je ne dis pas d'avoir été poussé ; puisque je mesure le lieu où je suis par

l'autre, en tant que Dieu les oblige de s'accommoder ensemble[a].

Mais sans entrer dans une longue discussion, il suffit à présent, pour concilier le langage métaphysique avec la pratique, de remarquer que nous nous attribuons davantage et avec raison les phénomènes que nous exprimons plus parfaitement, et que nous attribuons aux autres substances ce que chacune exprime le mieux. Ainsi une substance qui est d'une étendue infinie, en tant qu'elle exprime tout, devient limitée par la manière de son expression plus ou moins parfaite. C'est donc ainsi qu'on peut concevoir que les substances s'entr'empêchent ou se limitent, et par conséquent on peut dire dans ce sens qu'elles agissent l'une sur l'autre, et sont obligées pour ainsi dire de s'accommoder entre elles. Car il peut arriver qu'un changement qui augmente l'expression de l'une diminue celle de l'autre. Or la vertu d'une substance particulière est de bien exprimer la gloire

---

celui de mon corps. Et ce langage est fort raisonnable, car il est propre à s'exprimer nettement dans la pratique ordinaire. On peut dire en peu de mots quant à l'esprit que nos volontés et nos jugements ou raisonnements sont des actions, mais que nos perceptions ou sentiments sont des passions ; et quant au corps, nous disons que le changement qui lui arrive est une action quand il est la suite d'un changement précédent, mais autrement c'est une passion. En général, pour donner à nos termes un sens qui concilie la Métaphysique à la pratique, lorsque plusieurs substances sont affectées par un même changement (comme en effet tout changement les touche toutes) on peut dire que celle qui par là passe immédiatement à un plus grand degré de perfection ou continue dans le même, agit, mais celle qui devient par là immédiatement plus limitée, en sorte que ses expressions deviennent plus confuses, pâtit.

a. *Sur le Sommaire :* Dieu les a formé [*sic*] par avance en sorte qu'elles s'accommodent ensemble.

de Dieu et c'est par là qu'elle est moins limitée. Et chaque chose quand elle exerce sa vertu ou puissance, c'est-à-dire quand elle agit, change en mieux et s'étend, en tant qu'elle agit ; lors donc qu'il arrive un changement dont plusieurs substances sont affectées (comme en effet tout changement les touche toutes), je crois qu'on peut dire que celle qui immédiatement par là passe à un plus grand degré de perfection ou à une expression plus parfaite, exerce sa puissance, et *agit*, et celle qui passe à un moindre degré fait connaître sa faiblesse, et *pâtit*. Aussi tiens-je que toute action d'une substance qui a de la perfection importe quelque volupté, et toute passion quelque douleur, et vice versa. Cependant, il peut bien arriver qu'un avantage présent soit détruit par un plus grand mal dans la suite ; d'où vient qu'on peut pécher en agissant ou exerçant sa puissance et en trouvant du plaisir.

XVI. *Le concours extraordinaire de Dieu est compris dans ce que notre essence exprime. car cette expression s'étend à tout mais il surpasse les forces de notre nature ou notre expression distincte laquelle est finie*[a], *et suit certaines maximes subalternes.*

Il ne reste à présent que d'expliquer comment il est possible que Dieu ait quelquefois de l'influence sur les hommes ou sur les autres substances par un concours extraordinaire et miracu-

a. *Sur le Sommaire :* ou de notre expression qui est finie

leux, puisqu'il semble que rien ne leur peut arriver d'extraordinaire ni de surnaturel, vu que tous leurs événements ne sont que des suites de leur nature. Mais il faut se souvenir de ce que nous avons dit ci-dessus à l'égard des miracles dans l'univers qui sont toujours conformes à la loi universelle de l'ordre général, quoiqu'ils soient au-dessus des maximes subalternes. Et d'autant que toute personne ou substance est comme un petit monde qui exprime le grand, on peut dire de même que cette action extraordinaire de Dieu sur cette substance ne laisse pas d'être miraculeuse, quoiqu'elle soit comprise dans l'ordre général de l'univers en tant qu'il est exprimé par l'essence ou notion individuelle de cette substance. C'est pourquoi, si nous comprenons dans notre nature tout ce qu'elle exprime, rien ne lui est surnaturel, car elle s'étend à tout, un effet exprimant toujours sa cause et Dieu étant la véritable cause des substances. Mais comme ce que notre nature exprime plus parfaitement lui appartient d'une manière particulière, puisque c'est en cela que sa puissance consiste et qu'elle est limitée, comme je viens de l'expliquer, il y a bien des choses qui surpassent les forces de notre nature, et même celles de toutes les natures limitées. Par conséquent, afin de parler plus clairement, je dis que les miracles et les concours extraordinaires de Dieu ont cela de propre qu'ils ne sauraient être prévus par le raisonnement d'aucun esprit créé, quelque éclairé qu'il soit, parce que la compréhension distincte de l'ordre général les surpasse tous, au lieu que tout ce qu'on appelle naturel dépend des maximes moins générales que les créatures peuvent comprendre. Afin donc que les paroles soient aussi irrépréhensibles que le sens, il serait bon de lier certaines manières de parler avec certaines pensées, et on pourrait appeler notre essence ce qui comprend tout ce que nous exprimons, et comme elle exprime notre union avec Dieu même, elle n'a point de limites, et rien ne la passe. Mais ce qui est limité en nous pourra être appelé notre nature ou notre puissance, et à cet égard ce qui passe les natures de toutes les substances créées est surnaturel.

XVII. *Exemple d'une maxime subalterne ou Loi de la Nature. Où il est montré que Dieu conserve toujours*[a] *la même force, mais non pas la même quantité de mouvement, contre les Cartésiens et plusieurs autres*[68].

J'ai déjà souvent fait mention des Maximes subalternes ou des Lois de la nature[69], et il semble qu'il serait bon d'en donner un exemple : communément nos nouveaux philosophes se servent de cette règle fameuse[b] que Dieu conserve toujours la même quantité de mouvement dans le monde. En effet, elle est fort plausible, et du temps passé, je la tenais pour indubitable. Mais depuis j'ai reconnu en quoi consiste la faute. C'est que Monsieur Descartes[70] et bien d'autres

a. *Sur le Sommaire :* toujours régulièrement
b. cette règle avancée par Mons. Descartes...

habiles Mathématiciens ont cru que la quantité de mouvement, c'est-à-dire la vitesse multipliée par la grandeur du mobile, convient entièrement à la force mouvante, ou pour parler géométriquement, que les forces sont en raison composées des vitesses et des corps. Or il est raisonnable que la même force se conserve toujours dans l'univers. Aussi quand on prend garde aux phénomènes on voit bien que le mouvement perpétuel mécanique n'a point de lieu, parce qu'ainsi la force d'une machine, qui est toujours un peu diminuée par la friction et doit finir bientôt, se réparerait, et par conséquent s'augmenterait d'elle-même sans quelque impulsion nouvelle du dehors ; et on remarque aussi que la force d'un corps n'est pas diminuée qu'à mesure qu'il en donne à quelques corps contigus ou à ses propres parties en tant qu'elles ont un mouvement à part. Ainsi ils ont cru que ce qui peut se dire de la force se pourrait aussi dire de la quantité de mouvement. Mais, pour en montrer la différence, je *suppose* qu'un corps tombant d'une certaine hauteur acquiert la force d'y remonter, si sa direction le porte ainsi, à moins qu'il ne se trouve quelques empêchements : par exemple un pendule remonterait parfaitement à la hauteur dont il est descendu[71], si la résistance de l'air et quelques autres petits obstacles ne diminuaient un peu sa force acquise. Je *suppose* aussi qu'il faut autant de force pour élever un corps *A* d'une livre à la hauteur *CD* de quatre toises, que d'élever un corps *B* de quatre livres à la hauteur *EF* d'une toise[72]. Tout cela est accordé par nos nouveaux philosophes. Il est donc manifeste que le corps *A* étant tombé de la hauteur *CD* a acquis autant de force précisément que le corps *B* tombé de la hauteur *EF* ; car le corps *(B)* étant parvenu en *F* et y ayant la force de remonter jusqu'à *E* (par la première supposition) a par conséquent la force de porter un corps de quatre livres, c'est-à-dire son propre corps, à la hauteur *EF* d'une toise, et de même le corps *(A)* étant parvenu en *D* et y ayant la force de remonter jusqu'à *C*, a la force de porter un corps d'une livre, c'est-à-dire son propre corps, à la hauteur *CD* de quatre toises. Donc (par la seconde supposition), la force de ces deux corps est égale. Voyons maintenant si la quantité de mouvement est aussi la même de part et d'autre ; mais c'est là où on sera surpris de trouver une différence grandissime. Car il a été démontré par Galilée que la vitesse acquise par la chute *CD* est double de la vitesse acquise par la chute *EF*, quoique la hauteur soit quadruple. Multiplions donc le corps *A*, qui est comme 1, par sa vitesse, qui est comme 2, le produit ou la quantité de mouvement sera comme 2, et de l'autre part multiplions le corps *B*, qui est comme 4, par sa vitesse, qui est comme 1, le produit ou la quantité de mouvement sera comme 4. Donc la quantité de mouvement du corps *(A)* au point *D* est la moitié de la quantité de mouvement du corps *(B)* au point *F*, et cependant leurs forces sont égales ; donc il y a bien de la différence entre la quantité de mouvement et la force, ce qu'il fallait montrer[73].

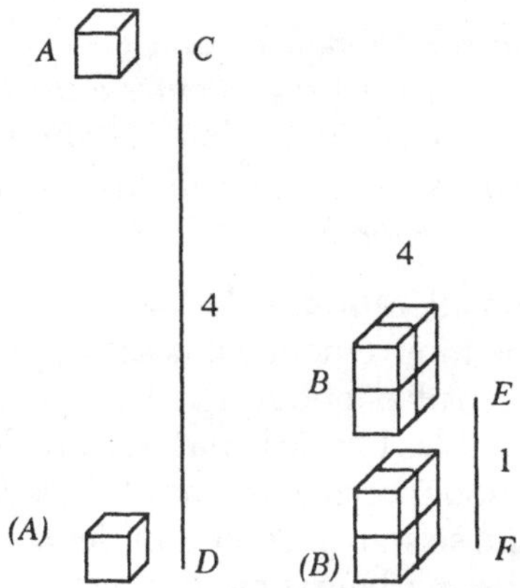

On voit par là comment la force doit être estimée par la quantité de l'effet qu'elle peut produire, par exemple par la hauteur à laquelle un corps pesant d'une certaine grandeur et espèce peut être élevé, ce qui est bien différent de la vitesse qu'on lui peut donner. Et pour lui donner le double de la vitesse, il faut plus que le double de la force. Rien n'est plus simple que cette preuve ; et Mons. Descartes n'est tombé ici dans l'erreur que parce parce qu'il se fiait trop à ses pensées, lors même qu'elles n'étaient pas encore assez mûres. Mais je m'étonne que depuis, ses sectateurs ne se sont pas aperçus de cette faute : et j'ai peur qu'ils ne commencent peu à peu d'imiter quelques péripatéticiens, dont ils se moquent, et qu'ils ne s'accoutument comme eux de consulter plutôt les livres de leur maître que la raison et la nature.

XVIII. *La distinction de la force et de la quantité de mouvement est importante entre autres pour juger qu'il faut recourir à des considérations métaphysiques séparées de l'étendue afin d'expliquer les phénomènes des corps.*

Cette considération de la force distinguée de la quantité de mouvement est assez importante non seulement en physique et en mécanique, pour trouver les véritables lois de la nature et règles du mouvement et pour corriger même plusieurs erreurs de pratique qui se sont glissées dans les écrits de quelques habiles mathématiciens, mais encore dans la métaphysique, pour mieux entendre les principes, car le mouvement, si on n'y considère que ce qu'il comprend précisément et formellement, c'est-à-dire un changement de place, n'est pas une chose entièrement réelle, et quand plusieurs corps changent de situation entre eux, il n'est pas possible de déterminer par la seule considération de ces changements, à qui entre eux le mouvement ou le repos doit être attribué, comme je pourrais faire voir géométriquement, si je m'y voulais arrêter maintenant[74]. Mais la force ou cause prochaine de ces changements est quelque chose de plus réel, et il y a assez de fondement pour l'attribuer à un corps plus qu'à l'autre[75] ; aussi n'est-ce que par là qu'on peut connaître à qui le mouvement appartient davantage. Or cette force est quelque chose de différent de la grandeur de la figure et du mouvement et on peut juger par là que tout ce qui est conçu dans le corps ne consiste pas uniquement dans l'étendue et dans ses modifications, comme nos modernes se le persuadent. Ainsi nous sommes encore obligés de rétablir quelques êtres ou formes qu'ils ont bannis. Et il paraît de plus en plus, quoique tous les phénomènes particuliers de la nature se puissent expliquer mathématiquement ou mécaniquement par ceux qui les entendent, que néanmoins les principes généraux de la nature corporelle et de la mécanique même sont plutôt métaphysiques que géométriques, et appartiennent plutôt à quelques formes ou natures indivisibles comme causes des apparences qu'à la masse corporelle ou étendue. Réflexion qui est capable de réconcilier la philosophie mécanique des modernes avec la circonspection de quelques personnes intelligentes et bien intentionnées qui craignent avec quelque raison qu'on ne s'éloigne trop des êtres immatériels au préjudice de la piété[76].

XIX. *Utilité des causes finales dans la physique.*

Comme je n'aime pas de juger des gens en mauvaise part, je n'accuse pas nos nouveaux philosophes, qui prétendent de bannir les causes finales de la physique, mais je suis néanmoins obligé d'avouer que les suites de ce sentiment me paraissent dangereuses, surtout quand je le joins à celui que j'ai réfuté au commencement de ce discours, qui semble aller à les ôter tout à fait, comme si Dieu ne se proposait aucune fin ni bien, en agissant, ou comme si le bien n'était pas l'objet de sa volonté. Je tiens au contraire que c'est là où il faut chercher le principe de toutes les existences et des lois de la nature, parce que Dieu se propose toujours le meilleur et le plus parfait. Je veux bien avouer que nous sommes sujets à nous abuser quand nous voulons déterminer les fins ou conseils de Dieu, mais ce n'est que lorsque nous les voulons borner à quelque dessein particulier, croyant qu'il n'a en vue qu'une seule chose, au lieu qu'il a en même temps égard à tout ; comme lorsque nous croyons que Dieu n'a fait le monde que pour nous, c'est un grand abus, quoiqu'il soit très véritable qu'il l'a fait tout entier pour nous, et qu'il n'y a rien dans l'univers qui ne nous touche, et qui ne s'accommode aussi aux égards qu'il a pour nous, suivant les principes posés ci-dessus. Ainsi lorsque nous voyons quelque bon effet ou quelque perfection qui arrive ou qui s'ensuit des ouvrages de Dieu, nous pouvons dire sûrement que Dieu se l'est proposée. Car il ne fait rien par hasard, et n'est pas semblable à nous, à qui il échappe quelquefois de bien faire. C'est pourquoi, bien loin qu'on puisse faillir en cela, comme font les politiques outrés qui s'imaginent trop de raffinement dans les desseins des princes, ou comme font des commentateurs qui cherchent trop d'érudition dans leur auteur ; on ne saurait attribuer trop de réflexions à cette sagesse infinie, et il n'y a aucune matière où il y ait moins d'erreur à craindre tandis qu'on ne fait qu'affirmer, et pourvu qu'on se garde ici des propositions négatives qui limitent les desseins de Dieu. Tous ceux qui voient l'admirable structure des animaux se trouvent portés à reconnaître la sagesse de l'auteur des choses, et je conseille à ceux qui ont quelque sentiment de piété et même de véritable philosophie, de s'éloigner des phrases de quelques esprits forts prétendus, qui disent qu'on voit parce qu'il se trouve qu'on a des yeux, sans que les yeux aient été faits pour voir[77]. Quand on est sérieusement dans ces sentiments qui donnent tout à la nécessité de la matière ou à un certain hasard (quoique l'un et l'autre doivent paraître ridicules à ceux qui entendent ce que nous avons expliqué ci-dessus), il est difficile qu'on puisse reconnaître un auteur intelligent de la nature. Car l'effet doit répondre à sa cause, et même il se connaît le mieux par la connaissance de la cause, et il est déraisonnable d'introduire une intelligence souveraine ordonnatrice des choses et puis, au lieu d'employer sa sagesse, ne se servir que des propriétés de la matière pour expliquer les phénomènes. Comme si, pour rendre raison d'une conquête qu'un grand prince a faite en prenant quelque place d'importance, un historien voulait dire que c'est parce que les petits corps de la poudre à canon étant délivrés à l'attouchement d'une étincelle, se sont échappés avec une vitesse capable de pousser un corps dur et pesant contre les murailles de la place, pendant que les branches des petits corps qui composent le cuivre du canon étaient assez bien entrelacées, pour ne se pas disjoindre par cette vitesse ; au lieu de faire voir comment la prévoyance du conquérant lui a fait choisir le temps et les moyens convenables, et comment sa puissance a surmonté tous les obstacles.

XX. *Passage remarquable de Socrate chez Platon contre les philosophes trop matériels*[a].

Cela me fait souvenir d'un beau passage de Socrate dans le Phédon de Platon, qui est merveilleusement conforme à mes sentiments sur ce point, et semble être fait exprès contre nos philosophes trop matériels. Aussi ce rapport m'a donné envie de le traduire, quoiqu'il soit un peu long ; peut-être que cet échantillon pourra donner occasion à quelqu'un de nous faire part de quantité d'autres pensées belles et solides qui se trouvent dans les écrits de ce fameux auteur.

Inseratur locus ex Phaedone Platonis ubi Socrates Anaxagoram irridet, qui Mentem introducit nec ea utitur[78].

> J'entendis un jour, dit-il, quelqu'un lire dans un livre d'Anaxagore, où il y avait ces paroles qu'un être intelligent était cause de toutes choses, et qu'il les avait disposées et ornées. Cela me plut extrêmement, car je croyais que si le monde était l'effet d'une intelligence, tout serait fait de la manière la plus parfaite qu'il eût été possible. C'est pourquoi je croyais que celui qui voudrait rendre raison pourquoi les choses s'engendrent ou périssent ou subsistent, devrait chercher ce qui serait convenable à la perfection de chaque chose. Ainsi l'homme n'aurait à considérer en soi ou en quelque autre chose que ce qui serait le meilleur et le plus parfait. Car celui qui connaîtrait le plus parfait jugerait aisément par là de ce qui serait imparfait, parce qu'il n'y a qu'une même science de l'un et de l'autre. Considérant tout ceci, je me réjouissais d'avoir trouvé un maître qui pourrait enseigner les raisons des choses : par exemple, si la terre était plutôt

a. *Sur le Sommaire* : Passage mémorable de Socrate dans le *Phédon* de Platon.

ronde que plate, et pourquoi il ait été mieux qu'elle fût ainsi qu'autrement... De plus, je m'attendais qu'en disant que la terre est au milieu de l'univers, ou non, il m'expliquerait pourquoi cela ait été le plus convenable. Et qu'il m'en dirait autant du soleil, de la lune, des étoiles et de leurs mouvements... Et qu'enfin, après avoir montré ce qui serait convenable à chaque chose en particulier, il me montrerait ce qui serait le meilleur en général. Plein de cette espérance, je pris et je parcourus les livres d'Anaxagore avec grand empressement ; mais je me trouvai bien éloigné de mon compte, car je fus surpris de voir qu'il ne se servait point de cette intelligence gouvernatrice qu'il avait mise en avant, qu'il ne parlait plus de l'ornement ni de la perfection des choses, et qu'il introduisait certaines matières éthériennes peu vraisemblables. En quoi il faisait comme celui qui, ayant dit que Socrate fait les choses avec intelligence, et venant par après à expliquer en particulier les causes de ses actions, dirait qu'il est assis ici parce qu'il a un corps composé d'os, de chair et de nerfs, que les os sont solides, mais qu'ils ont des intervalles ou jointures, que les nerfs peuvent être tendus et relâchés, que c'est par là que le corps est flexible et enfin que je suis assis. Ou si voulant rendre raison de ce présent discours, il aurait recours à l'air, aux organes de voix et d'ouïe, et semblables choses oubliant cependant les véritables causes, savoir que les Athéniens ont cru qu'il serait mieux fait de me condamner que de m'absoudre, et que j'ai cru, moi, mieux faire de demeurer assis ici que de m'enfuir. Car ma foi, sans cela, il y a longtemps que ces nerfs et ces os seraient auprès des Béotiens et Mégariens, si je n'avais pas trouvé qu'il est plus juste et plus honnête à moi de souffrir la peine que la patrie me veut imposer, que de vivre ailleurs vagabond et exilé. C'est pourquoi il est déraisonnable d'appeler ces os et ces nerfs et leurs mouvements des causes. Il est vrai que celui qui dirait que je ne saurais faire tout ceci sans os et sans nerfs aurait raison. Mais autre chose est ce qui est la véritable cause et ce qui n'est qu'une condition sans laquelle la cause ne saurait être cause. Les gens qui disent seulement, par exemple, que le mouvement des corps à l'entour soutient la terre là où elle est, oublient que la puissance divine dispose tout de la plus belle manière, et ne comprennent pas que c'est le bien et le beau qui joint, qui forme et qui maintient le monde. Jusqu'ici Socrate.

XXI. *Si les règles mécaniques dépendaient de la seule Géométrie sans la Métaphysique, les phénomènes seraient tout autres.*

Or, puisqu'on a toujours reconnu la sagesse de Dieu dans le détail de la structure mécanique de quelques corps particuliers, il faut bien qu'elle se soit montrée aussi dans l'économie générale du monde et dans la constitution des lois de la nature. Ce qui est si vrai qu'on remarque les conseils de cette sagesse dans les lois du mouvement en général. Car s'il n'y avait dans les corps qu'une masse étendue, et s'il n'y avait dans le mouvement que le changement de place, et si tout se devait et pouvait déduire de ces définitions toutes seules par une nécessité géométrique. il s'ensuivrait, comme j'ai montré ailleurs[79], que le moindre corps donnerait au plus grand qui serait en repos et qu'il rencontrerait, la même vitesse qu'il a, sans perdre quoi que ce soit de la sienne, et il faudrait admettre quantité d'autres telles règles tout à fait contraires à la formation d'un système. Mais le décret de la sagesse divine de conserver toujours la même force et la même direction en somme, y a pourvu. Je trouve même que plusieurs effets de la nature se peuvent démontrer doublement, savoir par la considération de la cause efficiente, et encore à part, par la considération de la cause finale ; en se servant par exemple du décret de Dieu de produire toujours son effet par les voies les plus aisées et les plus déterminées, comme j'ai fait voir ailleurs [80] en rendant raison des règles de la catoptrique et de la dioptrique, et en dirai davantage tantôt.

XXII. *Conciliation des deux voies par les finales et par les efficientes*[a], *pour satisfaire tant à ceux qui expliquent la nature mécaniquement qu'à ceux qui ont recours a des natures incorporelles.*

Il est bon de faire cette remarque pour concilier ceux qui espèrent d'expliquer mécaniquement la formation de la première tissure d'un animal et de toute la machine des parties avec ceux qui rendent raison de cette même structure par les causes finales. L'un et l'autre est bon, l'un et l'autre peut être utile, non seulement pour admirer l'artifice du grand ouvrier, mais encore pour découvrir quelque chose d'utile dans la physique et dans la médecine. Et les auteurs qui suivent ces routes différentes ne devraient point se maltraiter. Car je vois que ceux qui s'attachent à expliquer la beauté de la divine anatomie se moquent des autres qui s'imaginent qu'un mouvement de certaines liqueurs qui paraît fortuit a pu faire une si belle variété de membres, et traitent ces gens-là de téméraires et de profanes Et ceux-ci au contraire traitent les premiers de

a. *Sur le Sommaire* : dont l'une va par les causes finales, et l'autre par les causes efficientes

simples et de superstitieux, semblables à ces anciens qui prenaient les physiciens pour impies quand ils soutenaient que ce n'est pas Jupiter qui tonne, mais quelque matière qui se trouve dans les nues. Le meilleur serait de joindre l'une et l'autre considération, car s'il est permis de se servir d'une basse comparaison, je reconnais et j'exalte l'adresse d'un ouvrier non seulement en montrant quels desseins il a eus en faisant les pièces de sa machine, mais encore en expliquant les instruments dont il s'est servi pour faire chaque pièce, surtout quand ces instruments sont simples et ingénieusement controuvés. Et Dieu est assez habile artisan pour produire une machine encore plus ingénieuse mille fois que celle de notre corps, en ne se servant que de quelques liqueurs assez simples expressément formées en sorte qu'il ne faille que les lois ordinaires de la nature pour les démêler comme il faut afin de produire un effet si admirable ; mais il est vrai aussi que cela n'arriverait point si Dieu n'était pas auteur de la nature. Cependant je trouve que la voie des causes efficientes, qui est plus profonde en effet et en quelque façon plus immédiate et a priori est en récompense assez difficile quand on vient au détail, et je crois que nos philosophes le plus souvent en sont encore bien éloignés. Mais la voie des finales est plus aisée, et ne laisse pas de servir souvent à deviner des vérités importantes et utiles qu'on serait bien longtemps à chercher par cette autre route plus physique, dont l'Anatomie peut fournir des exemples considérables. Aussi tiens-je que Snellius[81] qui est le premier inventeur des règles de la réfraction aurait attendu longtemps à les trouver, s'il avait voulu chercher premièrement comment la lumière se forme. Mais il a suivi apparemment la Méthode dont les anciens se sont servis pour la catoptrique qui est en effet par les finales. Car cherchant la voie la plus aisée pour conduire un rayon d'un point donné à un autre point donné par la réflexion d'un plan donné (supposant que c'est le dessein de la nature), ils ont trouvé l'égalité des angles d'incidence et de réflexion, comme l'on peut voir dans un petit traité d'Héliodore de Larisse[82], et ailleurs. Ce que M. Snellius comme je crois et après lui (quoique sans rien savoir de lui), M. Fermat[83] ont appliqué plus ingénieusement à la réfraction. Car lorsque les rayons observent dans les mêmes milieux la même proportion des sinus qui est aussi celle des résistances des milieux, il se trouve que c'est la voie la plus aisée ou du moins la plus déterminée pour passer d'un point donné dans un milieu à un point donné dans un autre. Et il s'en faut beaucoup que la démonstration de ce même théorème que M. Descartes a voulu donner par la voie des efficientes, soit aussi bonne[84]. Au moins y a-t-il lieu de soupçonner qu'il ne l'aurait jamais trouvée par là, s'il n'avait rien appris en Hollande de la découverte de Snellius.

XXIII. *Pour revenir aux substances immatérielles, on explique comment Dieu agit sur l'entendement des esprits et si on a toujours l'idée de ce qu'on pense.*

J'ai trouvé à propos d'insister un peu sur ces considérations des finales, des natures incorporelles et d'une cause intelligente avec rapport aux corps, pour en faire connaître l'usage jusque dans la physique et dans les mathématiques, afin de purger, d'une part, la philosophie mécanique de la profanité qu'on lui impute, et de l'autre part, d'élever l'esprit de nos philosophes des considérations matérielles toutes seules à des méditations plus nobles. Maintenant, il sera à propos de retourner des corps aux natures immatérielles et particulièrement aux esprits, et de dire quelque chose de la manière dont Dieu se sert pour les éclairer et pour agir sur eux, où il ne faut point douter qu'il n'y ait aussi certaines lois de nature, de quoi je pourrais parler plus amplement ailleurs. Maintenant, il suffira de toucher quelque chose des idées, et si nous voyons toutes choses en Dieu [85] et comment Dieu est notre lumière. Or, il sera à propos de remarquer que le mauvais usage des idées donne occasion à plusieurs erreurs. Car, quand on raisonne de quelque chose, on s'imagine d'avoir une idée de cette chose, et c'est le fondement sur lequel quelques philosophes anciens et nouveaux ont bâti une certaine démonstration de Dieu qui est fort imparfaite. Car, disent-ils, il faut bien que j'aie une idée de Dieu ou d'un être parfait puisque je pense à lui, et on ne saurait penser sans idée ; or, l'idée de cet être enferme toutes les perfections, et l'existence en est une, par conséquent il existe [86]. Mais comme nous pensons souvent à des chimères impossibles, par exemple au dernier degré de la vitesse, au plus grand nombre à la rencontre de la conchoïde avec sa base ou règle, ce raisonnement ne suffit pas. C'est donc en ce sens qu'on peut dire qu'il y a des idées vraies et fausses, selon que la chose dont il s'agit est possible ou non. Et c'est alors qu'on peut se vanter d'avoir une idée de la chose, lorsqu'on est assuré de sa possibilité. Ainsi l'argument susdit prouve au moins que Dieu existe nécessairement, s'il est possible. Ce qui est en effet un excellent privilège de la nature divine, de n'avoir besoin que de sa possibilité ou essence pour exister actuellement, et c'est justement ce qu'on appelle *ens a se*[87].

XXIV. *Ce que c'est qu'une connaissance claire ou obscure ; distincte ou confuse ; adéquate et intuitive*[a] *; ou suppositive. Définition nominale, réelle, causale, essentielle.*

Pour mieux entendre la nature des idées il faut toucher quelque chose de la variété des connaissances[b]. Quand je puis reconnaître une chose parmi les autres, sans pouvoir dire en quoi consistent ses différences ou propriétés, la connaissance est *confuse*. C'est ainsi que nous connaissons quelquefois *clairement*, sans être en doute en aucune façon, si un poème ou bien un tableau est bien ou mal fait, parce qu'il y a un *je ne sais quoi* qui nous satisfait ou qui nous choque. Mais lorsque je puis expliquer les marques que j'ai, la connaissance s'appelle *distincte*. Et telle est la connaissance d'un essayeur, qui discerne le vrai

a. *Sur le Sommaire* : adéquate, ou inadéquate, intuitive ou

b. *En marge sur le manuscrit* : NB. Notio media inter intuitivam et claram est cum omnium notionum ingredientium saltem claram cognitionem habeo [88].

or du faux par le moyen de certaines épreuves ou marques qui font la définition de l'or. Mais la connaissance distincte a des degrés, car ordinairement les notions qui entrent dans la définition auraient besoin elles-mêmes de définition et ne sont connues que confusément. Mais lorsque tout ce qui entre dans une définition ou connaissance distincte est connu distinctement, jusqu'aux notions primitives, j'appelle cette connaissance *adéquate*. Et quand mon esprit comprend à la fois et distinctement tous les ingrédients primitifs d'une notion, il en a une connaissance *intuitive* qui est bien rare, la plupart des connaissances humaines n'étant que confuses ou bien *suppositives* [89]. Il est bon aussi de discerner les définitions nominales et les réelles : j'appelle *définition nominale*, lorsqu'on peut encore douter si la notion définie est possible, comme par exemple si je dis qu'une vis sans fin est une ligne solide dont les parties sont congruentes ou peuvent incéder l'une sur l'autre ; celui qui ne connaît pas d'ailleurs ce que c'est qu'une vis sans fin pourra douter si une telle ligne est possible, quoique en effet ce soit une propriété réciproque de la vis sans fin, car les autres lignes dont les parties sont congruentes (qui ne sont que la circonférence du cercle et la ligne droite) sont planes, c'est-à-dire se peuvent décrire *in plano*. Cela fait voir que toute propriété réciproque peut servir à une définition nominale ; mais lorsque la propriété donne à connaître la possibilité de la chose, elle fait la définition réelle ; et tandis qu'on n'a qu'une définition nominale, on ne saurait s'assurer des conséquences qu'on en tire, car, si elle cachait quelque contradiction ou impossibilité, on en pourrait tirer des conclusions opposées. C'est pourquoi les vérités ne dépendent point des noms, et ne sont point arbitraires comme quelques nouveaux philosophes[90] ont cru. Au reste, il y a encore bien de la différence entre les espèces des définitions réelles, car quand la possibilité ne se prouve que par expérience comme dans la définition du vif-argent dont on connaît la possibilité parce qu'on sait qu'un tel corps se trouve effectivement qui est un fluide extrêmement pesant et néanmoins assez volatil, la définition est seulement *réelle* et rien davantage ; mais lorsque la preuve de la possibilité se fait a priori, la définition est encore *réelle* et *causale*, comme lorsqu'elle contient la génération possible de la chose[91] ; et quand elle pousse l'analyse à bout jusqu'aux notions primitives, sans rien supposer qui ait besoin de preuve a priori de sa possibilité, la définition est parfaite ou *essentielle*.

XXV. *En quel cas notre connaissance est jointe à la contemplation de l'idée.*

Or, il est manifeste que nous n'avons aucune idée d'une notion quand elle est impossible. Et lorsque la connaissance n'est que *suppositive*, quand nous aurions l'idée, nous ne la contemplons point, car une telle notion ne se connaît que de la même manière que les notions occultement impossibles, et si elle est possible, ce n'est pas par cette manière de connaître qu'on l'apprend. Par exemple, lorsque je pense à mille ou à un chiliogone, je le fais souvent sans en contempler l'idée (comme lorsque je dis que mille est dix fois cent), sans me mettre en peine de penser ce que c'est que 10 et 100 parce que je *suppose* de le savoir et ne crois pas d'avoir besoin à présent de m'arrêter à le concevoir. Ainsi, il pourra bien arriver, comme il arrive en effet assez souvent, que je me trompe à l'égard d'une notion que je suppose ou crois d'entendre, quoique dans la vérité elle soit impossible, ou au moins incompatible avec les autres auxquelles je la joins, et soit que je me trompe ou que je ne me trompe point, cette manière suppositive de concevoir demeure la même. Ce n'est donc que lorsque notre connaissance est *claire* dans les notions confuses, ou lorsqu'elle est *intuitive* dans les distinctes, que nous en voyons l'idée entière[92].

XXVI. *Que nous avons en nous toutes les idées ; et de la réminiscence de Platon.*

Pour bien concevoir ce que c'est qu'idée, il faut prévenir une équivocation, car plusieurs prennent l'idée pour la forme ou différence de nos pensées[93], et de cette manière nous n'avons l'idée dans l'esprit qu'en tant que nous y pensons, et toutes les fois que nous y pensons de nouveau, nous avons d'autres idées de la même chose, quoique semblables aux précédentes. Mais il semble que d'autres prennent l'idée pour un objet immédiat de la pensée ou pour quelque forme permanente qui demeure lorsque nous ne la contemplons point. Et, en effet, notre âme a toujours en elle la qualité de se représenter quelque nature ou forme que ce soit, quand l'occasion se présente d'y penser. Et je crois que cette qualité de notre âme en tant qu'elle exprime quelque nature, forme ou essence, est proprement l'idée de la chose, qui est en nous et qui est toujours en nous, soit que nous y pensions ou non [94]. Car notre âme exprime Dieu et l'univers, et toutes les essences aussi bien que toutes les existences. Cela s'accorde avec mes principes, car naturellement rien ne nous entre dans l'esprit par le dehors, et c'est une mauvaise habitude que nous avons de penser comme si notre âme recevait quelques espèces messagères et comme si elle avait des portes et des fenêtres. Nous avons dans l'esprit toutes ces formes, et même de tout temps, parce que l'esprit exprime toujours toutes ses pensées futures, et pense déjà confusément à tout ce qu'il pensera jamais distinctement. Et rien ne nous saurait être appris, dont nous n'ayons déjà dans l'esprit l'idée qui est comme la matière dont cette pensée se forme. C'est ce que Platon a excellemment bien considéré quand il a mis en avant sa réminiscence [95] qui a beaucoup de solidité, pourvu qu'on la prenne bien, qu'on la purge de l'erreur de la préexistence et qu'on ne s'imagine point que l'âme doit déjà avoir su et pensé distinctement autrefois ce qu'elle apprend et pense maintenant. Aussi a-t-il confirmé son sentiment par une belle expérience, introduisant un petit garçon qu'il mène insensiblement à des vérités très difficiles de la géométrie touchant les incommensurables [96], sans lui rien apprendre, en faisant seulement des demandes par ordre et à propos. Ce qui fait voir que notre âme sait tout cela virtuellement, et n'a besoin que d'*animadversion* pour connaître les vérités, et, par conséquent, qu'elle a au moins ses idées dont ces vérités dépendent. On peut même dire qu'elle possède déjà ces vérités, quand on les prend pour les rapports des idées.

XXVII. *Comment notre âme peut être comparée à des tablettes vides et comment nos notions viennent des sens.*

Aristote a mieux aimé de comparer notre âme à des tablettes encore vides où il y a place pour écrire[97], et il a soutenu que rien n'est dans notre entendement qui ne vienne des sens. Cela s'accorde davantage avec les notions populaires, comme c'est la manière d'Aristote, au lieu que Platon va plus au fond. Cependant, ces sortes de doxologies ou practicologies[98] peuvent passer dans l'usage ordinaire, à peu près comme nous voyons que ceux qui suivent Copernic ne laissent pas de dire que le soleil se lève et se couche. Je trouve même souvent qu'on leur peut donner un bon sens suivant lequel elles n'ont rien de faux, comme j'ai remarqué déjà de quelle façon on peut dire véritablement que les substances particulières agissent l'une sur l'autre, et dans ce même sens, on peut dire aussi que nous recevons de dehors des connaissances par le ministère des sens, parce que quelques choses extérieures contiennent ou expriment plus particulièrement les raisons qui déterminent notre âme à certaines pensées. Mais quand il s'agit de l'exactitude des vérités métaphysiques, il est important de reconnaître l'étendue et l'indépendance de notre âme qui va infiniment plus loin que le vulgaire ne pense, quoique dans l'usage ordinaire de la vie on ne lui attribue que ce dont on s'aperçoit plus manifestement et ce qui nous appartient d'une manière particulière, car il n'y sert de rien d'aller plus avant. Il serait bon cependant de choisir des termes propres à l'un et à l'autre sens pour éviter l'équivocation. Ainsi ces expressions qui sont dans notre âme, soit qu'on les conçoive ou non, peuvent être appelées idées, mais celles qu'on conçoit ou forme se peuvent dire notions, *conceptus*. Mais de quelque manière qu'on le prenne, il est toujours faux de dire que toutes nos notions viennent des sens qu'on appelle extérieurs, car celle que j'ai de moi et de mes pensées, et par conséquent de l'être, de la substance, de l'action, de l'identité, et de bien d'autres, viennent d'une expérience interne[99].

XXVIII. *Dieu seul est l'objet immédiat de nos perceptions qui existe hors de nous, et lui seul est notre lumière.*

Or, dans la rigueur de la vérité métaphysique, il n'y a point de cause externe qui agisse sur nous, excepté Dieu seul, et lui seul se communique à nous[a] immédiatement en vertu de notre dépendance continuelle. D'où il s'ensuit qu'il n'y a point d'autre objet externe qui touche notre âme et qui

a. lui seul communique avec nous

excite immédiatement notre perception. Aussi n'avons-nous dans notre âme les idées de toutes choses, qu'en vertu de l'action continuelle de Dieu sur nous, c'est-à-dire parce que tout effet exprime sa cause, et qu'ainsi l'essence de notre âme est une certaine expression ou imitation ou image de l'essence, pensée et volonté divine et de toutes les idées qui y sont comprises. On peut donc dire que Dieu seul est notre objet immédiat hors de nous, et que nous voyons toutes choses par lui [100] ; par exemple, lorsque nous voyons le soleil et les astres, c'est Dieu qui nous en a donné et qui nous en conserve les idées, et qui nous détermine à y penser effectivement, par son concours ordinaire, dans le temps que nos sens sont disposés d'une certaine manière, suivant les lois qu'il a établies. Dieu est le soleil et la lumière des âmes, *lumen illuminans omnem hominem venientem in hunc mundum* [101], et ce n'est pas d'aujourd'hui qu'on est dans ce sentiment. Après la Sainte Écriture et les Pères, qui ont toujours été plutôt pour Platon que pour Aristote, je me souviens d'avoir remarqué autrefois, que du temps des Scolastiques, plusieurs ont cru que Dieu est la lumière de l'âme, et, selon leur manière de parler, *intellectus agens animae rationalis*. Les Averroïstes [102] l'ont tourné dans un mauvais sens, mais d'autres, parmi lesquels je crois que Guillaume de Saint Amour [103] s'est trouvé, et plusieurs Théologiens mystiques, l'ont pris d'une manière digne de Dieu et capable d'élever l'âme à la connaissance de son bien.

XXIX. *Cependant nous pensons immédiatement par nos propres idées et non par celles de Dieu.*

Cependant je ne suis pas dans le sentiment de quelques habiles philosophes [104] qui semblent soutenir que nos idées mêmes sont en Dieu, et nullement en nous. Cela vient à mon avis de ce qu'ils n'ont pas assez considéré encore ce que nous venons d'expliquer ici touchant les substances, ni toute l'étendue et indépendance de notre âme qui fait qu'elle enferme tout ce qui lui arrive, et qu'elle exprime Dieu et avec lui tous les êtres possibles et actuels, comme un effet exprime sa cause. Aussi est-ce une chose inconcevable que je pense par les idées d'autrui. Il faut bien aussi que l'âme soit affectée effectivement d'une certaine manière, lorsqu'elle pense à quelque chose, et il faut qu'il y ait en elle par avance non seulement la puissance passive de pouvoir être affectée ainsi, laquelle est déjà toute déterminée, mais encore une puissance active, en vertu de laquelle il y a toujours eu dans sa nature des marques de la production future de cette pensée et des dispositions à la produire en son temps. Et tout ceci enveloppe déjà l'idée comprise dans cette pensée.

XXX. *Comme Dieu incline notre âme sans la nécessiter ; qu'on n'a point le droit de se plaindre et qu'il ne faut point demander pourquoi Judas pèche mais seulement pourquoi Judas le pécheur est admis à l'existence préférablement à quelques autres per-*

sonnes possibles. De l'imperfection originale[a] *avant le péché, et des degrés de la grâce.*

Pour ce qui est de l'action de Dieu sur la volonté humaine, il y a quantité de considérations assez difficiles qu'il serait long de poursuivre ici. Néanmoins, voici ce qu'on peut dire en gros. Dieu en concourant à nos actions ordinairement ne fait que suivre les lois qu'il a établies, c'est-à-dire il conserve et produit continuellement notre être en sorte que les pensées nous arrivent spontanément ou librement dans l'ordre que la notion de notre substance individuelle porte, dans laquelle on pouvait les prévoir de toute éternité. De plus, en vertu du décret qu'il a fait que la volonté tendrait toujours au bien apparent, en exprimant ou imitant la volonté de Dieu sous des certains respects particuliers, à l'égard desquels ce bien apparent a toujours quelque chose de véritable, il détermine la nôtre au choix de ce qui paraît le meilleur, sans la nécessiter néanmoins. Car, absolument parlant, elle est dans l'indifférence en tant qu'on l'oppose à la nécessité[105], et elle a le pouvoir de faire autrement ou de suspendre encore tout à fait son action, l'un et l'autre parti étant et demeurant possible. Il dépend donc de l'âme de se précautionner contre les surprises des apparences par une ferme volonté de faire des réflexions, et de ne point agir ni juger en certaines rencontres qu'après avoir bien et mûrement délibéré. Il est vrai cependant et même il est assuré de toute éternité que quelque

a. *Sur le Sommaire :* l'imperfection ou limitation originale

âme ne se servira pas de ce pouvoir dans une telle rencontre. Mais qui en peut mais ? et se peut-elle plaindre que d'elle-même ? Car toutes ces plaintes après le fait sont injustes, quand elles auraient été injustes avant le fait. Or, cette âme, un peu avant que de pécher, aurait-elle bonne grâce de se plaindre de Dieu comme s'il la déterminait au péché ? Les déterminations de Dieu en ces matières étant des choses qu'on ne saurait prévoir, d'où sait-elle qu'elle est déterminée à pécher, sinon lorsqu'elle pèche déjà effectivement ? Il ne s'agit que de ne pas vouloir et Dieu ne saurait proposer une condition plus aisée et plus juste ; aussi tous les juges, sans chercher les raisons qui ont disposé un homme à avoir une mauvaise volonté, ne s'arrêtent qu'à considérer combien cette volonté est mauvaise. Mais peut-être qu'il est assuré de toute éternité que je pécherai ? Répondez-vous vous-même : peut-être que non ; et sans songer à ce que vous ne sauriez connaître, et qui ne vous peut donner aucune lumière, agissez suivant votre devoir que vous connaissez. Mais, dira quelque autre, d'où vient que cet homme fera assurément ce péché ? La réponse est aisée, c'est qu'autrement ce ne serait pas cet homme[106]. Car Dieu voit de tout temps qu'il y aura un certain Judas dont la notion ou idée que Dieu en a contient cette action future libre. Il ne reste donc que cette question, pourquoi un tel Judas, le traître, qui n'est que possible dans l'idée de Dieu, existe actuellement. Mais à cette question, il n'y a point de réponse à attendre ici-bas, si ce n'est qu'en général on doit dire que puisque Dieu a trouvé bon qu'il existât, nonobstant le péché qu'il prévoyait, il faut que ce mal se récompense avec usure dans l'univers, que Dieu en tirera un plus grand bien, et qu'il se trouvera en somme que cette suite des choses dans laquelle l'existence de ce pécheur est comprise, est la plus parfaite parmi toutes les autres façons possibles. Mais d'expliquer toujours l'admirable économie de ce choix, cela ne se peut pendant que nous sommes voyageurs dans ce Monde[a] ; c'est assez de le savoir sans le comprendre. Et c'est ici qu'il est temps de reconnaître *altitudinem divitiarum*[107], la profondeur et l'abîme de la divine sagesse, sans chercher un détail qui enveloppe des considérations infinies. On voit bien cependant que Dieu n'est pas la cause du mal. Car, non seulement après la perte de l'innocence des hommes le péché originel s'est emparé de l'âme, mais encore auparavant il y avait une limitation ou imperfection originale connaturelle à toutes les créatures, qui les rend peccables ou capables de manquer. Ainsi, il n'y a pas plus de difficulté à l'égard des supralapsaires[108] qu'à l'égard des autres. Et c'est à quoi se doit réduire à mon avis le sentiment de saint Augustin[109] et d'autres auteurs que la racine du mal est dans le néant, c'est-à-dire dans la privation ou limitation des créatures, à laquelle Dieu remédie gracieusement par le degré de perfection qu'il lui plaît de donner. Cette grâce de Dieu, soit ordinaire ou extraordinaire, a ses degrés et ses mesures ; elle est toujours efficace en elle-même pour produire un certain

a. *La copie de référence omet* dans ce Monde

effet proportionné, et de plus elle est toujours suffisante, non seulement pour nous garantir du péché, mais même pour produire le salut en supposant que l'homme s'y joigne par ce qui est de lui, mais elle n'est pas toujours suffisante à surmonter les inclinations de l'homme, car autrement il ne tiendrait plus à rien et cela est réservé à la seule grâce absolument efficace qui est toujours victorieuse, soit qu'elle le soit par elle-même, ou par la congruité des circonstances [110].

XXXI. *Des motifs de l'élection, de la foi prévue, de la science moyenne* [111]*, du décret absolu. Et que tout se réduit à la raison pourquoi Dieu a choisi pour l'existence*[a] *une telle personne possible, dont la notion enferme une telle suite de grâces et d'actions libres. Ce qui fait cesser tout d'un coup les difficultés.*

Enfin les grâces de Dieu sont des grâces toutes pures, sur lesquelles les créatures n'ont rien à prétendre : pourtant, comme il ne suffit pas, pour rendre raison du choix de Dieu qu'il fait dans la dispensation de ces grâces, de recourir à la prévision absolue ou conditionnelle des actions futures des hommes, il ne faut pas aussi s'imaginer des décrets absolus qui n'aient aucun motif raisonnable. Pour ce qui est de la foi ou des bonnes œuvres prévues, il est très vrai que Dieu n'a élu que ceux dont il prévoyait la foi et la charité, *quos se fide donaturum praescibit* [112], mais la même question

a. *Sur le Sommaire :* choisi et résolu d'admettre à l'existence

revient, pourquoi Dieu donnera aux uns plutôt qu'aux autres la grâce de la foi ou des bonnes œuvres. Et quant à cette science de Dieu, qui est la prévision non pas de la foi et des bons actes, mais de leur matière et prédisposition ou de ce que l'homme y contribuerait de son côté (puisqu'il est vrai qu'il y a de la diversité du côté des hommes, là où il y en a du côté de la grâce, et qu'en effet il faut bien que l'homme, quoiqu'il ait besoin d'être excité au bien et converti, y agisse aussi par après), il semble à plusieurs qu'on pourrait dire que Dieu, voyant ce que l'homme ferait sans la grâce ou assistance extraordinaire, ou au moins ce qu'il y aura de son côté faisant abstraction de la grâce, pourrait se résoudre à donner la grâce à ceux dont les dispositions naturelles seraient les meilleures, ou au moins les moins imparfaites ou moins mauvaises. Mais quand cela serait, on peut dire que ces dispositions naturelles, autant qu'elles sont bonnes, sont encore l'effet d'une grâce, bien qu'ordinaire, Dieu ayant avantagé les uns plus que les autres : et puisqu'il sait bien que ces avantages naturels qu'il donne serviront de motif à la grâce ou assistance extraordinaire, suivant cette doctrine, n'est-il pas vrai qu'enfin le tout se réduit entièrement à sa miséricorde ? Je crois donc (puisque nous ne savons pas combien ou comment Dieu a égard aux dispositions naturelles dans la dispensation de la grâce) que le plus exact et le plus sûr est de dire, suivant nos principes et comme j'ai déjà remarqué, qu'il faut qu'il y ait parmi les êtres possibles la personne de Pierre ou de Jean, dont la notion ou idée contient toute cette suite de grâces ordinaires et extraordinaires et tout le reste de ces événements avec leurs circonstances, et qu'il a plu à Dieu de la choisir parmi une infinité d'autres personnes également possibles, pour exister actuellement : après quoi il semble qu'il n'y a plus rien à demander et que toutes les difficultés [s']évanouissent. Car, quant à cette seule et grande demande, pourquoi il a plu à Dieu de la choisir parmi tant d'autres personnes possibles, il faut être bien déraisonnable pour ne se pas contenter des raisons générales que nous avons données, dont le détail nous passe. Ainsi, au lieu de recourir à un décret absolu qui, étant sans raison, est déraisonnable, ou à des raisons qui n'achèvent point de résoudre la difficulté et ont besoin d'autres raisons, le meilleur sera de dire conformément à S. Paul qu'il a pour cela certaines grandes raisons de sagesse ou de congruité inconnues aux mortels et fondées sur l'ordre général, dont le but est la plus grande perfection de l'univers, que Dieu a observées. C'est à quoi reviennent les motifs de la gloire de Dieu et de la manifestation de sa justice aussi bien que de sa miséricorde et généralement de ses perfections ; et enfin, cette profondeur immense des richesses dont le même saint Paul avait l'âme ravie[113].

XXXII. *Utilité de ces principes en matière de piété et de religion.*

Au reste, il semble que les pensées que nous venons d'expliquer, et particulièrement le grand principe de la perfection des opérations de Dieu et celui de la notion de la substance qui enferme tous ses événements avec toutes leurs circonstances, bien loin de nuire, servent à confirmer la religion, à dissiper des difficultés très grandes, à enflammer les âmes d'un amour divin et à élever les esprits à la connaissance des substances incorporelles bien plus que les hypothèses qu'on a vues jusqu'ici. Car on voit fort clairement que toutes les autres substances dépendent de Dieu comme les pensées émanent de notre substance [114], que Dieu est tout en tous [115], et qu'il est uni intimement à toutes les créatures, à mesure néanmoins de leur perfection, que c'est lui qui seul les détermine au dehors par son influence, et si agir est déterminer immédiatement, on peut dire en ce sens dans le langage de métaphysique, que Dieu seul opère sur moi, et seul me peut faire du bien ou du mal ; les autres substances ne contribuant qu'à la raison de ces déterminations, à cause que Dieu ayant égard à toutes, partage ses bontés et les oblige à s'accommoder entre elles. Aussi Dieu seul fait la liaison et la communication des substances, et c'est par lui que les phénomènes des uns se rencontrent et s'accordent avec ceux des autres, et par conséquent qu'il y a de la réalité dans nos perceptions. Mais dans la pratique on attribue l'action aux raisons particulières [116] dans le sens que j'ai expliqué ci-dessus [117], parce qu'il n'est pas nécessaire de faire toujours mention de la cause universelle dans les cas particuliers. On voit aussi que toute substance a une parfaite spontanéité (qui devient liberté dans les substances intelligentes) ; que tout ce qui lui arrive est une suite de son idée ou de son être et que rien ne la détermine, excepté Dieu seul. Et c'est pour cela qu'une personne dont l'esprit était fort relevé et dont la sainteté est fort révérée, avait coutume de dire que l'âme doit souvent penser comme s'il n'y avait que Dieu et elle au monde[118]. Or, rien ne fait comprendre plus fortement l'immortalité que cette indépendance et cette étendue de l'âme qui la met absolument à couvert de toutes les choses extérieures, puisqu'elle seule fait tout son monde et se suffit avec Dieu : et il est aussi impossible qu'elle périsse sans annihilation, qu'il est impossible que le monde (dont elle est une expression vivante, perpétuelle) se détruise lui-même, aussi n'est-il pas possible que les changements de cette masse étendue qui est appelée notre corps fassent rien sur l'âme, ni que la dissipation de ce corps détruise ce qui est indivisible.

XXXIII. *Explication de l'union de l'âme et du corps, qui a passé pour inexplicable ou pour miraculeuse*[a], *et de l'origine des perceptions confuses.*

On voit aussi l'éclaircissement[b] de ce grand mystère de l'*union de l'âme et du corps*, c'est-à-dire comment il arrive que les passions et les actions de l'un sont accompagnées des actions et passions ou bien des phénomènes convenables de l'autre. Car il n'y a pas moyen de concevoir que l'un ait

a. *Sur le Sommaire :* Explication du commerce de l'âme et du corps qui a passé pour inexplicable ou pour miraculeux

b. l'éclaircissement inopiné

de l'influence sur l'autre et il n'est pas raisonnable de recourir simplement à l'opération extraordinaire de la cause universelle dans une chose ordinaire et particulière[119]. Mais en voici la véritable raison : nous avons dit que tout ce qui arrive à l'âme et à chaque substance est une suite de sa notion, donc l'idée même ou essence de l'âme porte que toutes ses apparences ou perceptions lui doivent naître (sponte) de sa propre nature, et justement en sorte qu'elles répondent d'elles-mêmes à ce qui arrive dans tout l'univers, mais plus particulièrement et plus parfaitement à ce qui arrive dans le corps qui lui est affecté, parce que c'est en quelque façon et pour un temps suivant le rapport des autres corps au sien, que l'âme exprime l'état de l'univers. Ce qui fait connaître encore comment notre corps nous appartient sans être néanmoins attaché à notre essence. Et je crois que les personnes qui savent méditer jugeront avantageusement de nos principes, pour cela même qu'ils pourront voir aisément en quoi consiste la connexion qu'il y a entre l'âme et le corps[a], qui paraît inexplicable par toute autre voie. On voit aussi que les perceptions de nos sens, lors même qu'elles sont claires, doivent nécessairement contenir quelque sentiment confus, car, comme tous les corps de l'univers sympathisent, le nôtre reçoit l'impression de tous les autres, et quoique nos sens se rapportent à tout, il n'est pas possible que notre âme puisse attendre à tout en particulier ; c'est pourquoi nos sentiments confus sont le

a. l'union de l'âme et du corps

résultat d'une variété de perceptions qui est tout à fait infinie. Et c'est à peu près comme le murmure confus qu'entendent ceux qui approchent du rivage de la mer vient de l'assemblage des répercussions des vagues innumérables [120]. Or, si de plusieurs perceptions (qui ne s'accordent point à en faire une) il n'y a aucune qui excelle pardessus les autres, et si elles font à peu près des impressions également fortes ou également capables de déterminer l'attention de l'âme, elle ne s'en peut apercevoir que confusément.

XXXIV. *De la différence des esprits et des autres substances, âmes ou formes substantielles, et que l'immortalité qu'on demande importe le souvenir.*

Supposant que les corps qui font *unum per se* [121], comme l'homme, sont des substances[a], et qu'ils ont des formes substantielles, et que les bêtes ont des âmes, on est obligé d'avouer que ces âmes et ces formes substantielles ne sauraient entièrement périr, non plus que des atomes ou les dernières parties de la matière dans le sentiment des autres philosophes ; car aucune substance ne périt, quoiqu'elle puisse devenir tout autre. Elles expriment aussi tout l'univers, quoique plus imparfaitement que les esprits. Mais la principale différence est qu'elles ne connaissent pas ce

a. C'est une chose que je n'entreprends pas de déterminer, si les corps sont des substances (à parler dans la rigueur Métaphysique), ou si ce ne sont que des phénomènes véritables comme est l'arc en ciel, ni par conséquent s'il y a des substances, âmes, ou formes substantielles, qui ne soient pas intelligentes. Mais supposant que les corps sont des substances [122]...

qu'elles sont, ni ce qu'elles font, et par conséquent, ni ne pouvant faire des réflexions [123], elles ne sauraient découvrir des vérités nécessaires et universelles. C'est aussi faute de réflexion sur elles-mêmes qu'elles n'ont point de qualité morale, d'où vient que, passant par mille transformations à peu près comme nous voyons qu'une chenille se change en papillon, c'est autant pour la morale ou pratique comme si on disait qu'elles périssent, et on le peut même dire physiquement, comme nous disons que les corps périssent par leur corruption. Mais l'âme intelligente connaissant ce qu'elle est, et pouvant dire ce MOI, qui dit beaucoup, ne demeure pas seulement et subsiste métaphysiquement, bien plus que les autres, mais elle demeure encore la même moralement et fait le même personnage. Car c'est le souvenir, ou la connaissance de ce moi, qui la rend capable de châtiment ou de récompense. Aussi l'immortalité qu'on demande dans la morale et dans la religion ne consiste pas dans cette subsistance perpétuelle toute seule qui convient à toutes les substances, car, sans le souvenir de ce qu'on a été, elle n'aurait rien de souhaitable. Supposons que quelque particulier doive devenir tout d'un coup roi de la Chine, mais à condition d'oublier ce qu'il a été, comme s'il venait de naître tout de nouveau ; n'est-ce pas autant dans la pratique, ou, quant aux effets dont on se peut apercevoir, que s'il devait être anéanti, et qu'un roi de la Chine devait être créé dans le même instant à sa place [124] ? Ce que ce particulier n'a aucune raison de souhaiter.

XXXV. *Excellence des Esprits, et que Dieu les considère préférablement aux autres créatures. Que les Esprits expriment plutôt Dieu que le monde, mais que les autres substances*[a] *expriment plutôt le monde que Dieu.*

Mais pour faire juger par des raisons naturelles, que Dieu conservera toujours non seulement notre substance, mais encore notre personne, c'est-à-dire le souvenir et la connaissance de ce que nous sommes (quoique la connaissance distincte en soit quelquefois suspendue dans le sommeil et dans les défaillances), il faut joindre la Morale à la Métaphysique, c'est-à-dire qu'il ne faut pas seulement considérer Dieu comme le principe et la cause de toutes les substances et de tous les êtres, mais encore comme chef de toutes les personnes ou substances intelligentes, et comme le Monarque absolu de la plus parfaite Cité ou République[126], telle qu'est celle de l'univers, composée de tous les Esprits ensemble, Dieu lui-même étant aussi bien le plus accompli de tous les esprits qu'il est le plus grand de tous les êtres. Car assurément les Esprits sont les plus parfaits, et qui expriment le mieux la Divinité, et toute[b] la nature, fin, vertu et fonction des substances n'étant que d'exprimer Dieu et l'univers, comme il a été assez expliqué, il

a. *Une correction sur le Sommaire, apportée lors d'une relecture postérieure, ajoute la précision* : les autres substances simples [125]...

b. *Sur le brouillon, raturé mais reproduit par le copiste avant correction de Leibniz* : Car assurément les Esprits sont ou les seules substances qui se trouvent au monde (en cas que les corps ne sont que des phénomènes véritables) [127], ou bien ils sont au moins les plus parfaites. Et toute...

n'y a pas lieu de douter que les substances qui l'expriment avec connaissance de ce qu'elles font, et qui sont capables de connaître des grandes vérités à l'égard de Dieu et de l'univers, ne l'expriment mieux sans comparaison que ces natures qui sont ou brutes, ou incapables de connaître des vérités, ou tout à fait destituées de sentiment et de connaissance ; et la différence entre les substances intelligentes et celles qui ne le sont point est aussi grande que celle qu'il y a entre le miroir et celui qui voit. Et comme Dieu lui-même est le plus grand et le plus sage des esprits, il est aisé de juger que les êtres avec lesquels il peut, pour ainsi dire, entrer en conversation et même en société, en leur communiquant ses sentiments et ses volontés d'une manière particulière, et en telle sorte qu'ils puissent connaître et aimer leur bienfaiteur, le doivent toucher infiniment plus que le reste des choses, qui ne peuvent passer que pour les instruments des esprits ; comme nous voyons que toutes les personnes sages font infiniment plus d'état d'un homme que de quelque autre chose, quelque précieuse qu'elle soit, et il semble que la plus grande satisfaction qu'une âme qui d'ailleurs est contente, peut avoir est de se voir aimée des autres : quoique à l'égard de Dieu, il y ait cette différence que sa gloire et notre culte ne sauraient rien ajouter à sa satisfaction, la connaissance des créatures n'étant qu'une suite de sa souveraine et parfaite félicité, bien loin d'y contribuer ou d'en être en partie la cause. Cependant, ce qui est bon et raisonnable dans les Esprits finis, se trouve éminemment en lui, et comme nous louerions un Roi qui aimerait mieux de conserver la vie d'un homme que du plus précieux et du plus rare de ses animaux[128], nous ne devons point douter que le plus éclairé et le plus juste de tous les monarques ne soit dans le même sentiment.

XXXVI. *Dieu est le monarque de la plus parfaite république composée de tous les esprits, et la félicité de cette cité de Dieu est son principal dessein.*

En effet, les esprits sont les substances les plus perfectionnables, et leurs perfections ont cela de particulier qu'elles s'entr'empêchent le moins, ou plutôt qu'elles s'entr'aident, car les plus vertueux pourront seuls être les plus parfaits amis : d'où il s'ensuit manifestement que Dieu qui va toujours à la plus grande perfection en général, aura le plus de soin des esprits, et leur donnera non seulement en général, mais même à chacun en particulier, le plus de perfection que l'harmonie universelle saurait permettre. On peut même dire que Dieu, en tant qu'il est un esprit, est l'origine des existences ; autrement, s'il manquait de volonté pour choisir le meilleur, il n'y aurait aucune raison pour qu'un possible existât préférablement aux autres. Ainsi, la qualité de Dieu, qu'il a d'être esprit lui-même, va devant toutes les autres considérations qu'il peut avoir à l'égard des créatures ; les seuls esprits sont faits à son image, et quasi de sa race ou comme enfants de la maison, puisqu'eux seuls le peuvent servir librement et agir avec connaissance à l'imitation de la nature divine : un seul esprit vaut tout un monde, puisqu'il ne l'exprime pas seulement mais le connaît aussi et s'y gouverne à la façon de Dieu. Tellement qu'il semble, quoique toute substance exprime tout l'univers, que néanmoins les autres substances expriment plutôt le monde que Dieu, mais que les esprits expriment plutôt Dieu que le monde. Et cette nature si noble des esprits, qui les approche de la divinité autant qu'il est possible aux simples créatures, fait que Dieu tire d'eux infiniment plus de gloire que du reste des êtres, ou plutôt les autres êtres ne donnent que la matière aux esprits pour le glorifier. C'est pourquoi cette qualité morale de Dieu qui le rend le seigneur ou monarque des esprits, le concerne pour ainsi dire personnellement d'une manière toute singulière. C'est en cela qu'il s'humanise, qu'il veut bien souffrir des anthropologies[129], et qu'il entre en société avec nous, comme un prince avec ses sujets ; et cette considération lui est si chère que l'heureux et florissant état de son empire, qui consiste dans la plus grande félicité possible des habitants, devient la suprême de ses lois. Car la félicité est aux personnes ce que la perfection est aux êtres. Et si le premier principe de l'existence du monde physique est le décret de lui donner le plus de perfection qu'il se peut, le premier dessein du monde moral ou de la cité de Dieu, qui est la plus noble partie de l'univers, doit être d'y répandre le plus de félicité qu'il sera possible. Il ne faut donc point douter que Dieu n'ait ordonné tout en sorte que les esprits non seulement puissent vivre toujours, ce qui est immanquable, mais encore qu'ils conservent toujours leur qualité morale, afin que sa cité ne perde aucune personne, comme le monde ne perd aucune substance. Et par conséquent ils sauront toujours ce qu'ils sont, autrement ils ne seraient susceptibles de récompense ni de châtiment, ce qui est pourtant de l'essence d'une république, mais surtout de la plus parfaite, où rien ne saurait être négligé. Enfin, Dieu étant en même temps le plus juste et le plus débonnaire des monarques et ne demandant que la bonne volonté, pourvu qu'elle soit sincère et sérieuse, ses sujets ne sauraient souhaiter une meilleure condition, et pour les rendre parfaitement heureux, il veut seulement qu'on l'aime.

XXXVII. *Jésus Christ a découvert aux hommes le mystère et les lois admirables du royaume des cieux et la grandeur de la suprême félicité que Dieu prépare à ceux qui l'aiment.*

Les anciens philosophes ont fort peu connu ces importantes vérités : Jésus Christ seul les a divinement bien exprimées[130], et d'une manière si claire et si familière que les esprits les plus grossiers les ont conçues : aussi son Évangile a changé entièrement la face des choses humaines ; il nous a donné à connaître le royaume des cieux ou cette parfaite république des esprits qui mérite le titre de cité de Dieu, dont il nous a découvert les admirables lois : lui seul a fait voir combien Dieu nous aime, et avec quelle exactitude il a pourvu à tout ce qui nous touche ; qu'ayant soin des passereaux il ne négligera pas les créatures raisonnables qui lui sont infiniment plus chères ; que tous les cheveux de notre tête sont comptés[131] ; que le ciel et la terre périront plutôt que la parole de Dieu[132] et ce qui appartient à l'économie de notre salut soit changé ; que Dieu a plus d'égard à la moindre des âmes intelligentes qu'à toute la machine du monde ; que nous ne devons point craindre ceux qui peuvent détruire les corps[133] mais ne sauraient nuire aux âmes, puisque Dieu seul les peut rendre heureuses ou malheureuses ; et que celles des justes sont dans sa main à couvert de toutes les révolutions de l'univers[134], rien ne pouvant agir sur elles que Dieu seul ; qu'aucune de nos actions [n']est oubliée ; que tout est mis en ligne de compte, jusqu'aux paroles oisives[135], et jusqu'à une cuillerée d'eau bien employée[136] ; enfin que tout doit réussir pour le plus grand bien des bons[137] ; que les justes seront comme des soleils[138], et que ni nos sens ni notre esprit n'a jamais rien goûté d'approchant de la félicité que Dieu prépare à ceux qui l'aiment[139].

MONADOLOGIE

1. La *Monade*, dont nous parlerons ici, n'est autre chose qu'une substance simple, qui entre dans les composés ; simple, c'est-à-dire sans parties[1].

<*Théod.* § 10 [corr. : *Discours préliminaire*, § 10]>[2a]

2. Et il faut qu'il y ait des substances simples, puisqu'il y a des composés ; car le composé n'est autre chose qu'un amas, ou *aggregatum* des simples.

3. Or, là où il n'y a point de parties, il n'y a ni étendue, ni figure, ni divisibilité possible. Et ces Monades sont les véritables Atomes de la Nature[3] et en un mot les Éléments des choses.

4. Il n'y a aussi point de dissolution à craindre, et il n'y a aucune manière concevable par laquelle une substance simple puisse périr[4] naturellement.

5. Par la même raison, il n'y a en aucune, par

a. *Nous indiquerons ci-après les précisions et corrections apportées aux renvois à la* Théodicée *par l'édition Strack (en y ajoutant les références de l'édition Brunschwig de la* Théodicée*).*

laquelle une substance simple puisse commencer naturellement, puisqu'elle ne saurait être formée par composition.

6. Ainsi on peut dire que les Monades ne sauraient commencer, ni finir, que tout d'un coup, c'est-à-dire elles ne sauraient commencer que par création et finir que par annihilation ; au lieu que ce qui est composé commence ou finit par parties.

7. Il n'y a pas moyen aussi d'expliquer comment une Monade puisse être altérée ou changée dans son intérieur par quelque autre créature ; puisqu'on n'y saurait rien transposer, ni concevoir en elle aucun mouvement interne qui puisse être excité, dirigé, augmenté ou diminué là-dedans ; comme cela se peut dans les composés, où il y a des changements entre les parties. Les Monades n'ont point de fenêtres, par lesquelles quelque chose y puisse entrer ou sortir. Les accidents ne sauraient se détacher, ni se promener hors des substances, comme faisaient autrefois les espèces sensibles des scolastiques[5]. Ainsi ni substance, ni accident [ne] peut entrer de dehors dans une Monade[a].

8. Cependant il faut que les Monades aient quelques qualités, autrement ce ne seraient pas même des Êtres. Et[b] si les substances simples ne différaient point par leurs qualités, il n'y aurait point de moyen de s'apercevoir d'aucun change-

a. *Phrase raturée sur le brouillon :* Les Monades ne sont pas des points mathématiques. Car ces points ne sont que des extrémités et la ligne ne saurait être composée de points[6].

b. *Phrase raturée sur le brouillon :* Et si les substances simples étaient des riens, les composés aussi seraient réduits à rien

ment dans les choses ; puisque ce qui est dans le composé ne saurait venir que des ingrédients simples ; et les Monades étant sans qualités seraient indistinguables l'une de l'autre, puisque aussi bien elles ne diffèrent point en quantité : et par conséquent le plein étant supposé, chaque lieu ne recevrait toujours dans le mouvement que l'équivalent de ce qu'il avait eu, et un état des choses serait indistinguable de l'autre[7].

<Préf***. 2.b [corr. : Préface 2.a = GP VI, 45, Brunschwig 45-46]>[8]

9. Il faut même que chaque Monade soit différente de chaque autre. Car il n'y a jamais dans la nature deux êtres qui soient parfaitement l'un comme l'autre, et où il ne soit possible de trouver une différence interne ou fondée sur une dénomination intrinsèque[9].

10. Je prends aussi pour accordé que tout être créé est sujet au changement, et par conséquent la Monade créée aussi, et même que ce changement est continuel dans chacune.

11. Il s'ensuit de ce que nous venons de dire que les changements naturels des Monades viennent d'un *principe interne*[a] [10], puisqu'une cause externe ne saurait influer dans son intérieur.

<§ 396, § 400>

12.[b] Mais il faut aussi qu'outre le principe du changement, il y ait un *détail de ce qui change*, qui

a. *Raturé sur le brouillon : ... un principe interne* qu'on peut appeler force active,

b. *Début de paragraphe raturé sur le brouillon :* (12) Et généralement on peut dire que la Force n'est autre chose que le principe du changement.

fasse pour ainsi dire la spécification et la variété des substances simples.

13. Ce détail doit envelopper une multitude dans l'unité ou dans le simple. Car tout changement naturel se faisant par degrés, quelque chose change et quelque chose reste ; et par conséquent il faut que dans la substance simple, il y ait une pluralité d'affections et de rapports, quoiqu'il n'y en ait point de parties.

14. L'état passager qui enveloppe et représente une multitude dans l'unité, ou dans la substance simple, n'est autre chose que ce qu'on appelle la *Perception* [11], qu'on doit bien distinguer de l'aperception ou de la conscience [12], comme il paraîtra dans la suite. Et c'est en quoi les Cartésiens ont fort manqué, ayant compté pour rien les perceptions dont on ne s'aperçoit point. C'est aussi ce qui les a fait croire que les seuls Esprits étaient des Monades, et qu'il n'y avait point d'Âmes des Bêtes ni d'autres Entéléchies [13] ; et qu'ils ont confondu avec le vulgaire un long étourdissement avec une mort à la rigueur, ce qui les a fait encore donner dans le préjugé scolastique des âmes entièrement séparées et a même confirmé les Esprits mal tournés dans l'opinion de la mortalité des Âmes [14].

15. L'action du principe interne qui fait le changement ou le passage d'une perception à une autre peut être appelée *Appétition* : il est vrai que l'appétit ne saurait toujours parvenir entièrement à la perception où il tend, mais il en obtient toujours quelque chose, et parvient à des perceptions nouvelles.

16. Nous expérimentons nous-mêmes une multitude dans la substance simple, lorsque nous trouvons que la moindre pensée dont nous nous apercevons enveloppe une variété dans l'objet[15]. Ainsi tous ceux qui reconnaissent que l'Âme est une substance simple doivent reconnaître cette multitude dans la Monade ; et M. Bayle ne devait point y trouver de la difficulté, comme il a fait dans son Dictionnaire, article Rorarius[16].

17. On est obligé d'ailleurs de confesser que la *perception* et ce qui en dépend est *inexplicable par des raisons mécaniques*, c'est-à-dire par les figures et par les mouvements[17]. Et feignant qu'il y ait une Machine dont la structure fasse penser, sentir, avoir perception, on pourra la concevoir agrandie en conservant les mêmes proportions, en sorte qu'on y puisse entrer, comme dans un moulin. Et cela posé, on ne trouvera en la visitant au dedans que des pièces qui se poussent les unes les autres, et jamais de quoi expliquer une perception[18]. Ainsi c'est dans la substance simple, et non dans le composé ou dans la machine qu'il la faut chercher. Aussi n'y a-t-il que cela qu'on puisse trouver dans la substance simple, c'est-à-dire les perceptions et leurs changements. C'est en cela seul aussi que peuvent consister toutes les *Actions internes* des substances simples[19].

18. On pourrait donner le nom d'*Entéléchies* à toutes les substances simples, ou Monades créées, car elles ont en elles une certaine perfection (ἔχουσι τὸ ἐντελές), il y a une suffisance (αὐτάρκεια) qui les rend sources de leurs actions internes, et, pour ainsi dire, des Automates incorporels.

<§ 87>[20]

19. Si nous voulons appeler *Âme* tout ce qui a *perceptions* et *appétits* dans le sens général que je viens d'expliquer, toutes les substances simples ou Monades créées pourraient être appelées Âmes ; mais, comme le sentiment est quelque chose de plus qu'une simple perception, je consens que le nom général de Monades et d'Entéléchies suffise aux substances simples qui n'auront que cela ; et qu'on appelle *Âmes* seulement celles dont la perception est plus distincte et accompagnée de mémoire.

20. Car nous expérimentons en nous-mêmes un État où nous [ne] nous souvenons de rien et n'avons aucune perception distinguée ; comme lorsque nous tombons en défaillance, ou quand nous sommes accablés d'un profond sommeil sans aucun songe. Dans cet état l'âme ne diffère point sensiblement d'une simple Monade ; mais comme cet état n'est point durable, et qu'elle s'en tire, elle est quelque chose de plus.

<§ 64>[21]

21. Et il ne s'ensuit point qu'alors la substance simple soit sans aucune perception. Cela ne se peut pas même par les raisons susdites ; car elle ne saurait périr, elle ne saurait aussi subsister sans quelque affection qui n'est autre chose que sa perception : mais quand il y a une grande multitude de petites perceptions où il n'y a rien de distingué, on est étourdi ; comme quand on tourne continuellement d'un même sens plusieurs fois de suite, où il vient un vertige, qui peut nous faire évanouir et qui ne nous laisse rien distinguer. Et

la mort peut donner cet état pour un temps aux animaux.

22. Et comme tout présent état d'une substance simple est naturellement une suite de son état précédent, tellement que le présent y est gros de l'avenir.

<§ 360>[22]

23. Donc, puisque réveillé de l'étourdissement on *s'aperçoit* de ses perceptions, il faut bien qu'on en ait eu immédiatement auparavant, quoiqu'on ne s'en soit point aperçu ; car une perception ne saurait venir naturellement que d'une autre perception, comme un mouvement ne peut venir naturellement que d'un mouvement.

<§ 401-403>[23]

24. L'on voit par là que, si nous n'avions rien de distingué et pour ainsi dire de relevé et d'un plus haut goût dans nos perceptions, nous serions toujours dans l'étourdissement. Et c'est l'état des Monades toutes nues.

25. Aussi voyons-nous que la Nature a donné des perceptions relevées aux Animaux, par le soin qu'elle a pris de leur fournir des organes qui ramassent plusieurs rayons de lumière ou plusieurs ondulations de l'air, pour les faire avoir plus d'efficace par leur union. Il y a quelque chose d'approchant dans l'odeur, dans le goût et dans l'attouchement, et peut-être dans quantité d'autres sens qui nous sont inconnus. Et j'expliquerai tantôt[24] comment ce qui se passe dans l'Âme représente ce qui se fait dans les organes.

26. La mémoire fournit une espèce de *consécution* aux âmes, qui imite la raison, mais qui en

doit être distinguée. C'est que nous voyons que les animaux, ayant la perception de quelque chose qui les frappe et dont ils ont eu perception semblable auparavant, s'attendent par la représentation de leur mémoire à ce qui y a été joint dans cette perception précédente et sont portés à des sentiments semblables à ceux qu'ils avaient pris alors. Par exemple : quand on montre le bâton aux chiens, ils se souviennent de la douleur qu'il leur a causée, et crient ou fuient.

<Prélim. § 65>[25]

27. Et l'imagination forte qui les frappe et émeut, vient ou de la grandeur ou de la multitude des perceptions précédentes. Car souvent une impression forte fait tout d'un coup l'effet d'une longue *habitude* ou de beaucoup de perceptions médiocres réitérées.

28. Les hommes agissent comme les bêtes, en tant que les consécutions de leurs perceptions ne se font que par le principe de la mémoire, ressemblant aux Médecins Empiriques, qui ont une simple pratique sans théorie ; et nous ne sommes qu'Empiriques dans les trois quarts de nos Actions. Par exemple, quand on s'attend qu'il y aura jour demain, on agit en Empirique, parce que cela s'est toujours fait ainsi jusqu'ici. Il n'y a que l'Astronome qui le juge par raison.

29. Mais la connaissance des vérités nécessaires et éternelles est ce qui nous distingue des simples Animaux et nous fait avoir *la Raison* et les Sciences, en nous élevant à la connaissance de nous-mêmes et de Dieu. Et c'est ce qu'on appelle en nous Âme raisonnable ou *Esprit*.

30. C'est aussi par la connaissance des vérités nécessaires et par leurs abstractions que nous sommes élevés aux *Actes réflexifs*, qui nous font penser à ce qui s'appelle *Moi* et à considérer que ceci ou cela est en nous : et c'est ainsi qu'en pensant à nous, nous pensons à l'Être et à la Substance, au simple et au composé, à l'immatériel et à Dieu même ; en concevant que ce qui est borné en nous est en lui sans bornes. Et ces Actes réflexifs fournissent les objets principaux de nos raisonnements.

<Théod., Préface*. 4. A [= GP VI, 27, Brunschwig 27]>[26]

31. Nos raisonnements sont fondés sur *deux grands principes, celui de la contradiction*, en vertu duquel nous jugeons *faux* ce qui en enveloppe, et *vrai* ce qui est opposé ou contradictoire au faux.

<§ 44, § 169>[27]

32. Et *celui de la raison suffisante*, en vertu duquel nous considérons qu'aucun fait ne saurait se trouver vrai ou existant, aucune Énonciation véritable, sans qu'il y ait une raison suffisante pourquoi il en soit ainsi et non pas autrement. Quoique ces raisons le plus souvent ne puissent point nous être connues.

<§ 44, § 196>[28]

33. Il y a deux sortes de *vérités*, celles de *Raisonnement* et celles de *Fait*. Les vérités de Raisonnement sont nécessaires et leur opposé est impossible, et celles de fait sont contingentes et leur opposé est possible. Quand une vérité est nécessaire, on en peut trouver la raison par l'analyse, la

résolvant en idées et en vérités plus simples jusqu'à ce qu'on vienne aux primitives.

<§ 170, § 174, § 189, § 280-282, § 367, Abrégé object. 3>[29]

34. C'est ainsi que chez les Mathématiciens, les *Théorèmes* de spéculation et les *Canons* de pratique sont réduits par l'Analyse aux Définitions, Axiomes et Demandes.

35. Et il y a enfin des *Idées simples* dont on ne saurait donner la définition[30] ; il y a aussi des Axiomes et Demandes, ou en [un] mot des *principes primitifs*, qui ne sauraient être prouvés et n'en ont point besoin aussi ; et ce sont les *Énonciations identiques*, dont l'opposé contient une contradiction expresse[31].

36. Mais *la Raison suffisante* se doit trouver aussi dans *les vérités contingentes ou de fait*, c'est-à-dire dans la suite des choses répandues dans l'univers des créatures ; où la résolution en raisons particulières pourrait aller à un détail sans bornes, à cause de la variété immense des choses de la Nature et de la division des corps à l'infini. Il y a une infinité de figures et de mouvements, présents et passés, qui entrent dans la cause efficiente de mon écriture présente, et il y a une infinité de petites inclinations et dispositions de mon âme, présentes et passées, qui entrent dans la cause finale.

<§ 36, § 37, § 44, 45, 49, 52, § 121-122, § 337, § 340, 344>[32]

37. Et comme tout ce *détail* n'enveloppe que d'autres contingents antérieurs ou plus détaillés, dont chacun a encore besoin d'une Analyse sem-

blable, pour en rendre raison, on n'en est pas plus avancé : et il faut que la raison suffisante ou dernière soit hors de la suite ou *séries* de ce détail des contingences, quelque infini qu'il pourrait être[33].

38. Et c'est ainsi que la dernière raison des choses doit être dans une substance nécessaire, dans laquelle le détail des changements ne soit qu'éminemment, comme dans sa source ; et c'est ce que nous appelons *Dieu*.

<Théod., § 7>[34]

39. Or cette Substance étant une raison suffisante de tout ce détail, lequel aussi est lié partout, *il n'y a qu'un Dieu, et ce Dieu suffit.*

40. On peut juger aussi que cette Substance Suprême qui est unique, universelle et nécessaire, n'ayant rien hors d'elle qui en soit indépendant, et étant une suite simple de l'être possible, doit être incapable de limites et contenir tout autant de réalité qu'il est possible.

41. D'où il s'ensuit que Dieu est absolument parfait ; la *perfection* n'étant autre chose que la grandeur de la réalité positive prise précisément, en mettant à part les limites ou bornes dans les choses qui en ont. Et là où il n'y a point de bornes, c'est-à-dire en Dieu, la perfection est absolument infinie.

<Théod. § 22, Théod. préface 4, a [= GP VI, 27, Brunschwig 27]>[35]

42. Il s'ensuit aussi que les créatures ont leurs perfections de l'influence de Dieu, mais qu'elles ont leurs imperfections de leur nature propre, incapable d'être sans bornes. Car c'est en cela qu'elles sont distinguées de Dieu. Cette imperfec-

tion originale des créatures se remarque dans *l'inertie naturelle* des corps[a].

<Théod. § 20, § 27-31, § 153, § 167, § 377 seqq., § 30, § 380, Abrégé object. 5> [36]

43. Il est vrai aussi qu'en Dieu est non seulement la source des existences, mais encore celle des essences en tant que réelles, ou de ce qu'il y a de réel dans la possibilité[37]. C'est parce que l'Entendement de Dieu est la région des vérités éternelles, ou des idées dont elles dépendent, et que sans lui il n'y aurait rien de réel dans les possibilités, et non seulement rien d'existant, mais encore rien de possible.

<Théod. § 20> [38]

44. Car il faut bien que, s'il y a une réalité dans les Essences ou possibilités, ou bien dans les vérités éternelles, cette réalité soit fondée en quelque chose d'Existant et d'Actuel ; et par conséquent dans l'Existence de l'Être nécessaire, dans lequel l'Essence renferme l'Existence, ou dans lequel il suffit d'être possible pour être Actuel.

<§ 184, 189, § 335> [39]

45. Ainsi Dieu seul (ou l'Être Nécessaire) a ce privilège qu'il faut qu'il existe s'il est possible. Et comme rien ne peut empêcher la possibilité de ce qui n'enferme aucunes bornes, aucune négation, et par conséquent aucune contradiction, cela seul suffit pour connaître l'Existence de Dieu *a priori*. Nous l'avons prouvée aussi par la réalité des vérités éternelles.

a. Cette imperfection [...] des corps : *ajout de la copie A non repris sur la copie B.*

Mais nous venons de la prouver aussi *a posteriori*, puisque des Êtres contingents existent, lesquels ne sauraient avoir leur raison dernière ou suffisante que dans l'être nécessaire, qui a la raison de son existence en lui-même.

46. Cependant il ne faut point imaginer avec quelques-uns que les vérités éternelles, étant dépendantes de Dieu, sont arbitraires et dépendent de sa volonté, comme Descartes paraît l'avoir pris et puis Monsieur Poiret[40]. Cela n'est véritable que des vérités contingentes, dont le principe est la *convenance* ou le choix du *meilleur* ; au lieu que les Vérités Nécessaires dépendent uniquement de son entendement, et en sont l'objet interne.

<§ 180-184, 185, § 335, § 351, § 380>[41]

47. Ainsi Dieu seul est l'Unité primitive[a], ou la substance simple originaire, dont toutes les Monades créées ou dérivatives sont des productions, et naissent, pour ainsi dire, des Fulgurations[43] continuelles de la Divinité de moment en moment, bornées par la réceptivité de la créature, à laquelle il est essentiel d'être limitée.

<§ 382-391, § 398, § 395>[44]

48. Il y a en Dieu *la Puissance*, qui est la source de tout, puis *la Connaissance* qui contient le détail des Idées, et enfin *la Volonté*, qui fait les changements ou productions selon le principe du meilleur.

<§ 7, § 149-150>[45]

a. *Début raturé sur le brouillon :* Ainsi Dieu est la substance simple ou Monade primi[42]

Et c'est ce qui répond à ce qui, dans les Monades créées, fait le Sujet ou la Base, la Faculté perceptive et la Faculté Appétitive[46]. Mais en Dieu ces attributs sont absolument infinis ou parfaits ; et dans les Monades créées ou dans les Entéléchies (ou perfectihabies, comme Hermolaus Barbarus traduisait ce mot[47]), ce n'en sont que des imitations, à mesure qu'il y a de la perfection.

<§ 87>

49. La créature est dite *agir* au-dehors en tant qu'elle a de la perfection ; et *pâtir* d'une autre, en tant qu'elle est imparfaite. Ainsi on attribue l'Action à la Monade, en tant qu'elle a des perceptions distinctes, et la passion, en tant qu'elle en a de confuses.

<Théod. § 32, 66, § 386>[48]

50. Et une créature est plus parfaite qu'une autre, en ce qu'on trouve en elle ce qui sert à rendre raison *a priori* de ce qui se passe dans l'autre, et c'est par là qu'on dit qu'elle agit sur l'autre.

51. Mais dans les substances simples ce n'est qu'une influence idéale d'une Monade sur l'autre, qui ne peut avoir son effet que par l'intervention de Dieu, en tant que dans les idées de Dieu une Monade demande avec raison que Dieu, en réglant les autres dès le commencement des choses, ait égard à elle. Car, puisqu'une Monade créée ne saurait avoir une influence physique sur l'intérieur de l'autre, ce n'est que par ce moyen que l'une peut avoir de la dépendance de l'autre.

<Théod. § 9, § 54, § 65-66, § 201, Abrégé object. 3>[49]

52. Et c'est par là qu'entre les Créatures, les Actions et Passions sont mutuelles. Car Dieu, com-

parant deux substances simples, trouve en chacune des raisons qui l'obligent à y accommoder l'autre ; et par conséquent ce qui est actif à certains égards, est passif suivant un autre point de considération : *actif* en tant que ce qu'on connaît distinctement en lui sert à rendre raison de ce qui se passe dans un autre ; et *passif* en tant que la raison de ce qui se passe en lui se trouve dans ce qui se connaît distinctement dans un autre.

53. Or, comme il y a une infinité d'univers possibles dans les idées de Dieu, et qu'il n'en peut exister qu'un seul, il faut qu'il y ait une raison suffisante du choix de Dieu qui le détermine à l'un plutôt qu'à l'autre.

<Théod. § 8, § 10, § 44, § 173, § 196 seqq., § 229 [corr. : 228], § 414-416>[50]

54. Et cette raison ne peut se trouver que dans la *convenance* ou dans les degrés de perfection que ces mondes contiennent, chaque possible ayant droit de prétendre à l'existence à mesure de la perfection qu'il enveloppe. Ainsi il n'y a rien d'arbitraire entièrement[a].

<§ 74, § 167, § 350, § 201, § 130, 352, 345 seqq., 354>[51]

55. Et c'est ce qui est la cause de l'Existence du Meilleur, que la Sagesse fait connaître à Dieu, que sa bonté le fait choisir, et que sa puissance le fait produire[52].

<Théod. § 8, § 78, § 80, § 84, § 119, § 204, 206, 208. Abrégé object. 1, object. 8>[53]

a. Ainsi [...] entièrement : *ajout de la copie A ne figurant pas sur la copie B.*

56. Or cette liaison ou cet accommodement de toutes les choses créées à chacune et de chacune à toutes les autres, fait que chaque substance simple a des rapports qui expriment toutes les autres, et qu'elle est par conséquent un miroir vivant perpétuel de l'univers.

<§ 130, § 360>[54]

57. Et, comme une même ville regardée de différents côtés paraît tout autre, et est comme multipliée perspectivement ; il arrive de même que par la multitude infinie des substances simples, il y a comme autant de différents Univers, qui ne sont pourtant que les perspectives d'un seul selon les différents points de vue de chaque Monade.

<§ 147>[55]

58. Et c'est le moyen d'obtenir autant de variété qu'il est possible, mais avec le plus grand ordre qui se puisse, c'est-à-dire c'est le moyen d'obtenir autant de perfection qu'il se peut.

<§ 120, § 124, § 241 seqq., § 214, 243, § 275>[56]

59. Aussi n'est-ce que cette Hypothèse (que j'ose dire démontrée) qui relève comme il faut la grandeur de Dieu : c'est ce que Monsieur Bayle reconnut, lorsque dans son Dictionnaire (article Rorarius)[57] il y fit des objections, où même il fut tenté de croire que je donnais trop à Dieu, et plus qu'il n'est possible[58]. Mais il ne put alléguer aucune raison pour quoi cette harmonie universelle, qui fait que toute substance exprime exactement toutes les autres par les rapports qu'elle y a, fût impossible.

60. On voit d'ailleurs dans ce que je viens de rapporter, les raisons *a priori* pourquoi les choses

ne sauraient aller autrement. Parce que Dieu en réglant le tout a eu égard à chaque partie, et particulièrement à chaque Monade ; dont la nature étant représentative, rien ne la saurait borner à ne représenter qu'une partie des choses, quoiqu'il soit vrai que cette représentation n'est que confuse dans le détail de tout l'Univers, et ne peut être distincte que dans une petite partie des choses, c'est-à-dire dans celles qui sont ou les plus prochaines, ou les plus grandes par rapport à chacune des Monades ; autrement chaque Monade serait une Divinité. Ce n'est pas dans l'objet, mais dans la modification de la connaissance de l'objet, que les Monades sont bornées. Elles vont toutes confusément à l'infini, au tout ; mais elles sont limitées et distinguées par les degrés des perceptions distinctes.

61. Et les composés symbolisent en cela avec les simples [59]. Car, comme tout est plein, ce qui rend toute la matière liée, et comme dans le plein tout mouvement fait quelque effet sur les corps distants, à mesure de la distance, de sorte que chaque corps est affecté non seulement par ceux qui le touchent, et se ressent en quelque façon de tout ce qui leur arrive, mais aussi par leur moyen se ressent de ceux qui touchent les premiers, dont il est touché immédiatement : il s'ensuit que cette communication va à quelque distance que ce soit. Et par conséquent tout corps se ressent de tout ce qui se fait dans l'univers ; tellement que celui qui voit tout pourrait lire dans chacun ce qui se fait partout, et même ce qui s'est fait ou se fera, en remarquant dans le présent ce qui est éloigné, tant

selon les temps que selon les lieux : σύμπνοια πάντα, disait Hippocrate[60]. Mais une Âme ne peut lire en elle-même que ce qui y est représenté distinctement, elle ne saurait développer tout d'un coup tous ses replis, car ils vont à l'infini.

62. Ainsi quoique chaque Monade créée représente tout l'univers, elle représente plus distinctement le corps qui lui est affecté particulièrement, et dont elle fait l'Entéléchie : et comme ce corps exprime tout l'univers par la connexion de toute la matière dans le plein, l'Âme représente aussi tout l'univers en représentant ce corps, qui lui appartient d'une manière particulière.

<§ 400>[61]

63. Le corps appartenant à une Monade, qui en est l'Entéléchie ou l'Âme, constitue avec l'Entéléchie ce qu'on peut appeler un *vivant*, et avec l'Âme ce qu'on appelle un *Animal*.

Or ce corps d'un vivant ou d'un Animal est toujours organique ; car toute Monade étant un miroir de l'univers à sa mode, et l'univers étant réglé dans un ordre parfait, il faut qu'il y ait aussi un ordre dans le représentant, c'est-à-dire dans les perceptions de l'âme, et par conséquent dans le corps suivant lequel l'univers y est représenté.

<§ 403>[62]

64. Ainsi chaque corps organique d'un vivant est une espèce de Machine divine, ou d'un Automate Naturel, qui surpasse infiniment tous les Automates artificiels. Parce qu'une Machine faite par l'art de l'homme n'est pas Machine dans chacune de ses parties. Par exemple : la dent d'une roue de loton[63] a des parties ou fragments qui ne nous

sont plus quelque chose d'artificiel[a], et n'ont plus rien qui marque de la Machine par rapport à l'usage où la roue était destiné [e]. Mais les Machines de la Nature, c'est-à-dire les corps vivants, sont encore des Machines dans leurs moindres parties, jusqu'à l'infini. C'est ce qui fait la différence entre la Nature et l'Art. c'est-à-dire entre l'art Divin et le nôtre.

<§ 134, § 146, § 194, § 403>[64]

65. Et l'Auteur de la Nature a pu pratiquer cet artifice divin et infiniment merveilleux, parce que chaque portion de la matière n'est pas seulement divisible à l'infini, comme les anciens ont reconnu, mais encore sous-divisée actuellement sans fin, chaque partie en parties, dont chacune a quelque mouvement propre ; autrement il serait impossible que chaque portion de la matière pût exprimer tout l'univers.

<Prélim. § 70, Théod. § 195>[65]

66. Par où l'on voit qu'il y a un Monde de créatures, de vivants, d'Animaux, d'Entéléchies, d'Âmes dans la moindre partie de la matière.

67. Chaque portion de la matière peut être conçue comme un jardin plein de plantes, et comme un Étang plein de poissons. Mais chaque rameau de la plante, chaque membre de l'animal, chaque goutte de ses humeurs est encore un tel jardin ou un tel étang.

68. Et quoique la terre et l'air interceptés entre les plantes du jardin, ou l'eau interceptée entre les

a. *Raturé sur le brouillon : ... quelque chose d'artificiel,* mais comme un chaos par rapport à nos sens.

poissons de l'étang, ne soit point plante, ni poisson, ils en contiennent pourtant encore, mais le plus souvent d'une subtilité à nous imperceptible.

69. Ainsi il n'y a rien d'inculte, de stérile, de mort dans l'univers, point de chaos, point de confusion qu'en apparence ; à peu près comme il en paraîtrait dans un Étang à une distance dans laquelle on verrait un mouvement confus et grouillement, pour ainsi dire, de poissons de l'étang, sans discerner les poissons mêmes.

<Préf.*** 5, b [= GP VI, 40, Brunschwig 40-41], **** 6 [= GP VI, 44, Brunschwig 44-45]>[66]

70. On voit par là que chaque corps vivant a une Entéléchie dominante qui est l'Âme dans l'Animal ; mais les membres de ce corps vivant sont pleins d'autres vivants, plantes, animaux, dont chacun a encore son Entéléchie, ou son Âme dominante.

71. Mais il ne faut point s'imaginer avec quelques-uns, qui avaient mal pris ma pensée[67], que chaque Âme a une masse ou portion de la matière propre ou affectée à elle pour toujours, et qu'elle possède par conséquent d'autres vivants inférieurs destinés toujours à son service. Car tous les corps sont dans un flux perpétuel comme des rivières[68] ; et des parties y entrent et en sortent continuellement.

72. Ainsi l'Âme ne change de corps que peu à peu et par degrés, de sorte qu'elle n'est jamais dépouillée tout d'un coup de tous ses organes ; et il y a souvent métamorphose dans les animaux, mais jamais Métempsycose ni transmigration des Âmes. Il n'y a pas non plus des âmes tout à fait

séparées, ni de Génies sans corps. Dieu seul en est détaché entièrement[a].

<§ 90, § 124>[69]

73. C'est ce qui fait aussi qu'il n'y a jamais ni génération entière, ni mort parfaite prise à la rigueur, consistant dans la séparation de l'âme. Et ce que nous appelons *générations* sont des développements et des accroissements ; comme ce que nous appelons *morts* sont des Enveloppements et des Diminutions.

74. Les Philosophes ont été fort embarrassés sur l'origine des Formes, Entéléchies, ou Âmes, mais aujourd'hui, lorsqu'on s'est aperçu, par des recherches exactes faites sur les plantes, les insectes et les animaux, que les corps organiques de la nature ne sont jamais produits d'un chaos ou d'une putréfaction, mais toujours par les semences, dans lesquelles il y avait sans doute quelque *préformation*[70], on a jugé que non seulement le corps organique y était déjà avant la conception, mais encore une Âme dans ce corps, et en un mot l'animal même ; et que par le moyen de la conception cet animal a été seulement disposé à une grande transformation pour devenir un animal d'une autre espèce. On voit même quelque chose d'approchant hors de la génération, comme lorsque les Vers deviennent mouches, et que les chenilles deviennent papillons.

<§ 86, 89, Préf.*** 5 b et pag. Suivantes [= GP VI, 40, Brunschwig 41], § 90, § 187-188, § 403, § 86, § 397>[71]

a. Ni de Génies [...] entièrement : *ajout de la copie A non repris sur la copie B.*

75. Les *animaux*, dont quelques-uns sont élevés au degré de plus grands animaux par le moyen de la conception, peuvent être appelés *spermatiques* ; mais ceux d'entre eux qui demeurent dans leur espèce, c'est-à-dire la plupart, naissent, se multiplient et sont détruits comme les grands animaux, et il n'y a qu'un petit nombre d'Élus, qui passe à un plus grand théâtre.

76. Mais ce n'était que la moitié de la vérité : j'ai donc jugé que si l'animal ne commence jamais naturellement, il ne finit pas naturellement non plus ; et que non seulement il n'y aura point de génération, mais encore point de destruction entière, ni mort prise à la rigueur. Et ces raisonnements faits *a posteriori* et tirés des expériences s'accordent parfaitement avec mes principes déduits *a priori* comme ci-dessus.

<§ 90> [72]

77. Ainsi on peut dire que non seulement l'Âme (miroir d'un univers indestructible) est indestructible, mais encore l'animal même, quoique sa Machine périsse souvent en partie, et quitte ou prenne des dépouilles organiques.

78. Ces principes m'ont donné moyen d'expliquer naturellement l'union ou bien la conformité de l'Âme et du corps organique. L'âme suit ses propres lois et le corps aussi les siennes ; et ils se rencontrent en vertu de l'*harmonie préétablie* entre toutes les substances, puisqu'elles sont toutes des représentations d'un même Univers [73].

<Préf.*** 6 [= GP VI, 41, Brunschwig 41], § 340, § 352, 353, 358> [74]

79. Les âmes agissent selon les lois des causes

finales, par appétitions, fins et moyens. Les corps agissent selon les lois des causes efficientes ou des mouvements. Et les deux règnes, celui des causes efficientes et celui des causes finales, sont harmoniques entre eux.

80. Descartes a reconnu que les Âmes ne peuvent point donner de la force aux corps, parce qu'il y a toujours la même quantité de force dans la matière. Cependant il a cru que l'Âme pouvait changer la direction des corps[75]. Mais c'est parce qu'on n'a point su de son temps la loi de la nature qui porte encore la conservation de la même direction totale dans la matière[76]. S'il l'avait remarquée, il serait tombé dans mon Système de l'Harmonie préétablie.

<Préf.**** [= GP VI, 44, Brunschwig 44], Théod. § 22, § 59, 60, 61, § 63, § 66, § 345.346 seqq., § 354-355>[77]

81. Ce Système fait que les corps agissent comme si (par impossible) il n'y avait point d'Âmes ; et que les Âmes agissent comme s'il n'y avait point de corps ; et que tous deux agissent comme si l'un influait sur l'autre.

82. Quant aux *Esprits* ou Âmes raisonnables, quoique je trouve qu'il y a dans le fond la même chose dans tous les vivants et animaux, comme nous venons de dire (savoir que l'Animal et l'Âme ne commencent qu'avec le Monde, et ne finissent pas non plus que le Monde[78]) ; il y a pourtant cela de particulier dans les Animaux raisonnables, que leurs petits Animaux Spermatiques, tant qu'ils ne sont que cela, ont seulement des Âmes ordinaires ou sensitives ; mais dès que ceux qui sont élus, pour ainsi dire, parviennent par une actuelle

conception à la nature humaine, leurs âmes sensitives sont élevées au degré de la raison et à la prérogative des Esprits.

<§ 91, § 397>[79]

83. Entre autres différences qu'il y a entre les Âmes ordinaires et les Esprits, dont j'en ai déjà marqué une partie, il y a encore celle-ci : que les Âmes en général sont des miroirs vivants ou images de l'univers des créatures ; mais que les Esprits sont encore des images de la Divinité même, ou de l'Auteur même de la Nature, capables de connaître le Système de l'univers et d'en imiter quelque chose par des échantillons architectoniques ; chaque Esprit étant comme une petite divinité dans son département.

<§ 147>[80]

84. C'est ce qui fait que les Esprits sont capables d'entrer dans une manière de Société avec Dieu, et qu'il est à leur égard, non seulement ce qu'un inventeur est à sa Machine (comme Dieu l'est par rapport aux autres créatures), mais encore ce qu'un Prince est à ses sujets, et même un père à ses enfants.

85. D'où il est aisé de conclure, que l'assemblage de tous les Esprits doit composer la Cité de Dieu, c'est-à-dire le plus parfait État qui soit possible, sous le plus parfait des Monarques.

<§ 146, Abrégé obj. 2>[81]

86. Cette Cité de Dieu, cette Monarchie véritablement universelle est un Monde Moral dans le Monde Naturel, et ce qu'il y a de plus élevé et de plus divin dans les ouvrages de Dieu : et c'est en lui que consiste véritablement la gloire de Dieu,

puisqu'il n'y en aurait point si sa grandeur et sa bonté n'étaient pas connues et admirées par les esprits ; c'est aussi par rapport à cette cité divine, qu'il a proprement de la Bonté, au lieu que sa Sagesse et sa Puissance se montrent partout.

87. Comme nous avons établi ci-dessus une Harmonie parfaite entre deux Règnes Naturels, l'un des causes Efficientes, l'autre des Finales, nous devons remarquer ici encore une autre harmonie entre le règne Physique de la Nature et le règne Moral de la Grâce, c'est-à-dire entre Dieu considéré comme Architecte de la Machine de l'univers, et Dieu considéré comme Monarque de la cité divine des Esprits.

<§ 62, § 74, § 118, § 248, § 112, § 130, § 247> [82]

88. Cette Harmonie fait que les choses conduisent à la grâce par les voies mêmes de la nature, et que ce globe par exemple doit être détruit et réparé par les voies naturelles dans les moments que le demande le gouvernement des Esprits ; pour le châtiment des uns et la récompense des autres.

<§ 18 seqq., § 110 [corr. : 118], § 244-245, § 340> [83]

89. On peut dire encore que Dieu comme Architecte contente en tout Dieu comme Législateur ; et qu'ainsi les péchés doivent porter leur peine avec eux par l'ordre de la nature, et en vertu même de la structure mécanique des choses ; et que de même les belles actions s'attireront leurs récompenses par des voies machinales par rapport aux corps ; quoique cela ne puisse et ne doive pas arriver toujours sur le champ.

90. Enfin sous ce gouvernement parfait il n'y

aurait point de bonne Action sans récompense, point de mauvaise sans châtiment : et tout doit réussir au bien des bons[84], c'est-à-dire de ceux qui ne sont point des mécontents dans ce grand État, qui se fient à la Providence, après avoir fait leur devoir, et qui aiment et imitent, comme il faut, l'Auteur de tout bien, se plaisant dans la considération de ses perfections suivant la nature du *pur amour* véritable, qui fait prendre plaisir à la félicité de ce qu'on aime[85]. C'est ce qui fait travailler les personnes sages et vertueuses à tout ce qui paraît conforme à la volonté divine présomptive ou antécédente, et se contenter cependant de ce que Dieu fait arriver effectivement par sa volonté secrète, conséquente et décisive ; en reconnaissant que si nous pouvions entendre assez l'ordre de l'univers, nous trouverions qu'il surpasse tous les souhaits des plus sages, et qu'il est impossible de le rendre meilleur qu'il est ; non seulement pour le tout en général, mais encore pour nous-mêmes en particulier, si nous sommes attachés comme il faut à l'Auteur du tout, non seulement comme à l'Architecte et à la cause efficiente de notre être, mais encore comme à notre Maître et à la cause Finale qui doit faire tout le but de notre volonté, et peut seul faire notre bonheur.

<§ 134, fin préf.* 4.a.b. [GP VI, 27, Brunschwig 27], Théod. § 278, Préf.* 4.b [GP VI, 27-28, Brunschwig 27-28]>[86]

APPENDICES

NOTE DE L'ÉDITEUR

Les deux sections de ces Appendices proposent un choix restreint de textes permettant respectivement d'explorer la genèse du *Discours de métaphysique* et ses prolongements immédiats, puis d'accompagner l'élaboration de certains thèmes fondamentaux de la *Monadologie*. On soulignera que, de ce point de vue, les deux ouvrages principaux ne se présentent pas à nous sous la même perspective interprétative. En effet, s'agissant du *Discours*, l'état de l'édition permet désormais d'envisager une reconstruction génétique exhaustive de sa composition : nous disposons, depuis la parution du volume 4 de la Série VI (Écrits philosophiques) de l'édition académique, de la totalité des correspondances générales et personnelles, mathématiques et scientifiques, philosophiques, comme aussi des textes proprement philosophiques de Leibniz jusqu'à la rédaction du *Discours* (manquent les écrits scientifiques, à l'exception des deux volumes parus de travaux mathématiques de la période parisienne [VII, 1 et 2] ; toutefois, la Série VI comprend de nombreux textes qui touchent aux aspects généraux de la physique. L'unique volume anciennement paru [1926] de la Correspondance philosophique [II, 1] s'arrête en 1685, et n'est pas conforme aux normes de l'édition telles qu'elles ont été mises en place depuis les années 1950 : pas de notice sur chaque morceau, pas de variantes génétiques, pratique de coupures, etc.). Notre Introduction et l'Appendice I fournissent un échantillon très partiel de ce que pourrait être cette reconstruction.

Dans le cas de la *Monadologie,* nous ne disposons pas d'un matériau textuel équivalent. Dans l'attente de la réalisation encore lointaine de l'édition intégrale, et principalement du difficile achèvement des Séries II et VI, nous ne pouvons que faire fond sur les publications existantes : si abondantes soient-elles, elles ne fournissent qu'une information fragmentaire et discontinue, au gré des choix des auteurs des recueils, sur le terrain d'où sont issues les formulations ultimes de la *Monadologie*. L'expérience de ce qu'a été jusqu'ici l'histoire de l'édition leibnizienne conseille de se garder de toute hypothèse prématurée sur ce que la connaissance de brouillons et de lettres encore inédits pourra apporter de neuf, en extension comme en précision du détail, à l'intelligence des motifs et conditions réels de la dernière philosophie de Leibniz.

I
AUTOUR DU *DISCOURS DE MÉTAPHYSIQUE*

1

« *Il y a deux sectes de Naturalistes...* »

Les éditeurs des *Sämtliche Schriften und Briefe* donnent pour la datation de ce texte l'intervalle de 1678 à 1680. Nous proposerions volontiers de resserrer la datation à fin 1679-début 1680, en concordance avec les dispositions dont témoigne la correspondance de Leibniz : on se reportera en particulier à la critique de la philosophie de Descartes exposée dans les lettres à Philipp du début de décembre 1679 et de janvier 1680 (GP IV, 281-282 et 283-285, A II, 1, 495 et 505-508) et dans la lettre, de la même période, à un destinataire non identifié (GP IV, 297 sq., notamment 299-300, A II, 1, 499-504). En outre, l'exposé annonce les développements plus amples du *Dialogue entre Théophile et Polidore*, reproduit ci-après.

La thèse centrale est offerte par l'opposition au naturalisme, sous ses deux formes modernes renouvelées des Anciens : d'un côté, le matérialisme de Hobbes, issu de celui d'Épicure, de l'autre, le déisme fourvoyé de Descartes et Spinoza, qui restent au fond stoïciens. C'est qu'il ne suffit pas d'opposer aux premiers un Dieu immatériel certes, mais qui ne serait que l'Âme du Monde, et qui, par la nécessité brute qui régnerait dans un univers aveugle, ruinerait la sagesse de la Providence. Le témoignage de Socrate contre Anaxagore, dans le *Phédon* de Platon, permet de rétablir, sur le plan même de l'intelligibilité de la nature, les causes finales, et avec elles, un authentique intelligence divine.

Ce passage de Platon a été invoqué par Leibniz dès sa lettre à Thomasius du 29 décembre 1670, où se trouvait exposé le premier germe de l'*Hypothesis physica nova* (GP I, 32, A II, 1, 73 ; trad. Bodéüs, p. 277). Leibniz a ensuite rédigé à Paris, en mars 1676, un résumé latin du *Phédon* (A VI, 3, 284-297). Après le *Discours de métaphysique*, la même exploitation en sera faite à maintes reprises, comme confirmation du recours légitime aux causes finales et du dépassement métaphysique du mécanisme géométrique : GP III, 54-55, IV, 339, VII, 333-336, etc.

[*Source :* GP VII, 333-336, et A VI, 4 B, 1384-1388.]

Il y a deux sectes de Naturalistes qui sont en vogue aujourd'hui et qui ont leur source dans l'Antiquité, les uns ayant renouvelé les sentiments d'Épicure, les autres étant en effet Stoïciens. Les premiers croient que toute la substance jusqu'à l'âme et jusqu'à Dieu même est corporelle, c'est-à-dire d'une matière ou masse étendue. D'où il s'ensuit qu'il n'y saurait avoir un Dieu tout-puissant et sachant tout, car comment un corps pourrait-il agir sur tout, sans pâtir de tout et sans se corrompre ? Ce qu'un nommé Vorstius a bien reconnu, qui refusait à son Dieu tous ces grands attributs que les autres hommes donnent ordinairement au leur[1]. Quelques-uns ont cru que le soleil, qui à juger par les sens est sans contredit la plus puissante de toutes les choses visibles, était Dieu : mais ils ne savaient point que toutes les étoiles fixes sont autant de soleils, et que par conséquent un seul ne saurait tout voir ni tout faire. Tout corps est lourd et donne beaucoup de prise s'il est grand, et il est faible s'il est petit : ou s'il est d'une grande vertu, nonobstant sa petitesse (comme la poudre à canon), il se détruit en agissant. C'est pourquoi un corps ne saurait être Dieu. Aussi Épicure du temps passé, et Hobbes aujourd'hui, qui veulent que toutes choses sont corporelles, ont assez témoigné qu'il n'y a point de providence selon eux.

La secte des nouveaux Stoïciens croit qu'il y a des substances incorporelles, que les âmes humaines ne sont pas des corps, que Dieu est l'âme ou si vous voulez la première puissance du monde[2], qu'il est cause de la matière même si vous voulez, mais que c'est une nécessité aveugle qui le détermine à agir : c'est pourquoi il sera dans le monde ce que le ressort ou le poids est dans l'horloge. Qu'il y a une nécessité machinale dans les choses, que c'est bien par le pouvoir, mais non pas par un choix raisonnable de cette Divinité que les choses agissent, puisqu'à proprement parler Dieu n'a ni entendement ni volonté, qui sont des attributs des hommes[3]. Que toutes les choses possibles arrivent l'une après l'autre suivant toutes les variétés dont la matière est capable[4]. Qu'il ne faut pas chercher des causes finales ; qu'on n'est pas sûr ni de l'immortalité de l'âme ni de la vie future. Qu'il n'y a point de justice ni de bonté à l'égard de Dieu, que c'est sa détermination qui fait la bonté et la justice et que par conséquent il n'aurait point fait contre la justice en rendant les innocents toujours misérables. C'est pourquoi ces Messieurs n'admettent la providence que de nom seulement ; et pour ce qui est de l'effet et de la conduite de notre vie, tout revient au sentiment des Épicuriens, c'est-à-dire qu'il n'y a point d'autre félicité que la tranquillité d'une vie contente ici-bas telle qu'elle se trouve, puisque c'est une folie que de s'opposer au torrent des choses et de n'être pas content de ce qui est immuable. S'ils savaient que toutes les choses sont ordonnées pour le bien général et pour le bonheur particulier de ceux qui savent s'en servir, ils ne mettraient pas la félicité dans la simple patience[5]. Je sais que leurs phrases sont bien différentes de quelques-unes de celles que je viens de représenter ; mais quand on aura pénétré dans le fonds de leurs sentiments, on demeurera d'accord de ce que je viens de dire. Ce sont en effet les sentiments de Spinosa, et il y a beaucoup de gens à qui Descartes paraît de cette même opinion. Certainement il s'est rendu fort suspect en rejetant la recherche des causes finales, en soutenant qu'il n'y a point de justice ni bonté, ni même de vérité que parce que Dieu l'a déterminée ainsi d'une manière absolue : et enfin en se laissant échapper (quoiqu'en passant) que toutes les variétés possibles de la matière arrivent successivement les unes après les autres[6].

Si ces deux sectes des Épicuriens et Stoïciens sont dangereuses à la piété, celle de Socrate et de Platon, qui (à ce que je crois) vient en partie de Pythagore, lui est d'autant plus convenable. Il ne faut que lire l'admirable Dialogue de Platon de l'immortalité de l'âme[7], pour y remarquer des sentiments qui sont tout opposés à ceux de nos nouveaux Stoïciens. Socrate y parle le jour propre de sa mort, un peu avant que de recevoir la coupe fatale. Il bannit la tristesse des esprits de ses amis, en y faisant succéder l'admiration par des raisonnements merveilleux, et il semble qu'il ne quitte cette vie que pour aller jouir dans une autre du bonheur préparé aux belles âmes. Je crois, dit-il, qu'en m'en allant je trouverai des hommes meilleurs que ceux d'ici ; mais pour le moins, je suis assuré d'aller trouver les Dieux. Il soutient que les causes finales sont les principales en physique et qu'il faut les chercher pour rendre raison des choses. Et il semble qu'il raille nos nouveaux physiciens, lorsqu'il raille Anaxagore. Ce qu'il en dit, mérite d'être écouté[8].

J'entendis un jour, dit-il, quelqu'un lire dans un livre d'Anaxagore où il y avait ces paroles qu'*un être intelligent* était cause de toutes choses, et qu'*il les avait disposées et ornées*[9]. Cela me plût extrêmement, car je croyais que si le monde était l'effet d'une intelligence, tout serait fait de la manière la plus parfaite qui eût été possible. C'est pourquoi je croyais que celui qui voudrait rendre raison pourquoi les choses s'engendrent ou périssent ou subsistent, devrait chercher ce qui serait convenable à la perfection de chaque chose. Ainsi l'homme n'aurait à considérer en soi ou en quelque autre chose que ce qui serait le meilleur et le plus parfait. Car celui qui connaîtrait le plus parfait, jugerait aisément par là de ce qui serait imparfait, parce qu'il n'y a qu'une même science de l'un et de l'autre.

Considérant tout ceci, je me réjouissais d'avoir trouvé un maître qui pourrait enseigner les raisons des choses : par exemple si la terre était plutôt ronde que plate, et pourquoi il ait été mieux qu'elle fût ainsi qu'autrement. De plus je m'attendais qu'en disant que la terre était au milieu de l'univers, ou non, il m'expliquerait pourquoi cela ait été le plus convenable. Et qu'il m'en dirait autant du soleil, de la lune, des étoiles et de leurs mouvements. Et qu'enfin après avoir montré ce qui serait convenable à chaque chose en particulier, il me montrerait ce qui serait le meilleur en général. Plein de cette espérance je pris et je parcourus les livres d'Anaxagore, avec grand empressement, mais je me trouvai bien éloigné de mon compte, car je fus surpris de voir qu'il ne se servait point de cette intelligence gouvernatrice qu'il avait mise en avant, qu'il ne parlait plus de l'ornement ni de la perfection des choses, et qu'il introduisait certaines matières éthériennes peu vraisemblables. En quoi il faisait comme celui qui ayant dit que Socrate fait les choses avec intelligence, et venant par après à expliquer en particulier les causes de ses actions, dirait qu'il est assis ici, parce qu'il a un corps composé d'os, de chair et de nerfs, que les os sont solides, mais qu'ils ont des intervalles ou jointures, que les nerfs peuvent être tendus et relâchés, que c'est par là que le corps est flexible et enfin que je suis assis. Ou si voulant rendre raison de ce présent discours, il aurait recours à l'air, aux organes de voix et d'ouïe et semblables choses, oubliant cependant les véritables causes, savoir que les Athéniens ont cru qu'il serait mieux de me condamner que de m'absoudre, et que j'ai cru moi mieux faire de demeurer assis ici que de m'enfuir. Car ma foi, sans cela il y a longtemps que ces nerfs et ces os seraient auprès des Béotiens et Mégariens, si je n'avais pas trouvé qu'il est plus juste et plus honnête à moi de souffrir la peine que la patrie me veut imposer que de vivre ailleurs vagabond et exilé. C'est pourquoi il est déraisonnable d'appeler ces os et ces chairs et leurs mouvements des causes. Il est vrai que celui qui dirait que je ne saurais faire tout ceci sans os et sans nerfs, aurait raison. Mais autre chose est ce qui est la véritable cause et ce qui n'est qu'une condition sans laquelle la cause ne saurait être cause. Ces gens qui disent seulement par exemple que le mouvement des corps à l'entour soutient la terre là où elle est, oublient que la puissance divine dispose tout de la plus belle manière, et ne comprennent pas que c'est le bien et le beau qui joint, qui forme et qui maintient le monde. Jusqu'ici Socrate, car ce qui s'ensuit chez Platon des idées ou formes, n'est pas moins excellent, mais il est un peu plus difficile.

2

Dialogue entre Théophile et Polidore

Leibniz a mentionné sur le premier feuillet du manuscrit qu'il avait écrit ce *Dialogue* avant la mort du duc Jean-Frédéric de Hanovre, survenue le 28 décembre 1679. Il n'y avait aucune raison qu'il ait voulu faire état de cette circonstance s'il s'était agi d'un texte déjà ancien, et il est donc convenable de penser que la rédaction en était encore toute récente. Il est d'ailleurs assez vraisemblable que c'est à ce *Dialogue* que fait allusion Leibniz à la fin d'une lettre à Jean-Frédéric, de la mi-octobre 1679 : « Au reste Monseigneur je ne sais si le dernier dialogue, qui allait à prouver l'immortalité par des raisons naturelles, aura satisfait ; sinon je m'offre d'y suppléer » (A I, 2, 215).

Ce dialogue est de la même veine que la *Conversation du marquis de Pianese [...] et du Père Émery ermite*, et le *Dialogue entre Poliandre et Théophile*. Tous trois furent publiés partiellement par Jean Baruzi dans son article « Trois dialogues mystiques inédits de Leibniz », paru dans la *Revue de Métaphysique et de Morale*, 13 (1905), 1-37. Baruzi insistait, dans sa brève et belle étude, sur le « christianisme métaphysique » de Leibniz, dont il trouvait l'illustration dans ces textes.

Théophile désigne bien entendu Leibniz lui-même, qui s'est souvent donné volontiers ce surnom de « celui qui aime Dieu » (on le retrouvera dans les *Nouveaux Essais sur l'entendement humain*). Le dialogue met en scène, en la personne de Polidore, les effets moraux et pour ainsi dire existentiels de l'adhésion au naturalisme. L'exhortation de Théophile lui « rend la vie », et même ouvre la voie à une « apothéose », en suivant le fil de considérations rationnelles qui visent à mettre en évidence un choix intelligent au principe de l'existence et de l'ordre des choses : c'est ici l'analyse de la notion de possible qui mène à ce premier résultat. Les notions de plaisir et de bonheur permettent d'accomplir un pas de plus : Dieu, s'il est lui-même un esprit et non une puissance aveugle, ne peut avoir de plus grand soin que celui des esprits, qui sont la partie la plus importante de l'univers créé. Encore réservée ici aux esprits, la doctrine de l'expression permet de dévoiler leur vrai rapport au monde et à Dieu.

Le *Discours de métaphysique* ne sera pas autre chose, en un sens, que l'exposé dogmatique de la même apothéose, dont le *Dialogue* offre le versant apologétique, comme la version leibnizienne d'une persuasion où l'usage de la raison dispense de pari.

[*Source :* Après la publication partielle par Baruzi, art. cité, 28-38, et par Grua, 285-287, le texte intégral est donné en A, VI, 4, C, 2227-2244.]

THÉOPHILE[a] : Je vous trouve un peu changé depuis quelque temps, mon cher Polidore, et il me semble que nous n'avez pas cette gaieté qui vous est ordinaire. Cependant vos affaires vont à souhait, votre prudence a été secondée par la fortune et il ne vous manque rien de ce que les hommes cherchent avec tant d'empressement. Vous avez du bien, vous avez acquis la gloire : et Dieu vous a donné une complexion si vigoureuse, que nous espérons jouir de vous encore plusieurs années. Cela étant je ne saurais comprendre la cause du changement que je remarque.

POLIDORE : Je sais que vous m'aimez Théophile,

a. *En haut du manuscrit, note de Leibniz :* fait avant la mort de feu Monsgr. le Duc Jean Frédéric.

et je vous considère assez pour vous éclaircir sur ce point. Sachez donc que ce que vous remarquez en moi, n'est pas une tristesse mais une indifférence que j'ai à l'égard de beaucoup de choses qui m'étaient agréables auparavant. Car depuis que je les ai à souhait, j'en reconnais la vanité ; et me voyant au comble de la félicité où les hommes aspirent ici-bas, je reconnais mieux que jamais l'imperfection de la nature humaine qui n'est pas susceptible d'un bonheur solide. Vous savez que je ne suis guère touché des voluptés grossières, mais depuis peu je trouve de plus en plus que les plaisirs les plus raffinés, qu'on attribue à l'esprit, ne sont que des tromperies agréables, qui disparaissent quand on les considère de près. Y a-t-il rien au monde à quoi les belles âmes soient plus sensibles qu'à la gloire : et cependant à quoi me servira-t-elle quand je serai réduit en poussière ? Je ne cesserai pas pour cela de faire des choses dignes d'approbation, car c'est ma coutume, et j'aurais de la peine à faire autrement ; mais je ne ferai plus d'efforts extraordinaires pour m'acquérir cette immortalité chimérique. Ma curiosité est aussi diminuée de la moitié et je ne goûte plus tant les beautés de la nature et des arts ; et je trouve encore moins de satisfaction dans ces beaux discours qui souvent ne consistent que dans un éclat de paroles bien arrangées ; et quoique je reconnaisse qu'il y a des sciences solides, comme par exemple les mathématiques et les mécaniques, je remarque qu'elles ne sont utiles qu'à ceux qui en font profession. Car elles demandent trop d'application ; et puisque nous allons perdre en un moment le fruit de toutes nos peines, n'allons plus nous embarrasser de quoi que ce soit. Suivons un train de vie aisé et armons-nous d'indifférence contre les appas trompeurs des entreprises.

THÉOPHILE : Je vous plains, Polidore, car je vois que vous vous privez de la plus grande satisfaction de la vie, lorsque vous êtes le plus en état d'en goûter. Mais je plains bien plus le public et la postérité, qui sera privé de ces grandes et belles choses que vous aviez projetées lorsque vos affaires ne vous permettaient pas encore de les exécuter : cela me fait admirer la conduite des hommes, qui ne cherchent que ce qui est éloigné. Mais je ne m'aperçois pas que vous avez changé de maximes et que vous ne croyez plus avoir sujet à vous mettre en peine du public, et qu'il vous paraît ridicule de travailler pour un temps où nous ne serons pas. Cependant je crois que vous en jugeriez autrement, si vous étiez bien assuré qu'il y a un grand monarque de l'univers, qui prend tout ce qu'on fait pour le public comme fait à lui-même : et si vous étiez convaincu de l'immortalité de nos âmes, vous prendriez part à l'état des siècles futurs.

PO : Si vous me parlez en théologien je quitte la partie, car je me soumets à la foi : mais si nous nous renfermons dans les bornes de la philosophie, je vois des grandes raisons de douter de ces belles choses qui ne servent qu'à adoucir notre misère par de fausses espérances. Je vous avoue que je voudrais être du nombre de ceux qui sont heureux de leur[s] erreurs. *Felice errore suo* [1] :

mais puisque je vois clairement ce qu'il en est, il ne dépend plus de moi d'en détourner la vue.

TH : Mais vous qui avez tant de belles connaissances, et qui avez admiré si souvent la sagesse de la nature, pouvez-vous douter d'une providence gubernatrice, lorsque vous considérez la machine de l'univers, qui marche avec tant de régularité ?

PO : Il me semble que ce n'est pas grande merveille de voir que le soleil se tournant à l'entour de son centre emporte et tourne avec lui la matière liquide qui l'environne qu'on appelle éther, et par conséquent quelques grandes boules appelées planètes qui nagent dans cet éther, et suivent son mouvement avec plus ou moins de vitesse à proportion de leurs solidité et distance. Et comme rien ne leur résiste, il ne faut pas s'étonner si leurs périodes sont régulières sans qu'on y aperçoive du changement pour longtemps[2].

TH : Ce que vous dites est raisonnable, le mouvement de cet éther à l'entour du soleil étant posé, aussi bien que ces boules de différente solidité et volume, le reste s'ensuit machinalement. Mais dites-moi, d'où vient qu'il y a un soleil, un éther et des planètes ; le monde ne pouvait-il pas être fait d'une tout autre façon ? et qui est celui qui a fait le choix de celle-ci, et d'où vient le principe du mouvement, que nous y remarquons ?

PO : Je crois qu'il y a une âme du monde qui lui donne la vie, et le mouvement[3].

TH : Vous n'échapperez pas par là. Voyons un

peu : cette âme agit-elle par choix ou par nécessité.

PO : Peut-être par nécessité.

TH : Vous n'avez donc pas besoin d'âme, et vous n'aviez qu'à dire d'abord que cette forme du monde et ce mouvement étaient nécessaires. Cependant rien n'est absolument nécessaire, quand le contraire est possible. Or il n'y a point d'impossibilité ni de contradiction, de concevoir un monde sans soleil, et un soleil placé et mû tout autrement que le nôtre.

PO : Je demeure d'accord que le monde pouvait être fait de mille autres façons, mais celle-ci était apparemment la plus simple, et la nature agit par les voies les plus courtes ; donc, il lui était nécessaire d'agir ainsi.

TH : Si cette nature ou Âme du Monde ou enfin ce moteur dont vous parlez est capable de raison, je vois bien qu'il agira par les voies qu'il jugera les plus simples : mais autrement je ne vois pas comment la simplicité l'emportera. Car une cause agit toujours tout autant qu'elle peut et autant qu'elle n'est pas empêchée, donc il faut que toutes les choses possibles en elles-mêmes se produisent, ce qui ne se peut puisqu'il y en a beaucoup d'incompatibles[4] ; ou bien [qu'] il ne se produise rien.

PO : Il me semble qu'il y a un accommodement ; car de toutes les façons possibles de faire le monde celle[-ci] doit être préférée à toutes les autres qui fait réussir le plus de choses, qui pour ainsi dire renferme beaucoup d'essence ou de variété en peu de volume, et qui en un mot est la plus simple et la plus riche.

TH : Je vous entends. Feignons qu'il y ait des êtres possibles *A, B, C, D, E, F, G*, également parfaits et prétendant à l'existence, dont il y a d'incompatibles : *A* avec *B*, et *B* avec *D*, et *D* avec *G*, et *G* avec *C*, et *C* avec *F*, et *F* avec *E*. Je dis qu'on pourra faire exister deux ensemble de quinze façons : *AC, AD, AF, AG, BC, BE, BF, BG, CD, CE, DE, DF, EG, FG* ; ou bien trois ensemble de neuf[a] manières suivantes : *ACD, ACE, ADE, ADF, AEG, AFG, BCE, BEG, BFG* ; ou bien quatre ensemble de cette seule manière *ACDE*, laquelle sera choisie parmi toutes les autres parce que par là on obtient le plus qu'on peut ; et par conséquent ces quatre *A, C, D, E* existeront préférablement aux autres *B, F, G*, qui seront exclus, car en prenant un d'eux, on ne saurait obtenir quatre ensemble. Donc s'il y avait quelque puissance dans les choses possibles pour se mettre en existence, et pour se faire jour à travers les autres, alors ces quatre l'emporteraient incontestablement ; car dans ce combat, la nécessité même ferait le meilleur choix possible, comme nous voyons dans les machines où la nature choisit toujours le parti le plus avantageux pour faire descendre le centre de gravité de toute la masse autant qu'il se peut. De même ces quatre êtres possibles seraient préférés. Mais les choses possibles, n'ayant point d'existence, n'ont point de puissance pour se faire exister, et par conséquent

a. *En marge, Leibniz a corrigé* neuf *en* 15[5].

il faut chercher le choix et la cause de leur existence dans un être dont l'existence est déjà fixée et par conséquent nécessaire d'elle-même. Cet être doit contenir en lui les idées des perfections de choses possibles, pour choisir et pour les produire. Et il choisira sans doute suivant les degrés de perfection qui se trouvent dans ces idées ou suivant la prétention qu'elles peuvent avoir à l'existence de la manière susdite, c'est-à-dire de la plus simple ou de la plus belle façon de faire l'univers, comme nous l'avons touché ci-dessus : à savoir par laquelle plus de choses ou des plus parfaites réussissent, ou par laquelle on obtient le plus d'essence et le plus de perfection qu'il est possible d'obtenir ensemble. Car le plus beau et le plus simple est ce qui donne le plus avec le moins d'embarras, comme par exemple une boule parfaitement ronde est plus simple que quelque autre corps que ce soit, car elle comprend plus de masse dans le même circuit que quelque autre figure que ce soit, et par cette raison un corps rencontrant dans quelque autre corps contraire, par exemple une goutte d'huile dans de l'eau, se ramasse en rond pour incommoder et être ici incommodé le moins qu'il est possible : il est donc manifeste que l'auteur des choses agira avec raison puisqu'il agit suivant les perfections des idées de chaque chose ; et puisqu'il faut bien qu'il comprenne et considère tout à la fois pour accorder toutes les choses ensemble le mieux qu'il se peut, il aura la souveraine sagesse et la première puissance. Voyez à présent si ce que nous venons de découvrir ne doit pas être appelé Dieu.

PO : Ce raisonnement est beau et solide, et j'en suis tout surpris : après cela je ne m'étonne plus de la structure merveilleuse des corps organiques, dont la moindre partie passe en invention toutes les machines que les hommes sont capables d'inventer : mais il semble que cette sagesse qui fait voir une économie si admirable dans chaque animal ou corps organique considéré à part, les abandonne par après à se choquer entre eux avec toute la confusion imaginable. Une misérable brebis est déchirée par un loup, un pigeon est donné en proie à quelque vautour ; les pauvres mouches sont exposées à la malice des araignées : les hommes mêmes, quelle tyrannie n'exercent-ils pas sur le reste des animaux, et ils se font entre eux plus que les loups, et plus que des vautours : quelle apparence de raison ou d'ordre en tout ceci ? Ou plutôt, puisque nous sommes convenus de la souveraine sagesse de l'auteur des choses, il faudra dire qu'il ne se soucie point de ce que nous appelons justice, et qu'il prend plaisir à ces bouleversements, comme nous en prenons à la chasse des bêtes qui s'entre-tuent. Il faut que les individus se fassent place, il n'a soin que des espèces, dont il y en a qui subsistent par le malheur des autres. Et notre sottise est assez présomptueuse pour se figurer qu'il nous exemptera de ces révolutions universelles par une immortalité qui est sans exemple dans la nature, et d'autant plus incroyable qu'un commencement doit être suivi d'une fin.

TH : Vos raisonnements sont plausibles, et beaucoup de personnes spirituelles en sont frappées malheureusement, mais grâce à Dieu il y a moyen d'y satisfaire. Nous avons établi que Dieu fait tout dans la plus grande perfection dont l'univers est capable. Et par conséquent chaque chose a en elle ou aura autant de perfection qu'elle est capable de prétendre à proportion de celle qu'elle a déjà, sans faire du tort aux autres. Or le plaisir n'étant autre chose que le sentiment d'un accroissement de la perfection[6], il s'ensuit que Dieu donnera du plaisir à toutes les créatures autant qu'elles en sont capables, en sorte que celles qui sont raisonnables se trouvent toutes heureuses autant qu'il est possible, sauf l'harmonie de l'univers qui veut qu'il se trouve au bout du compte le plus de perfection et le plus de bonheur qu'il est possible d'obtenir en somme. Ce qui ne se peut faire peut-être sans la misère de quelques-uns, qui le méritent.

Or de toutes les créatures qui nous environnent il n'y a que l'esprit de l'homme qui soit capable d'un vrai bonheur[7]. Et on peut dire qu'il n'y a de la différence de Dieu à lui, que comme du plus au moins, quoique la proportion soit infinie ; il démontre des vérités, il invente des machines et il est capable de renfermer en lui les perfections des choses dont il conçoit les idées, il connaît ce grand Dieu, il l'honore, il l'aime et il l'imite, il exerce un empire sur quelques choses avec un dégagement et une élévation semblable à celle de Dieu, quoique ses résolutions trouvent des obstacles dans l'exécution. On peut dire qu'à l'égard de la perfection de l'esprit, il y a moins de différence entre l'homme et les autres créatures, qui manquent de raison, qu'il y a entre Dieu et l'homme. Enfin il y a quelque société entre Dieu et les hommes. Car étant tous raisonnables et ayant quelque commerce ensemble, ils composent une espèce de Cité, qui doit être gouvernée de la manière la plus parfaite. C'est pourquoi si Dieu est la souveraine sagesse, comme ses ouvrages admirables le font voir, et si la sagesse cherche la perfection partout autant qu'il est possible, il ne faut pas douter que les êtres les plus parfaits et les plus approchants de Dieu ne soient les plus considérés de la nature ; et que Dieu n'ait eu égard à leur bonheur préférablement à tout autre chose. Car enfin cela se peut sans que l'ordre de l'univers [s'y] oppose ; il est vrai que nos corps sont sujets au choc des autres corps et par conséquent à la dissolution, mais l'âme, étant une substance toute différente de la matière et de l'étendue, n'en saurait être détruite ; et cela étant, elle est capable de subsister et d'être heureuse, malgré les bouleversements du monde. Car pourvu que Dieu lui laisse une souvenance et des pensées, elle peut être heureuse et malheureuse, punie et récompensée, suivant les lois de cette Cité dont Dieu est le Monarque. Je puis démontrer par des raisons physiques que l'âme est incorruptible, et qu'elle pensera toujours à quelque chose ; mais pour prouver qu'elle se souviendra de ce qui s'est passé au corps, il faut une raison morale, qui ne laisse pas d'être démonstrative pourvu qu'on considère les lois de cette Monarchie divine, qui ne serait pas bien gouvernée autrement, puisqu'il n'y aurait point de récompense ni châtiment sans la souvenance. Et il ne faut pas s'étonner que l'âme subsiste toujours, quoiqu'elle ait eu un commencement, car étant une substance, elle ne saurait périr que par un anéantissement, c'est-à-dire par miracle ; car même le moindre atome de la matière ne périt jamais quoiqu'il passe par mille formes. Or il est visible que l'esprit n'entre point en comparaison avec un atome, ni même avec quelque corps que ce soit. Et comme la perfection des choses en général va toujours en avant (croissant ou du moins se conservant[8]), il ne faut pas s'étonner si l'âme en sortant de cette vie passe dans un état incomparablement au-delà de celui qu'elle avait avant la naissance. J'ajoute qu'il semble que Dieu nous a voulu laisser une image de la mort en nous faisant sentir que l'âme pense en songeant, et se forge mille choses, comme si elle était dans un monde à part : et je ne vois rien qui empêche que Dieu ne lui fasse naître des songes agréables et harmonieux, ou tristes et affreux, jusqu'à ce qu'il lui plaise de la faire rentrer dans un corps organique et digne d'elle pour continuer de jouer son rôle parmi les créatures.

PO : Vos raisons sont touchantes et sans réplique : et j'avoue que j'en suis pénétré, d'autant que vous avez merveilleusement bien prévenu les objections de ceux qui croient que toutes les âmes doivent être réunies à l'âme de l'univers comme le corps se perd dans la masse générale. Car comme vous dites fort bien, ce qui est une fois une substance à part le demeurera toujours, et exercera ses fonctions propres, de quelque manière qu'on l'unisse à quelque autre chose.

Aussi cette union des âmes à l'âme universelle ne consiste que dans un jeu de paroles qui ne signifient rien, car les âmes ne sont pas comme des gouttes ou des ruisseaux qui se rendent dans un Océan ; et si la comparaison était bonne, on pourra dire que chaque atome de la goutte ne laisse pas de subsister dans l'océan même, et qu'ainsi les âmes réunies à l'âme universelle ou plutôt à Dieu ne laisseraient pas d'avoir chacune ses pensées propres.

TH : S'il y avait moyen de vous expliquer et démontrer en peu de mots quelques pensées plus profondes que j'ai, comme par exemple que les corps ne subsistent qu'à l'égard des esprits et par les esprits ; et que chaque esprit est une certaine expression de l'univers, et ne saurait naturellement cesser de penser, ni périr qu'avec l'univers[9] ; vous ne demeureriez pas seulement d'accord de la providence et de l'immortalité des âmes, car vous en êtes maintenant persuadé, mais encore vous admireriez l'aveuglement de ceux qui s'imaginent que quelques mouvements et divisions de la matière puissent détruire des substances indivisibles qui donnent toute l'action et même toute l'existence à la matière, et qui ne reçoivent des impressions que de Dieu. Il est vrai que nos âmes pourraient parvenir à un état semblable à celui des enfants qui viennent de naître, qui en effet et quant à la morale vaudrait autant que la mortalité : mais l'ordre de l'univers ne permettra pas que tant de perfections acquises périssent inutilement : au contraire c'est par le moyen des Esprits que les choses passées se conservent, et que rien ne se perd dans le monde. Enfin c'est par là que Dieu est non seulement principe, mais encore Monarque des choses [10] ; et comme chaque Esprit est un redoublement ou représentation vivante de l'univers tout entier, suivant les degrés de la manière de concevoir d'un chacun ; et que Dieu est lui-même un esprit, et la source de tous les esprits, il faut qu'il en ait soin autant que de l'univers ; et même que l'univers soit fait de la manière la plus avantageuse pour former de l'assemblage de tous les esprits une espèce de gouvernement Monarchique, qui, comme par la réflexion d'autant de miroirs dans lesquels Dieu se regarde lui-même différemment, porte l'éclat de la perfection de Dieu et la satisfaction qu'il en reçoit lui-même au plus haut point qui est possible [11].

Po. : Je comprends fort bien la force de vos raisons. Car puisque Dieu est un esprit, et le plus parfait de tous, je vois bien qu'il sera le plus heureux, et le plus satisfait : or je vois bien aussi qu'il se communiquera avec les autres esprits, et qu'il aura bien plus de plaisir, s'il m'est permis de parler ainsi, de son Royaume sur les esprits que de son pouvoir sur les corps. Car l'univers pris sans les esprits n'est qu'une fois : mais chaque esprit est une nouvelle manière d'exprimer ou de représenter l'univers selon que Dieu le regarde pour ainsi dire d'un certain côté [12]. Et les esprits qui songent à Dieu, qui raisonnent de lui, et en quelque façon comme lui autant qu'ils connaissent la vérité. doivent sans doute le toucher incomparablement davantage, que toutes les créatures brutes à l'égard desquelles ces adresses dont Dieu se sert dans le gouvernement des esprits seraient inutiles. Nos républiques ne sont que des petits jeux au prix de cette Monarchie Universelle, qui ne laissent pourtant pas de plaire à Dieu, comme nous nous plaisons aux petites maisons de cartes que nous voyons bâtir aux enfants. Or le gouvernement Monarchique de Dieu étant établi dans sa plus grande perfection, tout ce que la raison peut inventer dans nos républiques s'y doit trouver dans un degré infiniment relevé, et comme la justice n'est autre chose que ce qui contribue à la perfection d'une société[13], il faut bien que Dieu soit juste au souverain degré.

TH : Puisque nous avons reconnu ce grand point, tirons-en des conséquences de pratique. Premièrement : il s'ensuit que le monde se gouverne d'une façon à laquelle une personne sage, qui en sera bien informée n'aura rien à redire, et même ne pourra trouver rien à souhaiter davantage[14]. Secondement : que tout homme sage doit être content non seulement par nécessité, et comme ayant patience par force, mais avec plaisir, et par une manière de satisfaction extrême sachant que tout se fera de telle sorte que les intérêts d'un chacun en particulier qui sera persuadé de cette vérité seront ménagés avec tout d'avantage possible[15]. Car quand Dieu nous admettra à ses secrets un peu plus que jusqu'ici, alors, parmi les autres surprises, il y aura encore celle de voir les inventions merveilleuses dont il s'est servi pour nous rendre heureux au-delà de ce que nous aurions été capables de concevoir. Troisièmement : que nous devons aimer Dieu sur toutes choses, puisque nous trouvons tout en lui avec plus de perfection que dans les choses mêmes, et puisque sa bonté nous tient lieu de notre toute-puissance. Car par là nous obtenons tout ce que nous pouvons vouloir pour notre bonheur. Quatrièmement : que par ces sentiments nous pouvons être heureux ici-bas, par avance, avant que de goûter tout ce que Dieu nous a préparé : au lieu que ceux qui sont mécontents s'exposent à perdre volontairement tout ce que Dieu a bien voulu leur donner. Et on peut dire, que cette résignation de notre volonté à celle de Dieu, auquel nous avons tout sujet de nous fier, suit du véritable amour divin, au lieu que le mécontentement et le chagrin même dans les choses mondaines tiennent quelque chose de la haine envers Dieu, ce qui est le dernier des malheurs. Cinquièmement : que nous devons témoigner l'amour suprême que nous portons à Dieu par la charité [16] que nous devons au prochain. Et nous devons faire tous les efforts imaginables pour contribuer quelque chose au bien public. Car c'est Dieu qui est le Seigneur, c'est lui à qui le bien public appartient comme en propre, et tout ce que nous ferons au moindre de ses sujets, qu'il a la bonté de traiter de frères, sera fait à lui [17] : d'autant plus prendra-t-il sur lui ce qui contribuera au bien général. Sixièmement : nous devons tâcher de nous perfectionner autant que nous pouvons, et surtout l'esprit qui est proprement ce qu'on appelle *nous* ; et comme la perfection de l'esprit consiste dans la connaissance des vérités et dans la connaissance des vertus, nous devons être persuadés que ceux qui auront eu dans cette vie plus d'entrée dans les vérités éternelles, et des connaissances plus liquides et plus claires de la perfection de Dieu, et qui l'auront par conséquent aimé davantage, et témoigné plus d'ardeur pour le bien général, seront susceptibles d'un plus grand bonheur dans l'autre vie. Car enfin rien ne se néglige dans la nature, rien ne se perd avec Dieu ; *tous nos cheveux sont comptés, pas un verre d'eau [ne] sera oublié* ; *qui ad justitiam erudierunt multos fulgebunt quasi stellae*[18] ; point de bonne action sans récompense, point de mauvaise sans quelque châtiment ; point de perfection sans une suite d'autres jusqu'à l'infini.

Po : Voilà des maximes véritablement belles et généreuses, et je vois bien qu'elles combattent directement cette indifférence dans laquelle je m'allais plonger sans votre secours. Car si Dieu prend en main le fait et la cause du public, il ne faut pas craindre d'obliger un insensible ; et si nos âmes seront toujours des membres de cette république des esprits, nous devons prendre part à ce qui touche à la postérité ; enfin si toutes les perfections acquises une fois se conservent et se multiplient d'une certaine façon, nos connaissances ne mourront pas avec nos corps, et nous n'aurons pas sujet de regretter nos travaux. Vous m'avez rendu la vie, mon cher Théophile, car la vie que j'allais mener, fainéante et négligée, ne valait pas mieux que la mort : je reprends vigueur maintenant, je reviens à mes desseins ; je vois que la vertu et la gloire ne sont pas des chimères. Je reconnais que ces chansons ordinaires de la misère de la vie empoisonnent notre satisfaction, et nous trompent étrangement. Au lieu qu'il faut considérer que nous sommes les plus parfaits et les plus heureux parmi les créatures connues, ou au moins qu'il ne tient qu'à nous de l'être, *felices nimium sua qui bona norint*[19]. Après cela ne nous plaignons plus de la nature, aimons ce Dieu qui nous a tant aimé : et sachons enfin une fois pour toutes que la connaissance des grandes vérités, l'exercice de l'amour divin et de la charité ; les efforts qu'on peut faire pour le bien général, [pour] soulager des maux des hommes, contribuer au bonheur de la vie, avancer les sciences et arts ; et tout ce qui sert pour s'acquérir une véritable gloire et pour s'immortaliser par des bienfaits, sont des acheminements à cette félicité qui nous approchera de Dieu autant que nous en sommes capables, et qu'on peut traiter en quelque façon d'apothéose.

3

Échantillon des Démonstrations universelles, ou Apologie de la foi tirée de la raison

En 1668, à l'occasion de ses entretiens avec le baron de Boineburg, Leibniz avait conçu le plan d'un vaste ouvrage encyclopédique destiné à apporter les fondements philosophiques établissant la possibilité rationnelle de la religion et de ses mystères. Il l'avait intitulé *Demonstrationes catholicae*. Nous en connaissons le plan d'ensemble, ainsi que les quelques ébauches, qui en ont été conservées, relatives notamment à la possibilité de la Trinité et à celle de l'Eucharistie (A VI, 1, 494-530) : s'agissant de cette dernière, Leibniz soulignait l'impossibilité de l'accorder avec une conception de la réalité physique qui réduirait le corps à l'étendue. En 1679, peu de temps après son installation à Hanovre, il avait renouvelé ce même projet, en en faisant part au duc Jean-Frédéric (A I, 1, 225, et A II, 1, 490). Cette fois, le progrès récent de ses conceptions physiques justifiait l'entreprise : de l'adoption en janvier 1678, pour établir les lois du mouvement, de la nouvelle formule de la force mesurée par mv^2 résultait en effet la preuve, sur le plan même de la science, de l'impossibilité de s'en tenir à la représentation géométrique cartésienne du corps comme constitué par la seule étendue, et, par là même, la possibilité de réhabiliter les formes substantielles[1]. Évoquant son ancienne entreprise, Leibniz confiait à Jean-Frédéric :

> ... J'avais dressé le plan d'un ouvrage important *sub titulo : demonstrationum catholicarum* [...]. Ce grand

> ouvrage *(non mole sed materia rerum)* devait être précédé par les Éléments démontrés de la vraie philosophie [...]. Car je rétablis démonstrativement les formes substantielles que les Cartésiens prétendent d'avoir exterminées comme des chimères inexplicables, au préjudice de notre religion dont les mystères ne seraient que des impossibilités si la nature des corps ne consistait que dans l'étendue comme prétend Descartes. Ce point de métaphysique sera infiniment agréable aux Jésuites et autres docteurs Théologiens (A I, 1, 225).

Le texte dont nous présentons la première traduction française est plus tardif, et peut être daté de 1685. Il se présente comme le commencement d'une Préface justifiant des « Démonstrations catholiques » nouvelles, désormais nourries par la synthèse doctrinale en cours de constitution, qui va bientôt aboutir au *Discours de métaphysique*. Sous une forme plus polémique, on y retrouve la critique des modernes développée dans le *Dialogue* précédent. Le ton autobiographique du texte en fait le meilleur commentaire à ce qui est affirmé dans le *Discours* dans l'article XI et dans les dernières lignes de l'article XVIII.

[*Source :* Grua, 27-30, et A VI, 4 C, 2323-2327.]

Bien que la foi chrétienne ne soit pas dénuée de raison, mais qu'elle s'appuie sur le témoignage de l'Église universelle confirmé par les miracles et par les martyrs, et transmis jusqu'à nous par une tradition perpétuelle et par les écrits conservés dans l'Église, l'accord admirable de notre religion avec la véritable philosophie frappe d'étonnement l'esprit de l'homme pieux et informé des arcanes des sciences, selon ce signe absolument évident que le même Dieu est à la fois créateur de la nature et auteur de la grâce qui nous a été faite par l'entremise du Christ. Mais nous sommes entrés dans un temps où beaucoup font un usage abusif de leur esprit comme de la lumière présente des sciences ; ou bien c'est pour rejeter les substances incorporelles (ce qui est l'Athéisme le plus authentique), pour nier ouvertement la providence, ou du moins pour saper la religion chrétienne, en proclamant que la Trinité des personnes en un Dieu unique, l'incarnation du Verbe, et d'autres mystères, sont autant d'impossibilités qui dépassent la capacité humaine ; ou bien c'est encore pour déchirer l'Église, comme quand ils s'en prennent au sacrement du corps et du sang du Christ, et que, s'agissant de la justification et élection des hommes et de toute l'économie de notre salut, ils sont d'un avis tel qu'il n'est pas digne de la grandeur et de la justice divines : voilà pourquoi il faut que des hommes pieux et instruits s'appliquent à faire que la République chrétienne, la plus conforme à la raison qui fut jamais, ne subisse aucun dommage du fait d'un usage dévoyé de la raison. Et il serait même à souhaiter que les hommes exerçassent leur esprit dans les choses utiles à la vie, où un champ assez vaste est laissé à leur ingéniosité, plutôt que dans les affaires de la foi, où la simplicité est la plus sûre.

Pourtant, puisqu'il n'est pas convenable de décliner aujourd'hui le combat, et que des adversaires pleins d'arrogance ou bien se moquent de notre humilité, ou bien l'interprètent comme de l'hypocrisie, et se voient invaincus et font insulte à ceux qui leur cèdent, au grand dommage des âmes et au scandale des plus simples, la nécessité presse de faire face sans retard.

C'est pourquoi lors du dernier Concile du Latran[2] les philosophes chrétiens ont été invités de façon insistante à s'employer à illustrer la vérité de la foi d'après la saine raison et à s'efforcer de réduire les arguments de l'adversaire. Si seulement pouvaient vivre aujourd'hui des Augustins et des Aquinates, chez qui la sagesse brilla à l'égal de la piété, la solidité à l'égal de la subtilité ! S'ils étaient là, ils édifieraient les remparts de notre siècle, je le crois, de telle sorte, que d'autant plus on aurait d'esprit, d'autant on admirerait la beauté des dogmes chrétiens. Ce n'est pas pour autant qu'il nous semblera devoir désespérer, même si nous leurs sommes inégaux, dès lors que nous aurons pensé que la cause de Dieu est notre lot, et que, chez la plupart des adversaires, il y a plus d'audace que de science. Mais il me faut dire ce qui m'a principalement poussé à occuper cette charge, qui serait revendiquée plus justement par d'autres parmi toute une foule d'hommes distingués. Il est vrai que j'ai longtemps et abondamment délibéré avant d'entreprendre cet ouvrage, dont je n'ignore pas la difficulté, mais des discussions fréquentes avec des hommes intelligents mais corrompus par la licence, auxquels je me suis confronté dans mes voyages et dans les cours, ont vaincu mon hésitation. Bon nombre d'entre eux avaient quelque goût de mathématiques, et, leurrés par les séductions de certaine nouvelle philosophie, qui paraissait leur offrir quelque facilité à parler à tout propos des questions les plus graves, ils commençaient par mépriser ma simplicité ; mais lorsqu'ils constataient que je n'ignore pas ces nouvelles thèses, et même que je les approuve jusqu'au point où elles peuvent s'avancer, et que j'ai en outre pénétré dans les profondeurs de la Géométrie un peu plus loin qu'il n'est habituel, — ils commençaient sérieusement à s'étonner et à me reprocher de me plaire à me nourrir de glands, alors qu'on avait découvert le blé. Ils affirmaient en effet qu'il faut éliminer les causes finales, comme n'étant pas naturelles mais morales, et feintes par nous qui apprécions la nature conformément à notre esprit ; que tous les possibles naissent du sein de la matière selon un ordre nécessaire, ce pourquoi aussi ce que nous nous imaginons du plan et du choix de la providence est vain. Ils affirmaient encore ou bien qu'il n'y a aucun Dieu, ou bien qu'il n'est rien d'autre que la force qui produit tous les possibles selon un ordre nécessaire [3], mais que cet ordre consiste en lois mathématiques ; que nos esprits sont corporels [4], à moins qu'ils ne s'éteignent avec les corps, ou du moins oublient tout, et, comme il agrée à quelques-uns d'entre eux, retournent dans l'âme du monde [5]. Quant à moi, au contraire, je soutenais que même les causes finales peuvent être mises au nombre des causes efficientes, à savoir lorsque l'agent est intelligent, puisqu'alors il est motivé par la connaissance de la fin ; et que les causes morales aussi sont naturelles, puisqu'elles sont tirées de la nature de l'esprit. C'est pourquoi si tout est gouverné par l'esprit, la production et conservation de toutes choses sera non pas nécessaire et aveugle, mais libre et pleine de sagesse. D'où découlent aussitôt les éléments de la piété et de la justice[6].

Je ne rejette pas non plus les lois mathématiques en physique, et je reconnais volontiers que les actions mutuelles des corps sont diversifiées en fonction de la grandeur et de la figure, mais je reconnais que la substance du corps, et ce qui dans les corps agit et subit, cela enveloppe des notions toutes différentes de celles de la grandeur et de la figure, et qu'il nous faut revenir aux anciens, qui avaient établi certaines formes substantielles[7]. Mes interlocuteurs s'en moquaient d'abord, comme de choses qu'ils ne percevaient pas assez clairement et distinctement, mais peu à peu ils changeaient d'avis et étaient amenés à quelque suspicion, enfin quelques-uns se rendaient parce qu'ils découvraient que la notion véritable du corps avait été auparavant complètement ignorée d'eux : car elle ne consiste pas dans l'étendue, mais dans la force d'agir et de subir, c'est-à-dire de mouvoir et de résister, quoique la grandeur et la figure mesurent et contiennent cette force indéfinie de sa nature. Je leur montrais en effet que les lois mécaniques elles-mêmes ne découlent pas de principes géométriques mais de principes métaphysiques, et que, si toutes choses n'étaient pas gouvernées par l'esprit, elles seraient tout autres que celles dont nous avons l'expérience. Et on ne pourrait pas concevoir non plus un corps un par soi *(unum per se)*, et même il ne serait rien d'autre qu'un agrégat de points, ce qui est impossible, s'il n'était pas contenu par une forme substantielle, qui est quelque chose d'analogue à l'Âme, c'est-à-dire l'acte premier ou la force d'agir mise en chaque corps par la volonté du créateur, dont l'exercice est limité par les obstacles des autres corps, quelque chose de tel que ce qu'Aristote a désigné plus qu'il ne l'a exprimé par ἐντελέχεια[8].

Mais j'avertissais que la pensée, c'est-à-dire la force d'agir sur soi-même, est accordée, parmi toutes ces formes ou Âmes, aux seuls esprits. D'où non seulement une perpétuelle subsistance, qui est en fait celle de toutes les substances (qui ne périssent pas mais changent), mais aussi une perpétuelle connaissance de soi, en quoi consiste l'immortalité et d'où résulte la vie véritable. Je montrais que la matière ne consiste pas davantage dans l'étendue que la force dans l'action, de sorte que, comme la force est ce dont suit l'action si rien n'empêche, la matière est la force de subir ou de résister en chaque corps, d'où suit l'étendue déterminée du corps, sauf si l'Auteur des choses l'a voulu autrement. Par où nous est ouverte la voie de la défense du Sacrement Eucharistique[9].

Je sais que tout cela paraîtra complètement absurde à ceux qui ont fait le renom des nouvelles écoles en philosophie, et peut-être que ceux qui les suivent ne le jugeront même pas digne de lecture. Mais qu'ils sachent que j'ai été naguère presque dans le même état d'esprit, lorsque, jeune homme, les séductions des nouveautés trompeuses m'attiraient, et que je ne m'en occupais pas de manière superficielle, mais que je paraissais à beaucoup capable de leur défense et illustration. Mais quand, ma méditation progressant, et l'esprit désormais purgé, je commençai à m'appliquer à tout cela avec davantage de rigueur et de hauteur, ces thèses me devinrent d'abord suspectes, et finalement d'une fausseté avérée, sous l'éclat soudain d'une nouvelle lumière. Et il m'est arrivé la même chose qu'à celui qui, après avoir longtemps erré dans la forêt, ressort à découvert de façon imprévue, et se voit revenu contre tout espoir à l'endroit même d'où il était d'abord parti pour s'enfoncer dans la forêt [10].

J'ai donc compris que les opinions des anciens ne devaient pas être renversées, mais expliquées et consolidées, et qu'elles ne sont aujourd'hui rejetées et méprisées pour aucune autre cause sinon que leur force et leur pouvoir sont ignorés. Mais je n'ai pas été guéri avant de m'être enquis d'un autre critère de vérité que celui que l'on proclame partout aujourd'hui : tout ce qui est perçu clairement et distinctement est vrai [11].

Car j'ai compris qu'il est aisé d'en faire abus, et qu'il ne vaut que si des marques du clair et du distinct sont apportées. Car chacun pense concevoir de façon absolument claire et distincte ce qui lui fait fortement impression ; s'il en appelle au témoignage intérieur de l'esprit, toute dispute avec lui cesse aussitôt, et un erreur inguérissable demeure dans l'intelligence. Pas plus en religion qu'en philosophie, il n'est donc besoin de marques privées du vrai, propres à chacun, mais il en faut de publiques. Peu de notions se présentent à nous distinctement, et celles que nous percevons clairement sont ordinairement confuses [12]. Cela n'empêche cependant en rien que de nombreuses vérités ne viennent à notre connaissance, par expérience quand il s'agit de notions confuses, par démonstration dans le cas de notions distinctes (du moins dans la mesure où elles sont distinctes). Et bien souvent, à partir d'un petit nombre de ces notions distinctes, la bienveillance de la providence nous ouvre une voie au développement aussi des notions confuses, pourvu que nous nous servions de la véritable Analyse, que j'estime quant à moi être encore ignorée parmi tant de gens qui font grand bruit de l'art Analytique [13].

4

[Définitions logico-grammaticales]

Nous avons mentionné dans l'Introduction que Leibniz avait rédigé, dans la période qui précède et suit immédiatement l'élaboration du *Discours de métaphysique*, de nombreuses études consacrées à l'établissement de séries de définitions des termes les plus simples et universels de la pensée. Associées au projet de la « Science générale », guidées par l'analyse des notions en leurs éléments primitifs, ces séries mettent en œuvre des critères logiques et grammaticaux pour isoler les catégories fondamentales du cogitable en général, qu'un des plans de l'Encyclopédie nomme aussi ontologie (C, 511-512, A VI, 4 A, 527 ; TLM, 130-131). Elles contribuent aussi à dégager les conditions initiales d'interprétation d'un calcul logique. Couturat s'était la plupart du temps borné à mentionner l'existence de ces textes, plus ou moins aboutis dans leur rédaction, jugeant sans doute fastidieuse la répétition des définitions de *Ens, nonens, aliquid, nihil, substantivum, adjectivum*, etc. L'édition définitive des *Sämtliche Schriften und Briefe* apporte désormais la restitution intégrale de ce champ de recherche, dont on ne saurait surestimer l'importance pour l'intelligence de la genèse des conceptions leibniziennes, ni, plus généralement, l'intérêt philosophique intrinsèque[1].

La caractérisation de la substance individuelle par la notion complète est en effet issue pour l'essentiel de ces travaux, dont l'article VIII du *Discours de métaphysique* présuppose les résultats. Nous avons déjà cité, parmi les documents les mieux rédigés, les *Remarques générales* (A VI, 4 A, 550-557, et TLM, 448 sq.), où sont enchaînées les définitions fondamentales de Quelque-chose (Aliquid), Rien (Nihil), identique, Un, plusieurs, substance universelle, substance singulière. Une des conditions essentielles à l'obtention de ce résultat est énoncée dans une note marginale de Leibniz, à côté des premières lignes du texte : il conviendra de toujours considérer que les termes simplement mentionnés par des lettres sont pris *in concreto*, c'est-à-dire en supposant leur référence à un sujet déterminé. Ce n'est en effet qu'à cette condition expresse, à laquelle ni Russell ni Couturat n'ont pu prêter attention, que la formule logique qui caractérise la vérité des propositions par le *praedicatum inest subjecto* a pu aboutir à la « notion complète » pour y reconnaître un critère réel d'individuation.

Nous donnons ici cinq extraits qui offriront des exemples de dérivations différentes, impliquant toujours la définition de la substance individuelle (singulière) par sa notion (son concept) complète et concrète. Il s'agit dans tous les cas de textes rendus accessibles par l'édition académique en A VI, 4 A.

On observera avec intérêt que dans toutes ces esquisses, qu'il faut lire comme des documents de travail de Leibniz sans y chercher des rédactions définitives, la caractérisation de la substance singulière par son terme ou concept complet est obtenue sans qu'intervienne explicitement la définition de la vérité des propositions par l'inhérence du prédicat dans le sujet.

En revanche, la distinction de l'abstrait et du concret est toujours invoquée de façon déterminante. Nous voyons là une raison de penser que la théorie de la notion complète a été originellement constituée sur ce terrain, et que l'argument du *praedicatum inest subjecto* est venu s'y adjoindre dans une remise en forme ultérieure, dont le *Discours de métaphysique* et les *Remarques générales* portent témoignage.

4 A

La date probable de ce fragment se situe du printemps à l'été de 1679. Il représente la forme la plus archaïque de la définition de la substance par le terme complet, défini de manière combinatoire par la conjonction des attributs concrets dits d'un même sujet. Les hésitations sur le « véritable concept du corps » peuvent confirmer la date proposée par l'édition académique : Leibniz n'est pas encore assuré de la réhabilitation des formes substantielles, qui interviendra à l'automne de la même année 1679.

[*Source :* A VI, 4 A, 306-307.]

Quelque-chose, par exemple *A*, de même *B*, de même *C*.

Si *N* n'est pas *A*, et *N* n'est pas *B*, et *N* n'est pas *C*, et ainsi de suite, on dira alors que *N* n'est *Rien*. C'est là ce qu'on dit usuellement : du non-être il n'y a pas d'attributs.

Pour examiner la nature de la substance ou du subsistant, il faut considérer que, si plusieurs attributs différents sont dits du même sujet, aucun d'eux n'est un subsistant : par exemple, *chaud* et *lumineux*, et *situé ici*, *aujourd'hui*, sont dits de *ce même feu*. Mais le concept du subsistant, c'est-à-dire de *ce feu*, est celui qui inclut tous les attributs qui peuvent être dits du même sujet, dont il peut être dit lui-même. De sorte que le subsistant n'est rien d'autre qu'un Terme complet, autrement dit un terme dans lequel est compris tout ce qui peut lui être attribué ou peut l'être à ce qui lui est identique. C'est pourquoi si *B* et *C* et *D* et *E* sont identiques parce que chacun est *A*, *A* sera une *substance* ou un terme complet. Rien n'est donc compris dans un Terme complet par accident, autrement dit tous ses prédicats peuvent être démontrés à partir de sa nature. Or il est manifeste que cela s'entend au premier chef des substances singulières, mais puisque les substances universelles ne signifient rien d'autre qu'une substance singulière quelconque[2], elles n'y contreviennent pas. En effet, quand je dis *homme*, je dis un quelconque subsistant raisonnable singulier. Mais quand je dis *raisonnable*, je ne sous-entends pas un subsistant, et c'est pourquoi *raisonnable* est un terme adjoint, *homme* une substance. Il est aussi manifeste pour cela que le subsistant ne peut pas être prédicat de ce qui inclut quelque chose de différent de lui. De même qu'il peut y avoir autant de substances singulières qu'il y a de combinaisons différentes de tous les attributs compatibles. D'où est mis en lumière le principe d'individuation, sur lequel les discussions de tant de Scolastiques sont demeurées vaines. Titius est *robuste*, *instruit*, *beau*, *quinquagénaire*, *percevant*, *raisonnable*, etc. Le concept dont résultent tous ces prédicats qui peuvent en être dits est ainsi le concept de sa substance singulière ; mais le concept de sa substance universelle peut être le concept d'une substance raisonnable quelconque, c'est-à-dire ce qui est commun à Titius et à Caius, dans la mesure où ils sont des personnes. Nous pourrions aussi appeler les substances des *choses*, et les attributs ou plutôt les abstraits des attributs concrets, des *modes* : ainsi le feu sera une chose, chaud sera son attribut, et chaleur (abstrait) sera son mode.

Un attribut réel est ce qui peut être démontré à partir de la nature de la chose ; un attribut *apparent* est celui que nous attribuons à la chose comme sans relation à nous, alors même qu'il ne peut être réellement attribué à la chose, sinon en fonction de sa disposition envers nous qui le percevons. La chaleur est un tel attribut : nous pensons qu'une chose est plus ou moins chaude, alors que cependant il est constant que la même chose peut apparaître chaude et non chaude pour des parties diverses de notre corps.

Mais nous concevons l'étant réel comme celui qui a des attributs réels, et de quelque manière que nous le concevions nous-mêmes, car nous appliquons à partir de nous le concept à d'autres choses ; mais nous concevons des apparences, par exemple les rêves. La connexion des apparences entre elles, qui fait défaut aux rêves, est bien un signe a posteriori de l'étant réel ; cependant ce signe n'est pas démonstratif[3]. C'est pourquoi on ne peut pas savoir la réalité des objets qui affectent nos sens d'une autre façon qu'a priori, en considérant que nous ne pouvons pas être seuls dans le monde[4], et que la même raison vaut à l'égard des autres hommes qui nous apparaissent qu'à notre égard, et qu'il y a pour eux un droit égal à douter de nous ; et quoiqu'il semble possible que toutes ces choses soient en elles-mêmes des représentations imaginaires, cela n'est pourtant pas possible dans le Monde dès qu'on considère la raison universelle des choses. Je ne peux cependant jamais démontrer que les corps sont des êtres réels, au point que j'oserais même l'affirmer de Moi. Mais tout cela dépend du concept véritable du corps[5].

[La suite du morceau expose les définitions de l'*état* et du *changement*, de la *qualité* et de la *quantité*, de l'*action* et de la *réaction*, de la *cause* et du *réquisit*.]

4 B

Dans ce fragment, dont la date se situerait entre l'été 1683 et le début 1685, la série des définitions aboutit à la distinction de Dieu et de la créature, c'est-à-dire précisément à ce qui fait l'objet de la question préalable posée à l'article VIII du *Discours*, pour y ouvrir sur la caractérisation de la substance individuelle par sa notion complète. L'intérêt du morceau est de montrer comment cette caractérisation de la substance, dite aussi substance réelle et (comme dans le *Discours*) « être complet », est explicitement déterminée à partir de la distinction de l'abstrait et du concret.

[*Source :* A VI, 4 A, 558-560. Une traduction différente de la nôtre est donnée en TLM, 100-102.]

J'appelle *Terme* tout ce qui est par soi, autrement dit ce qui peut être soit sujet, soit prédicat d'une proposition, comme *homme, chimère* ; sont donc exclues les particules[6].

Un terme est soit possible, soit impossible. Est *possible* ce qui est pensable de manière distincte sans contradiction, comme étant, Dieu, chaleur, non-étant. Est *impossible* ce qui est bien pensable de manière confuse, mais tel que, si on tente de le penser distinctement, on trouvera que les notions dont il est composé répugnent entre elles ou enveloppent une contradiction. Exemples : *le mouvement le plus rapide, le plus grand cercle, un esprit corporel.*

Un [terme] possible est soit Affirmatif, comme *étant*, soit négatif comme *non-étant*. En effet *non-étant* n'enveloppe absolument aucune contradiction, et est par conséquent recensé parmi les termes possibles.

Un étant est soit concret, soit abstrait. *Concret*, ce qui enveloppe simultanément le sujet ; *abstrait*, ce qui ne l'enveloppe pas. Ainsi sont concrets : *Dieu*, *homme*, *corps*, *cercle*, *heure*, *chaud*, *agent*, qui ne sont pas conçus dans autre chose comme dans un sujet. Car, bien que la figure circulaire soit dans le cercle d'airain comme dans un sujet, le cercle n'est pas pourtant dans un sujet ; de même, *agent* enveloppe bien son sujet, car c'est la chose à laquelle l'action est attribuée. Sont abstraits : *Divinité*, *grandeur*, *chaleur*, *état*, *action*.

Le concret est ou substantif ou adjectif. Adjectif comme *aimant* ; substantif comme *amant*, c'est-à-dire *chose aimante*. C'est pourquoi le substantif enveloppe tellement un sujet avec un prédicat que, puisque le sujet peut toujours être sous-entendu, il n'était pas nécessaire de distinguer dans les langues le substantif et l'adjectif. Le substantif est ou complet, que nous appelons *suppôt*, ou incomplet, qu'il est loisible d'appeler *attribut*. Est complet ce dont le concept enveloppe tous les prédicats d'un même sujet, et est de ce fait le concept même du sujet dernier ou du suppôt. Ainsi le concept d'Alexandre ou de Bucéphale[7] enveloppe tous les termes qui peuvent être prédiqués de celui auquel est attribuée l'appellation d'*Alexandre* ; en effet, qui connaît parfaitement Alexandre a su toute sa nature et toute son Histoire. Mais les appellations d'*homme*, de *roi*, de *vainqueur* n'enveloppent pas tout [ce qui peut être prédiqué du sujet][8], et par conséquent ne circonscrivent pas une chose unique, de sorte qu'il ne puisse y en avoir aucune autre à qui les mêmes [attributs] conviennent.

Le suppôt est ou bien *substance singulière*, qui est un être complet, un par soi, comme Dieu, un esprit, Moi ; ou *phénomène réel*, comme un corps, le monde, l'arc-en-ciel, un tas de bois, qui sont conçus par nous à l'instar d'une unique substance complète, bien que pourtant le corps, s'il n'est pas animé ou ne contient pas en lui quelque substance une répondant à l'âme, qu'on appelle forme substantielle ou entéléchie première [9], n'est pas davantage une unique substance qu'un tas de bois ; et si derechef il n'y a aucune partie du corps qui puisse être tenue pour quelque chose d'un par soi (si le corps est actuellement sous-divisé ou du moins sous-divisible en parties), il en résulte logiquement que tout corps sera seulement un phénomène réel, tel qu'est l'arc-en-ciel. Pareillement les choses mathématiques, comme l'espace, le temps, la sphère, l'heure, sont seulement des phénomènes qui sont conçus par nous à l'instar de substances. Et par suite il n'y a aucune substance réelle qui ne soit indivise. On peut même démontrer que les choses qui sont divisibles et consistent en grandeur, comme l'espace, le temps, la masse, ne sont pas des choses complètes, mais que quelque chose doit y être surajouté qui enveloppe tout ce qui peut être attribué à cet espace, ce temps, cette masse.

La substance réelle est ou absolue ou limitée. *Absolue* celle qui est purement positive, et enveloppe toute réalité, ou acte, ou entéléchie. Mais la substance *limitée* enveloppe la négation de quelque réalité. La substance absolue est Dieu, la substance limitée est créature, par exemple Moi.

En outre, puisque les Suppôts sont connus par leurs *attributs*, il sera utile que nous énumérions les attributs.

[La suite du texte expose la distinction des attributs *simples* et des attributs *composés*. Les premiers se divisent en simples *selon la nature* de la chose, ou premiers possibles, et simples *selon nous*. L'énumération des attributs simples des choses constituerait un Alphabet des pensées humaines, en fait irréalisable : on s'en tiendra à énumérer les plus importants et les plus proches des attributs primitifs, en préservant la faculté de poursuivre encore l'analyse jusqu'à eux. On relève ainsi : *étant*, ou *chose* ou *sujet*, — *substance* ou *sujet dernier*, — le *donné présent* ou « ce qui est maintenant », — *un* et *pluralité*, d'où les *nombres*, — *changement*, *temps*, *antérieur*, *simultané*, etc.]

4 C

Cette classification des « mots signifiants » aurait été écrite entre l'été 1683 et l'hiver 1685/86. Tout comme l'étude précédente, elle inscrit la constitution de la substance singulière par son terme complet dans l'élaboration de la distinction de l'abstrait et du concret.

[*Source* : A VI, 4 A, 574-576.]

Tout mot signifiant est ou Terme, ou particule, ou composé des deux.

Un verbe est composé d'un Nom ou terme et de la particule *est*. L'adverbe est au verbe comme l'adjectif au substantif. Je comprends aussi sous les particules les affixes, c'est-à-dire les parties de mots qui n'ont pas de signification séparée, comme *re---, ---tif.*

Tout terme est ou Concret, ou Abstrait.

Mais il convient d'écarter désormais les abstraits, puisqu'on peut s'en passer au besoin.

Un Terme Concret est ou substance, c'est-à-dire chose, ou Accident, c'est-à-dire mode, lequel n'expose pas un concept parfait, sauf si la chose est sous-entendue.

Puisque j'ai exclu les abstraits, j'ai aussi exclu les noms substantifs qui ne signifient pas la substance mais l'accident. Dans les concrets, tout substantif signifie donc la substance, et tout adjectif signifie l'accident. Ainsi *cercle* (substantif) signifie une chose ou substance circulaire. Et sous l'adjectif est toujours entendu l'accident, à moins qu'il ne soit entendu substantivement par ellipse.

Est complet le terme concret qui comprend d'emblée tout ce qui peut être prédiqué du même sujet, il est dit aussi *substance singulière.*

Autrement dit, celui qui entendrait parfaitement la notion d'une substance singulière en connaîtrait aussi tous ses prédicats à partir de la notion. Ainsi dans le concept de Pierre l'Apôtre, Dieu conçoit tout ce qui est jamais arrivé ou arrive à ce Pierre, comme dans le circulaire il conçoit tout ce que les géomètres en peuvent démontrer. Mais dans le concept du circulaire, il ne perçoit pas tout ce qui peut être énoncé d'un cercle, parce qu'on n'y conçoit pas en même temps le sujet qui peut être pensé circulaire [10].

La Substance est un Terme qui ne peut pas être prédiqué de son sujet complet par accident, mais qui peut seulement en être prédiqué par soi. Mais l'accident est, par nature, indéfini, qu'il soit prédiqué par accident ou même par soi.

Ainsi quand je dis *homme, animal, corps, substance* ou *chose*, je dis par là même que ce terme concerne l'essence des singuliers dont il est dit, car c'est par soi qu'on dit de Pierre qu'il est un homme, qu'il est un animal, etc. Mais c'est par accident qu'on dit de Pierre qu'il fut pécheur, cloué à la croix, car cela a découlé de la série concomitante des choses extérieures. C'est pourquoi nous trouvons enfin défait le nœud que les philosophes ont jusqu'à présent laissé insoluble, car ils n'ont encore expliqué par aucune notion exacte comment la substance se distinguerait de l'accident. Mais, objectera-t-on, *omnipotence* ne peut être dite que par soi, puisqu'elle ne se dit que de Dieu ; on pourra répondre qu'elle se dit aussi de l'homme que Dieu rend omnipotent. Ainsi la proposition : *cet homme est omnipotent*, est bien vraie par accident.

Un étant est soit réel, soit apparent.

Réel comme le soleil, apparent comme une parhélie, ou un arc-en-ciel ou les autres phénomènes.

Toute chose est soit étant par soi, soit étant par accident ; étant par soi ce qui est véritablement un, par exemple *homme, animal*, — étant par accident, qu'on appelle aussi être par agrégation, par exemple une *multitude d'hommes*, un *tas de bois*, une *machine*.

Si les animaux sont des machines, si les corps sont privés de forme substantielle, ils seront des étants par accident, et on pourra même montrer enfin qu'à supposer que tout corps soit un étant par accident, le corps sera une chose imaginaire ou un phénomène, à la manière de l'arc-en-ciel.

Toute chose est soit parfaite ou absolue, qu'on appelle *Dieu*, soit limitée, qu'on appelle *créature*.

D'où il est manifeste que Dieu est par sa définition même un terme complet ou une substance singulière, et par conséquent qu'il est unique.

4 D

Daté de l'intervalle du printemps 1683 à l'hiver 1685/86, ce morceau se caractérise par la manière dont il divise d'emblée la sphère du « cogitable » en général en étant réel et étant imaginaire, selon un critère immanent à la perception. Du côté du réel, l'élaboration du concept de substance s'inscrit sous la mise en avant de la reconnaissance directement assumée de la légitimité de la notion de forme substantielle, qui distingue l'être-un par soi de l'être-un par accident. Ce préalable accordé, on ne s'étonnera pas que le texte aboutisse à la reconnaissance de quelque chose comme une « substance corporelle », définie par l'action interne qui fait la cohésion de ses parties diverses, par opposition à l'action simple de la pensée réflexive, qui caractérise la substance spirituelle. Dualisme encore trop schématique pour que Leibniz ait pu durablement s'en accommoder.

[*Source :* A VI, 4 B, 1506-1507.]

Tout cogitable est ou bien un étant, ou bien un non-étant.

Un *Étant* est ce dont quelque chose peut être affirmé.

Un *Non-étant* ce dont il n'y a pas d'attributs, sauf négatifs. C'est ainsi que si *A* n'est ni *B*, ni *C*, ni *D*, et ainsi de suite à l'infini, il ne sera *Rien*.

Tout Étant est ou bien réel, ou bien imaginaire. *Étant réel* celui qui est en dehors des opérations de l'esprit, comme le soleil, sur lequel nous jugeons d'après l'accord de plusieurs perceptions. *Étant imaginaire* celui qui est perçu à la manière d'un Étant réel suivant une seule manière de percevoir, comme l'arc-en-ciel, la parhélie, le rêve, mais qui n'est pas perçu suivant d'autres manières et ne soutient pas les examens, ce qui devrait pourtant arriver s'il était un Étant réel ; d'où il résulte, du fait de notre disposition et de celle du milieu, que ce qui est perçu n'est pas lui-même la cause de la perception. Et souvent, une fois comprise l'origine d'un phénomène, nous connaissons aussi la cause de la tromperie.

Tout Étant réel est un par soi ou est un Étant par accident. *Étant (Un) par soi* comme un homme, *Étant (Un) par accident* comme un tas de bois, une machine, ce qui en effet n'est un que par agrégation ; et il n'y a en cela pas d'autre union réelle qu'une connexion, ou un contact, ou encore un concours au même [effet], ou du moins une convenance remarquée par l'esprit opérant une unification. Mais dans un Étant par soi est requise quelque union réelle, qui ne consiste pas dans la situation et le mouvement des parties (comme dans une chaîne, une maison, un bateau), mais dans quelque principe unique et individuel, qui est aussi le sujet des attributs et des opérations, qui s'appelle en nous âme, et dans tout corps, pourvu qu'il soit un par soi, forme substantielle.

Tout Étant est ou bien *Substance* ou bien *Accident* ou Mode. Substance comme esprit, corps. Mode comme chaleur, mouvement. Cependant, à partir de l'accident ou mode peut être formé le concret, qui est prédiqué de la substance, ou même d'un autre accident. Mais la Substance est le concept on ne peut plus concret, qui ne peut être prédiqué que de la substance ; et la substance singulière n'est dans aucune autre chose singulière, alors qu'au contraire l'accident singulier est dans la substance singulière, plusieurs accidents dans une seule substance. Et le concept d'une substance singulière est un concept complet, qui contient déjà virtuellement tout ce qui peut en être conçu. De sorte que Dieu, du moment qu'il conçoit la substance de ce Pierre-ci, concevra tout ce qui lui est arrivé et lui arrive. Ce qu'on ne peut dire de l'accident singulier, sauf dans la mesure où on le conçoit dans la substance singulière. À partir du pouvoir royal d'Alphonse, je ne conçois pas son astronomie, sauf si je reviens à la nature singulière d'Alphonse lui-même[11]. En outre, la substance universelle n'est rien d'autre que toute substance singulière ainsi définie[12]. Mais puisque la substance singulière enveloppe des relations à tout l'univers, il est manifeste qu'elle est toujours infinie.

La substance est ou bien parfaite, c'est-à-dire absolue, c'est-à-dire *Dieu*, ou bien limitée, qui est appelée *créature*. Mais il est nécessaire que la substance limitée dépende de la substance absolue, autrement celle-ci aussi serait limitée. Elle est aussi unique, du fait que son concept est complet, en vertu de son essence même. Or le concept complet est la marque de la substance singulière.

Toute substance comporte une opération à l'intérieur de soi, et celle-ci est ou bien l'opération du même sur lui-même, qui s'appelle réflexion ou pensée, et une telle substance est spirituelle, ou un *Esprit*, ou bien elle est l'opération de parties différentes, et une telle substance est appelée *Substance corporelle* [13].

[La suite du texte précise les caractères de *Dieu* (Trinité), de *l'esprit séparé du corps* (Dieu) ou *uni au corps* (dont les anges), — puis considère les *substances corporelles* quant à leurs parties (matière et forme substantielle) et quant à leurs espèces. Sont recensées les principales espèces, dans un vaste tableau du « monde présent » et des caractéristiques physiques fondamentales.]

4 E

Daté du milieu de 1685, ce fragment, où la restriction de l'interprétation des termes aux seuls concrets est de nouveau soulignée, explicite certains instruments logiques nécessaires à la construction de la définition de la substance individuelle par la notion complète. En particulier, il formule la clause d'unicité numérique, en vertu de laquelle une telle notion ne peut désigner qu'un seul objet. L'unicité requiert elle-même la définition logique de l'identité par la prédicabilité mutuelle.

[*Source :* A VI, 4 A, 625-626.]

Étant ou *Quelque-chose* est ce à quoi appartient un terme positif, comme *A, B, C*, à condition du moins qu'il ne doive pas être résolu en un terme simple privatif au cours de l'explication. J'emploie bien ici des Termes *concrets.*

Rien est ce à quoi n'appartient qu'un terme simplement privatif, c'est-à-dire que si *N* n'est pas *A*, ni *B*, ni *C*, ni *D*, et ainsi de suite, de sorte qu'il ne se trouve aucun terme positif qui soit son prédicat, alors *N* est appelé *Rien.* Ce pourquoi l'Axiome vulgaire : *Du Non-étant il n'y a pas d'attributs*, contient la définition du Rien ou du Non-étant.

Un *Terme complet* est un terme à partir duquel tous les prédicats du même sujet peuvent être démontrés, ou qui exprime toute la nature du sujet, par exemple la notion *Alexandre le Grand* exprime roi, victorieux, élève d'Aristote, etc.

Un *Terme substantif* est un terme qui contient un terme complet, autrement dit qui enveloppe en même temps son sujet, comme *roi*, c'est-à-dire sujet régnant.

Mais l'*Adjectif* n'enveloppe pas son sujet, comme *régnant*. Ainsi diffèrent *ventru* et *animal au gros ventre* [14]. Cette distinction peut être omise dans la langue rationnelle.

Le *Nom propre* d'une chose est, non ce que les Logiciens appellent propre (ce qui n'appartient qu'à un seul ou aussi à tous [15]), mais ce dont il n'est pas besoin de chercher la raison pour laquelle nous l'attribuons à la chose. Les étymologies en effet relèvent de l'histoire des langues plutôt que de la philosophie. Ainsi *Pierre, Jean*, mais aussi *Homme, Cheval*, sont des noms propres des choses [16] ; mais les noms qui doivent être prouvés, on peut les dire *appellatifs*, en ce sens que par eux sont désignés les attributs. Cependant, si l'on entend par nom propre avec les Grammairiens ceux qui appartiennent aux seuls singuliers, je n'y vois pas d'inconvénient.

Les Appellatifs à leur tour sont ou bien nécessaires, ou bien accidentels.

Si *A* est *B*, et si *B* est un terme complet, *A* sera une *substance singulière* ou un sujet déterminé, qu'on appelle usuellement individu. Seule en effet la substance singulière possède un concept complet.

Tout Terme substantif ne désigne pas une substance singulière, c'est-à-dire déterminée et définie, quoiqu'il enveloppe toujours une substance vague ou un sujet indéterminé [17].

Soit *B* un prédicat de *A*, et soit *C*, ou *D* ou *E* un autre prédicat quelconque du même *A*. Que si un prédicat quelconque du même *A* peut aussi en être démontré au moyen de *B*, *B* désignera alors la *substance singulière* ou unique, de sorte qu'on pourra en conclure que, si *L* est *B* et si *M* est *B*, *L* et *M* sont identiques.

Sont *identiques* les termes qui peuvent être substitués l'un à la place de l'autre en conservant la vérité, autrement dit : si *A* est *B* et *B* est *A*, *A* et *B* seront identiques.

Si *A* est *L* et *B* est *L*, et si *A* et *B* sont identiques, *L* sera *Un*, sinon il sera *plusieurs* [18].

[La suite du texte donne les définitions de l'*impossible* et du *possible*, du *nécessaire* et du *contingent*, mais l'*existant* n'est pas définissable. Sont ensuite exposés : *semblable*, *congru*, *réquisit*, *condition*, *tout* et *partie*.]

5

Échantillon des découvertes concernant de merveilleux secrets de la nature en général

Le *Specimen inventorum de admirandis naturae generalis arcanis* expose un contenu doctrinal équivalent à celui du *Discours de métaphysique*. Mais alors que le *Discours* développait ses thèmes dans une perspective déterminée par la solution des questions théologiques et la mise en place d'une représentation religieuse de l'univers, l'*Échantillon* les investit principalement dans l'étude de la nature, considérée sous la plus grande généralité des conditions de son intelligibilité [1].

Le texte, que l'édition académique suppose avoir été écrit en 1688, est assurément postérieur de plusieurs mois au *Discours de métaphysique* : Leibniz y reprend l'analogie entre les vérités contingentes et les rapports incommensurables, absente du *Discours*, mais établie dans les *Recherches générales sur l'analyse des notions et des vérités* de 1686 (§§ 135-136, C, 388-389, A VI, 4 A, 776-777 ; TLM, 277-279), et exploitée dans des textes ultérieurs. Surtout, de nombreux passages de l'*Échantillon* utilisent des formulations identiques à celles que Leibniz a mises progressivement au point au cours de la Correspondance avec Arnauld ; nous mentionnerons ces similitudes textuelles dans l'annotation ; on observera en particulier l'expression très claire du passage de la problématique de la notion complète à celle de l'unité substantielle.

S'il est vrai, comme nous avons tenté de l'établir, que le *Discours de métaphysique* est traversé par une tension non résolue entre le concept de substance individuelle et celui de forme substantielle, Leibniz aurait cherché dans cet *Échantillon* à restaurer l'unité d'un concept de substance universellement applicable aux esprits, aux âmes, aux formes quelconques des corps en général. Le texte propose d'abord de reconnaître dans la caractérisation logique de la vérité, d'où résulte la notion complète de la substance, l'instrument de cette uniformisation du champ discursif. Toutefois, l'accent mis sur l'analyse de la nature corporelle conduit Leibniz à mettre en évidence le critère de l'unité comme véritable et unique fondement de la substantialité en général. Ce changement de versant suit exactement le rythme selon lequel la discussion s'est infléchie dans la correspondance avec Arnauld. De ce point de vue, ce riche et puissant *Échantillon* constitue un document capital de la transition qui débouchera, en 1695, sur le *Système nouveau de la nature et de la communication des substances*, et sur les conditions lexicales et conceptuelles du recours à la monade.

[*Source :* Le texte a été publié d'abord de façon partielle par Gerhardt, GP VII, 309-318, qui signalait que le manuscrit se poursuivait par des remarques hâtivement rédigées sur les propriétés des corps. Le texte complet est désormais donné en A VI, 4 B, 1615-1630. La partie négligée par Gerhardt, plus variée et intéressante qu'il ne le disait, a été présentée et traduite en anglais par GHR. Parkinson dans l'article cité (note 2). — La traduction donnée ci-dessous[2] tient compte de la remise en ordre des remarques marginales opérée par l'édition académique, mais elle s'arrête cependant avant la fin du morceau donné par Gerhardt, au moment où Leibniz s'engage dans l'exposé des lois de la nature corporelle, qui éclate rapidement en notes dispersées. — Une traduction intégrale a été récemment donnée en Frémont [a], 287-308.]

Dans toute vérité universelle affirmative, le prédicat est contenu dans le sujet[3], expressément dans le cas des vérités primitives ou identiques, qui seules sont connues par elles-mêmes ; implicitement dans le cas de toutes les autres vérités, ce que montre l'analyse des termes, par la substitution mutuelle des définis et des définitions.

C'est pourquoi il y a deux principes de tous les raisonnements : le principe de contradiction, selon lequel toute proposition identique est vraie et sa contradictoire fausse ; et le principe de rendre raison, selon lequel toute proposition vraie, qui n'est pas connue par elle-même, comporte une preuve *a priori*, ou encore selon lequel on peut rendre raison de toute vérité, ou, comme on le dit communément, que rien n'arrive sans cause[4]. L'arithmétique et la géométrie n'ont pas besoin de ce principe, mais la physique et la mécanique le requièrent, et Archimède s'en est servi[5].

Essentielle est la distinction entre les vérités nécessaires ou éternelles, et les vérités de fait ou contingentes ; elles diffèrent entre elles à peu près comme les nombres rationnels et les nombres sourds[6]. Car les vérités nécessaires peuvent être résolues en identiques, comme les quantités commensurables peuvent être réduites à une commune mesure ; mais dans le cas des vérités contingentes, comme dans celui des nombres sourds, la résolution se poursuit à l'infini et ne s'achève jamais ; c'est pourquoi la certitude et la raison parfaite des vérités contingentes ne sont connues que de Dieu seul, qui embrasse l'infini d'un seul regard. Une fois connu ce secret, la difficulté relative à l'absolue nécessité de toutes choses est levée ; apparaît aussi ce qui sépare l'infaillible du nécessaire[a].

a. *En marge :* La vraie cause pour laquelle ces choses-ci plutôt que celles-là existent doit être tirée des libres décrets de la volonté divine, dont le premier de tous est de vouloir tout faire de la meil-

La définition réelle est celle d'où il est établi que le défini est possible et n'implique pas contradiction. Car ce dont cela n'est pas établi ne peut faire l'objet d'aucun raisonnement sûr, puisque s'il enveloppe contradiction on peut assurément tirer sur le même objet des conclusions opposées avec un droit égal. C'est ce qui a manqué à la démonstration d'Anselme, renouvelée par Descartes, selon laquelle l'Être tout parfait, ou le plus grand, puisqu'il enveloppe l'existence, doit exister. Car on y assume sans preuve que l'Être tout parfait n'implique pas contradiction, et c'est à cette occasion que j'ai reconnu quelle était la nature de la définition réelle. C'est pourquoi les définitions causales, qui contiennent la génération de la chose, sont aussi réelles. Nous ne pensons aussi

---

leure façon, comme il convient à l'être le plus sage. C'est pourquoi, même s'il arrive que le plus parfait soit exclu par le moins parfait, dans l'ensemble cependant c'est la manière de créer le monde qui enveloppe plus de réalité et de perfection qui est choisie, et Dieu agit comme un suprême Géomètre qui préfère les meilleures constructions des problèmes. C'est pourquoi tous les êtres, dans la mesure où ils sont enveloppés dans l'Être premier, possèdent, outre la pure possibilité, une propension à l'existence en proportion de leur bonté, et ils existent s'ils sont voulus par Dieu, à moins qu'ils ne soient incompatibles avec des êtres plus parfaits ou plus nombreux ; ce dernier cas arrive s'ils ont trop de volume en proportion de leur puissance, de sorte qu'ils occupent plus d'espace qu'ils n'en emplissent, comme les choses anguleuses ou sinueuses. La chose sera rendue plus claire par un exemple. C'est ainsi que les déterminés sont aussi préférables aux indéterminés, dans lesquels on ne peut concevoir aucune raison de choix. C'est pourquoi si un sage décidait d'assigner trois points dans un espace, sans qu'il y ait aucune raison en faveur d'une espèce de triangle plutôt qu'une autre, il choisirait le triangle équilatéral, dans lequel les trois points sont situés les uns vis-à-vis des autres de façon semblable. Et s'il faut disposer les uns par rapport aux autres trois globes égaux et identiques, sans qu'aucune autre condition ne soit donnée par ailleurs, ils seront placés de façon à se toucher [7].

les idées des choses que dans la mesure où nous connaissons intuitivement leur possibilité[8].

L'Être nécessaire, à condition qu'il soit possible, existe assurément. C'est là le faîte de la doctrine des modalités[9], et ce qui assure le passage des essences aux existences, des vérités hypothétiques aux vérités absolues, des idées au monde.

S'il n'y avait pas d'Être nécessaire, il n'y aurait pas d'être contingent, car il faut rendre raison de ce que les contingents existent, plutôt qu'ils n'existent pas ; il n'y en aurait pas de raison s'il n'y avait pas un Être qui est par lui-même, c'est-à-dire dont la raison de l'existence est contenue dans sa propre essence, de sorte qu'il n'ait pas besoin d'une raison extérieure à lui. Et bien que l'on aille à l'infini en rendant les raisons des contingents, il faut cependant que se trouve en dehors de leur série (dans laquelle il n'y a pas de raison suffisante) la raison de toute la série. D'où il suit aussi que l'Être nécessaire est unique, et qu'il contient virtuellement toutes choses, puisqu'il est la raison dernière des choses pour autant qu'elles contiennent réalité ou perfection. Et puisque la raison pleine d'une chose est l'agrégat de tous ses réquisits primitifs (qui n'ont pas besoin d'autres réquisits)[10], il est évident que les causes de toutes choses se résolvent dans les attributs mêmes de Dieu.

S'il n'y avait pas de substance éternelle, il n'y aurait pas de vérités éternelles. C'est pourquoi Dieu est encore prouvé de cette manière : il est la racine de la possibilité, car son esprit est la région même des idées ou des vérités[11]. Mais il est tout à fait erroné que les vérités éternelles et la bonté des choses dépendent de la volonté divine, puisque toute volonté suppose le jugement de l'entendement sur la bonté ; à moins qu'en renversant les noms, on ne transfère tout jugement de l'entendement à la volonté, ce qui ne permettrait pas pour autant de dire que la volonté est cause des vérités, puisque le jugement ne l'est pas non plus. La raison des vérités réside dans les idées des choses qui sont enveloppées dans l'essence divine elle-même. Qui oserait dire que la vérité de l'existence divine dépend de la volonté divine [12] ?

Chaque substance, dans la mesure où elle enveloppe sa cause, Dieu, a quelque chose d'infini, c'est-à-dire quelque trace d'omniscience et d'omnipotence ; car dans la notion parfaite de chaque substance individuelle sont contenus tous ses prédicats, tant nécessaires que contingents, passés, présents, et à venir ; et même, chaque substance exprime tout l'univers selon sa situation et son point de vue, dans la mesure où les autres substances ont avec elle un rapport, et c'est pour cela qu'il est nécessaire que certaines de nos perceptions, quoique claires, soient cependant confuses, puisqu'elles enveloppent une infinité, comme celles de la couleur, de la chaleur et des choses semblables[a]. C'est pourquoi ce qu'Hippocrate a dit du corps humain est vrai de l'univers lui-même : que tout y est conspirant et en sympathie, c'est-à-

a. *En marge :* Bien davantage encore, les multiples substances finies ne sont rien d'autre que différentes expressions du même univers selon différents rapports et les limitations qui leur sont propres. Tout comme une ichnographie unique comporte une infinité de scénographies [13].

dire que rien n'arrive dans une créature dont quelque effet exactement correspondant ne parvienne à toutes les autres[14]. Et il n'y a dans les choses aucune dénomination absolument extrinsèque[15].

Par là sont levées les difficultés relatives à la prédestination et à la cause du mal. On peut en effet comprendre que Dieu ne décide pas si Adam doit pécher, mais si la série des choses dans laquelle est Adam, dont la notion individuelle parfaite enveloppe le péché, doit néanmoins être préférée aux autres. C'est ce que vit aussi Hugues de Saint-Victor : à qui lui demandait pourquoi Dieu avait préféré Jacob et non Ésaü, il ne répondit autre chose sinon que c'était parce que Jacob n'était pas Ésaü[16]. C'est que dans la notion parfaite de toute substance individuelle, considérée par Dieu à l'état pur de possibilité, avant tout décret actuel d'existence, est déjà contenu tout ce qui lui arrivera si elle vient à exister, ou mieux toute la série des choses dont elle fait partie. Qu'on ne demande donc pas si Adam péchera, mais si Adam, qui péchera, doit être admis à l'existence. Car il y a cette différence entre les substances universelles et les substances individuelles que les prédicats contingents aussi sont enveloppés dans la notion des secondes, et il n'y a pas de doute en effet que Dieu ait vu ce qui arriverait à Adam, avant d'avoir décidé de le créer, et, de ce fait, il n'en résulte aucun obstacle à sa liberté. Et la notion d'Adam possible contient aussi les décrets de la libre volonté divine et humaine pris comme possibles[17]. Et chaque série d'un univers possible repose sur certains décrets libres primitifs qui lui sont propres, considérés sous le rapport de la possibilité. Car, de même qu'aucune ligne ne peut être tracée d'une main ainsi irréfléchie que possible qui ne soit géométrique, et qui n'ait une nature déterminée constante, commune à tous ses points[18], de même il n'est aucune série possible des choses, et l'on ne peut imaginer aucune manière de créer le monde, qui soient si désordonnées qu'elles n'obéissent à leur ordre fixe et déterminé et à des lois de progression, quoique, tout comme les lignes, les séries aient les unes plus que d'autres davantage de puissance et de simplicité, et donc une plus grande perfection, et procurent des résultats plus étendus à moindre frais. D'où il paraît aussi que la cause du mal ne vient pas de Dieu, mais de la limitation essentielle des créatures, autrement dit de leur imperfection originaire avant toute chute, de même que l'impulsion imprimée à un corps produit d'autant moins de vitesse que la masse de ce corps ou son inertie naturelle est plus grande[19].

De la notion de la substance individuelle suit également, dans la rigueur métaphysique, que toutes les opérations, actions et passions des substances sont spontanées, et que, à l'exception de la dépendance des créatures à l'égard de Dieu, on ne peut concevoir aucune influence réelle de l'une sur l'autre, puisque tout ce qui arrive à chacune découle de sa nature et notion, même si l'on imaginait que toutes les autres aient disparu ; chacune en effet exprime l'univers tout entier. On juge cependant que celle dont l'expression est plus distincte agit, et que celle dont l'expression est plus confuse pâtit, car agir relève de la perfection, pâtir de l'imperfection[20]. On considère aussi qu'est cause la chose dont l'état permet de rendre le plus facilement raison des changements. C'est tout comme si quelqu'un admet qu'un solide mû dans un fluide y provoque divers courants : un autre peut concevoir que les mêmes choses arrivent en admettant, le solide étant au repos dans un milieu fluide, certains mouvements équivalents du fluide (par divers courants)[21] ; bien plus, les mêmes phénomènes peuvent s'expliquer d'une infinité de manières. Bien sûr, le mouvement est en réalité quelque chose de relatif, mais cependant l'hypothèse qui déduit les courants du liquide en attribuant le mouvement au solide, est infiniment plus simple que les autres, et c'est pourquoi le solide est considéré comme la cause du mouvement. Et les causes sont établies non à partir de l'influence réelle, mais à partir de l'exigence de rendre raison.

Cela est si vrai qu'en physique aussi il apparaît, à bien examiner la chose, qu'aucune impulsion ne passe d'un corps dans un autre, mais que chacun est mû par une force inhérente[22], qui est seulement déterminée à l'occasion d'un autre corps, ou par rapport à lui. Des hommes éminents ont en effet déjà reconnu que la cause de la propulsion d'un corps par un corps est l'élasticité de ce corps lui-même, par laquelle il rejaillit sur l'autre[23]. Or la cause de l'élasticité est le mouvement intérieur des parties du corps élastique ; car, quoique cette cause soit dérivée d'un fluide général, les parties du fluide pénétrant sont cependant dans le corps, pendant qu'elles le traversent. Mais pour bien comprendre ces choses, il faut distinguer le mouvement propre de chaque corps, qui produit le choc, du mouvement commun, qui peut toujours être aussi conçu avant le choc et qui est conservé après le choc, alors que le mouvement propre, qui seul fait obstacle à un autre mouvement, n'a d'effet sur un autre corps que par le moyen de l'élasticité de ce dernier[24].

C'est d'une façon semblable que l'union de l'âme et du corps trouve sa pleine explication conformément à notre notion de substance[25]. Car les uns ont cru que je ne sais quoi passait de l'âme dans le corps et inversement, ce qui est l'*Hypothèse de l'influence réelle* ; à d'autres il a semblé que Dieu suscitait dans l'âme des pensées correspondantes au mouvement du corps, et inversement, dans le corps, des mouvements correspondants aux pensées de l'âme, l'un à l'occasion de l'autre, ce qui est l'*Hypothèse de la cause occasionnelle.* Mais il n'est pas besoin de faire appel à un *Deus ex machina* sur un sujet qui résulte manifestement de nos principes. Car chaque substance singulière, exprimant le même univers selon son plan, se comporte de telle façon, suivant les lois de sa propre nature, que ses changements et ses états correspondent parfaitement aux changements et aux états des autres substances[a], et cela au plus haut

a. *En marge :* Pour concevoir la nature du temps, il est requis de considérer le changement, c'est-à-dire des prédicats contradictoires quant au même sujet, sous un rapport différent : ce rapport n'est rien d'autre que la considération du temps.

L'espace et le temps ne sont pas des choses mais des relations

point quand il s'agit de l'âme et du corps l'un à l'égard de l'autre, dont l'union intime consiste dans le plus parfait accord. Et même si cela ne comportait pas de démonstration *a priori*, cela tiendrait lieu d'hypothèse la plus plausible. Car pourquoi ne serait-il pas permis de poser que Dieu a créé dès le commencement l'âme et le corps avec un si grand art, que chacun poursuivant ses propres lois, ainsi que ses propriétés et opérations, tout conspire de la façon la plus belle ? C'est ce que j'appelle l'*Hypothèse de la concomitance*, qui fait qu'il n'est pas besoin d'une action particulière perpétuelle de Dieu dans la marche des choses pour produire leur accord, ni du recours à une influence réelle, qui ne peut être expliquée de façon précise[26].

Il suit également de la notion de substance singulière qu'une substance ne peut être engendrée ni se corrompre, si ce n'est qu'elle naisse ou soit détruite par création ou annihilation[27] ; ce qui rend l'immortalité de l'âme à ce point nécessaire qu'elle ne peut en être dépouillée que par un miracle. Il s'ensuit aussi ou bien qu'il n'y a pas de substances corporelles et que les corps sont seulement des phénomènes véritables, c'est-à-dire concordants entre eux, comme l'arc-en-ciel, et même comme un rêve parfaitement cohérent, — ou bien qu'il y a dans toutes les substances corporelles quelque chose d'analogue à l'Âme, que les Anciens ont appelé forme ou espèce[28]. Car, comme il n'y a

---

réelles. Il n'y a pas de lieu absolu, ni de mouvement absolu, parce qu'il n'y a pas de principes pour déterminer le sujet du mouvement.

pas de substance une ni d'être un, qui consiste dans la seule agrégation, comme un tas de pierres, et que l'on ne peut pas non plus concevoir [plusieurs] êtres là où il n'y a pas d'être véritablement un, il s'ensuit ou bien qu'il y a des atomes (comme le voulait Cordemoy[29] en vertu de ce même argument), pour que nous ayons le commencement d'un être un, — ou bien plutôt, puisqu'il faut tenir pour démontré que tout corps est actuellement subdivisé en d'autres parties (comme il sera bientôt dit de plusieurs manières), que la réalité de la substance corporelle consiste en une nature individuelle[30], c'est-à-dire non pas dans la masse, mais dans la puissance d'agir et de pâtir[31].

Et même, ce qui pourrait sembler paradoxal, il faut savoir que la notion de l'étendue n'est pas si limpide qu'on le croit communément. Car, de ce qu'il n'y a pas de corps si petit qu'il ne soit actuellement divisé en parties agitées de différents mouvements, il s'ensuit qu'on ne peut assigner de figure déterminée à aucun corps, ni trouver dans la nature aucune ligne droite exacte, aucun cercle, aucune autre figure assignable de quelque corps que ce soit ; quoique certaines règles soient observées par la nature dans la déviation même de la série infinie. C'est pourquoi la figure enveloppe quelque chose d'imaginaire[32], et aucune autre épée ne peut trancher les nœuds dans lesquels nous nous empêtrons par une mauvaise intelligence de la composition du continu[33].

Il faut dire la même chose du mouvement, car, de même que le lieu, les mouvements consistent dans le seul rapport, comme l'a bien reconnu Descartes[34], et il n'y a aucune raison pour déterminer exactement combien de mouvement absolu doit être assigné à chaque sujet. Mais la force motrice ou la puissance d'agir est quelque chose de réel, et peut être discernée dans les corps[35]. C'est pourquoi l'essence du corps ne doit pas être placée dans l'étendue et ses modifications, à savoir la figure et le mouvement (qui enveloppent quelque chose d'imaginaire, non moins que la couleur, la chaleur, et les autres qualités sensibles), mais dans la seule force d'agir et de résister[36], que nous percevons non par l'imagination, mais par l'entendement. Les choses incorporelles, même si on leur attribue l'action, n'ont cependant pas la résistance. Mais toute substance consiste dans la force d'agir et de pâtir.

En outre, il n'y a pas d'atomes, mais toute partie comporte à son tour des parties en lesquelles elle est actuellement divisée, et qui sont agitées de différents mouvements ; ou, ce qui suit de là, tout corps, aussi petit soit-il, comporte une infinité en acte de parties, et dans tout grain de poussière il y a un monde de créatures innombrables, comme cela est établi de bien d'autres manières : par exemple, cela résulte de ce que toute portion de la matière est agitée par les mouvements de tout l'univers et reçoit quelque chose de toutes les autres parties de la matière, aussi distantes soient-elles et à proportion de cette distance ; et puisque toute passion a quelque effet, il est nécessaire que les particules de cette masse-ci soient diversement agitées à raison de la diversité de leur exposition aux actions des autres masses, et que de ce fait la masse soit divisée.

Mais le vide n'est pas davantage conforme aux raisons des choses, car, pour ne rien dire du fait qu'il n'y a pas d'espace réel, le vide répugne assurément à la perfection des choses ; donc, puisqu'il n'est pas nécessaire (car qu'est-ce qui interdira de placer derechef quelque corps dans un lieu vide, et encore quelque chose dans le reste, et ainsi à l'infini), il n'y a nullement place pour lui. En outre il interrompt les échanges entre les corps et la lutte mutuelle de tous avec tous.

Mais il reste un doute à propos des âmes ou formes (analogues à l'âme) que nous avons reconnues dans la substance corporelle. Car, pour ne rien dire des autres substances corporelles (dans lesquelles il semble y avoir quelque degré de perception et d'appétit), si des âmes se trouvent du moins chez les bêtes, il suivra de nos principes que les bêtes aussi sont immortelles. Et certes, de même que quelqu'un a soutenu que toute génération d'un animal était seulement la transformation du même animal déjà vivant[37], et pour ainsi dire un accroissement qui le rendait perceptible, il semble qu'on puisse défendre par la même raison que toute mort est la transformation d'un vivant en un autre animal plus petit, et pour ainsi dire une diminution par laquelle il est rendu imperceptible. Il semble aussi que ce fut l'opinion exprimée par l'auteur du livre *De la Diète*, qui est attribué à Hippocrate, et que n'y ont pas non plus été hostiles Albert le Grand et Jean Bacon, qui n'admettaient ni la production, ni la destruction naturelle des formes[38]. Que si donc les vivants sont soustraits à la génération comme à la mort, leurs âmes aussi, s'ils en ont, seront perpétuelles et immortelles, et (ce qui est propre à toutes les substances) elles ne commenceront ni ne finiront que par création ou annihilation. Et, plutôt que la transmigration des âmes (à mon avis mal comprise), il faudra soutenir la transformation des animaux[39]. Mais il faut excepter du lot des autres âmes les Esprits, dont il est conforme à la sagesse divine qu'ils soient aussi créés par Dieu, et qu'ils aient des opérations particulières séparées du corps, afin qu'ils ne soient pas inutilement ballottés au gré des innombrables vicissitudes de la matière. Dieu en effet, de même qu'il est la cause des choses, est ainsi le Roi des esprits, et puisqu'il est lui-même un esprit, il entre avec eux dans une société particulière. Bien plus, puisque chaque esprit est une expression de l'image divine (car, on peut dire que les autres substances expriment davantage l'univers, et que les esprits expriment davantage Dieu), il est manifeste que les Esprits sont la partie la plus importante de l'univers, et que tout y a été fondé pour eux, c'est-à-dire que c'est d'eux qu'il a été tenu le plus grand compte dans le choix de l'ordre des choses[40], toutes choses ayant été instituées de telle sorte qu'elles paraîtront d'autant plus belles qu'elles seront davantage comprises. C'est pourquoi il faut donc tenir pour certain que Dieu a pris le plus grand soin de la justice, et qu'il a recherché la félicité des esprits tout autant que la perfection des choses. Aussi ne devons-nous pas nous étonner que les Esprits se distinguent des âmes des bêtes et dans l'origine de l'animal que nous appelons homme, et dans son extinction, et que, quoique toutes les âmes soient immortelles, la réminiscence n'est donnée qu'à celles-là seules où se trouvent la conscience et l'intelligence des récompenses et des peines.

J'incline bien sûr à croire qu'il y a des âmes dans les bêtes, pour cette raison qu'il relève de la perfection des choses que, lorsque tout ce qui convient à une âme est présent, on conçoive que l'âme aussi est présente. Car les âmes, ou du moins les formes, ne s'empêchent pas les unes les autres, ce pourquoi il semble qu'il y ait encore moins de *vide des formes* (rejeté aussi par les Anciens) que de vide des corps[41]. Mais pour qu'on ne pense pas pouvoir en conclure au même titre qu'il doit aussi y avoir des esprits dans les bêtes, il faut savoir que ni l'ordre des choses n'aurait souffert que toutes les âmes soient soustraites aux vicissitudes de la matière, ni la justice que certains esprits soient abandonnés à son agitation ; c'est pourquoi il a suffi de donner des âmes aux bêtes, d'autant que les corps des bêtes ne sont pas faits pour le raisonnement, mais destinés à des fonctions différentes, comme le ver à soie à tisser, l'abeille à faire du miel, et d'autres à d'autres fonctions qui font la diversité de l'univers.

En outre, pour qu'on ne se plaigne pas que la notion de l'âme, en tant qu'elle se distingue de l'esprit, ne soit pas assez claire, et celle de la forme encore moins, il faut savoir qu'elles dépendent de la notion de substance exposée plus haut ; en effet, la nature d'une substance singulière est d'avoir une notion complète, par laquelle sont enveloppés tous les prédicats d'un même sujet[42]. Car, quoiqu'il ne relève pas de la notion du cercle qu'il soit de fer, cependant relève de la notion de ce cercle ici présent, non seulement qu'il soit de bois ou de fer, mais aussi tout ce qui lui arrivera[43]. Mais puisque toutes choses entretiennent de façon médiate ou immédiate un commerce les unes avec les autres, la conséquence en est que la nature de toute substance est telle que, par sa force d'agir ou de pâtir, c'est-à-dire par la série de ses opérations immanentes, elle exprime tout l'univers. Et elle est un être véritablement un, autrement elle ne sera pas une substance, mais plusieurs substances. Et ce principe des actions, ou cette force primitive d'agir d'où suit la série de ses différents états, est la forme de la substance[44]. Ce qu'est la perception, qui convient à toutes les formes, est aussi mis en évidence : elle est l'expression de la multitude dans l'unité, qui diffère beaucoup de l'expression dans un miroir ou dans un organe corporel, qui ne sont pas quelque chose de véritablement un. Que si la perception est plus distincte, elle devient sensation. Mais dans l'esprit, outre l'expression des objets, se trouve la conscience ou réflexion[45], en quoi consiste une expression ou une image de Dieu même, et c'est là ce qui fait que les seuls Esprits soient capables de félicité et de misère. Mais quoique nous établissions des formes ou âmes, sans lesquelles on ne peut pas comprendre correctement les généralités de la nature, pourtant dans l'explication des phénomènes des corps particuliers nous n'aurons pas davantage recours à l'âme ou à la forme qu'à l'esprit humain en traitant des fonctions du corps humain. C'est aussi parce que nous avons montré qu'il existe une telle harmonie des choses que tout ce qui arrive dans l'âme peut être expliqué d'après les seules lois de la perception, de même que tout ce qui arrive dans le corps peut l'être d'après les seules lois du mouvement : et cependant toutes choses s'accordent entre elles, comme si l'âme pouvait mouvoir le corps, ou le corps l'âme.

[...]

II
AUTOUR DE LA *MONADOLOGIE*

1
La discussion avec Fardella

En février-mars 1690, à la fin du voyage qui l'avait mené en Italie à la recherche de documents historiques sur les origines de la famille ducale de Brunswick, Leibniz a fait la connaissance à Venise du Père Michelangelo Fardella (1650-1718), de l'ordre des Franciscains Mineurs[1]. Une abondante correspondance, encore largement inédite, a suivi. Un document daté de mars 1690 relate l'un des entretiens métaphysiques dont les conditions sont rappelées par Leibniz lui-même en exergue. Les deux premières propositions discutées portent sur la création par Dieu de la série infinie des choses et sur la correspondance des séries de leurs changements. La troisième proposition, dont nous donnons ici la traduction, aborde la question de la nature du corps et de la substantialité, dans les termes où elle a été conduite lors des derniers épisodes de la correspondance avec Arnauld (cf. *supra*, Introduction, p. 88 sq.). C'est du reste de toute évidence en relation avec cette discussion (et d'autres analogues) que Leibniz a de nouveau pris la plume pour s'adresser à Arnauld, de Venise, le 23 du même mois de mars 1690 :

> Comme ce voyage a servi en partie à me délasser l'esprit des occupations ordinaires, j'ai eu la satisfaction de converser avec plusieurs habiles gens en matières de sciences et d'érudition, et j'ai communiqué à quelques-uns mes pensées particulières, que vous

> savez, pour profiter de leurs doutes et difficultés ; et il y en a eu qui, n'étant pas satisfaits des doctrines communes, ont trouvé une satisfaction extraordinaire dans quelques-uns de mes sentiments ; ce qui m'a porté à les coucher par écrit, afin qu'on les puisse communiquer plus aisément ; et peut-être en ferai-je un jour imprimer quelques exemplaires sans mon nom, pour en faire part à des amis seulement, afin d'en avoir leur jugement.

La lettre développe alors à l'intention d'Arnauld une suite de propositions qui exposent à grands traits la nouvelle synthèse métaphysique, qui se substitue désormais à celle du *Discours*. Les premières reprennent presque mot à mot les thèses discutées avec Fardella.

> Le corps est un agrégé de substances, et ce n'est pas une substance à proprement parler. Il faut, par conséquent, que partout dans le corps il se trouve des substances indivisibles, ingénérables et incorruptibles, ayant quelque chose de répondant aux âmes. Que toutes ces substances ont toujours été et seront toujours unies à des corps organiques diversement transformables. Que chacune de ces substances contient dans sa nature *legem continuitatis seriei suarum operationum* et tout ce qui lui est arrivé et arrivera [...] (GP II, 135 ; Le Roy, 198-199).

Si le mot de monade est absent du texte de Leibniz, la confrontation des unités de substances avec les unités numériques et les points géométriques prépare les formulations qui seront exposées cinq ans plus tard dans le *Système nouveau*. On observera la pertinence de l'observation dubitative présentée par Fardella : si l'argument en faveur des substances indivisibles n'est que la transposition du mode de composition du nombre entier (ou d'un agrégat discret quelconque) à partir de ses unités, que devient alors l'hétérogénéité ontologique qui doit opposer les substances véritablement unes aux phénomènes, dont elles ne sont pas des parties mais des « réquisits essentiels » ? La réplique passe par l'abandon de l'analogie numérique au profit de l'analogie géométrique : les points sont dans la ligne, et pourtant les points ne sont pas des parties de la ligne, — et c'est ainsi que les unités de substance sont dans les corps. Toutefois cette analogie comporte aussi sa limite, dont la reconnaissance conduit à distinguer deux modes de composition : celle, idéale, du continu, où les points sont les extrémités des parties qui y sont en puissance (selon ce qu'Aristote appelait l'infini de division), et celle, réelle, des agrégats de substances, dont les éléments constituants sont antérieurs en nature aux composés comme fondements de leur réalité dérivée.

On comprend dès lors que Michel Fardella ait pu être en 1695 l'un des premiers, sinon le premier, confident de la réhabilitation du mot de monade pour désigner les substances dotées de la véritable unité (texte cité en Introduction, p. 112).

[*Source* : A VI, 4 B, 1666-1671 et 1673-1674.]

1.1

Venise, mars 1690

J'ai communiqué au Révérend Père Michel Fardella, de l'Ordre des Mineurs, plusieurs de mes pensées métaphysiques, parce j'avais vu qu'il joignait à la connaissance des mathématiques la méditation des choses intelligibles et recherchait la vérité avec une belle ardeur. Quant à lui, par suite, une fois entendue ma pensée, de retour chez lui il consigna par écrit pour mémoire quelques propositions, afin de ramasser ce qu'il avait entendu de ma part, en y ajoutant des doutes, disposés de manière à me les communiquer pour examen.

[...]

Proposition 3

Le corps n'est pas substance mais agrégat de substances, puisqu'il est toujours ultérieurement divisible, et que n'importe quelle partie comporte toujours d'autres parties à l'infini.

D'où vient qu'il est contradictoire qu'un corps soit une unique substance, puisqu'il enveloppe nécessairement en lui une multitude infinie, c'est-à-dire une infinité de corps, dont chacun contient à son tour une infinité de substances.

Donc il est nécessaire qu'il y ait, outre le corps ou les corps, des substances auxquelles appartient une unité véritable, et ainsi, s'il y a plusieurs substances il est nécessaire qu'il y ait une substance véritablement une. Ou, ce qui revient au même, s'il y a plusieurs Êtres créés, il est nécessaire qu'il y ait un Être créé véritablement un. Car il n'est pas possible de concevoir non plus que subsiste une pluralité d'Êtres sans qu'on conçoive d'abord un Être un auquel la multitude est nécessairement rapportée.

De là que s'il n'y avait pas de substances indivisibles, les corps ne seraient pas réels, mais seulement des apparences ou phénomènes, comme l'arc-en-ciel, puisque tout fondement de composition serait enlevé.

Cependant il ne faut pas dire pour autant que la substance indivisible entre dans la composition du corps comme partie, mais plutôt comme réquisit interne essentiel[2]. De même que le point, bien qu'il ne soit pas une partie compositive de la ligne mais quelque chose d'hétérogène [à la ligne], est pourtant nécessairement requis pour que la ligne soit et soit conçue.

De là que puisque Moi[3] je suis véritablement une substance unique indivisible, non résoluble en plusieurs autres, sujet permanent et constant de mes actions et passions, il est nécessaire qu'il y ait outre le corps organique une substance individuelle permanente, différente en tout genre de la nature du corps qui, placé dans le flux continu de ses parties, ne reste jamais le même, mais change perpétuellement.

C'est pourquoi il y a dans l'homme, outre le corps, une substance incorporelle immortelle, puisque incapable d'être résolue en parties.

De plus l'union de l'âme avec le corps dans l'homme consiste dans l'accord absolument parfait, grâce auquel la série des mouvements répond à la série des pensées, de sorte que, ni le corps de manière physique, ni Dieu à l'occasion du corps, ne changent la série des pensées qui naissent spontanément de la nature de l'âme, ni n'en produisent en elle de nouvelles, mais c'est plutôt l'âme elle-même qui tire de la vertu de sa propre substance des modes de son action tels qu'ils conspirent avec les mouvement du corps d'après les lois primitives de la nature. D'où il arrive que chaque mode de l'âme ou du corps suive de façon absolument certaine les modes d'autres corps ou d'autres âmes. Et l'opération de chaque substance sur une autre n'est rien d'autre que l'action de chaque substance dont suit l'action d'une autre substance en vertu de l'accord général.

D'où il semble probable que les bêtes qui nous

sont fortement analogues, de et semblablement les plantes qui répondent aux bêtes à bien des égards, consistent non seulement en ce qui est corporel mais aussi en une âme, suivant laquelle la bête ou la plante sont conduites, [comme des] substances uniques indivisibles permanentes, sujets de leurs opérations[4]. Bien qu'on ne puisse le comprendre par l'imagination, on le conçoit parfaitement cependant par l'esprit[a].

De cette manière les âmes ne périssent jamais, mais, lorsqu'elles semblent périr, elles demeurent enveloppées dans une partie invisible du mélange corrompu.

Doute [de Fardella]

Pour une multitude de pierres *A*, *B*, *C*, on doit d'abord concevoir la pierre *A*, ou la pierre *B*, ou la pierre *C*. Mais il n'en va pas de même pour l'âme, qui ne constitue pas un corps avec d'autres âmes. Or il semble qu'il y ait quelque point de difficulté dans ce raisonnement. Il y a universellement des corps agrégés de substances. Donc il y a nécessairement quelque chose qui soit une substance unique indivisible. De fait, l'inférence de la conséquence serait alors légitime si cette unité composait intrinsèquement l'agrégat comme partie de cette sorte. Or cette unité substantielle ne constitue pas intrinsèquement l'agrégat, ni n'en

a. *En marge :* Je juge probable que les plantes et les bêtes sont animées. Cependant je ne peux pas assurer quelque chose de ce corps pris spécialement, mis à part le corps humain dont j'ai l'expérience intime. Néanmoins, j'ose affirmer qu'il y a en elles des corps animés ou analogues aux animés, c'est-à-dire des substances.

est une portion, mais elle est conçue comme en étant complètement différente de façon essentielle. Comment donc est-elle requise pour que subsiste cet agrégat[5] ?

Déclaration

Je ne dis pas que le corps soit composé d'âmes, ni que le corps soit constitué d'un agrégat d'âmes, mais [je dis qu'il est constitué] de substances. Car l'âme, à parler proprement et exactement, n'est pas substance, mais elle est forme substantielle, c'est-à-dire forme primitive existante dans la substance, l'acte premier, la première faculté active. Mais la force de l'argument consiste en ce que le corps n'est pas substance mais des substances, c'est-à-dire un agrégat de substances[a]. Donc ou bien il n'y a aucune substance, et alors il n'y a pas non plus des substances, ou bien il y a autre chose

a. *En marge :* Le corps n'est pas une seule substance, mais des substances ou un agrégat de substances ; donc, ou bien il n'y aura aucune substance, ou bien il y en aura une autre que le corps. Aussi ou bien rien de substantiel ne résidera dans les corps, et par conséquent les corps seront seulement des phénomènes, ou bien seront contenues dans les corps des substances indivisibles, qui ne soient pas derechef des agrégats. Cependant ces substances dont le corps est l'agrégé le constituent, ou, si l'on veut ainsi parler composent quelqu'un. Et si on veut les appeler des parties, j'y consens. Les géomètres cependant ne donnent le nom de parties qu'aux constituants qui sont homogènes au tout, et n'ont pas en usage d'appeler le point partie de la ligne. En effet, dans les lignes intelligibles, il n'y a aucune division déterminée, mais des divisions possibles indéfinies ; mais dans les choses actuelles, les divisions sont faites et est établie la résolution de la matière en formes. Ce que sont les points dans la résolution imaginaire, les âmes le sont dans la véritable. La ligne n'est pas un agrégat de points, parce que, dans la ligne, il n'y a pas de parties en acte. Mais la matière est un agrégat de substances, parce que, dans la matière, il y a des parties en acte.

que le corps. De plus quoique l'agrégat de ces substances constitue le corps, elles ne le constituent pas cependant à la façon d'une partie, puisque la partie est toujours homogène au tout, de la même façon que les points ne sont pas les parties des lignes. Cependant les corps organiques des substances incluses dans une masse de matière sont des parties de cette masse. C'est ainsi que dans un vivier se trouvent plusieurs poissons ; et l'humeur de chaque poisson est à son tour comme un vivier dans lequel sont enfermés pour ainsi dire d'autres poissons ou animaux en leur genre, et ainsi toujours à l'infini [6]. Il y a donc partout dans la matière des substances, comme des points dans la ligne. Et comme il n'y a aucune portion de ligne où ne se trouvent une infinité de points, il n'y a aucune portion de matière où il n'y ait une infinité de substances [7]. Mais de la même façon que le point n'est pas partie de la ligne, mais que la ligne où est le point en est une, ainsi l'âme n'est pas non plus partie de la matière, mais le corps où elle se trouve en est une.

Peut-on dire que l'animal est partie de la matière comme le poisson est partie du vivier, la brebis du troupeau ? cela mérite examen. Mais si l'animal était conçu comme une chose ayant des parties, c'est-à-dire comme un corps doté d'âme, divisible, destructible, je concéderais qu'il est une partie de la matière, puisque toute partie de la matière a des parties ; mais je ne concéderais pas qu'il est une substance ni une chose indestructible ; il en va de même de l'homme. Car si l'homme est le Moi, il ne peut ni être divisé ni disparaître, et il n'est pas non plus partie d'une matière homogène ; mais si l'on entend sous l'appellation d'homme ce qui périt, l'homme sera partie de la matière, mais ce qu'il y a d'indestructible sera dit Âme, Esprit, Moi, ce qui ne sera pas partie de la matière.

1.2

Le corps n'est pas substance, mais agrégat de substances. Il consiste en effet en plusieurs [substances] réellement distinctes, tout comme un tas de bois, un amas de pierres, un troupeau, une armée, un vivier où nage une multitude de poissons. Et chaque corps est actuellement divisé en une multitude de corps qui y sont contenus.

Mais il n'y a pas des substances là où il n'y a pas de substance, pas plus qu'il n'y a de nombres s'il n'y a pas d'unités ; c'est pourquoi il est nécessaire qu'outre les corps il y ait des substances véritablement unes ou indivisibles par les agrégats desquelles soient constitués les corps.

L'erreur des philosophes matérialistes tient à ce que, la nécessité de l'unité reconnue, ils l'ont cherchée dans la matière, comme s'il pouvait se trouver un corps qui serait véritablement une substance une. C'est pourquoi ils ont recouru aux atomes comme termes de l'analyse[8]. Alors pourtant que tout corps est constitué de substances diverses, et qu'il n'importe pas si les parties présentent ou non de la cohésion. Outre qu'on ne peut rendre raison de l'indivisibilité dans les atomes.

C'est pourquoi, puisque tout corps est une masse ou un agrégat de plusieurs corps, aucun corps n'est substance, et par conséquent la substance doit être recherchée en dehors de la nature corporelle.

Mais est substance quelque chose de véritablement un, indivisible, et donc ingénérable et incorruptible, qui est sujet d'action et de passion ; et pour le dire d'un mot, cela même que je conçois quand je dis *Moi*, qui subsiste même quand mon corps disparaît partie par partie, puisque mon corps est assurément dans un flux perpétuel, alors que je demeure [9]. On ne peut désigner aucune partie de mon corps qui soit nécessaire à ma subsistance, et pourtant je ne suis jamais sans quelque partie de la matière unie [à moi].

Cependant Moi, j'ai besoin d'un corps organique, quoique rien ne se trouve en lui qui soit nécessaire à ma subsistance.

Je conçois quelque chose d'analogue en tout animal, et pour le dire d'un mot, en toute substance véritable et vraiment une.

Or il y a une infinité de substances simples ou de créatures dans toute particule de la matière ; la matière en est composée, non comme de parties, mais comme de principes constitutifs, c'est-à-dire de réquisits immédiats, tout comme les points entrent dans l'essence du continu, mais non pourtant comme parties ; il n'y a de partie que ce qui est homogène au tout, mais la substance n'est pas homogène à la matière ou au corps, pas plus que le point ne l'est à la ligne.

En toute substance il n'y a rien d'autre que la

nature ou force primitive d'où suit la série de ses opérations internes [10].

De n'importe quel état de la substance ou de sa nature on peut connaître la série, c'est-à-dire tous ses états passés et futurs.

En outre chaque substance enveloppe tout l'univers et peut aussi connaître d'après son état l'état des autres.

Les séries des diverses substances s'accordent parfaitement entre elles, et chacune exprime tout l'univers à sa mode. C'est dans cet accord que consiste l'union de l'âme et du corps, ainsi que ce que nous appelons l'opération des substances en dehors d'elles.

Plus parfaite est une substance, plus distinctement elle exprime l'univers.

1.3

Il y a cette différence entre la façon dont la ligne est constituée de points et celle dont la matière est constituée des substances qui s'y trouvent que le nombre des points n'est pas déterminé, alors que le nombre des substances, quoique infini, est cependant fixe et déterminé [11], car il naît de la division actuelle de la matière et non d'une division possible seulement. En effet, la matière n'est pas divisée de toutes les façons possibles, mais en respectant certaines proportions, comme une machine, un vivier, un troupeau. La ligne n'est pas un agrégat de points, alors que cependant le corps est un agrégat de substances.

Ceux qui ont défendu les atomes ont vu une part de la vérité. En effet ils ont reconnu qu'il faut parvenir à quelque chose d'un [et] indivisible, qui soit la base de la multitude, mais ils se sont trompés en cherchant l'unité dans la matière, et en croyant qu'il pouvait y avoir un corps qui soit véritablement une substance une [et] indivisible[12].

Il faut considérer s'il ne devrait pas se trouver dans la matière quelque chose de plus que ces substances indivisibles.

2

« Ma doctrine des Unités »
Lettres à l'Électrice Sophie, 1696-1705 (extraits)

Leibniz a entretenu une riche correspondance avec la princesse Sophie de Hanovre, en qui il a trouvé une interlocutrice attentive, curieuse, et amicale. Née en 1630, elle était la fille du prince palatin Frédéric V et de la princesse Élisabeth, née Stuart. Son époux Georges-Auguste devint duc de Hanovre en décembre 1679, à la mort de son frère Jean-Frédéric, au service duquel Leibniz travaillait depuis deux ans. Par la suite, Leibniz devait jouer un rôle non négligeable tant dans l'élévation du duché de Hanovre au rang d'Électorat de l'Empire, que dans la dévolution de la succession d'Angleterre au fils de Sophie, le prince Georges-Louis (devenu en 1714 George Ier d'Angleterre).

Les nombreux entretiens entre Leibniz et Sophie se poursuivirent dans les lettres qu'ils ont échangées dès qu'ils ne résidaient pas au même endroit, dont le ton libre traduit de part et d'autre une confiance familière. Dans une lettre à Thomas Burnett, sans doute de 1701, Leibniz exprime en ces termes le fondement à la fois philosophique et politique de cette entente réciproque : « Madame l'Électrice est entièrement pour la raison, et par conséquent toutes les mesures qui pourront servir à faire que les Rois et les peuples suivent la raison seront à son goût » (GP III, 277).

À la mort de l'Électrice, survenue lors d'une promenade vespérale dans le parc d'Herrenhausen le 8 juin 1714, Leibniz se trouvait à Vienne. Les termes assez extraordinaires dans lesquels il a accueilli la nouvelle, dans une lettre destinée à la princesse Caroline, bru de George Ier, témoignent de la place que tenait cette amitié dans la vie de Leibniz :

> Vienne, le 7 de juillet 1714.
>
> Madame, la mort de Mad. L'Électrice m'a donné une grande émotion. Il me semble que je la vois expirer entre les bras de V. A. S. Cette mort a été celle qu'elle a souhaitée. Ce n'est pas elle, c'est Hanovre, c'est l'Angleterre, c'est le monde, c'est moi qui y ai perdu (Klopp, III, 462).

La correspondance échangée entre Leibniz et Sophie a d'abord été partiellement publiée, mêlée à des lettres d'autres correspondants, par Klopp. La Série I de l'édition académique permet aujourd'hui d'en recueillir l'intégralité jusqu'en 1700, et en confirme toute la richesse. Si le style des lettres est détendu, si les arguments y sont exposés, quand il s'agit de philosophie, sans apparat technique et sur le ton aimable de la conversation, cela ne signifie pas pour autant que Leibniz s'y prête simplement à un jeu mondain, qui justifierait le reproche d'insincérité qui lui a été parfois imputé. Contrairement à ce qu'a pu soutenir, par exemple, Bertrand Russell, il n'y a pas deux sortes de philosophie pour Leibniz : l'une bonne, pour ses propres méditations et pour des correspondants dignes de la recevoir (tous des hommes), et l'autre mauvaise, pour les princesses et pour gagner sa vie [1]. Il n'y a qu'une philosophie de Leibniz, qui trouve dans la variété de ses écrits et la multiplicité de leurs écritures — notes de recherche plus ou moins développées, opuscules aboutis et publiables, correspondances à des destinataires diversement situés — une pluralité harmonique d'expressions concertantes, qui n'entame ni l'unité de la doctrine ni l'authenticité de sa transmission [2].

2.1

[*Source :* Klopp, II, 14-18, GP VII, 541-544. A I, 13, 89-93. Une première version de cette même lettre est donnée en A I, 13, 84-89.]

Hanovre, le 4 novembre 1696

Madame

Je me réjouis infiniment de l'approbation qu'une des plus grandes Princesses[3] donne à quelques Méditations que V. A. E. a bien voulu lui envoyer. Cela vaut mieux que le jugement d'une foule de docteurs. J'ai fait insérer quelques pensées de cette nature dans le *Journal des savants* de Paris de l'année passée[4], et des personnes d'une grande pénétration m'ont écrit que je pourrais bien avoir dit la vérité. Même feu M. Arnauld, quoique chef de parti et d'ailleurs prévenu pour le Cartésianisme, lorsque je communiquai avec lui par lettres sur ces matières, avoua d'avoir été frappé de quelques-unes de mes raisons[5]. Il y a eu des Cartésiens habiles qui ont murmuré de ce que j'ai prétendu rétablir les bêtes dans le droit d'avoir des âmes ; que je vais jusqu'à accorder une espèce de durée à ces âmes, et que je montre même que tous les corps renferment de la vigueur et de la vie, bien loin de n'être que de simples masses étendues. Mais j'ai appris que le succès d'autres découvertes a diminué l'envie qu'avaient quelques-uns de me faire des objections, puisqu'on est obligé d'avouer que même dans les Mathématiques, qui étaient le fort de M. Descartes, la Méthode que j'ai proposée va bien loin au-delà de la sienne ; c'est ce que M. le Marquis de l'Hospital vient de reconnaître dans un ouvrage considérable imprimé depuis peu[6]. Cependant, sachant combien il est important de joindre les pensées des uns à celles des autres, je serai toujours bien aise de profiter des réflexions des personnes éclairées et modérées, dont on ne manque pas en France.

Mes méditations fondamentales roulent sur deux choses, savoir sur l'*unité* et sur l'*infini*. Les âmes sont des *unités* et les corps sont des multitudes, mais *infinies*, tellement que le moindre grain de poussière contient un monde d'une infinité de créatures ; et les microscopes ont montré aux yeux mêmes plus d'un million d'animaux vivant dans une goutte d'eau[7]. Mais les unités, quoiqu'elles soient indivisibles et sans parties, ne laissent de représenter les multitudes, à peu près comme toutes les lignes de la circonférence se réunissent dans le centre, qui fait face lui seul de tous côtés, quoiqu'il n'ait point de grandeur. C'est dans cette réunion de l'infini dans l'unité que consiste la nature admirable du sentiment[8]. C'est ce qui fait aussi que chaque âme est comme un monde à part, représentant le grand monde à sa mode, et suivant son point de vue ; et que par conséquent toute âme, depuis qu'elle a commencé une fois d'exister, doit être aussi durable que le monde même, dont elle est le miroir perpétuel. Ces miroirs sont même universels, et chaque âme exprime exactement l'univers tout entier, parce qu'il n'y a rien dans le monde qui ne se ressente de tout le reste, quoique l'effet soit moins notable à mesure de la distance. Mais de toutes les âmes, il n'y a point de plus élevées que celles qui sont capables d'entendre les vérités éternelles, et de ne pas représenter seulement l'univers d'une façon confuse, mais encore de l'entendre et d'avoir des idées distinctes de la beauté et de la grandeur de la souveraine substance. C'est être miroir non seulement de l'univers (comme le sont toutes les âmes), mais encore de ce qu'il y a de meilleur dans l'univers, c'est-à-dire de Dieu lui-même ; et c'est ce qui est réservé aux Esprits ou intelligences, et qui les rend capables de gouverner les autres créatures, à l'imitation du Créateur.

Comme donc toute âme représente fidèlement tout l'univers, et que tout Esprit représente encore Dieu lui-même dans l'univers, il est aisé de juger que les esprits sont quelque chose de plus grand qu'on ne pense. Car c'est une vérité certaine que chaque substance doit arriver à toute la perfection dont elle est capable, et qui se trouve déjà enveloppée dans elle, à peu près de la manière qu'on a découvert de nos temps que le papillon se trouve déjà caché dans le ver à soie. Il est encore bon de considérer que dans cette vie sensible nous vieillissons après être mûris, parce que nous approchons de la mort, qui n'est qu'un changement de théâtre [9] ; mais la vie perpétuelle des âmes mêmes, étant exempte de mort, est aussi exempte de vieillesse. C'est pourquoi elles avancent et mûrissent continuellement, comme le monde lui-même, dont elles sont les images. Car rien n'étant hors de l'Univers, et par conséquent rien ne pouvant lui faire obstacle, il faut bien que l'Univers avance sans interruption, et se développe avec toute la régularité possible.

On pourra objecter que cet avancement universel des choses ne paraît pas, et qu'il semble même qu'il y a bien du désordre qui le fait plutôt reculer pour ainsi dire [10]. Mais ce n'est qu'en apparence ;

nous le voyons par l'exemple de l'Astronomie. Le mouvement des planètes paraît une chose confuse à nous, qui sommes sur le globe de la terre : il semble que ces astres sont errants et qu'ils vont sans règle, puisqu'ils avancent tantôt, et qu'ils reculent après, et même qu'ils s'arrêtent quasi de temps en temps. Mais lorsqu'avec Copernic nous nous sommes placés dans le Soleil, au moins avec les yeux de l'esprit, nous y avons découvert un ordre merveilleux. Ainsi non seulement tout va par ordre, mais même nos esprits doivent s'en apercevoir de plus en plus, à mesure qu'ils font des progrès.

Je reviens aux animaux, puisque rien ne se perd ni se néglige dans l'univers, pas même les chiens de Madame si jaloux des bontés de leur maîtresse, jusqu'à sembler entrer en parallèle avec les hommes.

[11] J'espère qu'on reviendra peu à peu en France de la secte Machinale et de ces petites notions qu'on a de la libéralité bornée de la nature, comme si elle n'avait accordé qu'à nous le privilège d'avoir des âmes. Ceux qui ont inventé cela ont eu bien de l'envie de se flatter ou de flatter les autres. Et quand on sera mieux entré dans les pensées qu'il faut avoir sur l'infini, on aura toute une autre idée de la majesté de la Nature, que de croire qu'elle n'est simplement que machines, et qu'elle n'est rien de plus grand que la boutique d'un ouvrier, comme croyait l'auteur, habile d'ailleurs, de *l'entretien de la pluralité des mondes* en parlant à sa Marquise[12]. Les Machines de la nature sont infiniment au-dessus des nôtres. Car outre qu'elles

ont du sentiment, chacune contient une infinité d'organes ; et ce qui est encore plus merveilleux, c'est par cela que chaque animal est à l'épreuve de tous les accidents et ne saurait être jamais détruit, mais seulement changé et resserré par la mort, comme un serpent quitte sa vieille peau. Même à l'égard de la vie sensible, un animal pourrait être ressuscité si on lui pouvait redresser les organes, comme dans les mouches noyées, que je prenais plaisir, étant petit garçon, de faire revivre [13]. Mais absolument parlant, la naissance et la mort ne sont que des développements et enveloppements pour prendre une nouvelle nourriture, et pour la quitter depuis, après en avoir pris la quintessence, et surtout après avoir reçu en soi les traces des perceptions sensibles, qui restent toujours et ne s'effacent jamais par un oubli entier. Et quoiqu'on n'ait pas toujours l'occasion de s'en souvenir, ces idées ne laisseront pas de revenir à propos, et d'être utiles dans la suite des temps. Aussi peut-on démontrer mathématiquement que toute action, quelque petite qu'elle soit, s'étend à l'infini tant à l'égard des lieux qu'à l'égard des temps, rayonnant, pour ainsi dire, par tout l'univers et se conservant à toute éternité. Ainsi ce ne sont pas seulement les âmes, mais encore leurs actions qui se conservent toujours, et même l'action de chacune se conserve dans chacune, de tout l'univers à cause de la conspiration et sympathie de toutes choses ; le monde étant tout entier dans chacune de ses parties, mais plus distinctement dans les unes que dans les autres. Et c'est en quoi consiste l'avantage des esprits pour lesquels la souveraine

Intelligence a fait tout le reste, afin de se faire connaître et aimer, se multipliant pour ainsi dire dans tous ces miroirs vivants qui la représentent.

2.2

En juin 1700, alors que Leibniz se trouvait à Berlin, Sophie lui fit part d'une conversation qui s'était tenue à Hanovre en sa présence entre son fils Georges-Louis et l'abbé Molanus, qui était par ailleurs un des interlocuteurs de Leibniz dans la discussion sur la réunion des Églises :

> Je vous donnerai à méditer sur la dispute qu'a eue mon fils l'Électeur sur *la pensée* que mon fils l'Électeur a soutenu[e] contre lui d'être matérielle, d'autant qu'elle est composée de choses qui entrent en nous par les sens, et qu'on ne peut penser à rien sans se faire une idée des choses qu'on a vues, ouïes ou tâtées, comme un aveugle à qui on demanda ce qu'il se figurait de Dieu, il dit comme du sucre. Je vous envoie ce que l'abbé Molanus a répondu à tout cela, sans y bien répondre à notre avis, car je suis de l'opinion de mon fils (Klopp II, 163, GP VII, 551, A I, 18, 93).

Le mémoire de Molanus transmis par Sophie (A I, 18, 94-98) reprend sous une forme familière la doctrine cartésienne de la distinction réelle entre le corps, chose étendue en longueur, largeur et profondeur, et l'âme, chose qui pense. Dès lors « qu'il n'y a la moindre proportion entre l'esprit et une chose corporelle, il est aussi impossible à la raison humaine de comprendre l'union de l'Âme avec le Corps qu'il est impossible de dire la raison pourquoi et par quel moyen notre âme puisse se former une idée des choses corporelles »; mais, de même que bien d'autres « opérations de la nature » nous demeurent cachées, « il ne s'ensuit nullement : Nous ne saurions expliquer l'opération de l'âme au regard des représentations corporelles, Ergo il n'y a point de distinction réelle entre l'Esprit et le Corps en général, ou entre l'Âme et le Corps humain en particulier ; Ergo ce n'est rien que l'Esprit, que l'Âme ».

La réponse de Leibniz consiste à accorder l'immatérialité des âmes en général en évitant les embarras et les obscurités du dualisme cartésien, dus pour l'essentiel à une conception de la substantialité du corps, constituée par l'étendue, qu'il a rejetée depuis longtemps.

[*Source :* Klopp II, 173-178, GP VII, 552-555. A I, 18, 114-118 (état provisoire). Nous utilisons dans l'établissement des textes 2.2 à 2.5 les données du travail préparatoire en cours en vue de la publication des volumes A I, 18 et 20 (les textes sont encore susceptibles de révision, et la pagination indiquée ne sera pas celle des volumes imprimés). Ces données sont accessibles en ligne à l'adresse : http ://www.nlb-hannover.de/Leibniz/Leibnizarchiv/Veroeffentlichungen/]

Extrait de la réponse du 12 Juin

J'approuve le sentiment du savant Monsieur ***, mais je prends une autre route pour l'établir, la sienne étant toute Cartésienne, où depuis longtemps je trouve quelques difficultés. Cependant je crois qu'il conviendra avec moi que nous pensons non seulement à ce qui nous vient des sens, mais encore au penser même, qui ne nous en vient point, et que parmi les notions qui nous viennent avec celle des choses matérielles, il y a des idées des choses qui accompagnent la matière sans être corporelles pour cela : comme par exemple les notions de la force, de l'action, du changement, du temps, du même, de l'un, du vrai, du bon, et mille autres [14]. Et quant au matériel qui entre dans le cerveau par les sens, ce n'est pas ce matériel même qui entre dans l'âme, mais son idée ou représentation, qui n'est pas un corps, mais une manière d'effort ou de réaction modifiée. Or il est constant que les efforts n'occupent point de place, et une infinité d'efforts ou de tendances peuvent être mises dans un même sujet sans se brouiller. Cela peut suffire à ceux qui n'aiment point une grande discussion, mais j'ajouterai ce qui suit pour ceux qui veulent approfondir les choses.

Pour juger par la Raison, si l'âme est matérielle ou immatérielle, il faut concevoir ce que c'est que l'âme et la matière. Tout le monde demeure d'accord que la *matière* a des parties, et par conséquent c'est une *multitude* de plusieurs substances, comme serait un troupeau de brebis. Mais puisque toute multitude suppose des *véritables unités*, il est manifeste que ces unités ne sauraient être de la matière, autrement elles seraient encore des multitudes, et nullement des unités véritables et pures, telles qu'il faut enfin pour en faire une multitude. Ainsi les Unités sont proprement des substances à part, qui ne sont point divisibles, ni par conséquent périssables. Car tout ce qui est divisible, a des parties qu'on y peut distinguer encore avant la séparation. Cependant, puisqu'il s'agit des *Unités de substance*, il faut qu'il y ait de la force et de la perception dans ces unités mêmes, car sans cela il n'y aurait point de force ni de perception dans tout ce qui en est formé, qui ne peut contenir que des répétitions et des rapports de ce qui est déjà dans les Unités. Il faut donc que dans les corps qui ont du sentiment, il y ait des *substances uniques*, ou des Unités, qui aient de la perception, et c'est cette substance simple, cette Unité de substance ou cette Monade, qu'on appelle *Âme* ; et par conséquent les âmes, comme toutes les autres Unités de substance, sont immatérielles, indivisibles et impérissables, toute destruction des *choses substantielles* ne pouvant être qu'une dissolution. Et si ces unités ont une fois de la vie, il faut qu'elles soient immortelles et vivent toujours [15]. Ces Unités constituent véritablement les substances et chaque Unité fait uniquement une seule substance, le reste n'étant que des êtres par agrégation, et des amas ou multitudes ; ou bien ce sont des accidents, c'est-à-dire des attributs durables ou modifications passagères, qui appartiennent aux substances.

Or entre les Unités excellent les âmes, et entre les âmes excellent les esprits, tels que sont les âmes raisonnables. Ainsi les Unités, quoiqu'elles soient toutes indéfectibles, ne sont pas toutes également nobles, et dans un corps organique il n'y a qu'une seule Unité dominante et principale [16], qui est son âme. C'est le *moi* en nous, qui est encore bien au-dessus de la plupart des autres âmes, parce qu'il est un esprit, et qu'il raisonne par le moyen des vérités universelles, nécessaires et éternelles, non point fondées sur les sens, ni sur l'induction des exemples, mais sur la lumière interne et divine des idées, qui constituent la droite raison [17]. Car lorsqu'on a appris quelque vérité par expérience, les sens ou les expériences peuvent bien nous faire présumer qu'il en ira toujours ainsi dans les exemples que nous n'avons pas encore expérimentés ; mais on ne sera jamais assuré de la nécessité de la chose sans appeler à son secours les raisonnements démonstratifs, fondés sur la lumière interne indépendante des sens. C'est ce que peu de personnes remarquent, même parmi les philosophes, parce qu'on est rarement philosophe et mathématicien en même temps[18], et les démonstrations ne se voient presque que dans les Mathématiques.

Il est bon d'apporter un exemple. Mettons par ordre :

les nombres :	0	1	2	3	4	5	6	7	8	9	10	etc.
et puis leurs carrés :	0	1	4	9	16	25	36	49	64	81	100	etc.
et les différences de ces carrés :	1	3	5	7	9	11	13	15	17	19		etc.

On trouve que les différences des carrés des nombres, mis par ordre, sont les nombres impairs encore par ordre ; et après avoir essayé une longue suite de nombres, et trouvé que cela réussit, on présume avec raison que cela ira toujours ainsi à l'infini ; mais on n'en voit point pour cela ni la nécessité ni la cause, qui dépend de certaines raisons démonstratives, prises de source ou *a priori*[19]. Les âmes capables de ces raisonnements sont appelées des Esprits et on peut dire d'elles avec justice qu'elles sont faites à l'image de Dieu, et qu'il y a une société entre Dieu et elles : de sorte que Dieu est à leur égard non seulement ce qu'un Architecte est à son bâtiment, mais encore ce qu'un Prince est à ses sujets.

Quant à l'objection qu'on a faite contre l'immatérialité de l'âme et de la pensée, quoiqu'elle se puisse déjà résoudre par ce que nous venons de dire, il sera pourtant utile qu'on l'éclaircisse encore davantage. Il est vrai que le matériel qui nous vient par les sens, entre dans nos organes intérieurs, tels que sont le cerveau, et les esprits ou fluides subtils qui y sont enfermés ; mais le matériel ne saurait entrer dans une véritable Unité qui n'a point de trous ni portes [20], autrement ce ne serait point une Unité, mais un composé de multitudes. Donc ce qui est dans l'Unité n'est point le matériel, mais l'espèce [21] ou la représentation du matériel, laquelle représente ce qui est étendu, sans avoir elle-même de l'étendue. On demandera comment cela est possible. Mais outre qu'il faut bien que cela soit ainsi, quand nous n'y entendrions rien, on peut encore l'éclaircir par un exemple pris des Mathématiques, mais particulièrement de la Géométrie, en se servant de la comparaison des Angles ou inclinations de deux Lignes entre elles [22].

Soient par exemple deux lignes droites *AB* et *AD*, qui forment ce qu'on appelle un angle droit *BAD*, c'est-à-dire de 90 degrés, ou de l'ouverture d'un quart de cercle. Or il est manifeste que cet Angle ne se mesure pas seulement par le grand arc *BCD*, mais encore par un moindre *EFG*, quelque petit qu'il puisse être, et l'ouverture commence en un mot dès le point *A* qui est le Centre.

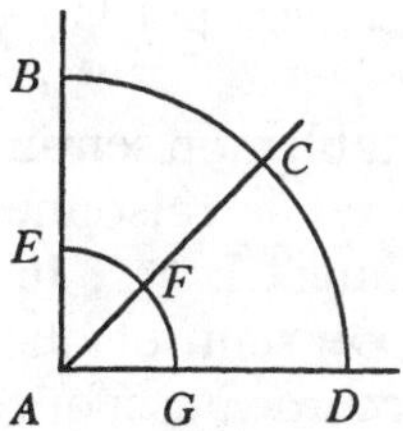

Aussi est-ce dans ce centre même que se trouve l'angle ou l'inclination des deux lignes *BA* et *DA*, et par conséquent dans le centre même, tout indivisible qu'il est, commence la même ouverture ou le même nombre de degrés, qui est dans les arcs *EFG* et *BCD*, tellement qu'on peut dire que ces arcs, quant à leurs degrés, sont représentés ou exprimés dans le centre par la relation de l'inclination au centre, qui est dans les lignes lorsqu'elles en sortent. Il en est de même de l'angle demi-droit *BAC* qui est de 45 degrés ou de la huitième partie du cercle : car cette ouverture de degrés se trouve aussi également dans le grand arc *BC* et dans le moindre *EF*, quelque petit qu'il puisse être jusqu'au point *A*, dans lequel commence l'inclination des deux lignes *BA* et *CA*, qui d'abord, et dès le point *A* ou Centre, n'est que la moitié de l'inclination des lignes *BA* et *DA*. On voit donc que, comme dans le centre se représentent les degrés, ainsi les unités de substance, et par conséquent les âmes, qui sont comme des Centres[23], représentent en elles ce qui arrive dans les multitudes qui les regardent, selon le point de vue de chaque Unité ou âme, sans que les âmes ou les centres cessent par là d'être indivisibles et sans étendue.

Après avoir établi mon sentiment, je vous ajoute des Réflexions sur le raisonnement cartésien de notre savant Monsieur ***. Je demeure d'accord que nos âmes pensent, et que notre corps a de l'extension. J'accorde aussi que lorsque deux choses ont des attributs tellement divers qu'on peut comprendre parfaitement l'un sans songer à l'autre, alors les choses mêmes sont de différente nature[24]. Mais si la pensée se peut comprendre sans songer à l'étendue, c'est de quoi il y a lieu de douter[25]. Je demeure aussi d'accord qu'il y a des pensées dont on n'a point d'images ni figures dans l'esprit, et que quelques-unes de ces pensées sont distinctes. Mais je ne conviens point de tous les exemples que les Cartésiens apportent, car une figure de mille angles alléguée ici[26] n'est pas entendue distinctement, non plus que l'idée de quelque grand nombre : c'est une pensée sourde[27], comme dans l'Algèbre, où l'on pense aux symboles à la place des choses. Ainsi souvent, pour abréger, on emploie les mots en pensant sans en faire l'analyse, parce qu'elle n'est point alors nécessaire.

Enfin je ne demeure point d'accord qu'il est impossible à la raison humaine de concevoir en quoi consiste l'union de l'âme avec le corps. Je croirais plutôt que ce problème est tout résolu maintenant par un Système expliqué ailleurs[28], auquel ce qu'on vient de dire ici peut encore servir. Et ce Système même confirme et explique mieux que tout autre l'immortalité de l'âme

2.3

Leibniz répond ici, comme dans le morceau suivant, à une difficulté soulevée par la princesse Sophie dans sa lettre datée de Herrenhausen, le 16 Juin 1700 :

> J'ai assez de loisir pour méditer sur l'âme, mais pas assez de capacité pour bien comprendre votre démonstration. En matière d'argent, l'unité ne vaut

> pas tant que des milles, quoiqu'en nous vous voulez que ce soit tout. Mais si cette unité était toute seule, que serait-ce ? Il me semble qu'elle a de commun avec la Divinité d'agir toujours sur diverses choses [...] (Klopp II, 178, GP VII, 555-556. A I, 18, 121, état provisoire).

[*Source :* Klopp, II, 181-182, GP VII, 556. A I, 18, 128 (état provisoire).]

[Sans date : milieu à fin juin 1700]

[...]

Pour ce qui est des Unités ou substances simples, assurément elles ne valent pas tant que les substances qui en sont composées, car deux écus valent mieux qu'un seul, et deux âmes plus qu'une d'elles. Cependant comme un œil voit souvent autant que deux autres yeux, et quelquefois davantage, et que tout au monde s'enferme dans un petit espace tel que l'œil ou le miroir, quoique seulement par représentation, il en est de même des âmes par plus forte raison. C'est aussi pour cette raison que les unités ne sont jamais seules et sans compagnie ; car autrement elles seraient sans fonction et n'auraient rien à représenter[29]. La divinité est aussi une unité du nombre des esprits, et l'âme ou l'esprit en échange est un échantillon de la divinité, car la divinité représente l'univers de source, en sorte que l'univers est tel qu'elle le fait et s'accommode à elle, qui en est le germe ou l'origine. Et par conséquent Dieu représente l'univers distinctement et parfaitement, mais les âmes représentent ces choses après coup, et s'accommodent à ce qui est hors d'elles ; et c'est ce qui fait que Dieu est entièrement libre, et que nous sommes en partie dans l'esclavage en tant que nous dépendons des autres choses, et que nos perceptions ou représentations sont confuses. Il est le centre universel, et il voit le monde comme je verrais la ville d'une cour qui y est, c'est-à-dire bien ; nous ne sommes que des centres particuliers, et ne voyons le monde présentement que par deux trous de notre tête, ou comme je verrais une ville de côté[30].

Au reste je ne vois point d'objection sur les âmes et les pensées qu'il ne soit aisé à résoudre. Et je voudrais que nous entendissions si bien les moyens de conserver notre santé que nous savons ce que c'est que l'âme et la pensée. L'obscurité apparente ne tient que de ce qu'on ne se donne guère la peine de raisonner sur les choses abstraites avec l'attention qu'elles demandent.

2.4

[*Source :* Foucher de Careil, *Lettres et Opuscules* inédits, Paris, 1854, 192-194, puis A I, 20, 48 (état provisoire). Version différente de celle donnée par Klopp II, 310 et GP VII, 556-557. Les lignes mises par Leibniz entre crochets ont sans doute été écartées de l'envoi définitif de la lettre à sa destinataire.]

Extrait d'une lettre de Berlin
19 Novemb. 1701

Pour ce qui est des Unités, V. A. E. les entend autant qu'elles sont intelligibles, si Elle en veut prendre la peine ; car Elle juge bien que tout ce qui est corporel est composé, est multitude, et non pas véritablement une unité ; et que toute multitude cependant doit être formée et composée par l'assemblage des unités véritables, lesquelles par conséquent n'étant point composées ni sujettes à la dissolution, sont des substances perpétuelles, quoique leurs façons d'être changent toujours. Or ce qui n'a point de parties ni d'étendue, n'a point de figure aussi, mais il peut avoir de la pensée et de la force ou de l'effort, dont on sait aussi que la source ne saurait venir de l'étendue ni des figures[31], et par conséquent il faut chercher cette source dans les Unités, puisqu'il n'y a qu'Unités et Multitudes dans la nature. Ou plutôt, il n'y a rien de réel que les Unités, car tout assemblage n'est que la façon et apparence d'un être, mais dans la vérité il est autant d'êtres qu'il contient de véritables Unités. Et comme dans un troupeau de brebis, les êtres sont les brebis, mais le troupeau même n'est qu'une façon d'être, on peut dire que dans la rigueur de la vérité, le corps de chaque brebis et tout autre corps est lui-même un troupeau, et qu'on ne trouve l'Être même que dans l'unité parfaite qui n'est plus troupeau. D'où l'on peut conclure qu'il y a des unités partout, ou plutôt que tout est unités. Et toute unité a une manière de vie et de perception, et ne peut avoir que cela. Mais dans les assemblages réguliers de la nature, c'est-à-dire dans les corps organisés comme sont ceux des animaux, il y a des Unités dominantes dont les perceptions représentent le total ; et ces Unités sont ce qu'on appelle des Âmes, ou ce que chacun entend quand il dit Moi. [Et comme le corps d'un animal peut être composé d'autres animaux et plantes, les corps ont leurs âmes ou leurs unités propres ; il est manifeste que ces animaux, ces unités ou ces forces primitives sont dominantes dans leur petit département, quoiqu'elles soient assujetties dans le corps plus grand dont elles concourent à former les organes, et dont elles peuvent être détachées, parce que les corps sont dans un mouvement et un flux continuel. Cependant, il y a lieu de juger que toute âme garde toujours un département qui lui convient.]

2.5

Leibniz répond au passage suivant de la lettre de la princesse Sophie, donnée à Hanovre, le 21 novembre 1701 :

> On peut donner quel nom qu'on veut aux choses, mais dans un langage qui n'est point de philosophe, il me semble qu'un n'est pas pluriel, et qu'on ne saurait dire des unités où il y en a plusieurs ; pour les pensées qui ne pourraient pas [être] matérielles, elles sont infinies plutôt qu'uniques. Je dis ceci pour m'excuser que je n'ai pu comprendre ce que c'est des unités. Pour une seule qui est Dieu, et qui opère en toute chose, on la voit sans la comprendre. Je ne suis pas tout à fait persuadée que les pensées ne tiennent point de place ; car je trouve mon imagination si remplie que je me souviens du passé et que je n'ai plus de place pour le présent, dont j'oublie même les images des personnes. Il faut donc bien que quelque chose de matériel s'use ou se remplisse, qui donne la mémoire et qui forme les idées. Ce qui souffle dans ces vaisseaux, il me semble que c'est l'âme universelle qu'on peut à mon avis nommer une Unité pour l'autre. Je ne m'en sau-

rais faire d'idée, mais chacun en a à sa mode (Klopp II, 313, GP VII, 557. A I, 20, 51, état provisoire).

[*Source :* Klopp, II, 314-315, GP VII, 557-558. A I, 20, 53 (état provisoire).]

Berlin, 30 Novembre 1701

V. A. E. a toutes les raisons du monde de dire que l'un n'est pas plusieurs, et c'est pour cela aussi que l'assemblage de plusieurs Êtres n'est pas un Être. Cependant là où il y a plusieurs ou la multitude, il faut qu'il y ait aussi des unités, car la multitude ou le nombre est composé d'unités. Ainsi s'il n'y avait qu'une seule unité, c'est-à-dire Dieu, il n'y aurait donc point de multitude dans la nature et il serait seul[32].

Quant aux pensées de l'âme, comme elles doivent représenter ce qui se passe dans le corps, elles ne sauraient être distinctes, lorsque les traces dans le cerveau sont confuses. Ainsi il n'est pas nécessaire que les pensées, pour être confuses, tiennent place. Mais il est indubitable que les images corporelles se creusent et se mêlent, comme si on jetait à la fois dans l'eau plusieurs pierres, car chacune ferait ses propres cercles qui ne se brouilleraient pas dans la vérité, mais ils paraîtraient embrouillés au spectateur, qui aurait de la peine à les démêler.

Rien n'est plus propre à éclaircir la nature des images corporelles qui se forment dans notre tête, et la comparaison du cachet dont Platon se sert[33], ne me paraît pas si convenable.

Pour ce qui est de l'Âme universelle, ou plutôt de cet esprit général qui est la source des choses, puisque V. A. E. conçoit qu'il est une Unité, pourquoi ne pourrait-elle pas aussi concevoir des unités particulières ? Car être particulier ou universel ne fait rien à l'unité, ou plutôt il paraît plus aisé que l'unité soit dans le particulier[34].

[...]

2.6

Entre les lettres précédentes et celle-ci, la plus développée de l'échange, est intervenue, le 1er février 1705, la mort de Sophie-Charlotte, fille de l'Électrice Sophie et reine de Prusse.

Bien loin de relever d'une « philosophie de salon » aux exigences affaiblies par l'opportunisme du courtisan, ce texte pose dans toute son ampleur la question des rapports entre les idéalités mathématiques et la structure monadologique de la réalité.

[*Source :* Klopp, III, 145-155, GP VII, 558-565.]

Hanovre, ce 31 Octobre 1705

V. A. E. se souvient sans doute que lorsque votre curiosité et celle de la Reine votre fille[35] m'a fait parler de philosophie et des fondements de l'immortalité de l'âme, j'ai mis sur le tapis les Unités, en soutenant que les âmes étaient de véritables unités, c'est-à-dire des substances simples où il n'entre point d'autres substances pour les composer : mais que les corps n'étaient que des multitudes, et que par conséquent les corps périssaient par la dissolution de leurs parties dont ils sont composés, mais que les âmes étaient impérissables.

Là-dessus les jugements étaient fort différents.

Quelques-uns disaient qu'en parlant des unités, je voulais mettre en vogue ce mot dans un usage nouveau pour embarrasser les gens. V. A. E. demandait plus d'éclaircissement, non pas tant pour elle-même que pour les autres ; la Reine était frappée des exemples que je citais des points dans la ligne et des moments dans le temps, qui font voir ce que c'est que d'être simple et sans parties. Je lui représentais aussi qu'il était nécessaire de venir aux substances simples, parce qu'autrement il n'y aurait point de composées, puis qu'il n'y a point de multitudes sans de véritables Unités. Cette dispute nous faisait un amusement agréable à Charlottenbourg, lorsque j'avais l'honneur d'y être avec la Reine, et quand Sa Majesté, qui aimait à approfondir les choses, trouvait quelque homme méditatif, elle le mettait sur le chapitre des Unités. [...].

Vous me demanderez, Madame, à quel propos je recommence à parler des Unités. Mais quand V. A. E. saura le bonheur que j'ai eu de me rencontrer là-dessus avec un des plus illustres auteurs du temps, comme je l'ai appris depuis peu, Elle ne sera point étonnée de ce débordement de cœur qui me fait parler de mes Unités favorites. Cet auteur me fortifie d'autant plus qu'il n'est point philosophe, ni même savant de profession, mais il est d'un grand génie et d'une très heureuse naissance. Il semble que la nature et le génie a parlé en lui, et je préfère définitivement leur jugement à celui de la lecture ou de l'enseignement.

V. A. E. me demandera qui est donc cet auteur dont je fais tant de bruit. Vous ne le devineriez jamais, Madame, je le vois bien ; c'est pourquoi je vous dirai en peu de mots que c'est Monseigneur le Duc de Bourgogne[36]. Il me semble, Madame, que je vous vois toute surprise, mais vous pouvez compter que c'est la pure vérité. Il est vrai que je n'ai pas encore vu le livre de cet Auteur, mais j'en ai vu l'extrait dans le dernier Septembre du Journal des savants d'Amsterdam, p. 356. Voici ce qu'on y rapporte de l'occasion qui a fait naître ce livre.

Quand Monseigneur le duc de Bourgogne était fort jeune, on lui enseigna les Mathématiques, et comme on lui vit beaucoup de pénétration, on lui proposa d'écrire de sa main tous les jours ce qui lui avait été enseigné la veille : afin (dit-on) que se dictant à soi-même ce qu'on lui avait appris et repassant par ordre et à loisir les vérités Géométriques suivant leur enchaînement, il s'accoutumât à aller moins vite et plus sûrement. J'ajoute que c'était le moyen de lui donner de l'attention et de faire que ce fussent ses propres méditations qu'il devait mettre par écrit. Outre que le succès lui donnait du plaisir, et l'animait à continuer. Or ces méditations mises ensemble ont fait naître les *Éléments de Géométrie* de Mgr le duc de Bourgogne, qui viennent de paraître, en 220 pages in quarto. Mais voici ce qui y regarde mes unités.

Ce prince se met à expliquer les incommensurables, p. 33 de son livre ; soit par exemple un carré parfait dont le côté soit d'un pied, la diagonale qui est une ligne droite menée d'un angle à l'autre angle qui lui est opposé, sera incommensurable avec le côté, c'est-à-dire, on ne pourra exprimer cette diagonale par aucun nombre des pieds ni des parties d'un pied, comme deuxièmes, troisièmes, quatrièmes etc., dixièmes, centièmes, millièmes etc., ou autres quelconques. Mais plus la partie qu'on prendra pour mesure sera petite, plus on approchera de la juste valeur, par la millième plus que par la centième partie, et ainsi à l'infini. D'où il suit qu'une ligne peut être divisée à l'infini, qu'on y peut prendre des points sans nombre, et que cependant elle n'est point composée de points. Mais après avoir fait envisager ces sortes de vérités, il fait remarquer que d'un autre côté, « quand on considère attentivement l'existence des Êtres (ce sont les propres paroles de l'extrait du livre) on comprend très clairement que l'existence appartient aux Unités, et non pas aux nombres (ou aux Multitudes). Vingt hommes n'existent que parce que chaque homme existe. Le nombre n'est qu'une répétition des Unités auxquelles seules appartient l'existence. Il ne saurait jamais y avoir de nombre, s'il n'y a des Unités. Cela bien conçu (dit l'illustre auteur de ce livre), ce pied cubique de matière, est-ce une seule substance, en sont-ce plusieurs ? — Vous ne pouvez pas dire que ce soit une seule substance ; car (en ce cas) vous ne pourriez pas seulement le diviser en deux (si la substance n'était pas dans le corps avant la division, on ferait naître à tout moment de nouvelles substances)[37]. Si vous dites que c'en sont plusieurs, puisqu'il y en a plusieurs, ce nombre tel qu'il soit est composé d'Unités. S'il y a plusieurs substances existantes, il faut qu'il y en ait une, et cette une ne peut en être deux. Donc la matière est composée de substances indivisibles. Voici notre raison (ajoute ce prince pénétrant) réduite à d'étranges extrémités. La Géométrie nous démontre la divisibilité de la matière à l'infini, et nous trouvons en même temps qu'elle est composée d'indivisibles[38]. »

J'ai lu tout cela avec admiration, et je trouve ma pensée sur les Unités merveilleusement bien exprimée. Mais que dirons-nous à la difficulté que le prince y remarque, où il semble qu'on renverse d'une main ce qu'on a bâti de l'autre ? Je dois donc vous dire, Madame, que c'est dans la solution de cette difficulté que je crois avec rendu quelque service à la science, et d'avoir établi la véritable philosophie qui regarde la connaissance des substances incorporelles. Feu Mons. Cordemoy en a été bien embarrassé dans son livre du discernement du corps et de l'âme. Et Monsieur Arnauld me fit ressouvenir de ce livre, lorsque je lui communiquai ma doctrine des Unités[39]. M. Cordemoy donc, voyant que les choses composées devaient être le résultat des choses simples, fut forcé, tout Cartésien qu'il était, d'avoir recours aux Atomes, en abandonnant son maître, c'est-à-dire de recevoir de petits corps d'une dureté insurmontable, qu'il prenait pour les premiers Éléments ou pour les substances les plus simples qui soient dans la matière. Mais outre que tous les corps ont aussi des parties actuelles, quoiqu'elles ne soient point détachées les unes des autres, il ne considérait pas que cette dureté parfaite et insurmontable devrait être miraculeuse, et qu'effectivement tout corps, grand ou petit, a des parties détachées d'entre elles, qui y exercent des mouvements internes, selon qu'il est poussé par les autres ; autrement il y aurait des corps impassibles : sans parler de beaucoup d'autres raisons qui montrent que la Matière est actuellement divisée à l'infini. Et ceux qui sont d'un autre sentiment sont bien éloignés de reconnaître la variété et l'étendue des ouvrages de l'auteur infini, dont les caractères se trouvent partout. Il y aurait beaucoup de choses à dire là-dessus, mais cela nous mènerait trop loin.

Or quant à la difficulté, je réponds qu'il est vrai que cela n'empêche point la matière d'être composée de substances simples et indivisibles, puisque la multitude de ces substances ou de ces Unités est infinie. Cependant il n'est pas de même du corps Mathématique ou de l'espace, qui est quelque chose d'idéal et qui n'est point composé de points, tout comme le nombre abstrait et pris en soi-même n'est pas composé de fractions extrêmes ou de la dernière petitesse[40]. Et on ne conçoit pas même la plus petite des fractions, ni quoi que ce soit qui réponde dans le nombre aux points ou extrémités de l'espace, parce que le nombre ne représente point de situation ni de rapport d'existence. Il est vrai que les Mathématiciens prennent quelquefois une certaine fraction pour la dernière de toutes, parce qu'il dépend d'eux de ne pas aller plus loin en sous-divisant, et de mépriser par exemple les erreurs qui ne passent pas 11.000.000.000.000.000. C'est ainsi que je me souviens que Cavalieri[41] employa un certain Élément Logarithmique. L'on voit aussi par là que le nombre (soit entier, rompu, ou sourd) n'est pas par rapport aux fractions une quantité continue comme la ligne, le temps, et le degré d'intension[42] dans la vitesse. Ainsi, quoique la matière consiste dans un amas de substances simples sans nombre, et quoique la durée des créatures de même que le mouvement actuel consiste dans un amas d'états momentanés, néanmoins il faut dire que l'espace n'est point composé de points, ni le temps d'instants, ni le mouvement mathématique de moments, ni l'intension de degrés extrêmes. C'est que la matière, que le décours des choses, qu'enfin tout composé actuel est une quantité discrète, mais que l'espace, le temps, le mouvement mathématique, l'intension ou l'accroissement continuel qu'on conçoit dans la vitesse et dans d'autres qualités, enfin tout ce qui donne une estime qui va jusqu'aux possibilités, est une quantité continuée et indéterminée en elle-même, ou indifférente aux parties qu'on y peut prendre, et qui s'y prennent actuellement dans la nature. La Masse des corps est divisée actuellement d'une manière déterminée, et rien n'y est exactement continué ; mais l'espace ou la continuité parfaite qui est dans l'idée, ne marque qu'une possibilité indéterminée de diviser comme l'on voudra. Dans la matière et dans les réalités actuelles le tout est un résultat des parties : mais dans les idées ou dans les possibles (qui comprennent non seulement cet univers, mais encore tout autre qui peut être conçu, et que l'entendement divin se représente effectivement), le tout indéterminé est antérieur aux divisions, comme la notion de l'entier est plus simple que celle des fractions et la précède[43].

Et quoique chaque fraction (comme chaque ton de l'harmonie) subsiste toujours dans la région des vérités éternelles, réalisée par l'entendement divin, néanmoins un nombre et une fraction ne doit pas être conçue comme un amas d'autres fractions plus petites. Les points aussi, les moments, les extrêmes dans une augmentation ou diminution des qualités, continuée suivant quelques lois Mathématiques, ne sont pas les parties, mais les extrémités de l'espace, du temps etc.

Pour mieux concevoir la division actuelle de la matière à l'infini, et l'exclusion qu'il y a de toute continuité exacte et indéterminée, il faut considérer que Dieu y a déjà produit autant d'ordre et de variété qu'il était possible d'y introduire jusqu'ici, et qu'ainsi rien n'y est resté d'indéterminé, au lieu que l'indéterminé est de l'essence de la continuité. C'est ce que la perfection divine apprend à notre Esprit et que l'expérience même confirme par nos sens. Il n'y a point de goutte d'eau si pure, où l'on ne remarque quelque variété en la bien regardant. Un morceau de pierre est composé de certains grains, et par le microscope[44] ces grains paraissent comme des rochers où il y a mille jeux de la nature. Si la force de notre vue était toujours augmentée, elle trouverait toujours de quoi s'exercer. Il y a partout des variétés actuelles et jamais une parfaite uniformité, ni deux pièces de matière entièrement semblables l'une à l'autre, dans le grand comme dans le petit.

V. A. E. l'avait bien connu, lorsqu'elle dit à feu M. d'Alvenslebe dans le jardin de Herrenhausen de voir s'il trouverait deux feuilles dont la ressemblance fût parfaite, et il n'en trouva point[45]. Il y a donc toujours divisions et variations actuelles dans les masses des corps existants, à quelque petitesse qu'on aille. C'est notre imperfection et le défaut de nos sens, qui nous fait concevoir les choses physiques comme des Êtres Mathématiques, où il y a de l'indéterminé. Et l'on peut démontrer qu'il n'y a point de ligne ou de figure dans la nature, qui donne exactement et garde uniformément par le moindre espace et temps les propriétés de la ligne droite ou circulaire, ou de quelque autre dont un esprit fini peut comprendre la définition. L'esprit en peut concevoir et mener par l'imagination à travers des corps, de quelque figure qu'ils soient, quelque ligne qu'on veuille s'imaginer, comme l'on peut joindre les centres des boules par des droites imaginaires, et comme l'on conçoit des axes et des cercles dans une sphère qui n'en a point d'effectifs. Mais la Nature ne peut point, et la sagesse divine ne veut point tracer exactement ces figures d'essence bornée, qui présupposent quelque chose de déterminé, et par conséquent d'imparfait, dans les ouvrages de Dieu. Cependant elles se trouvent dans les phénomènes ou dans les objets des esprits bornés : nos sens ne remarquent point, et notre entendement dissimule une infinité de petites inégalités, qui n'empêchent pourtant pas la parfaite régularité de l'ouvrage de Dieu, quoique une créature finie ne la puisse point comprendre. Cependant les vérités éternelles fondées sur les idées mathématiques bornées ne laissent pas de nous servir dans la pratique, autant qu'il est permis de faire abstraction des inégalités trop petites pour pouvoir causer des erreurs considérables par rapport au but qu'on se propose ; comme un ingénieur qui trace sur le terrain un polygone régulier, ne se met pas en peine si un côté est plus long que l'autre de quelques pouces.

L'on voit bien que le Temps n'est pas une substance, puisque une heure, ou quelque autre partie du temps qu'on prenne, n'existe jamais entière et en toutes ses parties ensemble. Ce n'est qu'un principe de rapports, un fondement de l'ordre dans les choses, autant qu'on conçoit leur existence successive ou sans qu'elles existent ensemble. Il en doit être de même de l'espace. C'est le fondement du rapport de l'ordre des choses, mais autant qu'on les conçoit exister ensemble. L'un et l'autre de ces fondements est véritable, quoiqu'il soit idéal[46]. La continuité uniformément réglée, quoiqu'elle ne soit que de supposition et d'abstraction, fait la base des vérités éternelles et des sciences nécessaires : elle est l'objet de l'entendement divin, comme le sont toutes les vérités, et ses rayons se répandent aussi sur le nôtre. Le possible imaginaire participe autant que l'actuel de ces fondements de l'ordre, et un Roman pourra être aussi bien réglé, à l'égard des lieux et des temps, qu'une Histoire véritable. La matière nous paraît un continu, mais elle le paraît seulement, aussi bien que le mouvement actuel. C'est comme la poussière d'albâtre paraît faire un fluide continuel, quand on la fait bouillonner sur le feu, ou comme une roue dentelée paraît un diaphane continuel, lorsqu'elle tourne avec beaucoup de vitesse, sans qu'on puisse discerner l'endroit des dents de l'endroit vide entre les dents, notre perception unissant les lieux et les temps séparés. On peut donc conclure qu'une masse de matière n'est pas une substance véritablement, que son unité n'est qu'idéale, et que (l'entendement mis à part) ce n'est qu'un *aggregatum*, un amas, une multitude d'une infinité de véritables substances, un phénomène bien fondé, ne donnant jamais un démenti aux règles des pures mathématiques, mais contenant toujours quelque chose au-delà. Et l'on peut conclure aussi que la durée des choses, ou la multitude des états momentanés, est l'amas d'une infinité d'éclats de la Divinité, dont chacun à chaque instant est une création ou reproduction de toutes choses[47], n'y ayant point de passage continuel, à proprement parler, d'un état à l'autre prochain.

Ce qui prouve exactement cette célèbre vérité des Théologiens et des Philosophes Chrétiens, que la conservation des choses est une création continuelle, et donne un moyen tout particulier de vérifier la dépendance de toutes les choses changeantes de la divinité immuable, qui est la substance primitive et absolument nécessaire, sans laquelle rien ne pourrait être ni durer. Voilà, ce semble, le meilleur usage qu'on pourrait faire du labyrinthe de la composition du Continu si fameux chez les Philosophes ; l'analyse de la durée actuelle des choses dans le temps nous mène démonstrativement à l'existence de Dieu, comme l'analyse de la Matière qui se trouve actuellement dans l'Espace, nous mène démonstrativement aux Unités de substance, aux substances simples, indivisibles, impérissables, et par conséquent aux Âmes, ou aux principes de vie[48], qui ne peuvent être qu'immortels, qui sont répandus par toute la nature. L'on voit que les Entéléchies ou forces primitives, jointes à ce qu'il y a de passif dans chaque unité (car les créatures sont actives et passives à la fois), sont la source de tout[49]. On voit par là en quoi consistent les unités. J'ai montré ailleurs comment les âmes gardent toujours quelques corps, et qu'ainsi les animaux mêmes subsistent. J'ai expliqué aussi distinctement le commerce de l'Âme et du corps. Enfin j'ai montré que les Âmes raisonnables ou les Esprits sont d'un ordre supérieur, et que Dieu en a soin non seulement comme un Architecte achevé, mais encore comme un Monarque parfaitement bon.

3

Âme, vie, esprit

Lettre à Rudolf Christian Wagner (1710)

Rudolf Christian Wagner occupa de 1697 à 1699 la fonction de secrétaire auprès de Leibniz ; sur sa recommandation, il devint en 1704 professeur de mathématiques et de physique à l'Université de Helmstedt. La Correspondance entre Leibniz et Wagner porte principalement sur la machine à calculer ; fait exception la lettre suivante, qui traite de questions philosophiques fondamentales : la nature de l'âme, la notion de vie, la structure du corps organique, la liaison de l'ordre de la nature et du règne de la grâce. La clarté et la précision des réponses que Leibniz apporte aux interrogations de son correspondant en font tout l'intérêt.

[*Source :* GP VII, 528.]

Je réponds volontiers à vos questions sur la nature de l'âme, puisque, au doute que vous soulevez, je comprends que ma pensée ne vous est pas encore suffisamment claire, et que cela provient d'un préjugé tiré de mon article inséré dans les *Acta eruditorum*, où contre Sturm j'ai traité de la force active du corps [1]. Vous dites que j'y ai bien défendu la force active de la matière, et qu'en attribuant la résistance à la matière, je lui ai également attribué la réaction, et donc aussi l'action. C'est pourquoi, puisqu'il y a partout dans la matière un principe actif, ce principe paraît suffire aux opérations des bêtes, et il n'est pas besoin pour elles d'une âme indéfectible.

Je réponds premièrement que je n'attribue pas de principe actif à la matière nue ou première, qui est purement passive, et consiste dans la seule antitypie et étendue, mais au corps ou à la matière revêtue ou seconde, qui contient en outre une Entéléchie primitive ou principe actif[2]. Je réponds deuxièmement que la résistance de la matière nue n'est pas une action mais une pure passion, dès lors en effet qu'elle possède l'antitypie ou impénétrabilité, par quoi elle résiste certainement à ce qui vient la pénétrer, mais ne le répercute pas, si n'advient pas la force élastique, qui doit être dérivée du mouvement et donc de la force active surajoutée à la matière[3]. Je réponds troisièmement : Ce principe actif, cette Entéléchie première est proprement le principe vital, doté aussi de la faculté de percevoir, et indéfectible pour les raisons que j'ai naguères alléguées[4]. Et c'est cela même que dans les bêtes je reconnais pour leur âme. C'est pourquoi, dès lors que j'admets partout des principes actifs surajoutés dans la matière, j'établis aussi des principes vitaux ou percevants disséminés partout en elle, et donc des monades, et pour ainsi dire des Atomes Métaphysiques, privés de parties, et qui ne peuvent jamais naître ou être détruits naturellement.

Enfin vous vous enquérez de ma définition de l'âme. Je réponds que l'âme peut être prise au sens large ou au sens restreint. Au sens large, l'âme est la même chose que la vie ou le principe vital, c'est-à-dire le principe interne d'action résidant dans une chose simple ou monade, auquel répond l'action externe. Et cette correspondance de l'interne et de l'externe ou représentation de l'externe dans l'interne, du composé dans le simple, de la multitude dans l'unité, constitue proprement la perception. Or, en ce sens, l'âme est attribuée non seulement aux animaux, mais aussi à tous les autres percevants. Au sens restreint, l'âme est prise pour une espèce de vie plus noble, c'est-à-dire pour la vue sensitive, où il n'y a pas la faculté nue de percevoir, mais aussi en plus celle de sentir, quand en effet l'attention et la mémoire se joignent à la perception [5]. Tout comme derechef l'esprit est une espèce d'âme plus noble, en ce sens que l'esprit est l'âme raisonnable, où à la sensation s'ajoute la raison ou la consécution des vérités suivant l'universalité. Comme donc l'esprit est l'âme raisonnable, ainsi l'âme est la vie sensitive, et la vie est le principe perceptif. J'ai bien montré par des exemples et par des raisons que toute perception n'est pas sensation, mais qu'il y a aussi une perception des choses insensibles. Par exemple je ne pourrais pas sentir le vert, si je ne percevais pas le bleu et le jaune dont il résulte. Cependant je ne sens pas le jaune et le bleu, si ce n'est peut-être en recourant au microscope [6].

Mais vous vous êtes souvenu que mon opinion n'est pas seulement que toutes les Vies, toutes les Âmes, tous les Esprits, toutes les Entéléchies primitives sont pérennes, mais qu'à toute Entéléchie primitive ou à tout principe vital est perpétuellement jointe une machine de la nature, qui se présente à nous sous le nom de corps organique ; et quoique cette machine se conserve globalement même avec sa figure, elle consiste en un flux et est perpétuellement réparée, comme le bateau de Thésée [7]. Au point que nous ne sommes pas certains qu'il subsiste dans notre corps la moindre particule de la matière par nous reçue à notre naissance, quoique la même machine soit sans cesse complètement transformée, augmentée, diminuée, enveloppée ou développée. C'est pourquoi non seulement l'âme est pérenne, mais même l'animal subsiste toujours, même si tel animal déterminé ne doit pas être dit pérenne, parce que l'espèce de l'animal ne perdure pas, comme la chenille et le papillon ne sont pas le même animal, même si la même âme est dans l'un et dans l'autre [8]. Toute machine de la nature est donc ainsi faite qu'elle n'est jamais complètement destructible, puisque, une fois défaite l'enveloppe grossière, il subsiste toujours une machine réduite jamais détruite, à la manière des vêtements de l'Arlequin de la comédie, à qui il restait toujours une nouvelle tunique après en avoir ôté de nombreuses. Ce que nous devons d'autant moins admirer, parce que la nature est partout organique et ordonnée à des fins déterminées par son auteur très sage, et que rien ne doit être tenu pour inculte dans la nature, même si parfois ce n'est qu'une masse brute qui apparaît à nos sens. Ainsi échapponsnous à toutes les difficultés qui naissent de la nature de l'âme séparée de toute matière, de sorte que l'âme ou l'animal avant la naissance ou après la mort ne diffèrent réellement de l'âme ou de l'animal vivant la vie présente que par la disposition des choses et les degrés des perfections, et non selon le genre total des êtres. Je pense de même des Génies : qu'ils sont des esprits dotés d'un corps extrêmement pénétrant et apte à opérer, qu'ils peuvent peut-être changer à volonté, ce qui fait qu'ils ne mériteraient plus d'être appelés des animaux[9]. C'est ainsi que tout dans la nature est analogique, et que les choses subtiles peuvent être comprises d'après les choses grossières, puisque les unes et les autres sont pareillement faites. Dieu seul est une substance vraiment séparée de la matière, puisqu'il est acte pur, doté d'aucune puissance passive, qui constitue la matière partout où elle se trouve. Mais toutes les substances créées possèdent l'antitypie, par laquelle il arrive naturellement que chacune est en dehors des autres, et que par conséquent la pénétration est exclue.

Mais même si mes principes sont absolument généraux, et ne s'appliquent pas moins à l'homme qu'aux bêtes, l'homme s'élève pourtant merveilleusement au-dessus des bêtes et s'approche des Génies, puisque, par l'usage de la raison, il est capable de société avec Dieu, et donc de récompenses et de peines sous le gouvernement divin. C'est pourquoi il ne conserve pas seulement la vie et l'âme comme les bêtes, mais aussi la conscience de soi et la mémoire de son état passé et, pour ainsi dire, son personnage. Il est immortel non seulement physiquement mais de plus moralement ; de là que l'immortalité ne s'attribue au sens strict qu'à la seule Âme humaine [10]. Car si l'homme ne savait pas que, dans l'autre vie, des peines ou des récompenses lui sont attribuées au motif de cette vie-ci, il n'y aurait en réalité ni peine ni récompense, et, du point de vue moral, ce serait comme si, après ma disparition, un autre plus heureux ou plus malheureux me succédait. C'est pourquoi j'estime que les âmes latentes depuis l'origine dans les animalcules séminaux ne sont pas raisonnables, tant qu'elles ne sont pas destinées par la conception à une vie humaine [11] ; faites alors d'un coup raisonnables et rendues capables de conscience et de société avec Dieu, je pense qu'elles ne peuvent plus jamais abandonner le personnage de citoyen dans la République de Dieu, en laquelle, parce qu'elle est gouvernée de la manière la plus juste et la plus belle, il s'ensuit, par les lois mêmes de la nature et du fait du parallélisme du règne de la grâce et du règne de la nature, que les Âmes sont rendues plus aptes aux récompenses et aux peines en vertu de leurs propres actions. En ce sens que l'on peut dire que la vertu se donne à elle-même sa récompense, et le crime sa peine, puisque c'est par une conséquence naturelle, suivant l'état ultime de l'âme, selon qu'elle décède en ayant expié ou non, que se produit un divorce naturel, préordonné par Dieu dans la nature, et conforme aux promesses et aux mises en garde divines ainsi qu'à la grâce et à la justice, à quoi s'ajoute aussi, suivant que nous avons été en relation avec les uns ou les autres, l'intervention des bons et des mauvais Génies, dont les opérations sont tout à fait naturelles, même si leur nature est plus élevée que la nôtre. Nous voyons bien qu'un homme s'éveillant d'un sommeil profond ou même d'une apoplexie, récupère d'ordinaire, une fois revenu à soi, la mémoire de son état antérieur. Il faut en dire autant de la mort, qui peut rendre troubles et confuses nos perceptions, mais ne peut les effacer complètement de la mémoire, dont l'usage revenant donne lieu aux récompenses et aux peines. C'est pourquoi le Sauveur a lui-même comparé la mort au sommeil [12]. Mais on ne peut attribuer aux bêtes, incapables de la société divine et du droit, la conservation de la personnalité et l'immortalité morale.

C'est pourquoi il n'y a pas lieu de craindre des conséquences dangereuses de cette doctrine, alors que la véritable Théologie naturelle, qui non seulement n'est pas contraire à la vérité révélée, mais qui la favorise aussi merveilleusement, se démontre de la plus belle manière par mes principes. Mais ceux qui refusent l'âme aux bêtes et toute perception et tout organisme aux autres parties de la matière ne connaissent pas assez la divine majesté, en introduisant quelque chose d'indigne de Dieu et d'inculte, savoir un vide des perfections ou des formes, qu'on peut appeler métaphysique, qu'il ne doit pas moins être rejeté que le vide de matière ou vide physique. Mais ceux qui accordent aux bêtes de vraies âmes et la perception, et estiment pourtant qu'elles peuvent périr naturellement, nous privent aussi de la démonstration par laquelle on montre que nos esprits ne peuvent pas périr naturellement, et ils tombent dans l'opinion des Sociniens [13], qui pensent que les âmes ne peuvent être conservées que de façon miraculeuse ou par grâce, mais jugent que la nature doit périr, ce qui est amputer la Théologie naturelle de sa principale partie. Outre que le contraire est par moi absolument démontré, puisque la substance privée de parties ne peut être naturellement détruite. Portez-vous bien et gardez moi votre amitié.

De Wolfenbüttel, le 4 Juin 1710.

4

Éclaircissement sur les Monades
Lettre à Rémond, 1714

Nicolas Rémond, chef des conseils du duc d'Orléans, avait particulièrement goûté la lecture de la *Théodicée.* C'est ce dont Pierre Coste, le traducteur de l'*Essai sur l'entendement humain* de Locke, informait Leibniz dans une lettre du 7 mai 1713, en y joignant une missive de Rémond, dont il disait encore : « Il souhaiterait que vous publiassiez en un seul volume toutes les petites pièces que vous avez communiquées au public en différents temps et différents journaux » ; il citait aussi un autre admirateur qui émettait le même souhait, l'abbé-poète Fraguier (GP III, 434).

Par l'entremise de Rémond, Fraguier et Leibniz firent échange de pièces en vers latins. À cette occasion, Rémond confiait à Leibniz une sorte de requête, où l'on peut trouver après coup une cause occasionnelle de la rédaction des *Principes de la nature et de la grâce* et de la *Monadologie* :

> Monsieur l'abbé Fraguier me disait encore hier qu'en effet il n'était pas assez instruit sur votre système pour oser en parler, mais que s'il en avait jamais une idée bien nette, il se ferait un plaisir de traiter un sujet si particulier et si grand. [...] Il faudrait pour cela voir chaque proposition exprimée dans la dernière justesse, sans métaphore, et comme les axiomes des Géomètres ; il faudrait en avoir les conséquences les plus immédiates et les plus éloignées, et en user pour expli-

> quer les passions et les effets naturels. Mais je suis bien éloigné d'en être là, et mon esprit ne me fournit presque que des objections que je ne démêle pas bien, parce que je ne sais pas encore assez les positions. Enfin il me fit convenir qu'il avait parlé juste, quand il avait comparé la connaissance que nous avons de votre Système des Monades à celle qu'on aurait du Soleil par de simples rayons échappés des nuages qui le couvriraient (GP III, 616).

La lettre est datée du 5 mai 1714. Entre-temps, Leibniz avait été saisi par un autre correspondant, Charles Hugony, qu'il avait connu à Berlin en 1705, et qui était une relation de Rémond, d'une demande similaire, à laquelle il avait répondu le 14 mars de la même année :

> Pour donner des éclaircissements sur les Monades, j'aurais besoin qu'on me fît des difficultés là-dessus, pour ne point parler en l'air et dire tout autre chose que ce qu'on demande (GP III, 682).

De là l'élaboration de la note reproduite ci-après que Leibniz a conservée à côté du brouillon de sa réponse à Rémond, datée de Vienne, juillet 1714 (et en mentionnant sur le feuillet que cette note n'avait pas été expédiée). Dans la réponse, il se bornait à dire :

> J'espérais de joindre à cette lettre quelque Éclaircissement sur les Monades que vous paraissez demander, mais il m'a crû sous la main, et bien des distractions m'ont empêché de l'achever si tôt. [...] Mons. l'abbé Fraguier donnant par des vers d'une éminente beauté du relief à des pensées aussi médiocres que les miennes, que ne ferait-il pas s'il traitait un grand sujet et des matières relevées ? Si je pouvais contribuer par quelques éclaircissements à l'encourager pour l'exécution du beau dessein qu'il paraît avoir, de donner du corps et de la couleur aux pensées de la plus sublime philosophie, j'aurais rendu un grand service aux hommes (GP III, 618 et 621).

Comme on le voit, Leibniz s'est engagé à fournir un « Éclaircissement sur les Monades » pour lever les incertitudes de Rémond, et aider, le cas échéant, Fraguier à composer une sorte de poème monadologique, qui serait comme un nouveau *De natura rerum*. Il avait mentionné cette idée dans une lettre à Rémond du 14 mars 1714, où il faudra, bien sûr, faire la part des usages de politesse, dont Leibniz n'était pas avare :

> C'est tout de bon que je crois qu'un aussi excellent homme, également Poète et Philosophe, et surtout Philosophe Platonicien, pourrait nous donner un poème sur les principes des choses, qui passerait infiniment ce que Lucrèce et d'autres poètes philosophes nous ont donné, n'ayant point eu des sentiments assez élevés, au lieu que ceux de Platon sont plus sublimes, et ne laissent point d'avoir du solide ; de sorte que de la manière que je prends les choses, encore ses hyperboles se vérifient bien souvent (GP III, 11).

Quant à nous, à défaut des vers latins que Fraguier aurait pu commettre, nous nous contenterons sans trop de regrets de la prose de Leibniz, dans la pleine maîtrise de son écriture définitive.

[*Source :* GP III, 622-624.]

J'ai appris de M. Hugony, que vous trouvez quelque difficulté sur mes Unités ou Monades. Je voudrais savoir, en quoi elle consiste. Je tâcherai cependant de m'expliquer. Je crois que tout l'univers des Créatures ne consiste qu'en substances simples ou Monades, et en leurs Assemblages. Ces substances simples sont ce qu'on appelle Esprit en nous et dans les Génies [1], et âme dans les Animaux. Elles ont toutes de la *perception* (qui n'est autre chose que la représentation de la multitude dans l'unité), et de l'*appétit* (qui n'est autre chose que la tendance d'une perception à une autre), qui est appelée *passion* chez les animaux, et *volonté* là où la perception est un entendement. On ne saurait même concevoir qu'il y ait autre chose que cela dans les substances simples et par conséquent dans toute la nature. Les Assemblages sont ce que nous appelons corps. Dans cette Masse on appelle matière ou bien force passive ou résistance primitive ce qu'on considère dans les corps comme le passif et comme uniforme partout ; mais la force active primitive est ce qu'on peut nommer Entéléchie, et en cela la masse est variée [2]. Cependant tous ces corps, et tout ce qu'on leur attribue, ne sont point des substances, mais seulement des phénomènes bien fondés, ou le fondement des apparences, qui sont différentes en différents observateurs, mais qui ont du rapport et viennent d'un même fondement, comme les apparences différentes d'une même ville vue de plusieurs côtés [3]. L'Espace bien loin d'être substance, n'est pas même un Être. C'est un ordre, comme le temps, un ordre des coexistences, comme le temps est un ordre entre les existences qui ne sont pas ensemble. La continuité n'est qu'une chose idéale, mais ce qu'il y a de réel est ce qui se trouve dans cet ordre de la continuité. Dans l'idéal ou continu, le tout est antérieur aux parties, comme l'unité arithmétique est antérieure aux fractions qui la partagent, et qu'on y peut assigner arbitrairement, les parties ne sont que potentielles ; mais dans le réel, le simple est antérieur aux assemblages, les parties sont actuelles, sont avant le tout [4]. Ces considérations lèvent les difficultés sur le continu, qui supposent que le continu est quelque chose de réel, et a des parties avant toute division, et que la matière est une substance. Il ne faut donc point concevoir l'étendue comme un Espace réel continu, parsemé de points. Ce sont des fictions propres à contenter l'imagination mais où la raison ne trouve point son compte. Il ne faut pas concevoir non plus que les Monades, comme des points dans un espace réel, se remuent, se poussent ou se touchent [5] ; il suffit que les phénomènes le font ainsi paraître, et cette apparence a de la vérité en tant que ces phénomènes sont fondés, c'est-à-dire consentants. Les mouvements et les concours [6] ne sont qu'apparence, mais apparence bien fondée et qui ne se dément jamais, et comme des songes exacts et persévérants. Le mouvement est le phénomène du changement suivant le lieu et le temps, le corps est le phénomène qui change. Les lois du mouvement, étant fondées dans les perceptions des substances simples, viennent des causes finales ou de convenance, qui sont immatérielles et en chaque monade ; mais si la matière était substance, elles viendraient de raisons brutes ou d'une nécessité géométrique, et seraient tout autres qu'elles ne sont. Il n'y a point d'action des substances que les perceptions et les appétits, toutes les autres actions sont phénomènes comme tous les autres agissants. Platon paraît en avoir vu quelque chose : il considère les choses matérielles comme peu réelles, et les Académiciens ont révoqué en doute si elles étaient hors de nous, ce qui se peut expliquer raisonnablement, en disant qu'elles ne seraient rien hors des perceptions, et qu'elles ont leur réalité du consentement des perceptions des substances apercevantes [7]. Ce consentement vient de l'Harmonie préétablie dans ces substances, parce que chaque substance simple est un miroir du même Univers, aussi durable et aussi ample que lui, quoique ces perceptions des Créatures ne sauraient être distinctes qu'à l'égard de peu de chose à la fois et qu'elles sont diversifiées par les rapports ou, pour ainsi dire, par le point de vue des miroirs, ce qui fait qu'un même Univers est multiplié d'une infinité de façons par autant de miroirs vivants, chacun se représentant à sa mode. On peut donc dire que chaque substance simple est une image de l'univers, mais que chaque esprit est par dessus cela une image de Dieu, ayant connaissance non seulement des faits et de leurs liaisons expérimentales, comme les âmes sans raison, qui ne sont qu'empiriques, mais ayant aussi connaissance de la nécessité des vérités éternelles, entendant les raisons des faits et imitant l'Architecture de Dieu, et aussi capables par là d'entrer en société avec lui et de fournir un membre de la Cité de Dieu, État le mieux réglé qu'il est possible, comme le monde aussi est la plus parfaite de toutes les structures, et le meilleur composé physique et le meilleur composé moral.

Mais j'ai peur que cette lettre pleine de pensées si abstraites et éloignées des imaginations reçues ne vous rebute. Je ne voudrais pas même que vous méditassiez trop à la fois là-dessus : il vaut mieux y revenir. J'ai voulu vous marquer cependant, combien je vous estime et vous honore, en vous écrivant ce que je n'écrirais pas facilement aux autres. Aussi cette lettre ne doit être que pour vous. Bien d'autres le trouveraient ou absurde ou inintelligible.

5

Monadologie et mathématiques
Lettre à Dangicourt, 1714

L'esquisse très générale de la *Monadologie*, que Leibniz a adressée au mathématicien Pierre Dangicourt, membre de l'Académie de Berlin, est l'un de ses tout derniers textes philosophiques, rédigé deux mois avant sa mort. Le souci de Leibniz est ici de préciser une nouvelle fois la distinction entre monades, unités arithmétiques et points géométriques, qui apparaît décidément comme la voie privilégiée pour entrer dans l'ontologie monadologique. Celle-ci distingue trois régions : 1. le *réel*, c'est-à-dire les monades, ou substances simples, 2. les *phénomènes*, ou les multitudes « substantiées », ou la matière, 3. enfin l'*idéal*, dont relèvent les entités mathématiques. Si les phénomènes sont fondés, quant au degré de réalité qui les caractérisent, sur les monades, ils participent aussi, par la continuité, de l'idéal, et sont rendus exacts par l'application des règles mathématiques.

La suite de la lettre rappelle, à l'usage d'un interlocuteur qui s'y entend, l'interprétation que Leibniz a toujours défendue, fût-ce contre ses propres partisans, dans les polémiques qui ont accompagné la diffusion du calcul infinitésimal : son refus d'admettre des « grandeurs véritablement infinies ou infinitésimales », et sa préférence pour le traitement des notions différentielles comme « des fictions, mais des fictions utiles pour abréger et pour parler universellement apparaît dès lors comme la contrepartie rigoureuse et la confirmation de sa métaphysique ».

[*Source :* Dutens, III, 499-501.]

Je suis ravi qu'un esprit aussi mathématicien que le vôtre s'applique aussi à des recherches philosophiques. Cela aidera à mon dessein de rendre la philosophie démonstrative. Il me semble que nos sentiments ne sont pas fort éloignés l'un de l'autre. Je suis aussi d'opinion qu'à parler exactement il n'y a point de substance étendue[1]. C'est pourquoi j'appelle la matière *non substantiam sed substantiatam*[2]. J'ai dit en quelques endroits (peut-être de la Théodicée, si je ne me trompe[3]) que la matière n'est qu'un phénomène réglé et exact qui ne trompe point, quand on prend garde aux règles abstraites de la raison. Les véritables substances ne sont que les substances simples, ou ce que j'appelle *Monades*. Et je crois qu'il n'y a que des monades dans la nature, le reste n'étant que les phénomènes qui en résultent. Chaque monade est un miroir de l'univers selon son point de vue, accompagnée d'une multitude d'autres monades qui composent son corps organique dont elle est la monade dominante. Et en elle-même il n'y a que perceptions et tendances à des nouvelles perceptions et appétits ; comme dans l'univers des phénomènes, il n'y a que figures et mouvements. La monade donc enveloppe par avance en elle ses états passés et futurs, en sorte qu'un *omniscient* l'y peut lire, et les monades s'accordent entre elles, étant des miroirs d'un même univers, mais différemment représenté : c'est comme une multiplication d'un même univers à l'infini, quoique l'univers même soit d'une diffusion infinie. C'est en cela que consiste mon Harmonie préétablie. Les monades (dont celles qui nous sont connues sont appelées âmes) changent leur état d'elles-mêmes selon les lois des causes finales et des appétits, et cependant le règne des causes finales s'accorde avec le règne des causes efficientes qui est celui des phénomènes. Cependant je ne dis point que le *continuum* soit composé de points géométriques, car la matière n'est point le *continuum*, et l'étendue continuelle n'est qu'une chose idéale, consistant en possibilités, qui n'a point en elle de parties actuelles. Les touts intellectuels n'ont des parties qu'en puissance. Ainsi la ligne droite n'a des parties actuelles qu'autant qu'elle est actuellement sous-divisée à l'infini ; mais s'il y avait un autre ordre des choses, les phénomènes feraient qu'elle serait autrement sous-divisée. C'est comme l'unité dans l'Arithmétique, qui est aussi un tout intellectuel ou idéal divisible en parties, comme, par exemple, en fractions, non pas actuellement en soi (autrement elle serait réductible à des parties minimes qui ne se trouvent point en nombres), mais selon qu'on aura des fractions assignées [4]. Je dis donc que la matière, qui est quelque chose d'actuel ne résulte que des monades, c'est-à-dire de substances simples indivisibles, mais que l'étendue ou la grandeur géométrique n'est point composée des parties possibles qu'on y peut seulement assigner, ni résoluble en points, et que les points aussi ne sont que des extrémités et nullement des parties ou composants de la ligne.

Pour ce qui est du calcul des Infinitésimales, je ne suis pas tout à fait content des expressions de Monsieur *Hermann* dans sa réponse à Monsieur

Nieuwentyt, ni de nos autres amis. Et Mr. *Naudé* a raison d'y faire des oppositions[5]. Quand ils disputèrent en France avec l'abbé *Gallois*, le Père *Gouye* et d'autres[6], je leur témoignai que je ne croyais point qu'il y eût des grandeurs véritablement infinies, ni véritablement infinitésimales, que ce n'étaient que des fictions, mais des fictions utiles pour abréger et pour parler universellement, comme les racines imaginaires dans l'Algèbre, telles que $\sqrt{(-1)}$; qu'il faut concevoir, par exemple, (1) le diamètre d'un petit élément d'un grain de sable, (2) le diamètre du grain de sable même, (3) celui du globe de la terre, (4) la distance d'une fixe de nous, (5) la grandeur de tout le système des fixes, comme (1) une différentielle du second degré, (2) une différentielle du premier degré, (3) une ligne ordinaire assignable, (4) une ligne infinie, (5) une ligne infiniment infinie[7]. Et plus on faisait la proportion ou l'intervalle grand entre ces degrés, plus on approchait de l'exactitude, et plus on pouvait rendre l'erreur petite et même la retrancher tout d'un coup par la fiction d'un intervalle infini, qui pouvait toujours être réalisée à la façon d'*Archimède* ; Mais comme Mr. Le Marquis *de l'Hôpital* croyait que par là je trahissais la cause[8], ils me prièrent de n'en rien dire, outre ce que j'en avais dit dans un endroit des Actes de Leipzig, et il me fut aisé de déférer à leur prière.

[...]

Hanovre, le 11 septembre 1716.

CHRONOLOGIE

BIBLIOGRAPHIE

NOTES

INDEX

CHRONOLOGIE

REPÈRES BIOGRAPHIQUES

Gottfried Wilhelm Leibniz est né le 1er juin 1646 à Leipzig. C'est un lieu commun de dire que son œuvre a embrassé tous les savoirs : juriste de formation, il est l'un des inventeurs du calcul infinitésimal et de bien d'autres innovations mathématiques. Historien par obligation professionnelle, il l'a aussi été par vocation, en même temps que théologien, se consacrant à un projet de réconciliation des Églises qui fut la grande affaire de sa vie. Il était autant intéressé par l'étude des langues que par celle des origines de la Terre. Conseiller politique, analyste des affaires internationales, il fut également technologue et ingénieur, créateur d'une machine à calculer et de systèmes originaux de moulins pour actionner les pompes des mines du Harz. L'allemand fut sa langue maternelle, qu'il contribua à promouvoir comme langue de culture ; le latin lui apporta le milieu d'expression naturel de ses recherches philosophiques et scientifiques ; le français, appris tardivement, devint l'instrument privilégié de l'universalité de sa pensée.

La famille de Leibniz était luthérienne ; son père, juriste et professeur de philosophie morale à l'université de cette ville, mourut alors que l'enfant n'était encore âgé que de six ans. Combinant les apports de l'éducation familiale, de l'instruction scolaire et de sa boulimie de lectures, il apprit très tôt et très vite le latin et le grec, lut les historiens anciens et s'initia à la philosophie scolastique. En 1661, il entra à l'université de sa ville natale, où il fut l'élève de Jacob Thomasius, dont l'enseignement contribuait à fonder l'histoire de la philosophie comme objet d'étude. En même temps, il recevait les premières informations sur les « modernes », Gassendi, puis Hobbes et Descartes. Il devint bachelier en 1663 avec une Thèse sur le principe d'individuation, où se décèle la préférence pour l'ontologie nominaliste. Il quitta Leipzig pour Altdorf, où il devint docteur en droit en 1666, tandis qu'il publiait sa *Dissertatio de Arte combinatoria (sur l'art des combinaisons)*, dont il serait abusif de majorer l'originalité (mais Leibniz en retiendra l'idée d'un art d'inventer fondé sur l'analyse des concepts en termes simples et leur recomposition). En 1667, il fit la connaissance du baron de Boinebourg, protestant converti au catholicisme, qui lui permettra d'entrer bientôt au service de l'Archevêque-Électeur de Mayence ; c'est auprès de Boinebourg qu'il conçut le plan des *Démonstrationes catholicae (Démonstrations universelles)*, dont le thème central était la conformité de la foi et de la raison, attestée par l'établissement rationnel, démonstratif, des fondements doctrinaux universels de la religion chrétienne (idées qui inspireront toute son œuvre ultérieure). Cette année-là, il publia la *Nova Methodus discendae docendaeque Jurisprudentiae* (*Nouvelle Méthode pour enseigner et apprendre la Jurisprudence*), le plus intéressant et le plus accompli de ses ouvrages de jeunesse.

À partir de 1669, une connaissance plus précise des modernes conduisit Leibniz à s'intéresser de plus près aux questions de philosophie naturelle. L'aboutissement provisoire en fut deux traités publiés en 1671, la *Theoria motus abstracti (Théorie du mouvement abstrait)* et la *Theoria motus concreti seu Hypothesis physica nova (Théorie du mouvement concret ou Hypothèse physique nouvelle)*, par lesquels il chercha à obtenir la reconnaissance des milieux savants, en les adressant respectivement à l'Académie des sciences de Paris et à la Royal Society de Londres. Mais c'est le voyage à Paris, où il se rendit en mission l'année suivante, qui fut véritablement décisif pour sa formation scientifique. De 1672 à 1676 (avec un passage à Londres en 1673), il y rencontra, parmi beaucoup d'autres, Malebranche, Arnauld, le grand Christian Huygens. Il s'initia à l'état le plus récent des mathématiques et de la physique. La famille Périer l'autorisa à consulter les manuscrits de Pascal, et Leibniz a raconté que c'est à cette occasion, à la lecture du *Traité des sinus du quart de cercle*, que s'imposa à lui l'idée mère du calcul différentiel, qui résultait en outre de ses réflexions antérieures sur les séries infinies.

En 1676, Leibniz se résolut à accepter le poste de bibliothécaire que lui offrait le duc Jean-Frédéric de Brunswick, qui régnait à Hanovre. Cet autre protestant converti au catholicisme attendait de son nouveau collaborateur une contribution aux négociations qui étaient à la veille de s'engager pour la réconciliation des Églises. Sur le chemin de Paris à Hanovre, Leibniz s'arrêta à Amsterdam, où il eut des entretiens avec Spinoza. Il restera en poste à Hanovre jusqu'à sa mort, devenant conseiller aulique puis historiographe officiel de la maison de Brunswick. À Jean-Frédéric, mort en 1680, succéderont son frère Ernest-Auguste, puis, en 1698, le fils de ce dernier, Georges-Louis. Leibniz n'entretiendra pas avec eux les mêmes relations confiantes qu'avec son premier employeur, mais il cultivera l'amitié et l'estime de la princesse Sophie, épouse d'Ernest-Auguste, et de leur fille Sophie-Charlotte, devenue reine de Prusse. Cependant, la situation de Leibniz à Hanovre lui deviendra de plus en plus pesante ; son influence politique ira diminuant, et la charge de ses obligations administratives (ses « distractions », comme il disait, au sens étymologique du mot) lui pèsera de plus en plus comme un empêchement à élaborer complètement ses grands projets philosophiques et scientifiques.

Il put utiliser cependant ses fonctions d'historiographe pour entreprendre en 1687-1690 un grand voyage qui, *via* l'Allemagne du Sud et l'Autriche, le mena en Italie. Les semaines passées à Rome et à Florence furent ainsi, après le voyage à Paris, une seconde occasion de multiples rencontres intellectuellement enrichissantes, loin de la médiocrité provinciale de Hanovre. C'est à ce moment-là qu'il mit au net sous une forme systématique ses thèses concernant la nature des corps et les lois du mouvement, dans son grand traité des *Dynamica* (terme qu'il inventa à cette fin), qu'il ne publia pas. Leibniz engagera à son retour à Hanovre une phase de publications d'articles dans les revues savantes, visant à diffuser les attendus d'une refonte de la philosophie première. En même temps, il se soucia de donner corps à son souci ancien d'organiser et encadrer le progrès des connaissances : ce fut la fondation, en 1700, de l'Académie de Berlin.

En 1710, parurent les *Essais de Théodicée*, le seul véritable livre de philosophie publié par Leibniz de son vivant, outre ses dissertations de jeunesse et les nombreux articles de revue de l'âge mûr ; ceux-ci traitent des sujets les plus variés, où la philosophie n'occupe quantitativement qu'une moindre part, à côté d'interventions en mathématiques, physique, sciences naturelles, histoire, questions politiques, « curiosités ». En 1712-1714, Leibniz séjourna à Vienne, où il fut promu conseiller de l'empereur Charles VI. Mais il dut rentrer à Hanovre, alors que Georges-Louis, devenu roi d'Angleterre (George Ier) lui interdisait de le suivre à Londres. Isolé et désabusé, il vécut tristement à Hanovre ses derniers mois ; il y mourut le 14 novembre 1716. Un an après, c'est devant l'Académie des sciences de Paris (dont il était membre étranger, au premier rang de la liste, depuis 1700) qu'un hommage digne de son génie lui sera rendu, dans l'*Éloge* prononcé par Fontenelle.

CHRONOLOGIE

21 juin [1er juillet] 1646. Naissance à Leipzig.

1652-1661. Premières études à la Nicolai-Schule.

1661. Entrée à l'Université de Leipzig. Suit les cours de Jacob Thomasius. Premières informations sur les « modernes », Bacon, Hobbes, Gassendi.

1663. *Disputatio de principio individui*, thèse de baccalauréat à l'Université de Leipzig. Passe à l'Université d'Iéna, où il suit les enseignements d'Ehrard Weigel.

1666. Publication de la *Dissertatio de Arte combinatoria*. Doctorat en droit à l'Université d'Altdorf. Refuse de devenir professeur.

1667. Rencontre avec le baron Jean-Christophe de Boinebourg. Publication de la *Nova Methodus discendae docendaeque Jurisprudentiae.*

1668-1669. Projet des *Demonstrationes catholicae* et d'une remise en ordre du Droit.

1670. Conseiller auprès de l'Archevêque-Électeur de Mayence.

1671. Publication de la *Theoria motus abstracti* et de la *Theoria motus concreti seu Hypothesis physica nova.*

1672-1676. Séjour à Paris, pour y accompagner le fils de Boinebourg et proposer à Louis XIV un plan de conquête de l'Égypte, qui préserverait la paix et l'équilibre en Europe. Relations avec Arnauld, Malebranche, Huygens. En 1675, invention du calcul infinitésimal.

1673. Voyage à Londres, rencontre avec Oldenburg, Wren, Boyle.

1676. Départ de Paris, visite à Spinoza en Hollande. Installation à Hanovre, d'abord comme bibliothécaire, puis conseiller aulique (1678) et historiographe de la maison de Brunswick (1685).

1678. En janvier, *De corporum concursu*, adoption du concept de force = mv^2.

1679. Début de la correspondance avec Bossuet, sur la réunion des confessions chrétiennes. Elle impliquera d'autres interlocuteurs, principalement Paul Pellisson-Fontanier, Mme de Brinon, etc.

1680-1686. S'occupe activement des installations minières dans le Harz.

1684. Publication de la *Nova Methodus pro maximis et minimis*, exposé des règles du calcul différentiel, et des *Mediationes de Cognitione, Veritate et Ideis*, critique de la règle cartésienne de l'évidence et méthode d'analyse des idées.

1685. À la fin de l'année, rédaction du *Discours de métaphysique*.

1686. Correspondance avec Arnauld sur les thèses du *Discours*. Publication de la *Brevis demonstratio erroris memorabilis Cartesii*, qui ouvre la polémique contre les cartésiens sur la conservation de la force plutôt que de la quantité de mouvement. — *Generales Inquisitiones de analysi notionum et veritatum*, mise au point de la distinction des vérités nécessaires et des vérités contingentes par l'analyse infinie. — *Sys-*

tema Theologicum, fondements doctrinaux de la réconciliation religieuse.

1687-1690. Voyage en Autriche et Italie. Rédaction de la *Dynamica de potentia et legibus naturae.*

1691. Publication de l'article *Si l'essence des corps consiste dans l'étendue*, la réponse étant négative.

1692. Le duché de Hanovre est érigé en Électorat, en partie grâce aux rapports de Leibniz.

1693. Publication du *Codex juris gentium diplomaticus*, recueil de pièces de droit international, avec une importante Préface.

1694. Publication du *De primae philosophiae emendatione seu de notione substantiae.*

1695. Publication du *Système nouveau de la nature et de la communication des substances* et du *Specimen dynamicum.*

1697. Publication des *Novissima Sinica*, recueil d'informations sur la Chine, obtenues principalement dans les correspondances avec les missionnaires jésuites.

1698. Publication du *De Ipsa Natura.*

1700. Membre étranger de l'Académie des sciences de Paris. Fondation de la Société (plus tard Académie) des sciences de Berlin.

1703-1704. Rédaction des *Nouveaux Essais sur l'entendement humain*, en parallèle à l'*Essai* de Locke.

1710. Publication des *Essais de Théodicée.*

1712-1714. Séjour à Vienne. Nommé conseiller aulique de l'Empire. Rédaction des *Principes de la nature et de la grâce* et de la « *Monadologie* ».

1715-1716. Correspondance avec Clarke, derrière lequel intervient Newton, sur les principes de la philosophie naturelle.

14 novembre 1716. Mort à Hanovre.

BIBLIOGRAPHIE

1. ÉDITIONS GÉNÉRALES DES ŒUVRES DE LEIBNIZ

A *Sämtliche Schriften und Briefe*. Hrsg. von der Preussischen Akademie der Wissenschaften [désormais : Hrsg. von der Berlin Brandenburgischen Akademie der Wissenschaften und der Akademie der Wissenschaften in Göttingen], Darmstadt puis Berlin, 1923-... (la Série est désignée en chiffres romains, suivie de la tomaison en chiffres arabes).

Bodemann *Die Leibniz-Handschriften der königlichen öffentlichen Bibliothek zu Hannover*, Hannover-Leipzig, 1895.

C *Opuscules et fragments inédits de Leibniz. Extraits des manuscrits*... par Louis Couturat, Paris, 1903 (réimpr. Hildesheim, Olms, 1961).

FC *Nouvelles lettres et opuscules inédits de Leibniz*,... par A. Foucher de Careil, Paris, 1857.

GM *Mathematische Schriften*. Hrsg. von C. I. Gerhardt, Bd. I-VII, Halle, 1855-1863 (réimpr. Hildesheim, Olms, 1962).

GP *Die philosophischen Schriften*. von C. I. Gerhardt, Bd. I-VII, Berlin, 1875-1890 (réimpr. Hildesheim, Olms, 1960-1961).

Grua *Textes inédits d'après les manuscrits*..., publiés et annotés par Gaston Grua, Paris, PUF, 1948.

2. ÉDITIONS DU *DISCOURS DE MÉTAPHYSIQUE*

Grotefend *Briefwechsel zwischen Leibniz, Arnauld und dem Landgrafen Ernst von Hessen-Rheinfels...* Hrsg. von C. L. Grotefend, Hannover, 1846.

FC [Reproduit pp. 330-378, en y ajoutant quelques fautes, le texte de Grotefend.]

GP [Bd. IV, 1880, pp. 427-463, sans les titres des articles. On trouve ces derniers avec le Sommaire destiné à Arnauld au tome II, 1879, pp. 12-14.]

Lestienne *Discours de métaphysique...* Nouvelle édition collationnée pour la première fois avec le texte autographe de l'auteur. Introduction et notes par H. Lestienne..., Paris, Alcan, 1907. [Seconde édition avec Avertissement de Henri Gouhier, Paris, Librairie philosophique J. Vrin, 1929. — Troisième édition avec Introduction nouvelle par André Robinet, 1974.]

Prenant *Œuvres choisies de Leibniz*, Paris, Classiques Garnier, s. d. [1940]. — Seconde édition (sans les notes), Paris, Aubier-Montaigne, 1972 [pp. 162-197].

Le Roy *Discours de métaphysique et Correspondance avec Arnauld*. Introduction, texte et commentaire par Georges Le Roy, Paris, Vrin, 1957 (constamment réédité).

Rauzy *Discours de métaphysique. Sur la liberté, le destin, la grâce de Dieu. Correspondance avec Arnauld*. Introduction et notes par Jean-Baptiste Rauzy, Paris, Agora-Pocket, 1993.

A [VI, 4 B, 1999, pp. 1529-1588].

Frémont [a] *Discours de métaphysique et autres textes* 1663-1689. Présentation et notes de Christiane Frémont, Paris, GF-Flammarion, 2001.

3. ÉDITIONS DE LA *MONADOLOGIE*

Erdmann G. G. Leibnitii *Opera philosophica quae extant...*, Berlin, 1840 [pp. 705-713].

Boutroux Leibnitz [*sic*]. *La Monadologie, publiée d'après les manuscrits et accompagnée d'éclaircissements* par Émile Boutroux [...] suivie d'une Note sur les principes de la mécanique dans Descartes et dans Leibnitz, par Henri Poincaré [...]. Paris, Librairie Delagrave, 1881.

[Constamment réédité. — Reproduit sous le titre : *La Monadologie*, édition critique établie par Émile Boutroux, précédée d'une étude de Jacques Rivelaygue, « La Monadologie » de Leibniz, suivie d'un exposé d'Émile Boutroux, « La Philosophie de Leibnitz », Paris, Le Livre de Poche, LGF, 1991.]

GP [Bd. VI, 1885, pp. 607-623, sans titre.]

Strack *Leibniz' sogenannte* Monadologie *und* Principes de la nature et de la grâce. Hrsg. von Clara Strack, Berlin, Reimer, 1917. — Réimpression, Berlin, De Gruyter, 1967.

Prenant *Œuvres choisies de Leibniz*, Paris, Classiques Garnier, s. d. [1940]. — Seconde édition (sans les notes), Paris, Aubier-Montaigne, 1972 [pp. 397-408].

Robinet *Principes de la nature et de la grâce fondés en raison. — Principes de la Philosophie ou Monadologie*. Publiés intégralement d'après les manuscrits de Hanovre... par André Robinet, Paris, PUF, 1954. — Rééd. coll. Épiméthée, 1986.

Resher *G. W. Leibniz's Monadology. An Edition for Students*, London, Routledge, 1991. [Introduction, traduction anglaise et commentaire par Nicholas Resher. Propose, à la suite de chaque article de la *Monadologie*, un échantillon remarquable de textes connexes de Leibniz.]

Frémont [c] *Principes de la nature et de la grâce — Monadologie et autres textes* 1703-1716. Présentation et notes de Christiane Frémont, Paris, GF-Flammarion, 1996.

Till Gottfried Wilhelm Leibniz *Monadologie*. Französisch und deutsch... Hrsg. von Dietmar Till, Frankfurt am Main, Insel Verlag, 1996. [Reproduit la traduction allemande de Heinrich Köhler, 1720.]

Lamarra Antonio Lamarra / Roberto Palaia / Pietro Pimpinella. *Le prime traduzioni della « Monadologie » di Leibniz (1720-1721). Introduzione storico-critica, sinossi di testi, concordanze contrastive*, Firenze, Olschki, 2001.

4. ÉDITIONS CONJOINTES DU *DISCOURS DE MÉTAPHYSIQUE* ET DE LA *MONADOLOGIE*

Monado *Monado 74* [*sic*], Paris, Vrin, 1974 [donne les deux textes bruts d'après GP, avec apparats informatiques].

Bouquiaux *Discours de métaphysique* suivi de *Monadologie*. Préface, présentations et notes de Laurence Bouquiaux, Paris, Gallimard, coll. « Tel », 1995.

5. AUTRES ÉDITIONS D'ŒUVRES DE LEIBNIZ

Belaval *Confessio Philosophi. La Profession de foi du philosophe*. Texte, traduction et notes par Yvon Belaval, Paris, Vrin, nouvelle éd. revue et augmentée, 1970.

Bodéüs Leibniz-Thomasius, *Correspondance 1663-1672*. Traduction et commentaire de Richard Bodéüs, Paris, Vrin, 1993.

Brunschwig *Essais de Théodicée*, Paris, Garnier-Flammarion, 1969.

— *Nouveaux Essais sur l'entendement humain*, Paris, Garnier-Flammarion, 2e éd., 1990.

Costabel *Leibniz et la Dynamique. Les textes de 1692*, Paris, Hermann, 1960.

Fichant *La réforme de la Dynamique. Le* De Corporum concursu (1678) *et autres textes inédits*. Édition, présentation, traductions et commentaires par Michel Fichant, Paris, Vrin, 1994.

Finster *Gottfried Wilhelm Leibniz. Der Briefwechsel mit Antoine Arnauld*. Hrsg. von Reinhard Finster, Hamburg, Felix Meiner, 1997.

Frémont *L'Être et la relation* avec *Trente-cinq lettres de Leibniz au R.P. Des Bosses*, traduites du latin et annotées par Christiane Frémont, Paris, Vrin, 1981.

Lewis *Lettres de Leibniz à Arnauld, d'après un manuscrit inédit*, avec une Introduction historique et des Notes critiques par Geneviève [Rodis-] Lewis, Paris, PUF, 1952.

Robinet *Malebranche et Leibniz. Relations personnelles*, Paris, Vrin, 1955.

6. MORCEAUX CHOISIS

Frémont [a] *Discours de métaphysique et autres textes* 1663-1689. Présentation et notes de Christiane Frémont, Paris, GF-Flammarion, 2001.

Frémont [b] *Système nouveau de la nature et de la communication des substances et autres textes* 1690-1703. Présentation et notes de Christiane Frémont, Paris, GF-Flammarion, 1994.

Frémont [c] *Principes de la nature et de la grâce – Monadologie et autres textes* 1703-1716. Présentation et notes de Christiane Frémont, Paris, GF-Flammarion, 1996.

Prenant *Œuvres choisies de Leibniz*, Paris, Classiques Garnier, s. d. [1940]. — Seconde édition (sans les notes), Paris, Aubier-Montaigne, 1972.

Schrecker *Opuscules philosophiques choisis*, Paris, Vrin, 2001. [Nouvelle édition réunissant dans un même volume les *Opuscules philosophiques choisis* et les *Remarques sur la Partie générale des Principes de Descartes*, précédemment édités séparément.]

TLM *Recherches générales sur l'analyse des notions et des vérités. 24 Thèses métaphysiques et autres textes logiques et métaphysiques.* Introductions et notes par Jean-Baptiste Rauzy, Paris, PUF, 1998.

7. SÉLECTION D'ÉTUDES ET COMMENTAIRES

Adams, Robert Merrihew, *Leibniz : Determinist, Theist, Idealist*, New York/Oxford, 1994.

Baruzi, Jean, *Leibniz et l'organisation religieuse de la terre*, Paris, 1907.

— « Du *Discours de métaphysique* à la *Théodicée* », *Revue philosophique de la France et de l'étranger*, 136 (1946).

Becco, Anne, *Du simple chez G. W. Leibniz, Discours de métaphysique et Monadologie*, Paris, Vrin, 1975.

— « Aux sources de la Monade : paléographie et lexicographie leibniziennes », *Les Études philosophiques*, n° 3 (1975).

Beeley, Philip, « Points, Extension, and the Mind-Body Problem. Remarks on the Development of Leibniz's Thought from the *Hypothesis Physica Nova* to the *Système Nouveau* », in Woolhouse [*infra*].

Boehm, Rudolph, « Notes sur l'histoire des "Principes de la nature et de la grâce" et de la "Monadologie" de Leibniz », *Revue philosophique de Louvain*, 55 (1957).

Belaval, Yvon, *Leibniz critique de Descartes*, Paris, Gallimard, 1960. Rééd. coll. « Tel », 1978.

— *Études leibniziennes*, Paris, Gallimard, 1976. Rééd. coll. « Tel », 1993.

Burgelin, Pierre, *Commentaire au Discours de métaphysique*, Paris, PUF, 1959.

Couturat, Louis, *La Logique de Leibniz*, Paris, 1901. [Reprint Hildesheim, Olms, 1960.]

— « Sur la métaphysique de Leibniz », *Revue de Métaphysique et de Morale*, 10 (1902) et 100 (1995).

Fichant, Michel, « Mécanisme et Métaphysique : le rétablissement des formes substantielles (1679) », précédé d'une traduction des « Pensées sur l'instauration d'une Physique nouvelle (1679) », *Philosophie*, n° 39-40 (1993).

— *Science et métaphysique dans Descartes et Leibniz*, Paris, PUF, 1998.

Friedmann, Georges, *Leibniz et Spinoza*, Paris, Gallimard, 1946.

Grua, Gaston, *Jurisprudence universelle et théodicée selon Leibniz*, Paris, PUF, 1953.

— « Optimisme et piété leibnizienne avant 1686, avec des textes inédits », *Revue philosophique de la France et de l'étranger*, 136 (1946).

Guillermit, Louis, « Puissance de Dieu et base de la monade selon Leibniz », *Archives de philosophie*, 51 (1988).

Gurwitsch, Aaron, *Leibniz. Philosophie des Panlogismus*, Berlin/New York, De Gruyter, 1974.

Hochstetter, Erich, « Von der wahren Wirklichkeit bei Leibniz », *Zeitschrift für philosophischen Forschung*, 20 (1966).

Lamarra, Antonio, « Substantial Forms and Monads. The *Système Nouveau* in Comparison with the *Principes de la nature et de la grâce* », in Woolhouse [*infra*].

Loemker, Leroy E., « A Note on the Origin and Problem of Leibniz's *Discourse* of 1686 », *Journal of the History of Ideas*, VIII (1947). Repris in Ivor Leclerc (ed.), *The Philosophy of Leibniz and the Modern World*, Nashville, Vanderbilt University Press, 1973.

Martin, Gottfried, *Leibniz. Logic und Metaphysik*, Köln, 1960. Trad. fr. *Leibniz. Logique et Métaphysique*, Paris, Beauchesne, 1966.

Mugnai, Massimo, *Astrazione et realtà. Saggio su Leibniz*, Milano, Feltrinelli, 1976

— *Introduzione alla filosofia di Leibniz*, Turino, Einaudi, 2001.

Parkinson, George H. R., « Substantial Forms in the *Système Nouveau* and Related Works », in Woolhouse [*infra*].

Rauzy, Jean-Baptiste, *La doctrine leibnizienne de la vérité. Aspects logiques et ontologiques*, Paris, Vrin, 2001.

Robinet, André, *Architectonique disjonctive, automates systémiques et idéalité transcendantale selon G. W. Leibniz*, Paris, Vrin, 1986.

Russell, Bertrand, *A Critical Exposition of the Philosophy of Leibniz*, Cambridge, 1900. Trad. fr. *La philosophie de Leibniz. Exposé critique*, Paris, Félix Alcan, 1908.

Rutherford, Donald, *Leibniz and the Rational Order of Nature*, Cambridge University Press, 1995.

— « Metaphysics : The Late Period », in Nicholas Jolley (ed.) *The Cambridge Companion to Leibniz*, Cambridge University Press, 1995.

Sleigh, Robert C., *The Leibniz-Arnauld Correspondence*, New Haven, Connecticut, Yale University Press, 1990.

Wilson, Catherine, *Leibniz Metaphysics. A Historical and Comparative Study*, Princeton University Press, 1989.

Woolhouse, Roger (ed.), *Leibniz's « New System » (1695)*, Firenze, Olschki, 1996 (cf. Beeley, Lamarra, Parkinson).

NOTES

INTRODUCTION
L'INVENTION MÉTAPHYSIQUE

1. Le Landgrave de Hesse-Rheinfels (1627-1693) s'était converti au catholicisme et avait écrit en 1666 un ouvrage à diffusion privée intitulé *Le Catholique sincère et discret*, où il examinait les conditions d'un rapprochement entre catholiques et protestants. C'est pour récupérer l'exemplaire adressé au duc Jean-Frédéric de Hanovre qu'après la mort de celui-ci il s'était adressé à Leibniz. S'ensuivit une abondante correspondance qui devait durer jusqu'à la mort du Landgrave, portant essentiellement sur les questions doctrinales et pratiques liées à la réunion des confessions chrétiennes.

2. L'endroit évoqué par Leibniz est l'une des résidences qu'il a occupées durant l'hiver 1685-1686 : depuis le début du mois de novembre, il était en mission dans les montagnes du Harz, où il était en charge d'améliorations à apporter au fonctionnement des mines, en particulier par la mise en place de systèmes de pompage actionnés par des moulins à vent horizontaux de son invention. On peut donc imaginer que, dans cette région aux hivers singulièrement rudes, la nécessité d'interrompre les travaux ait donné à Leibniz le loisir de n'avoir « rien à faire » pendant quelques jours, sinon... écrire de la métaphysique.

3. Antoine Arnauld (1612-1694), le plus célèbre et le plus pugnace doctrinaire du jansénisme en France, se trouvait alors exilé, depuis 1679, aux Pays-Bas, où il avait fui la politique de répression antijanséniste de Louis XIV. Les relations entre Leibniz et Arnauld remontent à l'envoi d'une première lettre (en latin) de Leibniz, en novembre 1671 (GP I, 68-82, et A II, 1, 169-181) : le jeune Allemand, en poste auprès de l'Archevêque-Électeur de Mayence, y exposait ses vues en matière de philosophie naturelle, de philosophie de l'esprit et de théologie, dans l'intention d'y faire reconnaître les bases d'une conciliation doctrinale permettant de réunir les Églises chrétiennes (pendant la brève période de tranquillité ouverte par la Paix de l'Église de 1668, Arnauld se trouvait alors au faîte de sa notoriété publique, en menant principalement la controverse contre les Calvinistes). Durant son séjour à Paris (1672-1676), Leibniz se fit introduire auprès d'Arnauld, avec qui il eut de fréquents entretiens, et à qui il remit le dialogue latin de la *Confessio Philosophi* (*La Profession de foi du philosophe*, texte, traduction et notes par Yvon Belaval, Paris, Vrin, 1970). Dans les mois qui précèdent immédiatement la nouvelle proposition de communication autour des thèses du *Discours de métaphysique*, Leibniz avait déjà fait deux autres tentatives, toujours par l'intermédiaire du Landgrave de Hesse-Rheinfels : en août 1683, en lui faisant parvenir un écrit mathématique (sans doute une première version de sa *Nova Methodus pro maximis et minimis*, où se trouvera rendu public, l'année suivante, le principe du nouveau calcul de l'infini), puis en décembre 1684, en communiquant ses *Meditationes de cognitione, veritate et ideis*, publiées peu auparavant, et dans lesquelles il intervenait dans la querelle des vraies et des fausses idées qui opposait alors Arnauld à Malebranche (cf. lettres de Leibniz au Landgrave, du 4/14 août 1683, A I, 3, 319, ou A II, 1, 536, puis du 29 décembre 1684, A I, 4, 342, ou A II, 1, 544).

4. Principalement aux premières lignes du *Système nouveau de la nature et de la communication des substances* (1695), GP IV, 477, et Frémont [b] 65. La publication possible de la correspondance avec Arnauld est évoquée notamment dans une lettre à l'abbé Simon Foucher du 16 avril 1695 (GP I. 420), puis dans une note d'un *Journal*

tenu par Leibniz en allemand, à la date du 18 janvier 1697 (*Geschichtliche Aufsätze und Gedichte*, éd. Georg Heinrich Pertz, Hanovre, 1847, p. 219). Leibniz y revient dans une lettre à Quesnel du 12 mars 1707, publiée par Geneviève [Rodis-]Lewis, dans son édition des *Lettres de Leibniz à Arnauld, d'après un manuscrit inédit*, Paris, PUF, 1952, p. 107.

5. On ne saurait donc considérer cette dénomination comme le « seul titre autorisé », répondant aux propres intentions de Leibniz, comme le suggère André Robinet, dans l'Introduction donnée à la nouvelle édition (Paris, Vrin, 1970) de la publication de Lestienne.

6. L'intitulé donné par Köhler est « Lehrsätze über die *Monadologie* ingleichem von Gott und seiner Existenz, seinen Eigenschaften und von der Seele des Menschen », c'est-à-dire littéralement : « Thèses sur la *Monadologie*, ainsi que de Dieu et son existence, ses attributs et de l'âme de l'homme ». Sur cette traduction, voir l'étude d'Antonio Lamarra, Roberto Palaia, Pietro Pimpinella, *Le prime traduzioni della « Monadologie » di Leibniz (1720-1721). Introduzione storico-critica, sinossi di testi, concordanze contrastive*, Firenze, Olschki, 2001.

7. Le titre « Principes de la Philosophie » figure en revanche sur la copie conservée à la Bibliothèque nationale de Vienne, qui pourrait procéder de la même source que celle sur laquelle Köhler a fait sa traduction allemande. La traduction latine donnée en février 1721 par la revue de Leipzig *Acta eruditorum* porte aussi le titre de *Principia Philosophiae*. On sait désormais, à la suite du travail d'Antonio Lamarra cité à la note précédente, que l'auteur de cette traduction est très certainement Christian Wolff.

8. L'erreur remonte à un ouvrage de J. Koethen, *Principia quaedam Metaphysicae wolfianae* (1737) : la traduction latine mentionnée à la note précédente y est reproduite sous le titre de *Theses metaphysicae in gratiam serenissimi principis Eugenii*. Elle est réitérée par la grande édition Dutens de 1768 des *Opera omnia* (qui rassemblait tous les écrits de Leibniz publiés antérieurement à cette date) : la même traduction porte cette fois le titre de *Principia Philosophiae, seu theses in gratiam Principis Eugenii*. En publiant pour la première fois le texte français original

dans son édition des *Opera philosophica* (1840), Erdmann lui laisse le nom de « Monadologie », en le faisant suivre, en sous-titre, de l'appellation latine précédente. Finalement Gerhard, en 1885, au tome VI de son édition des *Philosophische Schriften*, a rendu les *Principes de la nature et de la grâce* au prince Eugène, et reproduit la « Monadologie » sans titre, conformément aux manuscrits de Hanovre. – En France, l'édition classique de Boutroux (1881), par ailleurs excellente, a contribué à accréditer la légende, qu'entérine encore le commentaire de Jacques Rivelaygue, *Leçons de métaphysique allemande*, t. I, Paris, Grasset, 1990, p. 11 (reproduit en Introduction à la reprise par Le Livre de Poche de l'édition Boutroux, Paris, 1991, LGF, p. 9), malgré la mise au point définitive d'André Robinet dans son édition de 1954.

9. On se reportera au dossier réuni par André Robinet dans la présentation de son édition de l'ensemble des manuscrits des deux textes, que l'on complétera utilement par les précisions et corrections apportées par Rudolf Boehm dans son compte rendu : « Notes sur l'histoire des "Principes de la nature et de la grâce" et de la "Monadologie" de Leibniz », *Revue philosophique de Louvain*, 55 (1957), pp. 232-251, et, désormais, par la synthèse donnée par A. Lamarra et al., *op. cit.*, pp. 51-59.

10. Cf. infra, Appendices, Présentation du texte II-4.

11. Le journal de Leipzig est les *Acta eruditorum*, où Leibniz a publié, entre autres, les *Meditationes de Cognitione, Veritate et Ideis* (1684), la *Brevis demonstratio erroris mirabilis Cartesii* (1686), le *De Philosophiae primae emendatione et de Notione substantiae* (1694), le *Specimen dynamicum* (1695), et le *De Ipsa Natura* (1698). – Le journal de Paris est le *Journal des sçavans* ; Leibniz y a publié notamment le *Système nouveau de la nature et de la communication des substances* (1695), ainsi que plusieurs mises au point suscitées par cet article. – Les journaux de Hollande sont *Les Nouvelles de la République des Lettres* et l'*Histoire des ouvrages des savants* ; dans les premières sont parues, à la suite de la traduction de la *Démonstration courte d'une erreur considérable de M. Descartes* (1686), les réponses aux critiques de l'abbé Catelan ainsi que la *Lettre sur un principe général [...], pour servir de réplique [au] R. P. D. Male-*

branche (1687), et dans la seconde l'*Éclaircissement des difficultés que M. Bayle a trouvées dans le Système nouveau de l'Union de l'Âme et du Corps* (1698), et les *Considérations sur les Principes de Vie, et sur les Natures Plastiques* (1705).

12. Rémond cite en effet la formule « Il n'y a donc point de Métempsycose, mais il y a Métamorphose », qui se trouve bien dans les *Principes*, et non pas dans la « *Monadologie* ». Raison confirmée par une lettre à Bonneval de la fin de 1714, citée par Robinet, éd. cit., p. 17.

13. Ce que Köhler expose dans les Préfaces de sa publication de 1720, textes cités par Boehm, art. cit., pp. 241-242.

14. *Aurait pensé*, parce que, contrairement à un usage ancré chez les commentateurs, y compris chez les plus sûrs, le terme d'entr'expression n'appartient pas à la langue de Leibniz. Le verbe « s'entrexprimer » est rarissime. Il n'y en a qu'une occurrence vraisemblable, dans le brouillon de la lettre à Arnauld du 30 avril 1687, où Gerhardt a lu : « la cause et l'effet s'entrepriment [*sic*] exactement jusqu'au détail de la moindre circonstance » (GP II, 98). Mais Le Roy, 166, donne la leçon : « la cause et l'effet s'entreprêtent exactement... », qui est celle de la copie réalisée au XVIIIe siècle des lettres effectivement reçues par Arnauld (éd. cit. par Geneviève [Rodis-]Lewis, p. 71). « S'entreprêter » (= se prêter mutuellement) est d'usage aux XVIe, XVIIe et XVIIIe siècles, mais, en l'absence des originaux des lettres reçues par Arnauld, le doute subsiste : ce pourrait être leur copiste, butant sur un néologisme, qui aurait pris l'initiative de le remplacer par un terme plus familier.

15. Exemplaire de cette illusion est l'ouvrage de Michel Serres, *Le Système de Leibniz et ses modèles mathématiques*, Paris, PUF, 1968. La règle d'interprétation, selon ce qui était alors la vogue du « structuralisme », fixe que « le système a des structures semblables à celles du monde qu'il décrit » (p. 7, note 1), ce qui se marquerait à ce que « chaque texte porte le système en entier » (p. 9, note 1) ; il s'agit là du « système comme tel, comme espace connexe et cohérent » (p. 33), reconstitué comme le « géométral » dont chaque texte serait comme une projection.

16. « L'action du principe interne qui fait le changement ou le passage d'une perception à une autre peut être appe-

lée *Appétition* », *Monadologie*, § 15. – « Notre bonheur ne consistera jamais et ne doit point consister dans une pleine jouissance, où il n'y aurait plus rien à désirer et qui rendrait notre esprit stupide ; mais dans un progrès perpétuel à de nouveaux plaisirs et de nouvelles perfections », *Principes de la nature et de la grâce*, § 18.

17. Russell rapporte ainsi sa « découverte » : « Je sentais – comme bien d'autres l'ont senti – que la "Monadologie" était une sorte de fantastique conte de fées, cohérent peut-être, mais tout à fait arbitraire. J'en étais là quand je lus le *Discours de Métaphysique* et les lettres à Arnauld. Soudain un flot de lumière inonda jusqu'aux recoins les plus retirés de l'édifice philosophique de Leibniz. Je vis comment les fondations étaient creusées et comment la superstructure jaillissait d'elles. Il m'apparaissait que ce système qui semblait fantastique pouvait se déduire d'un petit nombre de prémisses simples que, sans les conclusions que Leibniz en a tirées, bien des philosophes, sinon presque tous, eussent volontiers admises » (*La Philosophie de Leibniz. Exposé critique*, trad. fr. Paris, Félix Alcan, 1908, pp. VIII-IX). Le système ainsi rétabli sur ses fondations correspond « aux idées de la maturité de Leibniz, c'est-à-dire aux idées qu'il conserva, sauf de légères modifications, de janvier 1686 jusqu'à sa mort, en 1716 » (*ibid.*, p. 3). Toutefois, l'exposé de l'ouvrage, qui vaut bien mieux que le projet d'ensemble, distingue formellement entre la conception de la substance (chap. IV) et la nature des monades (chap. XI).

18. *Revue de Métaphysique et de Morale*, 10 (1902), pp. 10, et 100 (1995), p. 15.

19. Dans la Préface de son livre paru en 1901 sur *La Logique de Leibniz*, Couturat annonçait que sa « conclusion essentielle » était que « la métaphysique de Leibniz repose uniquement sur les principes de sa Logique, et en procède tout entière » (p. H) ; il ajoutait : « Toutes les thèses essentielles de la *Monadologie* [...] dérivent de ce seul principe de raison, dont le sens exact et précis est celui-ci : "*Toute vérité est analytique*". [...] Pour caractériser cette métaphysique d'un seul mot, c'est un *panlogisme* » (p. XI).

20. *Metaphysische Anfangsgründe der Logik im Ausgang von Leibniz* (cours du semestre d'été 1928), Gesamtausgabe, Bd. 26, Frankfurt am Main, Klostermann, 1990, p. 87.

La « Logique » est définie comme « Métaphysique de la vérité » p. 126.

21. *La théorie leibnizienne de la substance*, Paris, PUF, 1947, pp. 94-97.

22. Cette indifférence qui permet de composer entre elles des citations abstraites de leur environnement doctrinal et de leur contexte lexical est une conséquence de ce que Hector-Neri Castañeda a pu caractériser comme l'« approche athénienne » en histoire de la philosophie, pour lui opposer une « approche darwinienne ». La première se fonde sur « l'idée qu'il y a quelque chose comme le système du grand philosophe étudié et que celui-ci, comme Athéna surgissant entière et adulte de la tête de Zeus, a été conçu par le philosophe plus ou moins comme une unité totale dès le premier commencement ». La seconde approche considère que « le corpus philosophique d'un grand philosophe est une complète faune darwinienne, avec toutes sortes d'espèces d'intuitions, de thèses, de semi-systèmes, et aussi de systèmes, interagissant et liés entre eux dans un combat pour la survie des plus aptes ». Cf. Hector-Neri Castañeda, « Leibniz's Concepts and Their Coincidence *Salva Veritate* », *Noûs*, vol. 8 (1974), et « Leibniz's Meditation on April 15, 1676 about Existence, Dreams and Space », dans *Leibniz à Paris (1672-1676)*, t. II, *Studia Leibnitiana supplementa*, vol. XVIII, 1978.

23. Michel Serres met explicitement en vedette cette représentation de l'« espace du système » (*op. cit.*, p. 21) : « Nous ne nous lassons pas de dire que, pour comprendre le système leibnizien, il convient d'étaler sur une manière d'espace de représentation ce qu'on a coutume d'étaler le long d'une séquence » (p. 31). Dès lors, comme de bien entendu, « qu'importe la genèse au vu du résultat ? » (p. 30). Nous ne nous lasserons pas de déspatialiser la pensée vivante, en cherchant dans la genèse le sens des problèmes auxquels les résultats offrent des solutions qui appellent à leur tour une remise en chantier.

24. Sur le reste de ce témoignage, on comparera avec les données fournies par Leibniz dans le *Système nouveau de la nature et de la communication des substances* (1695) et dans la lettre à Rémond (1714), textes cités p. 32 et note 40.

25. Le recensement des textes dont la date de conception

nous est connue conduit à élargir cette phase à toute la période 1680-1686. Le rétablissement des formes substantielles est intervenu en 1679. En 1684, sont parues les *Méditations sur la connaissance, la vérité et les idées*, que, malgré leur brièveté, Leibniz tiendra toujours pour un texte inaugural. 1686 est l'année de la rédaction du texte logique fondamental, les *Recherches générales sur l'analyse des notions et des vérités* (C 356-399, A VI, IV A, 739-788 ; trad. fr. dans TLM), dont Leibniz a indiqué lui-même, à la première page du manuscrit, qu'il y avait fait de grands progrès. C'est aussi l'année de l'offensive publique contre la physique de Descartes avec la *Brève démonstration de l'erreur mémorable de Descartes*. Enfin, c'est aussi très probablement de cette année-là que date le très important *Systema theologicum*, désigné aussi comme *Examen de la religion chrétienne*, qui, tout en se présentant comme un document objectif, exposant les conditions de la réunion des Églises du point de vue catholique, fait précisément référence à l'état de la pensée propre de Leibniz sur certains sujets métaphysiques.

26. Trad. en Prenant, 323-325, et Schrecker, 79-82.

27. Cet autre converti au catholicisme fut le protecteur de Leibniz durant la période de sa résidence à Mayence. C'est officiellement pour accompagner le fils du baron que Leibniz se rendit à Paris en 1672, pour le séjour qui devait avoir une influence décisive sur sa formation, notamment son apprentissage scientifique.

28. Autre version de la même lettre de l'automne 1679 en A I, 1, 225.

29. *Societas Philadelphica*, A IV, 1, 552 sq.

30. *Grundriss eines Bedenkens von Aufrichtung einer Societät in Teutschland zu auffnehmen der Künste und Wissenschaften*, A IV, I, 530-543, et *Bedenken von Aufrichtung einer Akademie oder Societät...*, *ibid.*, 543-552. Sur ces premiers projets, l'exposé de Couturat dans l'Appendice IV (« Sur Leibniz fondateur d'Académies ») de sa *Logique de Leibniz* reste profondément juste quant à la caractérisation de l'inspiration à la fois religieuse et pragmatique de Leibniz, même s'il doit être en partie corrigé aujourd'hui en ce qui concerne la chronologie des documents (pp. 504-505).

31. La charité et l'amour de Dieu ne sont autre chose

qu'« aimer le bien public et l'harmonie universelle ; ou, ce qui revient au même, comprendre la gloire de Dieu et aussi, autant qu'il est en soi, la rendre plus grande » (1671, A IV, 1, 532). Et, selon une formule plus tardive : « Contribuer au bien public et à la gloire de Dieu, c'est la même chose. Il semble que le but de tout le genre humain ne doit être principalement que la connaissance et le développement des merveilles de Dieu et que c'est pour cela que Dieu lui a donné l'empire de ce globe » (projet de lettre à Burnett, 1699, GP III, 261).

32. À la notable exception, il est vrai, des grands ouvrages de Jean Baruzi, *Leibniz et l'organisation religieuse de la terre,* Paris, Félix Alcan, 1907, et de Gaston Grua, *Jurisprudence universelle et Théodicée selon Leibniz,* Paris, PUF, 1953.

33. Leibniz a eu l'occasion, dès son arrivée à Hanovre, de condamner ce mépris dans l'attitude du vicaire apostolique Nicolas Stenon (Stensens), médecin et anatomiste, que sa conversion au catholicisme avait amené à renoncer à ses travaux scientifiques. Stenon avait publié en 1675 un ouvrage, *De vera philosophia,* en forme de lettre *ad novae philosophiae reformatorem*, où il pressait Spinoza de rallier l'Église romaine ; Leibniz en commente les arguments avec une ironie quelque peu chagrinée (Grua, 159-163, A VI, 4 C, 2197-2202 ; sur la conversion de Stenon, on lira le jugement caustique plus tardif de la *Théodicée*, § 100). – Cf. lettre au Landgrave de Hesse-Rheinfels, 3 novembre 1682 : « Et de vouloir renoncer à la raison en matière de religion est auprès de moi une marque presque certaine ou d'un entêtement approchant de l'enthousiasme, ou qui pis est d'une hypocrisie. On ne croit rien, ni en religion, ni ailleurs, que par des raisons vraies ou fausses qui y portent... » (A I, 3, 273).

34. Ces trois textes sont respectivement le *Dialogue entre Poliandre et Théophile* (A VI, 4 C, 2219-2226), le *Dialogue entre Théophile et Polidore* (reproduit en Appendice I-2) et la *Conversation du marquis de Pianese et du Père Emery ermite* (A VI, 4 C, 2245-2283). On n'oubliera pas la publication partielle dans Baruzi, « Trois dialogues mystiques inédits de Leibniz », *Revue de métaphysique et de morale,*

13 (1905), mais on qualifierait sans doute mieux ces textes comme des dialogues de piété.

35. Cf. lettre au Landgrave Ernst, 27 octobre 1680 : « Il me semble au reste que tout se réduit à ces deux grandes propositions, premièrement que les Protestants sont obligés de chercher de tout leur pouvoir la réunion avec l'Église Catholique Apostolique Romaine. Et en deuxième lieu que les Catholiques doivent leur en faciliter le chemin en remédiant à quelques abus qui les scandalisent, et qui d'ailleurs font préjudice à la vraie piété. Ces abus ne consistent pas tant dans la manière de vivre trop séculière du clergé (car enfin ce sont des hommes), que plutôt dans la pratique du culte, qui semble souvent éloigner les âmes de l'amour de Dieu, en les faisant avoir plus d'affection pour des créatures. Cependant tout le monde est contraint d'avouer que la vraie piété consiste dans l'amour du Souverain Dieu sur toutes choses » (A I, 1, 246-247).

36. En application de cette maxime : « Vouloir renoncer à la raison en matière de religion est auprès de moi une marque presque certaine ou d'un entêtement approchant de l'enthousiasme, ou qui pis est d'une hypocrisie » (au Landgrave Ernst, 3 novembre 1682, A I, 2, 273).

37. Il s'agit de la *Confessio Philosophi*, cf. *supra* note 3.

38. A VI, 1, 509 : « Il faut démontrer contre Descartes que l'espace et l'étendue diffèrent réellement du corps. »

39. L'exposé le plus complet en français reste celui de Baruzi, *Leibniz et l'organisation religieuse de la terre*, *op. cit.*, Deuxième Partie. La correspondance avec Bossuet, porte-parole des catholiques, commence au début de 1679. L'année suivante s'engage celle avec le Landgrave de Hesse-Rheinfels, en qui Leibniz voit aussi le moyen de toucher à nouveau Arnauld, ce qui sera fait, comme on l'a vu, au début de 1686. À cet égard, il n'est pas faux de voir dans le *Discours de métaphysique* l'exposé fondamental, en deçà de toute option de foi, des vérités communes reconnaissables par tous les partis religieux.

40. Le plus connu est celui d'une lettre à Rémond de 1714 : « Outre que j'ai eu soin de tout diriger à l'édification, j'ai tâché de déterrer et de réunir la vérité ensevelie et dissipée sous les opinions des différentes sectes des Philosophes, et je crois y avoir ajouté quelque chose du mien pour

faire quelques pas en avant. Les occasions de mes premières études, dès ma première jeunesse, m'y ont donné de la facilité. Étant enfant, j'appris Aristote, et même les Scolastiques ne me rebutèrent point ; et je n'en suis point fâché présentement. Mais Platon aussi dès lors avec Plotin me donnèrent quelque contentement, sans parler d'autres anciens que je consultai par après. Étant émancipé des écoles triviales, je tombai sur les Modernes, et je me souviens que je me promenais seul dans un bocage auprès de Leipzig, appelé le Rosendal, à l'âge de 15 ans, pour délibérer si je garderais les Formes substantielles. Enfin le Mécanisme prévalut et me porta à m'appliquer aux Mathématiques. Il est vrai que je n'entrai dans les plus profondes qu'après avoir conversé avec M. Huygens à Paris. Mais quand je cherchai les dernières raisons du Mécanisme et des lois mêmes du mouvement, je fus tout surpris de voir qu'il était impossible de les trouver dans les Mathématiques et qu'il fallait retourner à la Métaphysique » (GP VII, 606). L'anecdote des promenades dans le Rosendal doit être considérée avec la plus grande réserve.

41. La notion de forme substantielle, dans son acception scolastique, repose sur une interprétation de la physique d'Aristote, dont on trouvera un exposé très clair dans les *Études sur le rôle de la pensée médiévale dans la formation du système cartésien* d'Étienne Gilson (Paris, Vrin, 1930, pp. 153 sq.). L'objet de la physique, au sens où l'entend Aristote, est le mouvement, compris en un sens large incluant toute espèce de changement (de lieu, mais aussi de quantité et de qualité), et même ce changement primordial qu'est la naissance d'un être. La nature est ainsi, en chaque être, ce qui le fait naître et changer, le principe interne de son mouvement. Dans les vivants, la nature s'appelle plus proprement âme ; inversement toute nature, y compris dans les êtres inanimés, aura quelque chose en commun, mais à un moindre degré d'accomplissement, avec l'âme. Cette analyse élucide le sens de ce que nous désignons quand nous parlons d'être naturels, en les opposant aux produits artificiels de la fabrication humaine, qui ont en dehors d'eux le principe de ce qu'ils sont (un bateau de bois possède la nature du bois dont ses pièces ont été tirées, mais en tant que bateau, il doit ce qu'il est à l'art et

non à la nature). En outre, les êtres naturels, en tant que substances, sont des composés de matière et de forme, et c'est cette dernière qui est plus près de la substance : en effet, la matière indifférenciée, qui est la même pour toutes les substances du monde sublunaire, est une puissance passive, qui ne saurait expliquer la diversité des fonctions qui différencient les unes des autres les choses existantes. La matière n'ayant aucune « force effectrice », c'est la forme qui est la source des diversités qui spécifient les substances en les rendant aptes à des fonctions diverses. La forme est dite accidentelle quand elle confère au sujet une propriété transitoire qu'il peut ne pas posséder sans cesser d'être ce qu'il est ; elle est dite substantielle quand elle donne proprement l'être à la chose en informant de façon essentielle et permanente la matière. C'est encore en ce sens que l'âme est la forme substantielle d'un corps organisé et par là même rendu apte à certaines fonctions vitales (se nourrir, sentir, se déplacer, raisonner et connaître), que tous les êtres vivants ne possèdent pas ou n'exercent pas avec la même perfection. Inversement, toute forme substantielle, y compris dans les êtres inanimés, aura quelque chose en commun avec l'âme. La notion de forme rejoint ainsi celle de nature : « Ainsi, en remontant du donné sensible à sa condition première, nous constatons que la nature d'une chose n'est autre que la forme de cette chose ; la forme est donc bien ce principe interne de mouvement qui situe un être dans la classe des êtres naturels par opposition à tous ceux qui sont faits de main d'artisan. Rapprochons cette conclusion de la précédente. Nous avons dit que la nature est une notion formée sur le modèle de l'âme, or la nature n'est autre que la forme ; la forme à son tour est donc un principe analogue à l'âme » (Gilson, *op. cit.*, p. 158).

42. Cf. A VI, 1, 510-511. Leibniz reconnaît dans ce texte la forme substantielle comme étant proprement, selon Aristote, la nature, entendue comme principe du mouvement et du repos, ou encore, selon Avicenne, le principe d'individuation. Il définit la Transsubstantiation comme un changement de forme substantielle, où la même matière conservant les mêmes accidents reçoit un autre principe d'individuation. Un fragment plus tardif, de 1671, ne fait plus mention des formes substantielles, ce qui suggère

qu'elles sont alors enveloppées dans le rejet global des « entités fictives et monstrueuses » auxquelles la Scolastique a eu recours, et que la « philosophie corrigée » des modernes a fait s'évanouir (A VI, 1, 516).

43. GP IV, 105-110, et A VI, 1, 488-493. Traduction française dans Prenant, 69-74.

44. Cette Correspondance a été traduite, avec une Introduction et d'excellents commentaires, par Richard Bodéüs : Leibniz-Thomasius, *Correspondance 1663-1672*, Paris, Vrin, 1993.

45. Lettre du 30 avril 1669, GP I, 18, A II, 1, 16-17, et éd. Bodéüs, pp. 101-102.

46. GP I, 16, A II, 1, 15, et éd. Bodéüs, p. 98 (trad. modifiée) : « Je soutiens la règle commune à tous les réformateurs de la philosophie : ne rien expliquer dans les corps que par grandeur, figure, et mouvement. » Pour autant, Leibniz se déclare « rien moins que cartésien », les réformateurs étant aussi Bacon, Gassendi, Hobbes, Digby.

47. A VI, 2, 159 sq.

48. Par exemple, comme le rappelle l'article XXI du *Discours de métaphysique*, la règle « que le moindre corps donnerait au plus grand qui serait en repos et qu'il rencontrerait, la même vitesse qu'il a, sans perdre quoi que ce soit de la sienne ».

49. Sur cette hypothèse, le meilleur exposé reste celui d'Arthur Hannequin, *La première philosophie de Leibnitz*, dans *Études d'histoire des sciences et d'histoire de la philosophie*, Paris, Félix Alcan, 1908 [traduction de la Thèse latine de 1895].

50. C, 594-627 ou A VI, 3, 528-571. Ce texte capital reste en attente de la traduction et du commentaire qu'il mériterait.

51. Les textes fondateurs de 1678 sont désormais accessibles dans G. W. Leibniz : *La réforme de la Dynamique.* Le De Corporum concursu (1678) *et autres textes inédits*, édition, présentation, traductions et commentaires par Michel Fichant, Paris, Vrin, 1994.

52. Voir Michel Fichant, « Mécanisme et Métaphysique : le rétablissement des formes substantielles (1679) », *Philosophie*, n° 39-40 (1993), repris dans *Science et Métaphysique dans Descartes et Leibniz*, Paris, PUF, 1998.

53. Ils figurent dans le volume 4 de la Série VI *(Philosophische Schriften)*, paru en 1999. Ils avaient antérieurement été rendus accessibles par la diffusion restreinte d'une préédition : *Vorausedition zur Reihe VI – Philosophische Schriften – in der Ausgabe der Akademie der Wissenschaften Berlin*, bearbeitet von der Leibniz-Forschungsstelle der Universität Münster (10 fascicules « *ad usum collegialem* »), Münster, 1982-1991.

54. On ne reconnaîtra l'importance réelle de cette Dissertation écrite à l'âge de dix-neuf ans qu'à la condition de n'y chercher que ce que Leibniz en a explicitement reconnu ultérieurement comme des apports durables, sans être d'ailleurs nécessairement définitifs. On ne dira jamais assez que, du point de vue de l'histoire des mathématiques, l'ouvrage ne présente aucun intérêt, Leibniz se bornant à reproduire les résultats largement publiés à l'époque (formules des dénombrements finis : combinaisons, arrangements et permutations). Il est par ailleurs tout à fait illusoire d'y rechercher l'anticipation structurale d'un « Système de Leibniz ».

55. Textes très partiellement publiés en GP VII, 73-77, et Grua, 537 sq., 603 sq, 705-713, 721 sq. L'édition académique (A VI, 4 A) en donne un recensement complet, qui fait apparaître l'ampleur du projet, lié à la réforme méthodique du droit et aux fondements de la religion comprise comme jurisprudence universelle.

56. Voir par exemple les *Pensées sur l'instauration d'une physique nouvelle*, texte traduit et présenté dans *Philosophie*, n° 39-40 (1993), en préambule à l'article cité *supra*, note 52. Ce document est définitivement édité, sous le titre, plus conforme à sa destination vraisemblable, de *Praefatio ad Libellum elementorum physicae*, en A VI, 4 C, 1993-2010.

57. Le thème du nominalisme de Leibniz a été mis à l'ordre du jour par les interprètes américains, notamment Benson Mates et Fabrizio Mondadori, et développé dans les travaux de Massimo Mugnai sur la théorie leibnizienne des relations. Cf. en dernier lieu la mise au point limpide de Donald Rutherford, *Leibniz and the Rational Order of Nature*, Cambridge University Press, 1995, pp. 115-119, et, antérieurement, l'analyse remarquable proposée dans l'article du même auteur, « Truth, Predication and the Com-

plete Concept of an Individual Substance », *Studia Leibnitiana*, Sonderheft 15, 1988.

58. Cf. Jean-Baptiste Rauzy, « Leibniz et les termes abstraits : un nominalisme par provision », *Philosophie*, n° 39 (1993).

59. À titre d'exemple de ces distinctions, voici un fragment d'un morceau inédit : « [*Traduction*] Les *Noms* sont ce qui peut être prédicat ou sujet de l'énonciation. Et ils sont substantifs ou adjectifs. Sont substantifs ceux qui achèvent le terme de l'énonciation, sans le sous-entendu d'un autre. Les adjectifs n'achèvent pas le terme, mais il faut entendre quelque chose, par exemple quand je dis en quelque sorte substantivement *un, bon, grand,* j'entends chose une, chose bonne, chose grande. Les substantifs sont ou bien concrets, ou bien abstraits ; concrets ou complets sont ceux qui n'ont pas besoin d'un autre sujet à qui être attribués, par exemple *homme.* Les abstraits ont besoin d'un sujet, par exemple *humanité.* Car, bien qu'on puisse former une énonciation sur l'humanité, comme si elle subsistait par elle-même, par exemple quand je dis *l'humanité est moindre que la divinité,* elle réclame pourtant quant à la vérité réelle un suppôt dans lequel elle subsiste » (A VI, 4 A, 595).

60. Recommandation, ou à tout le moins, vœu constamment réitéré, par exemple C 243, 435, 512-513 (ou A VI, 4 A, 106, 337, 528 n. 3).

61. L'argument est arrêté une fois pour toutes en 1677 : la vérité des propositions nécessaires de la géométrie est indépendante aussi bien de l'existence factuelle d'objets correspondants et du fait que nous y pensions ou non. Leur réalité constitue donc une preuve de l'entendement infini, où se fonde leur caractère de vérités éternelles (A VI, 4 A, 17-18 ; cf. Appendice I-5, p. 304-305).

62. L'attitude de Leibniz à l'égard du nominalisme est fixée dans sa très remarquable Préface à l'édition qu'il a procurée en 1670 de l'ouvrage de Nizolius *De veris principiis et vera ratione philosophandi* (1553) ; il y expose brièvement l'histoire du nominalisme, et cite la règle dite du « rasoir d'Occam », *Les êtres ne doivent pas être multipliés sans nécessité,* qu'il reformule en *Une hypothèse est d'autant meilleure qu'elle est plus simple* : « De cette règle les nomi-

nalistes ont déduit que tout dans la nature des choses peut être expliqué même si on se passe complètement des universaux et des formalités réelles. Rien n'est plus vrai que cette thèse, rien de plus digne d'un philosophe de notre époque. » En revanche, en réduisant la vérité à la signification arbitraire des mots, Hobbes est « plus que nominaliste » (GP IV, 158, et A VI, 2, 428-429).

63. C, 51, TLM, 47 : « Toute proposition catégorique universelle affirmative vraie ne signifie rien d'autre qu'une certaine liaison entre le prédicat et le sujet, à savoir que le prédicat est dans le sujet ou est contenu dans le sujet, que celui-ci soit considéré absolument et en soi, ou bien d'une manière déterminée, c'est-à-dire dans un exemple. Autrement dit, que le sujet contient le prédicat d'une certaine manière : que la notion du sujet enveloppe la notion du prédicat par elle-même ou bien quand on lui ajoute quelque chose. » Le développement du calcul donne les moyens d'étendre ce critère aux propositions particulières et singulières. La fin du *De Affectibus* de 1679 esquisse l'application de l'inhérence du prédicat dans le sujet au cas des propositions existentielles contingentes (Grua, 536-537).

64. Cf. le tableau comparatif donné par André Robinet, *Malebranche et Leibniz. Relations personnelles*, Paris, Vrin, 1955, p. 140.

65. Cf. Michel Fichant, « *Actiones sunt suppositorum.* L'ontologie leibnizienne de l'action », *Philosophie*, n° 53 (1997).

66. Lettre à Le Long, 14 mars 1713, citée dans André Robinet, *Malebranche et Leibniz. Relations personnelles*, *op. cit.*, p. 423.

67. L'article VIII du *Discours* qualifie la notion d'« accomplie ». Étymologiquement, « complet » et « accompli » sont pareillement issus de *compleo* (remplir, achever, parfaire), de sorte que Leibniz peut aussi bien parler de la substance comme de l'« être accompli » (à Arnauld, 9 oct. 1687, GP II, 113, Le Roy, 182). Le *Discours* utilisera aussi « notion individuelle » (titre de l'art. XIII), et « notion parfaite d'un sujet » (art. XIII). La Correspondance avec Arnauld fera apparaître « notion individuelle complète » (GP II, 37, Le Roy, 104), « notion pleine et compréhensive » (49, 115), « notions [...] qui sont complètes et capables de distinguer

leur sujet » (*ibid.*), ou simplement « notion complète » (54, 120). Les textes latins de la même époque disent plutôt *notio completa* (ou *terminus, conceptus completus*) ou encore *notio perfecta*.

68. *Catégories*, 2, 1a20-1b9.

69. « Substance universelle signifie une quelconque substance singulière ayant quelque chose de déterminé en commun, comme quand je dis *homme*, j'entends quelques substance singulière ayant un corps organique et usant de raison » (*Notationes generales*, A VI, 4 A, 554, TLM, 452).

70. *Réponses aux Quatrièmes Objections*, AT VII, 222 et IX-1, 172.

71. Voir les textes réunis en Appendice I-4.

72. « La substance, au sens le plus fondamental, premier et principal du terme, c'est ce qui n'est ni affirmé d'un sujet, ni dans un sujet : par exemple, l'homme individuel ou le cheval individuel » (*Catégories*, 5, 2a10).

73. La quasi-interchangeabilité de ces dénominations est constamment affirmée, par exemple : « Par *Terme*, je n'entends pas un nom, mais un concept, c'est-à-dire ce qui est signifié par un nom, pour quoi on pourrait aussi employer notion ou idée » (*Specimen calculi universalis*, C, 243, A VI, 4 A, 288 ; TLM, 92).

74. Dans un texte de 1678, Leibniz a désigné une telle espèce comme une « espèce monadique » : « Espèce monadique est celle dont il y a un unique individu, par exemple Dieu, Monde, Messie, Soleil. En réalité toute espèce dernière est monadique, et il n'y a pas deux individus semblables en tout » (A VI, 4 A, 31). On reconnaît la formulation de ce qui sera appelé le principe des indiscernables, que l'article IX du *Discours* donnera comme une conséquence de l'individuation par la notion complète.

75. Cf. Appendice I-4, p. 292.

76. « La notion de la sphère en général est incomplète ou abstraite, c'est-à-dire on n'y considère que l'essence de la sphère en général ou en théorie sans avoir égard aux circonstances singulières, et par conséquent elle n'enferme nullement ce qui est requis à l'existence d'une certaine sphère ; mais la notion de la sphère qu'Archimède a fait mettre sur son tombeau est accomplie et doit enfermer tout

ce qui appartient au sujet de cette forme » (*Remarques sur la lettre de M. Arnauld...*, GP II, 39, Le Roy, 106).

77. Ce qui signifie bien que l'opposition stricte complet-incomplet partage de façon isomorphe le domaine des choses comme celui des notions. Il y a, de ce point de vue, parfaite réciprocité entre les propriétés logiques de la notion (ou terme, ou concept) et les caractères ontologiques de la chose. C'est le sens le plus strict dans lequel on peut parler d'un « panlogisme » de Leibniz.

78. Selon une note en latin, ajoutée en marge du brouillon de la lettre à Arnauld du 14 juillet 1686 (GP II, 49) : « [*Traduction*] Une notion *pleine* comprend tous les prédicats d'une chose, par exemple, de la chaleur ; une notion complète comprend tous les prédicats du sujet, par exemple de ce chaud. Dans les substances individuelles, elles coïncident. » Dans « ce chaud », le terme est pris concrètement comme incluant la mention de son sujet (cette chose chaude). En revanche, selon cette terminologie, il y aurait une notion pleine des abstraits comme chaleur, et, en ce sens, le cercle du géomètre est aussi un abstrait.

79. Cf. Rutherford, *op. cit.*, pp. 122 sq. On citera la conclusion de cette brillante et convaincante analyse. Pointant la théorie de la vérité définie par le *praedicatum inest subjecto* (« *the concept containment theory of truth* »), l'auteur ajoute : « C'est une conséquence nécessaire de cette théorie qu'il y a, pour toute substance, un concept (connu par Dieu) qui contient tout ce qui en est prédicable. Cependant, il faut quelque chose de plus pour étayer l'assertion que la possession d'un concept complet est une condition suffisante pour que quelque chose soit une substance individuelle. J'ai suggéré que c'est le nominalisme de Leibniz. En admettant ce fondement, nous pouvons spécifier une substance individuelle comme ce type d'être concret qui est par nature susceptible de servir de sujet dernier de prédication. Pour Leibniz, c'est précisément dire que la substance est un être dont l'essence est exprimée par un concept complet » (p. 124).

80. Caractérisation admise dès l'hiver 1678-1679, dans l'analyse des concepts élémentaires permettant de fonder un calcul logique : « Si *a* est *b* et *b* est *a*, l'un peut être substitué à l'autre en préservant la vérité *(salva veritate)* [...]

a et *b* sont identiques si l'un peut être partout substitué à la place de l'autre » (A VI, 4 A, 154).

81. Cf. Appendice I-4, p. 299 et note 18. On soulignera la tentative de Leibniz de définir les concepts numériques à partir des concepts logiques. En tout cas, l'idée est bien présente qu'un concept numérique exprime la propriété d'un concept de prédicat relativement à son ou ses sujets d'attribution.

82. « C'est moi qui ai été à Paris et c'est encore moi, et non un autre, qui suis encore en Allemagne, et par conséquent il faut que la notion de moi lie ou comprenne ces différents états » (lettre du 14 juillet 1686, GP II, 53, Le Roy, 119).

83. Cf. Stefano Di Bella, « La substance leibnizienne : histoire individuelle et identité », *Studia Leibnitiana*, Sonderheft 15 (1988). Emily Grosholz et Elhanan Yakira viennent caractériser l'emploi du *praedicatum inest subjecto* qui conduit à la notion complète comme une « historic predication » (*Leibniz's Science of the Rational, Studia Leibnitiana*, Sonderheft 26 [1998], pp. 26 sq.).

84. Cf. *infra* note 48 au *Discours de métaphysique*.

85. On relira avec profit les belles pages de Jean Baruzi, *Leibniz*, Paris, Bloud, 1909, pp. 118-122.

86. Cf. *infra* note 43 au *Discours de métaphysique*.

87. L'exemple de l'anneau de Gygès ou de Polycrate serait comparable à celui de « la sphère mise sur le tombeau d'Archimède » qu'invoquera le projet de lettre à Arnauld de juillet 1686, pour l'opposer à la notion abstraite de la sphère du géomètre (GP II, 39, Le Roy, 106). Mais la version définitive de la lettre, datée du 14 juillet, écarte cet exemple, en opérant le même retrait que la rédaction finale du *Discours* : Leibniz oppose alors « la notion de moi en particulier et de toute autre substance individuelle » à « une notion spécifique comme est celle de la sphère, qui n'est qu'incomplète et n'enferme pas toutes les circonstances nécessaires en pratique pour venir à une certaine sphère » (GP II, 52, Le Roy, 118). On peut se demander si ces circonstances n'enveloppent pas justement la référence à un individu traité comme un « moi » : pour des exemples cités de réalités corporelles individualisées, la description définie qui les nomme utilise comme marqueur d'indivi-

duation le nom propre (Archimède, Gygès, Polycrate) d'un personnage, mythique ou historique, qui distingue et singularise l'objet ainsi désigné.

88. Ce que marque assez la réserve par laquelle se concluait le premier état : « Je parle ici comme s'il était assuré que cet anneau est une substance. »

89. Dans son grand article où il expose son interprétation de la métaphysique de Leibniz comme entièrement fondée sur sa logique, Couturat écrivait notamment : « Dans le *Discours de métaphysique* lui-même, la thèse "que les notions qui consistent dans l'étendue enferment quelque chose d'imaginaire et ne sauraient constituer la substance du corps" vient (§ 12) bien avant les considérations relatives à la force vive (§ 18), et est établie indépendamment de celles-ci. Concluons donc que la conception de la substance ne doit rien à la mécanique de Leibniz, et procède uniquement de ses principes logiques et métaphysiques » (« Sur la métaphysique de Leibniz », *Revue de Métaphysique et de Morale*, X (1902), p. 23. Nous accordons l'indépendance des deux justifications, mais à tout le moins l'antériorité chronologique de l'établissement du concept de force (1678) et de la réhabilitation conséquente des formes substantielles (1679) leur confère un sens pour « la conception de la substance » irréductible à la construction logique de la notion complète.

90. *Principes de la Philosophie*, Ire Partie, art. 53, AT VII-1, 25, et IX-2, 48.

91. *Méditations métaphysiques, Réponses aux Sixièmes Objections*, AT VII, 441-442 et IX-1, 241-242, et lettre à Élisabeth du 21 mai 1643, AT III, 667-668.

92. Par exemple lettre à Regius, janvier 1642, AT III, 503.

93. Abusivement, puisque le facteur '*m*' désigne la simple extension géométrique du corps, à l'exclusion de toute notion de masse, et que '*v*' représente la valeur absolument de la translation, indépendamment du sens du déplacement. En cela, le concept cartésien de « quantité de mouvement » est essentiellement différent de son homonyme en mécanique classique, où il s'agit bien d'associer une masse et un vecteur vitesse.

94. Comme Christian Huygens l'avait bien remarqué dans un projet d'article resté inédit jusqu'à sa publication

dans ses *Œuvres complètes*, publiées par la société hollandaise des sciences, XIX, pp. 162-165. Rares sont les historiens qui font état de ce document remarquable : on citera cependant Jean-Pierre Séris, *Machine et communication*, Paris, Vrin, 1987, pp. 239 sq.

95. Exemples : « [*Traduction*] J'estime qu'en tout corps il y a du sens et de l'appétit, c'est-à-dire une âme, et que par conséquent attribuer à l'homme seul la forme substantielle et la perception ou l'âme est aussi risible que de croire que tout a été fait pour l'homme et que la Terre est le centre de l'univers », A VI, 4C, 2009. « [*Trad.*] Tout corps est animé, c'est-à-dire sent et appète. Car toute substance est aussi parfaite qu'elle peut l'être d'après les autres. Or les corps ne se maintiennent d'après les autres corps sans qu'il y ait en chacun une âme, c'est-à-dire autant d'appétit qu'il y a en lui de force d'agir, et autant de sens qu'il y a en lui de force de subir. Mais attribuer l'âme à l'homme seul et à quelques autres corps en petit nombre est aussi déplacé que de croire que tout a été fait à cause de l'homme », A VI, 4B, 1398-1399.

96. Aristote, *De l'Âme*, II, 1. – Sur la constance de Leibniz dans l'exploitation de l'argument, on renverra à l'exposé tardif des *Nouveaux Essais sur l'entendement humain* (où la réhabilitation des formes substantielles est redoublée, sur le plan lexical, par le réemploi du terme aristotélicien d'entéléchie) : « Il semble que depuis peu le nom des formes substantielles est devenu infâme auprès de certaines gens, et qu'on a honte d'en parler. Cependant il y a encore peut-être en cela plus de mode que de raison. Les scolastiques employaient mal à propos une notion générale, quand il s'agissait d'expliquer des phénomènes particuliers ; mais cet abus ne détruit point la chose. L'âme de l'homme déconcerte un peu la confiance de quelques-uns de nos modernes. Il y en a qui avouent qu'elle est la forme de l'homme, mais aussi ils veulent qu'elle soit la seule forme substantielle de la nature connue. M. Descartes en parle ainsi [...]. Quelques-uns croient que cet excellent homme l'a fait par politique. J'en doute un peu, parce que je crois qu'il avait raison en cela. Mais on n'en a point de donner ce privilège à l'homme seul, comme si la nature était faite à bâtons rompus. Il y a lieu de juger qu'il y a une infinité

d'âmes, ou, pour parler plus généralement, d'entéléchies primitives, qui ont quelque chose d'analogique avec la perception et l'appétit, et qu'elles sont toutes et demeurent toujours des formes substantielles des corps » (livre III, chap. 6, § 24).

97. *Leibniz's Metaphysics*, Manchester University Press, 1989, p. 80 sq.

98. Dans son ouvrage *Architectonique disjonctive, automate systémique et idéalité transcendantale selon G. W. Leibniz*, Paris, Vrin, 1986, André Robinet a systématiquement exploité cette alternative comme structurant l'ensemble du corpus leibnizien de la maturité. Dans le vocabulaire de l'auteur, les « automates systémiques » désignent les concepts (comme celui de forme substantielle) qui servent à penser l'index de substantialité permettant d'opposer une forme de réalisme physique à l'idéalisme où les corps ne seraient que des phénomènes congruents. Pour le *Discours de métaphysique*, voir dans cet ouvrage les pages 14-16 et 39 sq. De façon générale, indépendamment de toute discussion sur tel point particulier, il faut reconnaître à ce recueil le mérite éminent d'avoir mis en évidence la validité de la méthode génétique fondée sur l'histoire affinée du lexique.

99. Les mots *individu* et *individuel* sont absents du texte. Les variantes génétiques relevées par l'édition Robinet font apparaître un emploi unique d'« individus », aussitôt raturé, dans l'écriture du § 9 : « Il faut même que chaque Monade soit différente de chaque autre. Car il n'y a jamais dans la nature deux [*choses*, raturé] [*individus*, raturé] êtres qui soient parfaitement l'un comme l'autre, et où il ne soit possible de trouver une différence interne ou fondée sur une dénomination intrinsèque » (p. 72).

100. Il a pu arriver que l'identification forcée de la substance individuelle à la monade s'autorise de la « justification » par citation imaginaire. Michel Serres, en soutenant la thèse, d'ailleurs très douteuse, selon laquelle la métaphore de l'écrit figurerait la structure fondamentale du réel leibnizien, n'hésite pas : « Le terme est constant dans toute l'œuvre : "Il est écrit dans la monade de César...", *Lettres à Arnauld, Discours, passim* » (*Le Système de Leibniz, op. cit.*, p. 104, note 1). Le *passim* n'est pas dénué de sel : on sait

assez que le mot de monade ne figure nulle part ni dans le *Discours* ni dans la Correspondance avec Arnauld, pour la bonne raison que Leibniz n'en a pas fait pas usage avant 1696. Il est bien question, dans le *Discours de métaphysique*, de la notion du « sujet qui est César » (art. XIII), comme de la « notion individuelle ou heccéïté d'Alexandre » (art. VIII).

101. Lettre du 28 septembre 1686, GP II 64, Le Roy, 133. Arnauld écrit d'abord : « J'ai surtout été frappé de cette raison, que dans toute proposition affirmative véritable, nécessaire ou contingente, universelle ou singulière, la notion de l'attribut est comprise en quelque façon dans celle du sujet : *praedicatum inest subjecto* », puis il requiert Leibniz de : « m'éclairer sur deux choses que je trouve dans votre dernière lettre, qui me semblent considérables, mais que je ne comprends pas bien ».

102. Dans tout ce qui suit, on se bornera à indiquer successivement entre parenthèses les pages correspondantes de GP II et de Le Roy.

103. « Notre esprit remarque ou conçoit quelques substances véritables qui ont certains modes ; ces modes enveloppent des rapports à d'autres substances d'où l'esprit prend occasion de les joindre ensemble dans la pensée et de mettre un nom en ligne de compte pour toutes ces choses ensemble, ce qui sert à la commodité du raisonnement » (lettre du 30 avril 1687, GP II, 101, Le Roy, 168).

104. Cf. *infra*, Appendice I-5, note 27 et Appendice II-2.6, note 36.

105. Cette idée était présente dès le premier texte faisant état de la réhabilitation des formes substantielles en 1679 : « [*Traduction*] J'estime qu'en tout corps il y a du sens et de l'appétit, c'est-à-dire une âme, et que par conséquent attribuer à l'homme seul la forme substantielle et la perception ou l'âme est aussi risible que de croire que tout a été fait pour l'homme et que la Terre est le centre de l'univers » (*Praefatio ad Libellum elementorum physicae*, A VI, 4C, 2009). Le texte, d'abord publié en traduction allemande (Engelhardt, 1951), puis anglaise (Loemker, 1956), a été commenté par André Robinet (*Architectonique disjonctive..., op. cit.*, pp. 246 sq.), puis traduit en français par nos

soins sous le titre *Pensées pour l'instauration d'une nouvelle physique* (*Philosophie*, n° 39, 1993).

106. Cf. *infra*, pp. 127 sq.

107. Le Roy signale en note que Leibniz avait d'abord écrit *entéléchie(s)* au lieu de *forme substantielle* puis de *formes*. Mais c'est qu'il se borne à comparer le texte des copies des lettres envoyées à Arnauld à celui de l'édition Gerhardt, qui n'est pas une édition critique. Sur le manuscrit, *entéléchies* apparaît comme une correction ultérieure de *formes substantielles*, datant du moment postérieur où Leibniz a pu envisager de publier sa Correspondance avec Arnauld. Cf. Robinet, *Architectonique disjonctive*..., *op. cit.*, p. 61.

108. « Du *Discours de métaphysique* à la *Théodicée* », *Revue philosophique de la France et de l'étranger*, CXXXVI (1946), p. 406.

109. Cf. notre étude « De la puissance à l'action. La singularité stylistique de la dynamique », *Revue de Métaphysique et de Morale*, 100/1, (1995), repris dans *Science et métaphysique dans Descartes et Leibniz*, Paris, PUF, 1998. Sur le cadre intellectuel du voyage de Leibniz en Italie, et les impulsions qu'il en a reçues, cf. André Robinet, *G. W. Leibniz. Iter italicum (mars 1689-mars 1690)*, Florence, Olschki, 1988,

110. Gerda Utermöhlen, dans son article « Leibniz "Antwort auf Christian Thomasius" Frage *Quid sit substantia* », *Studia Leibnitiana*, XI/1 (1979), en reproduit la première version pp. 85-96. Tous les renseignements utilisés ici sont tirés de cet article.

111. Texte publié par Gerda Utermöhlen, art. cit., pp. 88-89.

112. L'expression était invoquée, négativement, et pour souligner l'intention manquée du recours aux atomes, dans la lettre à Arnauld du 8 décembre 1686 : « M. Cordemoy [...] pour sauver l'unité substantielle des corps, s'est cru obligé d'admettre des atomes ou des corps étendus indivisibles, afin de trouver quelque chose de fixe pour faire un être simple ; mais vous avez bien jugé [...] que je ne serai pas de ce sentiment » (GP II, 78, Le Roy, 147).

113. On rencontrera l'application directe des deux épi-

thètes à la substance, dite « substance simple complète » dans une lettre de 1703, citée *infra*, p. 127.

114. Le *Système nouveau* est paru dans le *Journal des savants* des 27 juin et 4 juillet 1695 (GP IV, 477-487, Frémont [b] 65-76). Arnauld n'y est pas nommément cité, mais désigné, dès la première ligne, comme « un des plus grands Théologiens et Philosophes de notre temps ». Dans une lettre du 16 avril 1695 à l'abbé Foucher, en annonçant qu'il pense à publier son « système sur la communication des substances et l'union de l'âme avec le corps », Leibniz ajoutait : « On pourra ajouter peut-être ce que M. Arnauld m'avait objecté et ce que j'avais répondu. » Le projet d'une publication de la correspondance avec Arnauld sera encore évoqué l'année suivante (lettre à Basnage de Beauval du 13 janvier 1696, GP IV, 499). Leibniz l'évoquera encore en 1707 (lettre du 12 mars, publiée par Geneviève Lewis, *Lettres de Leibniz à Arnauld, d'après un manuscrit inédit*, Paris, PUF, 1952, p. 107).

115. Le fait que, dans ce texte comme dans les suivants, la constitution du dispositif monadologique se fasse sans la doctrine de la notion complète et en dehors d'elle ne signifie pas qu'elle soit pour autant récusée par Leibniz : elle n'intervient plus, simplement parce que l'instrument conceptuel qu'elle offrait ne répond plus utilement aux nouveaux problèmes rencontrés. À l'occasion, Leibniz pourra encore en faire état. On peut, avec Massimo Mugnai (*Introduzione alla filosofia de Leibniz*, Turin, Einaudi, 2001, p. 166), considérer que Leibniz s'y réfère implicitement aux §§ 415-416 de la *Théodicée*, mais c'est précisément qu'il y traite d'un problème, celui de la destinée de l'individu désigné par le nom de Sextus Tarquin, roi de Rome, dans notre monde, et d'individus « approchants » dans d'autres mondes possibles, qui est dans la continuité des problèmes auxquels répondait le *Discours de métaphysique*. Mention explicite en est faite en 1715 ou 1716, dans le contexte logico-métaphysique d'une discussion sur les prédicats relationnels, dans les notes inspirées à Leibniz par le livre d'Aloys Temnik, *Philosophia vera Theologiae et medicinae ministra* (1706). Ces notes ont été publiées par Massimo Mugnai à la fin de son livre *Leibniz' Theory of Relations*, *Studia Leibnitiana Supplementa*, vol. 28, Stuttgart, Franz

Steiner, 1992 ; on y lit : « [*Traduction*] On peut distinguer entre les prédicats qui ajoutent quelque chose au sujet, et ceux qui n'ajoutent rien. Ainsi rationalité ou capacité d'admirer n'ajoutent rien à homme. Mais science ajoute quelque chose, quand homme est dit savant. Mais est-ce que paternité ajoute quelque chose à Philippe ? Si les individus sont pris pour des notions complètes, cela n'ajoutera rien. On peut dire que les contingents sont essentiels aux individus, puisque la notion des individus est telle qu'ils comprennent tous les contingents » (*op. cit.*, p. 156).

116. Texte cité *supra*, p. 32. Sur le style du récit adopté comme mode de persuasion par le *Système nouveau*, on lira les observations de Donald Rutherford, « Demonstration and reconciliation : the eclipse of the geometrical method in Leibniz's philosophy », dans *Leibniz's "New System" (1695)*, éd. by Roger S. Woolhouse, Florence, Olschki, 1996.

117. « Après avoir établi ces choses, je croyais entrer dans le port ; mais lorsque je me mis à méditer sur l'union de l'âme avec le corps, je fus comme rejeté en pleine mer. Car je ne trouvais aucun moyen d'expliquer comment le corps fait passer quelque chose dans l'âme, ou vice versa ; ni comment une substance peut communiquer avec une autre substance créée » (GP IV, 483, et Frémont [b] 72).

118. La première occurrence d'« harmonie préétablie » se trouve dans l'*Éclaircissement du nouveau système de la communication des substances, pour servir de réponse à ce qui en est dit dans le Journal du 12 septembre 1695*, avril 1696 : « Il est vrai qu'il y a, selon moi, des efforts dans toutes les substances ; mais ces efforts ne sont proprement que dans la substance même, et ce qui s'ensuit dans les autres n'est qu'en vertu d'une *Harmonie préétablie* (s'il m'est permis d'employer ce mot), et nullement par une influence réelle, ou par une transmission de quelque espèce ou qualité » (GP IV, 496, Frémont [b] 80). Sur la manière dont cet emploi, d'abord restreint à la solution du problème de l'union de l'âme et du corps, s'insère dans la thématique originelle de l'harmonie universelle, voir les études de Werner Schneiders, « Harmonia universalis », *Studia Leibnitiana*, XVI (1984), et Frédéric de Buzon, « L'harmonie :

métaphysique et phénoménalité », *Revue de Métaphysique et de Morale*, 100/n° 1 (1995).

119. Pour le XVIIIe siècle, Leibniz sera par trois fois l'auteur d'un « Système » : celui de l'*Harmonie préétablie*, à la suite des discussions suscitées par le *Système nouveau* (1695), puis celui de l'« Optimisme », en raison de la *Théodicée* (1710), et bien que Leibniz ait ignoré ce mot, enfin celui des « Monades », après la publication des traductions, allemande et latine, qui popularisent cette notion. Identifier Leibniz à l'un de ces trois « Systèmes », ou à leur combinaison, sera toujours une vue réductrice, que la connaissance des textes rendus accessibles par les progrès de l'édition depuis le milieu du XIXe siècle rend insoutenable.

120. On lira la remarquable étude d'Antonio Lamarra, « Substantial Forms and Monads. The "*Système Nouveau*" in Comparison with the "*Principes de la Nature et de la grâce*" », in Woolhouse, Roger (ed.), *Leibniz's' New System', op. cit.*

121. Nous citons ici le texte tel qu'il a été publié dans le *Journal des savants*. Nous verrons tantôt comment Leibniz en a après coup remanié la rédaction sur une copie de l'article.

122. Pour l'essentiel, ce travail aboutit à la rédaction de deux ouvrages importants : d'abord, le dialogue *Phoranomus seu de Potentia et Legibus naturae*, ensuite le grand traité intitulé *Dynamica de potentia et legibus naturae corporeae*, qui, bien que partiellement inachevé, se présente comme la synthèse ordonnée de l'ensemble de la science pour laquelle Leibniz invente à ce moment-là le néologisme de « Dynamique ». Ces deux documents resteront inédits jusqu'à leur édition, le second par Gerhardt, en 1860 (GM VI, 281-514), et le premier en 1992, par André Robinet, in *Physis. Rivista internazionale di storia della scienza*, vol. XXVIII (1991), Nuova Serie, fasc. 2 e 3.

123. GM VI, 234-254 (mais seule a été publiée en 1695 la Première Partie, 234-246).

124. « [*Traduction*] Je renvoie les forces dérivatives aux phénomènes, mais je trouve qu'il est manifeste que les forces primitives ne peuvent être rien d'autre que les tendances internes des substances simples, par lesquelles elles passent de perception en perception selon une loi déterminée de leur nature », GP II, 275 (à De Volder, 1704 ?).

125. « Par Force primitive j'entends le Principe d'Action, dont les forces changeables ne sont que les modifications. [...] L'Idée positive de cette substance simple ou Force primitive est toute trouvée, puisqu'elle doit toujours avoir en elle un progrès réglé de perceptions, suivant l'Analogie qu'elle doit avoir avec notre âme », GP III, 356 (à Lady Masham, été 1704).

126. Comme le dit, avant d'innombrables redites, et à la suite de l'article *Sur la réforme de la Philosophie première* de 1694 (GP IV, 469, trad. Schrecker, 165), le premier brouillon du *Système nouveau* : « Par la Force ou Puissance, je n'entends pas le pouvoir ou la simple faculté qui n'est qu'une possibilité prochaine pour agir et qui étant comme morte même ne produit jamais une action sans être excitée par dehors, mais j'entends un milieu entre le pouvoir et l'action, qui enveloppe un effort, un acte, une entéléchie, car la force passe d'elle-même à l'action en tant que rien ne l'empêche » (GP IV, 472, Frémont [b], 61-62). Parmi les redites, on lira le § 87 de la *Théodicée*, commentaire du concept aristotélicien d'*entéléchie* (cf. note suivante).

127. La formule d'Aristote se trouve dans le *Traité de l'Âme*, II, 1, 412 b 5. Leibniz la mentionne dans une lettre à Pellisson de juillet 1691 (A I, 6, 227), et il s'en justifie dans la lettre au même du 23 octobre (A I, 7, 196). Cf., sur cette seconde réhabilitation, André Robinet, *Architectonique disjonctive..., op. cit.*, pp. 61-72.

128. Sur cette double constitution du concept de force, cf. *Specimen dynamicum*, GM VI, 236 : « [*Traduction*] La force active est double [...], savoir comme primitive, qui réside dans toute substance corporelle par soi [...], ou dérivative, qui s'exerce comme par une limitation de la primitive, résultant du conflit des corps entre eux. Et la primitive (qui n'est rien d'autre que l'entéléchie première) répond à l'âme ou forme substantielle. » C'est bien en ce sens que Leibniz dit « admettre partout dans les corps un principe actif supérieur aux notions matérielles, et pour ainsi dire vital » (*ibid.*, 242). Dans un premier temps, la force primitive, identifiée à l'*entéléchie*, reprend les caractéristiques de la forme substantielle réhabilitée. Le dispositif se précisera quand la force primitive sera reconnue comme constitutive

des unités de substances, ou substances simples (cf. *infra*). La mise au point la plus claire est peut-être celle de la lettre à De Volder de 1705 (?), répondant à l'accusation de remplacer les choses par des forces et les forces par des perceptions, et ainsi de réduire les corps à des « visions » : « [*Traduction*] Je ne supprime pas le corps, mais je le ramène à ce qu'il est, car je montre que la masse corporelle dont on croit qu'elle possède quelque chose de plus que les substances simples, n'est pas substance, mais phénomène résultant des substances simples qui, seules, ont l'unité et la réalité absolue. Je renvoie les forces dérivatives aux phénomènes, mais je suis d'avis qu'il est clair que les forces primitives ne peuvent être rien d'autre que les tendances internes des substances simples, par lesquelles elle passent suivant une loi déterminée de leur nature de perception en perception, et conspirent simultanément entre elles, en se rapportant aux mêmes phénomènes de l'univers selon des dispositions diverses, ce qui procède nécessairement de la cause commune » (GP II, 275).

129. Lamarra, art. cit., p. 87. Cf. aussi dans la suite de l'article le constat du problème laissé ouvert par le *Système nouveau*, par la concurrence entre la fonction unifiante des formes substantielles et la fonction fondatrice des unités de substances (qui sont aussi désignées comme des formes substantielles).

130. GP IV, respectivement 478 et 482, Frémont [b] 66 et 71. Et déjà sur la première version : « Il faut nécessairement qu'il se trouve dans la nature corporelle des véritables unités, sans lesquelles il n'y aurait point de multitudes ni de collections » (GP IV, 473).

131. GP IV, 479, et Frémont [b] 67, omettent le « ou », très visible sur le manuscrit que nous avons pris soin de consulter. La première à avoir fait état de ce détail génétique hautement significatif est Anne Becco, dans son article « Aux sources de la Monade : paléographie et lexicographie leibniziennes », *Les Études philosophiques* n° 3 (1975), p. 283.

132. On le rencontre dès les *Remarques sur les Objections de Foucher*, dans l'exposition remarquable que Leibniz y donne de la double structure de l'ordre idéal du continu mathématique et de l'ordre réel de la composition des

concrets : « Dans les choses substantielles et actuelles, le tout est un résultat ou assemblage des substances simples ou bien d'une multitude d'unités réelles » (GP IV, 491). – Il s'agit bien dans ce contexte des premières occurrences de « substance simple » dans les écrits de Leibniz. La présence de ce terme dans le titre de l'article XXXV du *Discours de métaphysique* résulte d'un ajout postérieur, lors d'une relecture de la correspondance avec Arnauld, en 1695, ou peu après. Cf. Anne Becco, *Du simple selon Leibniz. Discours de métaphysique et Monadologie. Étude comparative critique des propriétés de la substance appuyée sur l'opération informatique « MONADO 74 »*, Paris, Vrin, 1975, pp. 66-68.

133. Définition du nombre (entier) suivant Euclide : « Le nombre est une multitude composée d'unités », *Éléments*, VII, définition 2 (trad. Jean Itard, *Les livres arithmétiques d'Euclide*, Paris, Hermann, 1961, p. 83).

134. « Un point est ce dont il n'y a aucune partie », Euclide, *Éléments*, I, définition 1 (trad. Bernard Vitrac, Euclide, *Les Éléments*, vol. 1, Paris, PUF, 1990, p. 151).

135. Cf. les *Considérations sur les principes de vie et les natures plastiques*, et l'*Éclaircissement sur les natures plastiques* (1705), en GP VI, 539-555, Frémont [c], 93-113.

136. Aristote porte témoignage des définitions pythagoriciennes, où l'unité est définie comme indivisible, et le point comme « une unité ayant position » (*Métaphysique*, E, 1016 b 24, N 1089 b 35 ; *De l'Âme*, I, 4, 409 a 6).

137. Lettre à Des Bosses du 21 juillet 1707, GP II, 339, trad. Frémont, *L'Être et la relation* avec *Trente-cinq lettres de Leibniz au R. P. Des Bosses*, Paris, Vrin, 1981, p. 127. Cf. Martial Gueroult, « L'espace, le point et le vide chez Leibniz », *Revue philosophique de la France et de l'étranger*, année 1946, notes pp. 438-439.

138. Cf. Anne Becco, « Leibniz et François-Mercure van Helmont », *Studia Leibnitiana*, Sonderheft 7 (1978).

139. Antérieurement, Leibniz a utilisé *monadique* pour désigner une espèce qui ne contient qu'un individu – Dieu, le Monde, le Christ (A VI, 4 A, 31, cité *supra*, note 74). La notion complète aura été, si l'on veut, l'extension à tout individu de ce privilège d'avoir un concept monadique, mais Leibniz ne l'a jamais dit en ces termes.

140. Sur les anciennes conceptions de Leibniz à cet

égard, cf. *infra*, Appendice II.2.2, note 22, et l'article de Philip Beeley qui y est mentionné.

141. Fera écho à cette première tentative l'explication donnée au § 1 des *Principes de la nature et de la grâce*, contemporains de la *Monadologie* : « *Monas* est un mot grec qui signifie l'unité, ou ce qui est un. »

142. On lira notamment la lettre à Rudolf Christian Wagner, *infra* Appendice II-3.

143. Art. cit., p. 404.

144. Le plus caractéristique étant peut-être celui du § 396 de la *Théodicée*, cité *infra* p. 134.

145. Lettre du 11 mars 1706 à Des Bosses, GP II, 307 ; trad. Frémont, *op. cit.*, p. 97. Les « pages écrites en français » désignent le *Système nouveau* et les divers *Éclaircissements* qui lui ont fait suite, en réponse notamment à Foucher et à Bayle. La « dispute en latin avec Sturm » est l'article *De Ipsa Natura* de 1698 ; la question évoquée y est traitée au § 12 (GP IV, 512 ; trad. Schrecker, 221-223).

146. Cf. Catherine Wilson, « Leibniz and Atomism », *Studies in the History and Philosophy of Science*, 13 (1982), repris dans *G. W. Leibniz. Critical Assesments*, ed. by R. S. Woolhouse, vol. 3, 1994.

147. Leibniz poursuit, en rappelant l'argumentaire habituel de son anti-atomisme : « Mais outre que tous les corps ont aussi des parties actuelles, quoiqu'elles ne soient point détachées les unes des autres, il ne considérait pas que cette dureté parfaite et insurmontable devrait être miraculeuse, et qu'effectivement tout corps, grand ou petit, a des parties détachées d'entre elles, qui y exercent des mouvements internes, selon qu'il est poussé par les autres ; autrement il y aurait des corps impassibles : sans parler de beaucoup d'autres raisons qui montrent que la Matière est actuellement divisée à l'infini. »

148. La traduction latine, *De Corporis et Mentis distinctione*, est parue à Genève en 1679. La note de lecture de Leibniz figure en A VI, 4B, 1797-1800 (elle a déjà été publiée, avec une traduction française, dans Gerauld de Cordemoy, *Œuvres philosophiques*, éd. par P. Clair et F. Girbal, Paris, PUF, 1968, pp. 362-364).

149. Leibniz se souvient de cette formule en écrivant à Arnauld : « Il paraît que M. Cordemoy avait reconnu

quelque chose de la vérité, mais il n'avait pas encor vu en quoi consiste la véritable notion d'une substance, aussi c'est là la clef des plus importantes connaissances » (GP II, 78 ; Le Roy, 147).

150. GP IV, 479, Frémont [b] 67 (texte donné en note de la version publiée du *Système nouveau*, avant les corrections apportées par Leibniz sur une copie de l'article).

151. GP IV, 527 *(Extrait du Dictionnaire de M. Bayle article Rorarius [...] de l'Édition de l'an 1702 avec mes remarques)*.

152. GP IV, 478 et Frémont [b] 66 (*Système nouveau*, texte de la version révisée par Leibniz après publication), 482, et Frémont [b] 71 (*Système nouveau*), 561, et Frémont [c] 199 (*Réponses aux réflexions contenues dans la seconde édition du Dictionnaire critique de M. Bayle, article Rorarius, sur le Système de l'Harmonie préétablie*), et 511 (*De ipsa natura*, trad. Schrecker, 219).

153. « Mais il n'y a pas des substances là où il n'y a pas de substance, pas plus qu'il n'y a de nombres s'il n'y a pas d'unités » (Discussion avec Fardella, A VI, 4, p. 327, et *infra*, Appendice II-1, p. 327). « Là où il a plusieurs ou la multitude, il faut qu'il y ait aussi des unités, car la multitude ou le nombre est composé d'unités » (*à Sophie*, GP VII, 557, et *infra*, Appendice II-2.5, p. 350). On se souviendra bien sûr de la définition euclidienne du nombre, citée *supra* note 133. Mais dans l'interprétation usuelle de la mathématique euclidienne, l'unité n'est pas proprement un nombre, mais *principe du nombre*. Comme telle, l'unité est exclusive de toute multiplicité et donc de toute division. D'où, entre autres, l'impossibilité de traiter comme des nombres authentiques les fractions qui divisent l'unité (cf. la fin de non-recevoir opposée par Platon aux calculateurs, qui « trafiquent » avec les nombres en divisant l'unité, *République*, 525 a-e). Dans *De l'esprit géométrique*, Pascal s'emploie à présenter cette exclusion de l'unité hors du domaine du nombre comme un simple effet de la liberté des définitions de nom, « comme au contraire l'unité se met quand on veut au rang des nombres, et les fractions de même » (*Pensées et Opuscules*, éd. par Léon Brunschvicg, Paris, Hachette, pp. 181-182). On pourrait dire en ce sens que la monadologie se conforme au modèle archa-

ïque de l'interprétation grecque de la « *mathesis* de l'un » (Platon, *ibid.*, 525 a), en établissant entre les multitudes concrètes et les unités réelles un rapport entre termes hétérogènes, de principe fondateur à résultat dérivé.

154. L'analyse qui précède s'inspire principalement du texte décisif, que Leibniz a écrit en réponse aux Objections de Simon Foucher sur le *Système nouveau*, et par là même en commentaire direct de celui-ci, GP IV, 491-492 (texte cité *infra* en Appendice II-2.6, notes 38, 40 et 43).

155. Texte similaire dans une lettre à Des Bosses du 31 juillet 1709 (GP II, 379, trad. Frémont, 162).

156. Cf. Appendice II-1, note 3.

157. Le texte donné par Gerhardt paraît ici fautif : on s'attendrait à lire plutôt *antitypia et resistentia vel inertia*. Mais la suite, qui explicite le sens des deux composantes de la passivité de la matière, rappelle sans aucune ambiguïté la doctrine constante de Leibniz : ces deux versants sont l'impénétrabilité du corps et sa résistance naturelle au mouvement.

158. D'où la question de Sophie : comment peut-on mettre l'unité au pluriel et dire « les unités » ? Cf. texte cité *infra* en Appendice II-2.5, p. 349.

159. Nous traduisons au plus près le texte donné par Gerhardt, quoiqu'il semble mal établi : on lit *seu entelechia primaria animatum*, et on préférerait *entelechia primaria animatam*, qui permettrait de traduire plus simplement : « ... une substance une prééminente, c'est-à-dire animée par une entéléchie première ».

160. Transposition directe à la substance de sa définition comme « Être simple complet », obtenue dans les notes sur Christian Thomasius, texte cité *supra*, p. 97.

161. On se reportera aussi aux *Principes de la nature et de la grâce*, § 3 (qui emploie l'appellation de « monade centrale »), et, plus sommairement, à la *Monadologie*, § 70.

162. Selon la définition donnée dans la lettre à R. Chr. Wagner du 4 juin 1710 (GP VII, 530, texte intégralement traduit en Appendice II-3).

163. « Chaque être vivant ou doué de perception le demeurera toujours, et gardera toujours des organes proportionnés » (à Sophie-Charlotte, 8 mai 1704, GP III, 344, Frémont [c], 82).

164. *Ibid.*, GP III, 343, Frémont [c], 82.

165. À Hartsoecker, 7 décembre 1711 (GP III, 529).

166. « Tout ce que l'ambition, ou autre passion, fait faire à l'âme de César, est aussi représenté dans son corps ; et tous les mouvements de ces passions viennent des impressions des objets jointes aux mouvements internes ; et le corps est fait en sorte que l'âme ne prend jamais des résolutions où les mouvements du corps ne s'accordent, les raisonnements mêmes les plus abstraits y trouvant leur jeu, par le moyen des caractères, qui les représentent à l'imagination », *Réponse aux réflexions contenues dans la seconde Édition du Dictionnaire Critique de M. Bayle, article Rorarius, sur le Système de l'Harmonie préétablie* (GP IV, 559, Frémont [b] 196).

167. Une étude génétique complète de la *Monadologie*, à l'instar de celle qui est aujourd'hui rendue possible pour le *Discours de métaphysique*, grâce à l'avancement de l'édition intégrale des écrits et lettres de Leibniz, devra attendre que l'on dispose *(si diis placet)* d'une édition achevée.

168. Dans cette suite d'appellations, « entéléchies ou forces primitives » date de 1691 et procède de la constitution toute récente de la Dynamique *stricto sensu* (1690) ; « formes substantielles » remonte à 1679 et est une suite de l'établissement du concept non géométrique de force ou puissance estimée par mv^2 (1678) ; « substances simples » a été suggéré à la relecture du *Système nouveau* (1695) ; enfin « monade » a été reçu comme la traduction du précédent, dans les corrélations suggérées par les analogies mathématiques.

169. Il s'agit respectivement de deux écrits parus l'un et l'autre en 1716 dans l'*Histoire critique de la République des Lettres* : la *Lettre de M. Leibniz à M. des Maizeaux, contenant quelques Éclaircissements sur [...] d'autres endroits du Système de l'Harmonie préétablie* (Dutens II, 1, 65-67), et de la *Réponse aux réflexions contenues dans la seconde Édition du Dictionnaire Critique de M. Bayle, article Rorarius, sur le Système de l'Harmonie préétablie* (GP IV, 554-571, Frémont [b], 191-212).

170. Le XVIIIe siècle sera tout occupé de discussions sur ce qu'il faut entendre par là, sur les paradoxes et les difficultés de la doctrine, tantôt examinées avec sérieux (par exemple dans les Mémoires de l'Académie de Berlin), tan-

tôt traitées avec quelque ironie (par exemple par Condillac dans son *Traité des systèmes* [1749], chap. VIII).

171. On notera cependant cette approche : « Chaque point réel, qui fait une monade, dont moi j'en suis une... » (Grua, 553, dans le fragment sur les deux infinis pascaliens). Mais il s'agit là plutôt d'une mention de la « voie égologique » d'accès à la substance (cf. Appendice II-1, note 3).

172. Cf. *supra*, note 99.

173. Derniers mots des *Principes de la nature et de la grâce*, § 18. Cf. Heinrich Schepers, « Glück durch Wissen. Zur Bestimmung des Philosophen durch Leibniz », *Archiv für Begriffsgeschichte*, 26 (1982). Nous partageons l'avis d'Antonio Lamarra, art. cit., p. 89 : « La monadologie n'est pas non plus exempte de cette caractéristique de la philosophie de Leibniz, d'être une recherche continuellement renouvelée, intrinsèquement rigoureuse, mais tout à fait étrangère à l'esprit d'un système extérieur. »

174. C'est Wolff en effet qui enlèvera la perception aux monades, et, rejetant par là même l'influence idéale de l'Harmonie préétablie, rétablira l'influence physique pour expliquer l'action des monades les unes sur les autres. C'est ce dont héritera Kant dans sa *Monadologia physica* de 1756. La Thèse de la seconde antinomie dans la *Critique de la raison pure* exposera, pour la rejeter, la doctrine des « Monadistes » comme une vaine tentative pour composer l'espace à partir de points physiques. Mais ce sera aussi l'occasion de rendre justice à Leibniz : « La véritable signification du mot *Monas* (selon l'usage de Leibniz) ne devait bien concerner que le simple, qui nous est donné immédiatement comme substance simple (par exemple dans la conscience de soi), et non comme élément du composé, qu'on pourrait plutôt nommer l'atome » (*Critique de la raison pure*, A 440-441, B 468-469).

NOTE SUR L'ÉDITION

1. Heinrich Köhler (1685-1737) avait étudié à Leipzig auprès d'Andreas Rüdiger, puis à Halle auprès de Wolff. Il

fit connaissance de Leibniz à l'occasion d'un séjour à Vienne de 1712 à 1714. Il fera encore paraître, la même année 1720, une traduction allemande de la Correspondance de Leibniz avec Clarke, précédée d'une Préface de Wolff. Il enseignera ensuite, à partir de 1721, le Droit naturel et le Droit des gens à l'université d'Iéna, devenant professeur *extraordinarius* de philosophie en 1734. Sa traduction de la *Monadologie* a été rééditée en 1996 par Dietmar Till, dans la célèbre collection de livres de poche publiée par Insel Verlag.

2. Dont la dernière Réponse aux objections de Bayle contre le système de l'harmonie préétablie, et la Correspondance avec Clarke (voir le détail en Ravier, *Bibliographie des Œuvres de Leibniz*, Paris, Alcan, 1937, n° 352).

3. Éd. Delagrave, p. II-III.

DISCOURS DE MÉTAPHYSIQUE

1. *Marque* s'entend au sens où, à l'article XXIV, la connaissance distincte est définie en donnant l'exemple de l'essayeur d'or qui en certifie l'authenticité « par le moyen de certaines épreuves ou marques qui font la définition de l'or ». Pareillement, Leibniz fournit ici l'épreuve qui permet de reconnaître une perfection dans une expérience de pensée. Ailleurs, la perfection est définie comme « quantité ou degré de réalité » (1677, GP I, 225). À l'époque du *Discours de métaphysique* (désormais *DM*), on trouve cette définition : « La perfection est la réalité pure ou ce qu'il y a de positif et d'absolu dans les essences. Inversement, l'imperfection consiste en limitation » (*Notationes generales* de 1685, Grua 324, A VI, 4 A, 556 ; TLM, 454). On citera aussi la *Théodicée*, § 33 : « En général la perfection est positive, c'est une réalité absolue ; le défaut est privatif, il vient de la limitation et tend à des privations nouvelles. »

2. Soit une suite *finie* de nombres naturels, de 1 à 10 par exemple : 10 est alors à la fois le plus grand nombre (ordinal) de la suite, et le nombre (cardinal) de tous ses éléments (il y a dix nombres de 1 à 10). Si l'on considère la suite

infinie des nombres, il faudrait de même que le plus grand nombre (le dernier) soit aussi le nombre des éléments de la suite. Or il est possible d'associer un à un tous les nombres entiers et tous les nombres pairs : il devrait donc y en avoir le même nombre, alors que pourtant les nombres pairs ne représentent qu'une partie propre de tous les nombres. Leibniz a trouvé cet argument chez Galilée. La démonstration est donnée dans le mémoire pour Gallois de fin 1672 : « [*Traduction*] Puisqu'il y aurait dans ce nombre infini autant de nombres pairs que de nombres pairs et impairs pris ensemble, ou que de nombres simplement, il s'ensuit qu'à l'égard de ce nombre infini l'axiome *Le tout est plus grand que la partie* est en défaut [...] mais il est impossible que cet axiome soit en défaut, ou, ce qui revient au même, cet axiome n'est jamais en défaut si ce n'est à l'égard de Rien ou du Néant. Donc le nombre infini est impossible, il n'est pas un, ni tout, mais Néant » (A II, 1, 226 ; cf. C, 611 sq.). Cf. lettre à Malebranche, 2 juillet 1679 (GP I, 338 ; Prenant, 142).

3. Leibniz vise principalement Spinoza, qui ne reconnaît en Dieu qu'une cause nécessaire qui produit l'ordre de la nature, sans qu'intervienne aucun choix, ni aucune considération préalable d'un bien ou d'une fin. Cf., de celui-ci, *Éthique*, I, prop. XXXII-XXXIII. Mais derrière Spinoza se profile Descartes et sa thèse d'une création par Dieu des vérités éternelles ou nécessaires, à l'égard desquelles la volonté libre de Dieu est indifférente. De fait, Spinoza admet que « cette opinion, qui soumet tout à une volonté divine indifférente, et admet que tout dépend de son bon plaisir, s'éloigne moins de la vérité que cette autre consistant à admettre que Dieu agit en tout en ayant égard au bien » (prop. XXXIII, scolie 2, trad. Appuhn, Paris, Garnier, p. 95). Leibniz entérinera à sa manière cette connivence en disant dans la *Théodicée* : « Le spinozisme [...] est un cartésianisme outré » (§ 393).

4. *Genèse*, I, 31 : « Dieu vit toutes choses qu'il avait faites ; et elles étaient très bonnes. »

5. Ici (comme à l'article XXXVI) au sens de « façon de parler humaine (ou anthropomorphique) ».

6. Une dénomination extérieure, ou extrinsèque, désigne une chose d'après sa relation à une autre chose. Or, pour

Leibniz, les relations doivent toujours être fondées sur les propriétés internes des choses reliées. Ici, cela signifie que la bonté d'une chose ne peut être réduite à sa dépendance externe à l'égard d'une cause parfaite : c'est parce qu'elle est bonne en elle-même qu'une cause intelligente et sage l'a produite.

7. Leibniz avait d'abord écrit : ... *des Spinozistes*, puis il s'est repris et a raturé cette identification. Cf. Spinoza, *Éthique*, Appendice final à la Ire Partie.

8. Le concept de gloire, invoqué ici comme moyen de réfutation (en ce que les thèses qui contreviennent à la gloire de Dieu sont erronées), trouvera sa formulation positive à l'article XIV. Le rapport de la perfection de Dieu à l'ordre de l'univers est amour du point de vue des créatures (du moins de celui des esprits créés), et, du point de vue de Dieu, gloire, celle-ci étant le motif de la création. Cf. *Monadologie*, § 86.

9. Définition de Thrasymaque dans la *République* de Platon, 338 c. En 1667, dans la *Nova Methodus docendae discendaeque Jurisprudentiae*, Leibniz avait repris à son compte cette définition, comme principe suprême du Droit, en identifiant le plus puissant à Dieu ; seulement, elle était aussitôt détournée de son acception volontariste, puisque l'omnipotence était d'ores et déjà mesurée par l'omniscience et la sagesse de Dieu (2e Partie, § 75, A VI, 1, 344-345 ; trad. dans *Le Droit de la raison*, textes réunis et présentés par R. Sève, Paris, Vrin, 1994, p. 198). Par la suite, Leibniz associera la condamnation de la formule de Thrasymaque à la critique de Hobbes, qui définit le Droit par la toute-puissance : cf. *Méditation sur la notion commune de justice*, *Le Droit de la raison*, *op. cit.*, pp. 109-110. Cf. aussi *Théodicée*, Préface (Brunschwig, p. 35) : « Quelle notion assignerons-nous à une telle espèce de justice, qui n'a que la volonté pour règle : c'est-à-dire où la volonté n'est pas dirigée par les règles du bien, et se porte même directement au mal ; à moins que ce ne soit la notion contenue dans cette définition tyrannique de Thrasymaque chez Platon, qui disait que juste n'est autre chose que ce qui plaît au plus puissant ? À quoi reviennent, sans y penser, ceux qui fondent toute l'obligation sur la contrainte, et prennent par conséquent la puissance pour la mesure du droit. »

10. Premier jet raturé sur le brouillon : *de Mons. Descartes...* Cf. Descartes, lettres à Mersenne du 15 avril, des 6 et 27 (?) mai 1630, AT I, pp. 145-146, 149-150 et 151-153 ; Sixièmes Réponses aux Objections sur les *Méditations métaphysiques*, AT IX, pp. 235-236. Dans ce dernier texte, Descartes fait aussi référence à l'Écriture en lui donnant un sens inverse à celui qu'y trouve Leibniz : « Quand on considère attentivement l'immensité de Dieu, on voit manifestement qu'il est impossible qu'il n'y ait rien qui ne dépende de lui, non seulement de tout ce qui subsiste, mais encore qu'il n'y a ordre, ni loi, ni raison de bonté et de vérité qui n'en dépende [...]. Car si quelque raison ou apparence de bonté eût précédé sa préordination, elle l'eût sans doute déterminé à faire ce qui aurait été de meilleur. Mais, tout au contraire, parce qu'il s'est déterminé à faire les choses qui sont au monde, pour cette raison, comme il est dit en la Genèse, *elles sont très bonnes*, c'est-à-dire que la raison de leur bonté dépend de ce qu'il les a ainsi voulu faire. »

11. Premier jet raturé : *de quelques Scolastiques*. Quelques lignes plus bas (note 14), Leibniz précisera avant de raturer : *ces nouveaux scolastiques*. Les textes publiés par Grua permettent d'en identifier quelques-uns dans les lectures de Leibniz : Vincent Baron, auteur d'un *Novum Theologiae, Scolasticae, Controversiae et Ethicae Studium* (1665-1666, Grua 291) ; le cardinal Bellarmin, *De controversiis christianae fidei* (1619-1620, *id.*, 297) ; Denis Petau, *Theologiae dogmata* (1644-1650, *id.*, 336). La *Théodicée*, § 193 sq. mentionne aussi Diroys, *Preuves et préjugés pour la religion chrétienne* (1683).

12. Leibniz songe aussi certainement à Malebranche. On lit dans le *Traité de la nature et de la grâce* (I, § 14) : « Dieu pouvait sans doute faire un monde plus parfait que celui où nous habitons. » Mais, selon Malebranche, ce monde eût exigé des lois plus compliquées, donnant lieu à des particularités plus nombreuses : il eût violé le principe suprême de la simplicité des voies.

13. « Si le moindre mal vaut pour un bien, le moindre bien vaut pour un mal. »

14. Premier jet raturé : *de ces nouveaux scolastiques...*

15. Cf. Malebranche encore, *Recherche de la vérité*, III, Éclaircissement XVII, § 40.

16. *Raturé sur le manuscrit* : « Par exemple il y a une infinité de figures régulières, mais une est plus parfaite, savoir le cercle ; s'il fallait faire un triangle, et qu'il n'y eut aucune détermination de l'espèce de ce triangle, Dieu ferait assurément un triangle équilatère, parce qu'absolument parlant il est le plus parfait. » C'est là un exemple de « détermination » familier chez Leibniz.

17. C'est la thèse constante de Leibniz que la liberté implique en tout être intelligent, Dieu ou créature raisonnable, la détermination de l'acte spontané par la raison qui donne la connaissance du bien et du juste. Cf., au § 188 de la *Théodicée*, l'éclaircissement de la nature de la liberté : « La liberté [...] consiste dans l'intelligence, qui enveloppe une connaissance distincte de l'objet de la délibération ; dans la spontanéité, avec laquelle nous nous déterminons ; et dans la contingence, c'est-à-dire dans l'exclusion de la nécessité logique ou métaphysique. L'intelligence est comme l'âme de la liberté, et le reste en est comme le corps et la base. La substance libre se détermine par elle-même, et cela suivant le motif du bien aperçu par l'entendement qui l'incline sans la nécessiter ; et toutes les conditions de la liberté sont comprises dans ce peu de mots. »

18. Le « quiétisme » dont il est question ici renvoie à la doctrine de Miguel Molinos, exposée dans son *Guida spirituale* (1675) et qui, au moment de la rédaction du *DM*, est en cours de jugement à Rome, affaire que Leibniz suit avec attention : le quiétisme enseigne les moyens d'acquérir une contemplation décrite « comme un repos de l'âme qui fait que toutes ses opérations cessent pendant qu'elle est uniquement appliquée à contempler la présence de Dieu par la foi » (Grua, 78). Historiquement, il ne peut s'agir encore du quiétisme de Fénelon ; mais lorsque surgira entre Fénelon et Bossuet, près de dix ans après le *DM*, la querelle dite « du pur amour », Leibniz considérera que sa définition de l'amour (cf. note suivante) peut et doit servir de base au règlement de la controverse, de sorte que les textes qu'il écrira à cette occasion se situent dans la droite ligne de cet article IV, qu'ils éclairent en retour. On en retiendra des formules telles que « Dieu ne veut pas de

méditatifs fainéants » (lettre à Morell, de décembre 1697 ou janvier 1698, Grua, 120), ou, mieux encore : « Je ne reconnais l'amour de Dieu qu'en ceux qui témoignent de l'ardeur pour procurer le bien en général » (*ibid.*, 108).

19. Définition de l'amour acquise pour Leibniz dès 1669. La réflexion sur l'amour, développée dans les premières méditations sur les fondements du Droit, a conduit Leibniz à une définition invariable de la justice comme « charité du sage » : où il faut entendre par charité une bienveillance (au sens fort de vouloir le bien) universelle, la bienveillance étant elle-même la disposition habituelle à aimer, c'est-à-dire à prendre plaisir à la félicité d'autrui, ou à compter la félicité d'autrui dans la sienne propre. Ainsi est résolue la difficulté à la fois théologique et psychologique d'un amour « non mercenaire », compatible cependant avec cette loi universelle de la nature morale qui fait que nous cherchons en toutes choses notre propre bien. La réciprocité de l'amour permet de comprendre comment chacun, en voulant son propre bien, veut celui de l'autre ; étendue par la sagesse à la connaissance vraie de l'universel, cette réciprocité constitue la forme par excellence de la justice. Constante d'un bout à l'autre de l'œuvre de Leibniz, dette doctrine a été publiée en 1694 dans l'Introduction du *Codex Juris gentium* (recueil de documents de Droit international réuni par Leibniz dans le cadre de son travail d'historiographe). Le passage suivant de la lettre à Arnauld du 23 mars 1690 permet de suivre le lien entre le thème de l'article IV du *Discours* (notion du véritable amour de Dieu) et l'ensemble des considérations qui viennent d'être évoquées : « Que ceux qui ne sont pas contents de l'ordre des choses ne sauraient se vanter d'aimer Dieu comme il faut. Que la justice n'est autre chose que la charité du sage. Que la charité est une bienveillance universelle, dont le sage dispense l'exécution conformément aux mesures de la raison, pour obtenir un plus grand bien. Et que la sagesse est la science de la félicité ou des moyens de parvenir au contentement durable, qui consiste dans un acheminement continuel à une plus grande perfection, ou au moins dans la variation d'un même degré de perfection » (GP II, 136, Le Roy, 200). On peut encore consulter la note de Couturat,

Sur la définition de l'amour, dans *La Logique de Leibniz*, Paris, 1903, pp. 567-570.

20. « Vouloir la même chose et ne pas vouloir la même chose, telle est la véritable amitié », Salluste, *Conjuration de Catilina*, 20, 4.

21. Leibniz emploie cette expression pour caractériser la morale stoïcienne. Cf. Préface de la *Théodicée* : « Ce qu'on appelle *fatum stoicum* n'était pas si noir qu'on le fait : il ne détournait pas les hommes du soin de leurs affaires ; mais il tendait à leur donner la tranquillité à l'égard des événements, par la considération de la nécessité qui rend nos soucis et nos chagrins inutiles : en quoi ces philosophes ne s'éloignaient pas entièrement de la doctrine de notre Seigneur, qui dissuade ces soucis par rapport au lendemain, en les comparant avec les peines inutiles que se donnerait un homme qui travaillerait à agrandir sa taille. Il est vrai que les enseignements des stoïciens (et peut-être aussi de quelques philosophes célèbres de notre temps) se bornant à cette nécessité prétendue, ne peuvent donner qu'une patience forcée... » (Brunschwig, pp. 30-31).

22. Cicéron, *Du destin*, 12, 28-13, 29, qui donne l'exemple classique : si ton destin est de guérir de ta maladie, cela arrivera, que tu fasses venir le médecin ou non ; même issue si ton destin est de ne pas guérir. Comme le destin est l'un ou l'autre, il est en tout cas inutile de faire venir le médecin.

23. « Tout contribue au bien de ceux qui aiment Dieu », saint Paul, *Épître aux Romains*, VIII, 28.

24. Que les esprits soient les êtres qui « occupent le moins de volume » doit s'entendre *a fortiori* : selon les formulations les plus originelles de Leibniz, l'esprit consiste en *un point* (à Jean-Frédéric, 21 mai 1671, A II, 1, 113 ; au même, octobre 1671, *ibid.*, 162-163 ; à Arnauld, 25 octobre 1671, *ibid.*, 173). Ultérieurement, l'assimilation au point sera corrigée en analogie, et étendue à toutes les substances, conçues comme des points métaphysiques, par opposition aux points mathématiques comme aux points physiques (cf. les textes du *Système nouveau* de 1695, cités dans notre Introduction, p. 105 sq.).

25. Aux articles XXXIV et suivants.

26. Cf. Malebranche, *Traité de la nature et de la grâce*, I,

XIII et XIV. Leibniz, pour sa part, n'admet pas l'abstraction qui sépare les moyens des fins, les voies suivies et le résultat obtenu, car *les moyens font partie intégrante des fins*, et c'est l'ensemble indissociable qu'ils forment qui doit être évalué selon la perfection de l'opération. Moyennant ce correctif, la thèse de Malebranche peut être accordée : « Les voies de Dieu sont les plus simples et les plus uniformes ; c'est qu'il choisit des règles qui se limitent le moins les unes les autres. Elles sont aussi les plus fécondes par rapport à la simplicité des voies. C'est comme si l'on disait qu'une maison a été la meilleure qu'on ait pu faire avec la même dépense. On peut même réduire ces deux conditions, la simplicité et la fécondité à un seul avantage qui est de produire le plus de perfection qu'il est possible ; et, par ce moyen, le système du R. P. Malebranche en cela se réduit au mien. Car si l'effet était supposé plus grand, mais les voies moins simples, je crois qu'on pourrait dire que tout pesé et tout compté, l'effet lui-même serait moins grand, en estimant, non seulement l'effet final, mais aussi l'effet moyen. Car le plus sage fait en sorte, le plus qu'il se peut, que les moyens soient fins aussi en quelque façon, c'est-à-dire désirables, non seulement par ce qu'ils font, mais encore par ce qu'ils sont. Les voies plus composées occupent trop de terrain, trop d'espace, trop de lieu, trop de temps, qu'on aurait pu mieux employer » (*Théodicée*, § 208).

27. Allusion à peine voilée à Descartes.

28. Leibniz justifie toujours la supériorité du système de Copernic par la simplicité de ses hypothèses. Mais ce n'est pas là de sa part une adhésion à une interprétation purement conventionnaliste de la théorie : le système le plus simple en hypothèses est par là même le plus adéquat à la réalité ordonnée par l'harmonie. C'est ainsi qu'il pourra, dans la *Théodicée*, invoquer l'histoire de l'astronomie et la découverte de Copernic pour rejeter l'absurdité selon laquelle Dieu aurait pu mieux faire : « Nous avons fait voir que la volonté de Dieu n'est point indépendante des règles de la sagesse, quoiqu'il soit étonnant qu'on ait été obligé de raisonner là-dessus et de combattre pour une vérité si grande et si reconnue. Mais il n'est presque pas moins étonnant qu'il y ait des gens qui croient que Dieu n'observe ces

règles qu'à demi, et ne choisit point le meilleur, quoique sa sagesse le lui fasse connaître ; et en un mot, qu'il y ait des auteurs qui tiennent que Dieu pouvait mieux faire. C'est à peu près l'erreur du fameux Alphonse roi de Castille [...] promoteur des Tables astronomiques qui portent son nom. L'on prétend que ce prince a dit que si Dieu l'eût appelé à son conseil quand il fit le monde, il lui aurait donné de bons avis. Apparemment le système du monde de Ptolémée, qui régnait en ce temps-là, lui déplaisait. Il croyait donc qu'on aurait pu faire quelque chose de mieux concerté, et il avait raison. Mais s'il avait connu le système de Copernic avec les découvertes de Kepler, augmentées maintenant par la connaissance de la pesanteur des planètes, il aurait bien reconnu que l'invention du vrai système est merveilleuse. L'on voit donc qu'il ne s'agissait que du plus et du moins, qu'Alphonse prétendait seulement qu'on aurait pu mieux faire, et que son jugement a été blâmé de tout le monde » (§ 193. Alphonse X [1221-1284], roi de Castille, avait fait établir les célèbres Tables astronomiques, dites « alphonsines »).

29. Ou géomancie : art prétendu de deviner l'avenir par les lignes et figures que dessine une poignée de terre jetée au hasard sur une table. Le ridicule serait aujourd'hui, par exemple, celui de la « numérologie ».

30. Cf. *infra* Appendice I-5, p. 307.

31. Celles-ci, comme l'exemple discuté à l'article XVII le confirmera, se confondent avec les lois de la nature. Au début du texte de l'article, Leibniz les a d'abord désignées sur son manuscrit, avant de raturer et de corriger, comme des « maximes particulières ». On se souviendra de l'opération de « subalternation » dans la logique formelle classique : c'est l'inférence qui particularise une proposition universelle (de « Tout A est B », on peut conclure : « Quelque A est B »). De même, Leibniz distingue entre l'ordre général, réalisé dans tout monde possible, et la nature particulière des choses que Dieu a établies dans le monde actuel.

32. La doctrine du miracle exposée par Leibniz reste proche de celle de Malebranche, *Traité de la nature et de la grâce*, I, article XXI.

33. La distinction des volontés en générales et particulières va être interprétée en deux sens. Premièrement, si par volonté particulière on entend une exception à l'ordre, une telle notion est irrecevable, et on ne saurait dire que Dieu ait des volontés particulières primitives : « Comme Dieu ne saurait rien faire sans raison, lors même qu'il agit miraculeusement, il s'ensuit qu'il n'a aucune volonté sur les événements individuels, qui ne soit une conséquence d'une vérité ou d'une volonté générale » (*Théodicée*, § 206). La généralité du dessein ordonné de Dieu détermine toujours les individus, et non l'inverse (*ibid.*, § 337). Il ne peut y avoir d'exceptions qu'au regard de règles qui sont elles-mêmes particulières, ou subalternes, telles les lois de la nature. C'est ce qui résout la question du miracle, qui déroge à ces lois, mais rentre dans l'ordre : « Je crois même que les miracles n'ont rien en cela qui les distingue des autres événements ; car des raisons d'un ordre supérieur à celui de la nature le portent à les faire. Ainsi je ne dirais point avec ce Père que Dieu déroge aux lois générales toutes les fois que l'ordre le veut ; il ne déroge à une loi que par une autre loi plus applicable, et ce que l'ordre veut ne saurait manquer d'être conforme à la règle de l'ordre qui est du nombre des lois générales. Le caractère des miracles, pris dans le sens le plus rigoureux, est qu'on ne les saurait expliquer par les natures des choses créées » (*ibid.*, § 207).

34. Deuxième acception de la distinction entre volonté particulière et volonté générale : Dieu veut en particulier tout bien. Mais certains biens sont exclus de la suite des choses, où il arrive que des maux, que Dieu ne veut pas, sont la condition, selon les lois de la nature, de plus grands biens, surtout lorsque la liberté humaine y a part. En ce sens, la distinction est fondée, quoique, de toute façon, les volontés particulières ne se réalisent que dans la volonté générale. Dans la *Théodicée* cette acception sera reprise dans la distinction de la volonté antécédente de Dieu et de sa volonté conséquente (notamment §§ 22, 119).

35. Malebranche, par exemple *Recherche de la vérité*, VI, 1, 3.

36. Cf. Descartes, *Principes de la Philosophie*, II, articles 36-44.

37. « Les actions sont actions des sujets. » Par exemple, saint Thomas, *Somme de Théologie*, II-II, Question 58, ad 2 c. Cf. les définitions scolastiques reprises par Leibniz en 1668 dans le fragment *De Transsubstantiatione* : « J'appelle Substance un Étant subsistant par soi. Un Étant subsistant par soi, de l'accord unanime des Scolastiques, est la même chose qu'un Suppôt. Car le Suppôt est individu Substantiel (tout comme la Personne est individu substantiel raisonnable), ou une Substance individuellement. Or l'École affirme communément que le propre du Suppôt est d'être lui-même dénommé par l'action ; d'où la Règle : les actions sont actions des Suppôts. D'où il est manifeste que Suppôt, Substance, Être subsistant par soi, qui sont la même chose, sont correctement définis, au sens même des Scolastiques : ce qui a en soi un principe d'action, car autrement il n'agira pas mais sera l'instrument de l'agent » (A VI, 1, 511).

38. Cf. Aristote, *Catégories*, chap. 5 : « La substance, au sens le plus fondamental, premier et principal du terme, c'est ce qui n'est ni affirmé d'un sujet, ni dans un sujet : par exemple l'homme individuel ou le cheval individuel » (trad. Tricot, Paris, Vrin, p. 7).

39. Au sens qui sera défini à l'article XXIV : une définition nominale donne une marque qui permet de reconnaître l'objet défini, mais sans assurer qu'il soit possible.

40. *Inesse*, « être-dans », est la traduction adoptée par la Scolastique pour le verbe grec ὑπάρχειν utilisé par Aristote pour énoncer le rapport d'attribution du prédicat au sujet. Leibniz attribue ordinairement la formule du *Praedicatum inest subjecto* à Aristote, quoique, *stricto sensu*, on n'en trouve pas l'équivalent littéral chez le Stagirite.

41. Ou haeccéité, du latin *haec* (pronom démonstratif féminin) : désigne la différence individuante qui s'ajoute dans tout individu à la nature commune. Le terme vient de Duns Scot (1270-1308), pour qui ni la matière, ni la forme, ni le composé des deux ne fournit le principe d'individuation : l'haeccéité désigne la réalité ultime, singulière, indivisible, qui ne se distingue pas réellement, mais formellement de l'individu. Dans sa *Dissertation métaphysique sur le principe d'individuation*, présentée en 1663 à l'université de Leipzig, Leibniz examinait la doctrine scotiste, et la rejetait (§§ 16-26, GP IV, 22-26).

42. Contraction de ce que Leibniz expose de façon plus détaillée dans ses *Remarques générales*, contemporaines du *Discours* : « Si le même terme est *B* et aussi *C* et encore *D*, etc. parce qu'il est *A*, autrement dit, si le terme *A* enveloppe tous les termes *B, C, D etc.* qui peuvent être dits de la même chose, le terme *A* exprimera la substance singulière ; c'est-à-dire que le concept d'une SUBSTANCE SINGULIÈRE est un terme complet contenant tout ce qui peut en être dit. Ainsi si quelqu'un est *valeureux, bouillant, instruit, roi, chef d'armée* et *vainqueur à la bataille d'Arbeles* et possède les autres qualités qu'on dit être celles d'Alexandre le Grand ; alors, en voyant l'essence singulière d'Alexandre le Grand, Dieu verra un concept complet où toutes ces qualités sont virtuellement contenues ou dont elles s'ensuivent. On ne peut inférer *roi* à partir de *valeureux*, ni *vainqueur* à partir de *chef*, mais du concept d'Alexandre on infère à la fois *valeureux, roi, chef* et *vainqueur*. Qu'il y ait bien aussi un tel concept est manifeste d'après la définition de la proposition vraie expliquée plus haut. Car, en disant *Alexandre est valeureux*, nous ne voulons dire autre chose sinon que valeureux est contenu dans la notion d'Alexandre, et il en va de même des autres prédicats d'Alexandre » (A VI, 4 A, 553, TLM, 450-451). Cf. les textes reproduits en Appendice I.4.

43. *Depuis « Ainsi la qualité de Roi... » le texte remplace le premier jet raturé sur le brouillon* : « Ainsi la figure circulaire de l'anneau de Gygès ‹Polycrate› n'enferme point tout ce que la notion de cet anneau individuel comprend : au lieu que Dieu [connaissant] voyant la notion individuelle de cet anneau y voit en même temps le fondement et la raison de tous les prédicats qui se peuvent dire de lui, comme qu'il serait englouti par un poisson, et rendu néanmoins à son maître. Et quand on considère bien la connexion des choses, on peut dire qu'il y a de tout temps dans cet anneau des restes de tout ce qui lui est arrivé et les marques de tout ce qui lui arrivera, et même des traces de tout ce qui [se] passe dans l'univers, quoiqu'il n'appartienne qu'à Dieu de les reconnaître toutes. Je parle ici comme s'il était assuré que cet anneau est une substance. » La citation de l'anneau de Gygès fait référence au célèbre passage de Platon, *République* 359 d-360 b ; pour l'histoire

de l'anneau de Polycrate, cf. Hérodote, *Histoires*, III, 41-42. Lestienne avait lu, comme état antérieur à « ... est une substance », la formule raturée « ... ait une conscience » (p. 36 de son édition) ; l'édition de l'Académie n'a pas retenu cette variante génétique, pourtant suggestive. Mais en substituant l'exemple d'Alexande le Grand à celui de l'anneau, Leibniz a expressément écarté la mention d'un objet physique (fût-il un produit de l'art) au profit d'un agent, qui est aussi une « personne », comme le dira le titre de l'article XIII. Par là même, il évitait la discussion sur les conditions auxquelles il est permis d'attribuer à un corps (cet anneau) ce qui est vrai de la substance au sens strict de substance individuelle.

44. *Par le nombre seulement.*

45. « Qu'ici tout individu est espèce dernière » : saint Thomas d'Aquin, *Somme de Théologie*, I, Question 50, ad 4 c. Cette formule sera constamment invoquée par Leibniz à l'appui de ce qu'il érigera en principe, sous le nom de principe des indiscernables (ou de l'identité des indiscernables), en vertu duquel deux choses distinctes doivent être différenciées par des caractères internes, et non seulement par la position relative ou le nombre ; comme tel, le principe vaut à la fois pour les substances individuelles, ou, ultérieurement, pour les monades, comme il vaut pour les phénomènes réels. Ainsi, deux œufs, ou deux feuilles d'arbre, ne sont jamais identiques : « Si deux individus étaient parfaitement semblables et égaux et (en un mot) indistinguables par eux-mêmes, il n'y aurait point de principe d'individuation ; et même j'ose dire qu'il n'y aurait point de distinction individuelle ou de différents individus à cette condition. [...] Je me souviens qu'une grande princesse, qui est d'un esprit sublime, dit un jour en se promenant dans son jardin qu'elle ne croyait pas qu'il y avait deux feuilles parfaitement semblables. Un gentilhomme d'esprit, qui était de la promenade, crut qu'il serait facile d'en trouver ; mais quoiqu'il en cherchât beaucoup, il fut convaincu par ses yeux qu'on pouvait toujours y remarquer de la différence. On voit par ces considérations, négligées jusqu'ici, combien dans la philosophie on s'est éloigné des notions les plus naturelles, et combien on a été éloigné des grands principes de la vraie métaphysique » (*Nouveaux Essais sur*

l'entendement humain, II, XXVII, § 3 ; la « grande princesse » est bien sûr Sophie de Hanovre).

46. Cf. l'explication fournie par Leibniz dans une lettre du 14 juillet 1686 au Landgrave de Hesse-Rheinfels : « Si saint Thomas a pu soutenir que toute intelligence séparée diffère spécifiquement de toute autre, quel mal y aura-t-il d'en dire autant de toute personne, et de concevoir les individus comme les dernières espèces, pourvu que l'espèce soit prise non pas physiquement, mais métaphysiquement ou mathématiquement. Car dans la physique, quand une chose engendre son semblable, on dit qu'ils sont d'une même espèce ; mais dans la métaphysique ou dans la géométrie [traduction de la suite en latin :] *nous pouvons dire que diffèrent spécifiquement n'importe quelles choses qui présentent une différence consistant en une notion explicable en soi : par exemple, deux ellipses dont l'une à deux axes, l'un plus grand l'autre plus petit, en raison double, et l'autre en raison triple. Mais au contraire deux ellipses, qui ne diffèrent pas par la raison des axes et donc par aucune marque distinctive explicable en soi, mais par la seule grandeur ou comparaison, ne présentent pas de différence spécifique. Il faut cependant savoir que les êtres complets ne peuvent différer par la seule grandeur* » (GP II, 131-132, Le Roy, 129-130, qui restitue la date de cette lettre suivant A I, 4, 404).

47. *Raturé sur le brouillon* : « Item que si les corps sont des substances, il n'est pas possible que leur nature consiste seulement dans la grandeur, figure et mouvement, mais qu'il faut quelque autre chose... » L'abandon de cette phrase dès la rédaction du brouillon est instructif : on observe encore la réserve de Leibniz quand il s'agit d'étendre au corps les conclusions établies pour la substance proprement dite (individuelle). Le point sera examiné à l'article XII, à la suite de la réintroduction du concept de forme substantielle.

48. Après avoir utilisé la métaphore du miroir pour caractériser la relation de la substance au monde, Leibniz associe cette relation au verbe *exprimer*, qui autorise lui-même le recours au substantif *expression*. En cela, Leibniz forge un emploi inédit du lexique de l'expression, en lui conférant une acception dont la nouveauté n'a pas manqué de dérouter les contemporains, à commencer par Arnauld.

Trois textes permettent de rassembler les éléments fondamentaux de la doctrine (sur laquelle on pourra consulter l'article classique de Mark Kulstad, « Leibniz's Conception of Expression », *Studia Leibnitiana*, IX [1977]) :

A. Le *Quid sit idea* [Qu'est-ce que l'idée ?] de l'automne 1677 apporte la première spécification de la doctrine de l'expression, en caractérisant l'idée comme expression, tout en restant en deçà de l'extension de l'expression à la substance (extension qui n'a été possible qu'après l'élaboration de la thèse de la notion complète) : « Est dit *exprimer* une chose ce en quoi il y a des rapports qui répondent aux rapports de la chose à exprimer. Mais ces expressions sont variées : par exemple, le modèle d'une machine exprime la machine, le tracé scénographique de la chose sur un plan exprime le solide, le discours exprime les pensées et les vérités, les caractères expriment les nombres, l'équation algébrique exprime le cercle ou toute autre figure ; et ce qui est commun à ces expressions, c'est que, à partir de la seule considération des rapports de l'exprimant, nous pouvons parvenir à la connaissance des propriétés correspondantes de la chose à exprimer. D'où il est manifeste qu'il n'est pas nécessaire que ce qui exprime soit semblable à la chose exprimée, pourvu que soit préservée une certaine analogie des rapports » (GP VII, 263, A VI, 4 B, 1370 ; TLM, 445).

B. Un passage d'un opuscule publié par Couturat approfondit encore la dissociation de l'expression d'avec la similitude, en allant plus loin dans le sens d'une définition purement formelle : « [*Traduction*]... l'âme même, qui représente les autres choses d'après les relations de son corps, est une sorte de miroir de l'univers, représentant les autres choses suivant, pour ainsi dire, son point de vue. Ainsi la même ville présente à celui qui la regarde de différentes directions des projections tout à fait différentes. Mais il ne faut pas penser que lorsque je dis miroir, je conçois cela comme si les choses externes étaient toujours dépeintes dans les organes et dans l'âme même. Il suffit en effet à l'expression d'une chose dans une autre, qu'il y ait une loi constante des relations, par laquelle chacun des éléments dans l'une puisse être rapporté à chacun des éléments correspondants dans l'autre. Ainsi le cercle peut être représenté en projection perspective par une ellipse ou une courbe ovale, et même par une hyperbole, quoique absolument dissemblable, puisqu'elle ne revient pas en elle-même, parce qu'à chaque point de l'hyperbole peut être assigné un point du cercle projetant l'hyperbole, qui lui répond selon une loi constante » (C, 15).

C. Dans la discussion avec Arnauld sur l'explication de l'union de l'âme et du corps, Leibniz sera amené à préciser la formulation de sa solution en recourant à la notion d'expression : « toute substance porte une expression générale de tout l'univers », et « l'âme porte plus particulièrement une expression plus distincte de ce qui arrive maintenant à l'égard de son corps » : c'est là une conséquence « de la notion d'une substance individuelle » (lettre du 8 décembre 1686, GP II, 74-75, Le Roy, 144). Or Arnauld a répondu à une première explication de Leibniz : « Je n'ai point d'idée claire de ce que vous entendez par le mot d'*exprimer* [...] car si par cette *expression* vous entendez quelque pensée ou quelque connaissance, je ne puis demeurer d'accord que mon âme ait plus de pensée et de connaissance du mouvement de la lymphe dans les vaisseaux lymphatiques que du mouvement des satellites de Saturne. Que si ce que vous appelez *expression* n'est ni pensée ni connaissance, je ne sais ce que c'est » (28 août 1687, GP II, 105-106, Le Roy, 172). Cette mise en demeure a amené Leibniz à fournir l'explicitation terminologique la plus directe : « Une chose *exprime* une autre (dans mon langage) lorsqu'il y a un rapport constant et réglé entre ce qui se peut dire de l'une et de l'autre. C'est ainsi qu'une projection de perspective exprime son géométral. L'expression est commune à toutes les formes, et c'est un genre dont la perception naturelle, le sentiment animal et la connaissance intellectuelle sont les espèces. Dans la perception naturelle et dans le sentiment, il suffit que ce qui est divisible et matériel, et se trouve dispersé en plusieurs êtres, soit exprimé ou représenté dans un seul être indivisible, ou dans la substance qui est douée d'une véritable unité. [On ne peut point douter de la possibilité d'une telle représentation de plusieurs choses dans une seule, puisque notre âme nous en fournit un exemple.] Mais cette représentation est accompagnée de conscience dans l'âme raisonnable et c'est alors qu'on l'appelle *pensée*. Or cette expression arrive partout, parce que toutes les substances sympathisent avec toutes les autres et reçoivent quelque changement proportionnel répondant au moindre changement qui arrive dans tout l'univers, quoique ce changement soit plus ou moins notable à mesure que les autres corps ou leurs actions ont plus ou moins de rapport au nôtre [...]. Ainsi notre corps doit être affecté en quelque sorte par les changements de tous les autres. Or à tous les mouvements de notre corps répondent certaines perceptions ou pensées plus ou moins confuses de notre âme, donc l'âme aussi aura quelque pensée de tous les mouvements de l'univers, et selon moi toute notre âme ou substance en aura quelque perception ou expression » (9 octobre 1687, GP II, 112, Le Roy, 181. Le passage entre crochets figure sur le brouillon mais non dans la lettre envoyée à Arnauld).

49. Cf. *Monadologie*, §§ 56-57. Cf. les formulations d'une lettre à Jacquelot du 9 février 1704 : « Le miracle ou plutôt le merveilleux consiste en ce que chaque substance est une représentation de l'univers suivant son point de vue. C'est la plus grande richesse ou perfection que l'on puisse attribuer aux créatures et à l'opération du Créateur, et comme un redoublement de mondes dans ces miroirs innumérables de substance, par lesquels l'univers est varié à l'infini » (GP III, 465).

50. On remarquera que le premier état du manuscrit laissait ouverte l'éventualité que les corps *ne* soient *pas* des substances, mais seulement des phénomènes cohérents. Cf. notre Introduction, p. 75 sq.

51. Voir en particulier la critique des formes substantielles par Descartes, considérées comme des notions confondant indûment des attributs du corps et des attributs de l'âme, et contredisant à la distinction réelle des deux substances, chose étendue pour l'une, chose pensante pour l'autre. Inversement, Descartes admettait la légitimité partielle de la notion de forme substantielle appliquée à l'expérience que l'homme fait de l'union de l'âme et du corps dans son être concret ; mais, par là même, il confirmait sa critique de l'usage de cette notion en physique, en en dévoilant l'origine : une projection sur les choses extérieures de ce que l'homme expérimente en lui-même. Sur cette cri-

tique, et l'acception qu'elle donne à la notion de forme substantielle, cf. Étienne Gilson, *Études sur le rôle de la pensée médiévale dans la formation du système cartésien*, Paris, Vrin, 1930, note pp. 143 sq.

52. Cette désignation englobe pour Leibniz Descartes et les cartésiens, Gassendi, Hobbes, Spinoza, et, de façon générale, tous ceux qui ont mis en œuvre l'explication des phénomènes physiques par la géométrie et la mécanique.

53. Leibniz emprunte cette expression au titre de l'ouvrage de Liber Fromondus, *Labyrinthus de compositione continui*, Anvers, 1631. Elle restera constante sous sa plume, s'appliquant aussi aux apories de la liberté ; ainsi dans la Préface de la *Théodicée* : « Il y a deux labyrinthes fameux où notre raison s'égare bien souvent : l'un regarde la grande question du libre et du nécessaire, surtout dans la production et dans l'origine du mal ; l'autre consiste dans la discussion de la continuité et des indivisibles qui en paraissent les éléments, et où doit entrer la considération de l'infini. Le premier embarrasse presque tout le genre humain, l'autre n'exerce que les philosophes » (Brunschwig, p. 29).

54. Terme désignant chez J. B. van Helmont le principe spirituel de la vie, cité par exemple dans l'*Hypothesis physica nova* de 1671 (A VI, 2, 255).

55. « Par droit de retour », s'appliquant à un exilé qui retrouve ses droits.

56. On remarquera encore que le premier état du manuscrit traitait la substantialité des corps comme une hypothèse.

57. Leibniz emploiera souvent cet argument tiré de son autobiographie intellectuelle, pour souligner que le retour aux conceptions traditionnelles était imposé par la considération des choses mêmes. Cf. Michel Fichant, « Mécanisme et Métaphysique : le rétablissement des formes substantielles (1679) », dans *Philosophie*, n° 39-40 (1993).

58. Nouvel exemple du choix théorique opéré par Leibniz dans l'élaboration de la version finale : la disjonction développée dans l'état initial du texte est effacée, au bénéfice du seul terme dans lequel les corps sont considérés comme des substances.

59. « Constituer » est justement le terme utilisé par Des-

cartes pour désigner la détermination de la substance corporelle par l'étendue : « Mais encore que chaque attribut soit suffisant pour faire connaître la substance, il y en a toutefois un en chacune qui constitue sa nature et son essence, et de qui tous les autres dépendent. À savoir, l'étendue en longueur, largeur et profondeur, constitue la nature de la substance corporelle [...] Car tout ce que d'ailleurs on peut attribuer au corps présuppose de l'étendue, et n'est qu'une dépendance de ce qui est étendu [...]. Ainsi nous ne saurions concevoir, par exemple, de figure, si ce n'est en une chose étendue, ni de mouvement qu'en un espace qui est étendu » (*Principes de la Philosophie*, 1re Partie, art. 53).

60. Aux articles XXXV et XXXVI.

61. La formule, affectionnée par Leibniz, est démarquée d'un dicton astrologique : *Astra inclinant, non necessitant*. La *Théodicée* (§ 43) permet de mesurer la portée et les limites de cet emprunt : « Je suis d'opinion que la volonté est toujours plus inclinée au parti qu'elle prend, mais qu'elle n'est jamais dans la nécessité de le prendre. Il est certain qu'elle prendra ce parti, mais il n'est point nécessaire qu'elle le prenne. C'est à l'imitation de ce fameux dicton : *Astra inclinant, non necessitant* ; quoiqu'ici le cas ne soit pas tout à fait semblable. Car l'événement où les astres portent (en parlant avec le vulgaire, comme s'il y avait quelque fondement dans l'astrologie) n'arrive pas toujours ; au lieu que le parti vers lequel la volonté est la plus inclinée ne manque jamais d'être pris. Aussi les astres ne feraient-ils qu'une partie des inclinations qui concourent à l'événement ; mais quand on parle de la plus grande inclination de la volonté, on parle du résultat de toutes les inclinations, à peu près comme nous avons parlé ci-dessus de la volonté conséquente en Dieu, qui résulte de toutes les volontés antécédentes. »

62. La question de la vérité des futurs contingents est discutée depuis l'Antiquité. Sa formulation classique est donnée par Aristote, au chapitre IX du *De l'interprétation*, qui concluait que les propositions singulières portant sur les événements futurs ne sont ni vraies ni fausses ; seule est vraie la disjonction complète « Ou A aura lieu, ou A n'aura pas lieu », dont le référent dans les choses est la puissance des contraires, non encore déterminée à l'acte.

Aristote y trouvait ainsi un emploi remarquable et une confirmation de la distinction de la puissance et de l'acte. Leibniz connaissait parfaitement les discussions antiques sur la question, rapportées par Cicéron dans son traité *Du destin*, et que la Théologie chrétienne a ensuite renouvelées en faisant intervenir la prescience divine dans la détermination des futurs contingents. Cf. les remarquables textes de la *Théodicée*, §§ 36 sq.

63. La distinction des deux formes de nécessité, l'une absolue ou métaphysique, l'autre hypothétique ou morale, est un des acquis fondamentaux de la réflexion logique dans la période d'élaboration du *DM*. La nécessité hypothétique est équivalente à la contingence, et permet de montrer comment celle-ci n'exclut pas la détermination, mais seulement la stricte impossibilité (la contradiction formelle) de son contraire. On remarquera que la distinction des deux nécessités est expressément fondée sur la connexion du sujet et du prédicat, et sur la chaîne d'inférences qui prouve l'inclusion du prédicat dans le sujet. Dans d'autres textes qui développent davantage la technique logique de ces inférences, Leibniz établit que, dans le cas de la nécessité absolue, l'analyse ou résolution des termes de la proposition vraie est finie, c'est-à-dire qu'on peut parvenir en un nombre fini d'étapes à une identité partielle du terme sujet et du terme prédicat (AB = A) ; dans le cas de la nécessité hypothétique, ou de la contingence, l'analyse ne parvient jamais à une telle identité où elle pourrait s'arrêter, et se poursuit donc, en principe sinon en fait, à l'infini. Leibniz reconnaît ainsi une analogie entre, d'un côté, l'opposition entre ces deux formes d'analyse des vérités et, de l'autre, celle qu'on reconnaît en mathématiques entre la réduction d'un rapport numérique rationnel à la commune mesure de ses termes et la décomposition infinie des termes d'un rapport incommensurable. Cette analogie est établie dans les *Recherches générales sur l'analyse des notions et des vérités* de 1686 (C, 388-389, A VI, 4 A, 776-777 ; TLM, 277-279). Cf. les opuscules connus depuis Foucher de Careil sous le faux titre de *Sur la liberté* (FC, 183-184, A VI 4 B, 1655-1656 ; TLM, 334) et l'*Origine des vérités contingentes...* (C, 1-3, A VI, 4 B, 1661-1663 ; TLM, 335-337).

64. *Tout ce développement de l'exemple de César remplace celui que donnait l'état initial du brouillon* : « Venons à un exemple ; puisque St Pierre reniera notre Seigneur, cette action est comprise dans sa notion, car nous supposons que c'est la nature d'une telle notion parfaite d'un sujet de tout comprendre. afin que le prédicat y soit compris, *ut possit inesse subjecto*. On pourrait dire que ce n'est pas en vertu de cette notion ou idée ou nature qu'il doit pécher, puisqu'elle ne lui convient que parce que Dieu sait tout. Mais on insistera que sa nature ou forme répond à cette notion, et puisque Dieu lui a imposé ce personnage, il lui est désormais nécessaire d'y satisfaire. C'est donc maintenant qu'il faut appliquer distinguer les connexions, et je dis qu'il est est assuré, mais qu'il n'est pas nécessaire, et s'il faisait le contraire, il ne ferait rien d'impossible. Car si quelque homme était capable d'achever toute la démonstration en vertu de laquelle il prouverait cette connexion du sujet qui est St Pierre et du prédicat qui est son reniement, il ferait voir que ce fait a son fondement dans sa notion ou nature, et qu'il était était raisonnable et par conséquent assuré que cela arrivât, mais non pas qu'il est nécessaire en soi-même, ou que le contraire implique contradiction. » Il est possible que Leibniz ait écarté l'exemple de Pierre au profit de celui de César pour éviter de compliquer d'emblée la discussion par la mise en cause de l'histoire sacrée, avec les problèmes spécifiques concernant la théologie du salut.

65. On remarquera la hiérarchie des décrets : le premier décret de Dieu (faire toujours le meilleur) se fonde sur la connaissance parfaite que Dieu a du bien, et détermine l'ordre général ; le second décret est une maxime subalterne, ou loi de la nature des êtres raisonnables créés, qui ne sont déterminés qu'à poursuivre, à risque d'erreur, le bien apparent. Mais c'est en cela aussi que l'homme peut être dit fait à l'image de Dieu. Cf. le complément apporté ci-dessous à l'article XXX, « ce bien apparent a toujours quelque chose de véritable [...] sous de certains aspects particuliers ».

66. Cf. formulation semblable à l'article XXXII (juste avant la note 114). L'émanation marque à la fois la dépendance des créatures à l'égard de Dieu, et la continuation

de leur création dans leur conservation, qui est une création continuée, ou continuelle. Dans la *Monadologie*, Leibniz parlera de « fulguration » (§ 47, avec le texte de la *Théodicée*, § 385, cité note 44 à *la Monadologie*). Cf. les textes réunis et commentés par André Robinet, *Architectonique disjonctive...*, Paris, Vrin, 1986, pp. 430 sq.

67. On reconnaît le principe malebranchiste de la détermination de Dieu par sa seule gloire, mais transposé à la production de l'ordre de ce qui apparaît, où cette gloire se montre. Sur cette acception leibnizienne de la gloire, on retiendra la précision apportée dans la *Théodicée* (§ 109) : « De dire que Dieu possède une gloire quand il est seul, c'est ce qui dépend de la signification du terme. L'on peut dire avec quelques-uns que la gloire est la satisfaction qu'on trouve dans la connaissance de ses propres perfections ; et dans ce sens Dieu la possède toujours : mais quand la gloire signifie que les autres en prennent connaissance, l'on peut dire que Dieu ne l'acquiert que quand il se fait connaître à des créatures intelligentes : quoiqu'il soit vrai que Dieu n'obtient pas par là un nouveau bien, et que ce sont plutôt les créatures raisonnables qui s'en trouvent bien, lorsqu'elles envisagent comme il faut la gloire de Dieu. »

68. Leibniz reproduit dans cet article l'essentiel de l'argumentation qu'il publiera dans l'article des *Acta eruditorum* de mars 1686, *Brevis demonstratio erroris mirabilis Cartesii* (GM VI, 117-119). La parution, au mois de septembre de la même année, d'une traduction française de cet article dans les *Nouvelles de la République des Lettres*, provoquera la réplique d'un cartésien de second ordre, l'abbé Catelan, et marquera ainsi l'ouverture d'une polémique où l'on peut voir la première origine de la « querelle des forces vives » ; celle-ci opposera jusqu'au milieu du XVIIIe siècle les tenants de la mesure « cartésienne » de la force par la quantité de mouvement *(mv)* aux partisans de sa mesure leibnizienne par la « force vive » (mv^2). Cf. le commentaire classique de Martial Gueroult, *Leibniz. Dynamique et métaphysique*, Paris, Aubier-Montaigne, 2e éd., 1967, chap. III, pp. 21-55.

69. Cf. *supra*, note 32. Les lois de la nature sont des « maximes » au sens où l'on désignait ainsi des principes des raisonnements ; c'est ce même sens qui est repris par

Locke quand il nie qu'il y ait des « maximes innées » (cf. *Nouveaux Essais*, livre I). Mais elles sont aussi « subalternes » en ce qu'elles se distinguent des principes de l'ordre général, puisque ceux-ci incluent les miracles, qui dérogent aux lois de la nature ; leur généralité s'étend à tous les phénomènes de la nature, mais n'est pas pour autant une universalité absolue.

70. Cf. Descartes, *Principes de la Philosophie*, IIe Partie, art. 36.

71. Cf. Galilée, *Discours et démonstrations mathématiques concernant deux sciences nouvelles* (1638), Troisième Journée, trad. franç. de Maurice Clavelin, Paris, Armand Colin, 1970, pp. 138-139.

72. Reprise du principe énoncé par Descartes comme fondement de sa Mécanique, au sens restreint de théorie des machines simples. Cf. le mémoire intitulé *Explication des engins par l'aide desquels on peut avec une petite force lever un fardeau fort pesant*, à la suite de la lettre à Constantin Huygens du 5 octobre 1637 (texte publié en 1668 par le P. Poisson avec le titre de *Traité de Mécanique*, sous lequel il est généralement cité). À propos des machines simples de levage (poulie, plan incliné, etc.), Descartes écrit : « L'invention de tous ces engins n'est fondée que sur un seul principe, qui est qu'une même force qui peut lever un poids, par exemple, de cent livres à la hauteur de deux pieds, en peut aussi lever un de 200 livres à la hauteur d'un pied, ou un de 400 à la hauteur d'un demi pied, et ainsi des autres... » (ATI, 435-436).

73. D'où il résulte que la force se mesure par le produit de la masse du corps par la hauteur à laquelle sa vitesse acquise lui permet de s'élever, soit *mh* ; or, suivant la loi de Galilée, la vitesse acquise est proportionnelle à la racine carrée de la hauteur de chute, et par conséquent *mh* équivaut à mv^2. Christian Huygens avait reconnu (1669) que dans le choc de corps parfaitement durs (ou parfaitement élastiques), la somme des produits mv^2 se conserve. Leibniz a fait sienne cette formule en janvier 1678, avec la démonstration ici présentée, et en lui conférant la double portée d'un principe général de conservation et d'une définition réelle de la force ; en cela, il allait très au-delà de la signification restreinte et purement opératoire que Huygens

reconnaissait à cette formule. Sur les circonstances et la portée de cette réappropriation leibnizienne de la formule, cf. G. W. Leibniz, *La réforme de la Dynamique. Le* De Corporum concursu (1678) *et autres textes inédits*, édition, présentation, traductions et commentaires par Michel Fichant, Paris, Vrin, 1994.

74. Leibniz tire à sa manière les conséquences de la relativité du mouvement, défini comme changement de situation d'un corps par rapport à un autre ; étant une relation, le mouvement est tout autant dans le corps que nous disons mû que dans celui qui sert de terme de comparaison (cf. Descartes, *Principes de la Philosophie*, IIe Partie, art. 25 sq.). C'est en ce sens que la relativité du mouvement est un indicateur de son caractère imaginaire : « Lorsqu'un corps nage dans l'eau, il y a une infinité de mouvements des parties de l'eau, tels qu'il faut afin que la place que ce corps quitte soit toujours remplie par la voie la plus courte. C'est pourquoi nous disons que ce corps en est cause, parce que, par son moyen, nous pouvons expliquer distinctement ce qui arrive ; mais si on examine ce qu'il y a de physique et de réel dans le mouvement, on peut aussi bien supposer que ce corps est en repos et que tout le reste se meut conformément à cette hypothèse, puisque tout le mouvement en lui-même n'est qu'une chose respective, savoir un changement de situation, qu'on ne sait à qui attribuer dans la précision mathématique [...]. Si on veut chercher s'il y a quelque chose de réel dans le mouvement, qu'on s'imagine que Dieu veuille exprès produire tous les changements de situation dans l'univers, tout de même comme si ce vaisseau les produisait en voguant dans l'eau ; n'est-il pas vrai qu'il arriverait justement cela même ? Car il n'est pas possible d'assigner aucune différence réelle. Ainsi, dans la précision métaphysique, on n'a pas plus de raison de dire que le vaisseau pousse l'eau à faire cette grande quantité de cercles servant à remplir la place du vaisseau, que de dire que l'eau est poussée à faire tous ces cercles et qu'elle pousse le vaisseau à se remuer conformément » (Projet de lettre à Arnauld, fin 1686, GP II, 69, Le Roy, 138-139).

75. À la différence du mouvement, la force est dans le corps, comme un prédicat réel dans son sujet : « Le mouvement, en tant qu'il n'est qu'une modification de l'étendue

et changement de voisinage, enveloppe quelque chose d'imaginaire, en sorte qu'on ne saurait déterminer à quel sujet il appartient parmi ceux qui changent si on n'a recours à la force qui est cause du mouvement et qui est dans la substance corporelle » (lettre à Arnauld, 30 avril 1687, GP II, 98, Le Roy, 165).

76. Les termes de la conciliation entre la science et la piété, thème originel et constant de la pensée de Leibniz depuis les *Démonstrations catholiques* de 1668-1669, sont arrêtés depuis la réhabilitation des forces substantielles en 1679. Cf. les *Pensées sur l'instauration d'une physique nouvelle*, traduction et annotation de Michel Fichant, *Philosophie*, n° 39 (1993), notes 23-26 ; *Remarques sur la Partie générale des Principes de Descartes* (GP IV, 390-392, Schrecker, 76-78, Prenant, 321-322).

77. Comparer avec le développement donné à l'argument dans un mémoire anticartésien de 1697, GP IV, 344 : « Et en bannissant de la physique les causes finales (outre qu'on se prive par là du moyen de deviner quelques belles vérités qu'on n'a trouvées que par les finales), il semble que c'est en vain et par manière d'acquit qu'on a mis en avant une intelligence souveraine, si au lieu de l'employer, on ne se sert que de la nécessité de la matière, et si au lieu de dire que les yeux ont été faits pour voir, on soutient qu'on ne voit que parce qu'il se trouve qu'on a des yeux. L'effet doit être expliqué par la connaissance de la cause, laquelle étant intelligente, on doit joindre la considération des fins qu'elle a eues aux instruments dont elle s'est servie. »

78. « Insérer le passage du Phédon de Platon, où Socrate se moque d'Anaxagore, qui introduit l'esprit et n'en fait aucun usage. » Le manuscrit comme les copies ne reproduisent pas le texte auquel Leibniz renvoie ; selon l'usage admis, nous reproduisons la paraphrase qui en est donnée dans le morceau « *Il y a deux sectes de Naturalistes...* » reproduit *in extenso* en Appendice I-1. Se reporter à la Présentation de ce morceau, p. 249-250.

79. Allusion à la *Theoria motus abstracti* de 1671. En ne considérant les corps que d'un point de vue purement mathématique, Leibniz y établissait des lois du choc fondées sur la simple composition algébrique des éléments indivisibles de mouvement, désignés sous le concept,

emprunté à Hobbes, de *conatus*. Le *conatus* d'un corps en repos, si grand soit-il, est égal à 0 ; celui du corps en mouvement qui le heurte est v_1. Par conséquent, la vitesse commune résultante après le choc sera $V = v_1 + 0 = v_1$. Cf. cette déclaration ultérieure de Leibniz : « J'avais fait deux petits discours il y a vingt ans : l'un *de la théorie du mouvement abstrait*, où je l'avais considéré hors du système, comme si c'était une chose purement mathématique : l'autre *de l'hypothèse du mouvement concret et systématique*, tel qu'il se rencontre effectivement dans la nature [...]. Il y a plusieurs endroits sur lesquels je crois être mieux instruit présentement ; et entre autres, je m'explique tout autrement aujourd'hui sur les indivisibles. C'était l'essai du jeune homme qui n'avait pas encore approfondi les Mathématiques. Les lois du mouvement abstrait que j'avais données alors, devraient avoir lieu effectivement, si dans le corps il n'y avait autre chose que ce qu'on y reçoit selon *Descartes*, et même selon *Gassendi*. Mais comme j'ai trouvé que la nature en use tout autrement à l'égard du mouvement, c'est un de mes arguments contre la notion reçue de la nature du corps » (à Foucher, 1693, GP I, 415).

80. Leibniz fait allusion à son article paru dans les *Acta eruditorum* de juin 1682, sous le titre *Unicum opticae, catoptricae et dioptricae principium* (trad. fr. de Suzanne Bachelard dans *Thalès*, t. IX [1958], pp. 31-36). Il y expose que l'unique principe des lois de la propagation de la lumière, de sa réflexion et de sa réfraction, est que la lumière suit la voie la plus facile, qui est la plus courte en longueur du temps. Dans le cas de la réfraction du rayon lumineux passant d'un milieu dans un autre, on retrouve la loi des sinus en admettant que la lumière va d'autant plus vite que le milieu traversé est plus dense. Les mêmes idées sont développées, en français, dans le *Tentamen Anagogicum. Essai anagogique dans la recherche des causes*, GP VII, 270-279, et Frémont [b], 93-104.

81. William Snell (1591-1626), auteur d'un traité resté inédit, où il démontrait la loi de la réfraction. Leibniz l'invoque toujours pour accuser Descartes d'avoir dissimulé l'emprunt qu'il lui avait fait dans sa propre *Dioptrique* (1637).

82. Mathématicien grec, auteur, à la fin du IIIᵉ ou au

début du IVᵉ siècle, d'un traité d'optique, publié à Hambourg, en 1610, sous le titre *Capita opticorum*.

83. Pierre de Fermat (1601-1665) avait critiqué la démonstration de la loi de la réfraction donnée par Descartes, qu'il jugeait artificielle (cf. les lettres échangées en 1637, de Fermat à Mersenne en avril ou mai, AT I, 355 sq., de Descartes à Mersenne du 5 octobre, *ibid.*, 450 sq., de Fermat à Mersenne, de novembre, *ibid.*, 464 sq.). Selon Fermat, on ne pouvait démontrer sainement la loi qu'en admettant un principe finaliste, selon lequel la nature suit la voie la plus courte, qui, dans le cas du rayon lumineux réfracté, sera la ligne du minimum de temps (cf. lettre de Fermat à Cureau de la Chambre, 1er janvier 1662, *Œuvres de Fermat*, 1894, II, p. 457). Sur l'histoire et la signification épistémologique de la discussion, voir l'article de Suzanne Bachelard, « Maupertuis et le principe de moindre action », précédant la traduction citée *supra* note 80, pp. 4-30.

84. Cf. Descartes, *Dioptrique* (1637), Discours second, AT VI, 93-105.

85. Reprise, sous forme d'interrogation, de la notion malebranchiste de vision en Dieu. Tout ce qui suit est une reprise des thèmes déjà développés par Leibniz dans ses *Méditations sur la connaissance, la vérité et les idées*, publiées en 1684 (GP IV, 422-426, Schrecker, 9-16, Prenant, 151-156).

86. Leibniz résume ainsi la preuve de l'existence de Dieu, qui sera appelée par Kant « preuve ontologique », telle qu'elle a été donnée d'abord par saint Anselme dans son *Proslogion* ou *Contre l'Insensé* (chap. II-IV), puis reprise par Descartes dans la *Cinquième Méditation*. Sa critique constante consiste à lier deux arguments : a. de ce que nous pensons quelque chose, en comprenant la signification de ce que nous énonçons, il ne suit pas que nous ayons réellement l'idée de cette chose ; la croyance contraire conduit au « mauvais usage des idées » ; b. la preuve qui tire l'existence de Dieu de son idée comme Être absolument parfait est valide, mais incomplète : elle doit être précédée de la preuve que cette idée est réelle ou possible, c'est-à-dire n'implique pas contradiction. Leibniz a donné cette preuve, sous une forme à laquelle il renoncera, dans le *Quod ens perfectissimum existit* (1676, GP VII, 261-263, A VI, 3, 571-

579, qui donne trois versions du morceau ; TLM, 27-28). La critique de l'appel cartésien à l'évidence de l'idée s'appuie sur cet argument dans les *Méditations sur la connaissance, la vérité et les idées* de 1684 (GP IV, 424, Schrecker, 13-14, Prenant, 155). On citera, à proximité du *Discours de métaphysique*, le passage suivant d'une lettre à Foucher de 1686 : « Je viens à votre examen du grand principe des Cartésiens [...], savoir que nos idées ou conceptions sont toujours vraies. Et comme j'ai déjà dit, je suis bien éloigné de l'admettre, parce que nous joignons souvent des notions incompatibles, en sorte que le composé enferme contradiction [...]. Ce n'est qu'en cela que la démonstration de l'existence de Dieu, inventée par Anselme et renouvelée par Descartes, est défectueuse. *Tout ce qui suit de la définition de l'Être absolument parfait peut lui être attribué. Or l'existence suit de la définition de l'Être absolument parfait ou le plus grand, car l'existence est au nombre des perfections, ou, comme dit Anselme, c'est plus d'exister que de ne pas exister. Donc l'être absolument parfait existe. Je réponds : la conséquence est saine, pourvu que cet Être soit possible* [tout le passage en italiques est en latin dans le texte]. Et c'est le privilège de l'Être souverain de n'avoir besoin que de son essence ou de sa possibilité pour exister. Mais pour achever la démonstration à la rigueur, il faut prouver cette possibilité, car il n'est pas toujours permis d'aller au superlatif, par exemple la notion de la dernière vélocité implique » (GP I, 384-385). Cf. *Monadologie*, § 45.

87. « Un Être par soi. »

88. « [*Traduction*] N B. Une notion est intermédiaire entre la notion intuitive et la notion claire quand je possède au moins la connaissance claire de toutes les notions qui y entrent. »

89. Dans les *Méditations sur la connaissance, la vérité et les idées*, la connaissance qui s'oppose à l'intuitive était appelée « symbolique ». L'exemple qui sera donné à l'article suivant d'un raisonnement effectué sur des nombres permet de comprendre en quoi une connaissance où l'on opère sur des symboles est une connaissance où « sans [se] mettre en peine de penser ce que c'est que 10 et 100 [on] *suppose* de le savoir ».

90. Principalement Hobbes, *De Corpore* (1655), Ire Partie,

chap. III, § 8 : « Les vérités premières entre toutes sont issues de la décision de ceux qui ont les premiers imposé des noms aux choses, ou ont accepté les noms donnés par d'autres. Ainsi par exemple *un homme est un animal* est vrai, précisément parce qu'il a plu d'imposer ces deux noms à la même chose. » Leibniz a qualifié cette position d'« ultra-nominaliste » dans sa Préface à son édition de l'ouvrage de Nizolius, *De veris veris principiis et vera ratioone philosophandi* (1553) (1670, GP IV, 158, A VI, 2, 429). L'essentiel de sa critique consiste à montrer que, si le choix des noms et, en général, des signes d'une langue naturelle ou instituée, est arbitraire, leur liaison et connexion dans une proposition répond d'une certaine manière à la relation qu'ont entre elles les choses désignées ; c'est l'argument développé dans le *Dialogue* de 1677 (GP VII, 190-193, A VI, 4 A, 20-25 ; trad. Frémont [a], 103-109).

91. Par exemple : « Quand on dit que le cercle est une figure décrite par une droite qui se meut dans un plan en sorte qu'une extrémité demeure en repos, on connaît la cause ou réalité du cercle » (GP I, 385).

92. *Le brouillon comporte ensuite la phrase raturée* : « Cependant nous avons dans l'esprit effectivement toutes les idées possibles et y pensons même en tout temps d'une manière confuse. »

93. Descartes avait d'une certaine manière tenté de concilier les deux caractères de l'idée entre lesquels Leibniz accuse une opposition doctrinale ; d'un côté, en effet, il définissait l'idée comme « cette forme de chacune de nos pensées, par la perception immédiate de laquelle nous avons connaissance de ces mêmes pensées », de l'autre, il reconnaissait à l'idée une « réalité objective », qui consiste dans « l'entité ou l'être de la chose représentée par l'idée, en tant que cette entité est dans l'idée » (*Réponses aux Secondes Objections*, Abrégé géométrique, Définitions II et III, AT IX, 124). L'opposition doctrinale s'était durcie à partir du moment où Malebranche avait érigé l'idée en réalité intelligible subsistante, ce qui lui avait attiré les critiques de Simon Foucher puis d'Antoine Arnauld. Cf. la mise au point explicite de Leibniz dans les Extraits de ses notes marginales sur l'ouvrage de Foucher, *Réponse pour*

la critique à la préface du second volume de la Recherche de la vérité [de Malebranche] : « L'idée peut être prise de deux façons, savoir pour la qualité ou forme de la pensée, comme la vélocité et la direction le sont du mouvement ; ou bien *pro objecto immediato sive proximo perceptionis* [pour l'objet immédiat ou le plus proche de perception]. Et de cette manière l'idée ne serait pas une manière d'être de notre âme. Et cela est apparemment le sentiment de Platon ou de l'auteur de la *Recherche* » (A VI, 3, 315-316).

94. Leibniz reformule la thèse qu'il avait faite sienne dans le *Quid sit idea* de 1677, où il mettait au point son concept original d'expression : « Avant tout, j'entends sous le nom d'*idée quelque chose qui est dans notre esprit* ; les traces imprimées dans le cerveau ne sont donc pas des idées [...]. Or il y a beaucoup de choses dans notre esprit, par exemple des pensées, des perceptions, des sentiments, que nous reconnaissons n'être pas des idées, quoiqu'elles ne se fassent pas sans idées. Car pour nous *l'idée ne consiste pas en un acte de penser, mais en une faculté*, et nous disons avoir l'idée d'une chose, quoique nous n'y pensions pas, pourvu que nous puissions y penser si l'occasion en est donnée. Il y a toutefois en cela une difficulté : en effet, nous avons la faculté éloignée de penser à toutes choses, sans avoir peut-être aussi leurs idées, parce que nous avons la faculté de les recevoir ; l'idée postule donc une *faculté proche ou facilité de penser à la chose*. Mais cela même ne suffit pas, car celui qui possède une méthode, qui lui permet de parvenir à la chose, s'il la suit, n'en a pas pour autant l'idée. Par exemple si j'énumérais en ordre les sections du cône, il est certain que j'en viendrais à la connaissance des hyperboles opposées, quoique je n'en aie jamais eu l'idée. Il est donc nécessaire qu'il y ait en moi quelque chose, *qui non seulement conduise à la chose, mais qui aussi l'exprime* » (GP VII, 263, A VI, 4 B, 1370 ; suit la définition de l'expression reproduite *supra*, note 48).

95. Cf. Platon, *Phédon*, 72 e-77 a et *Ménon*, 80 d-86 c.

96. Passage célèbre du *Ménon*, 82b-85c.

97. Aristote, *De l'âme*, 430a1, 432a7 et *Analytiques seconds*, 81a38-b5. Leibniz retrouvera cette comparaison chez Locke (*Essai sur l'entendement humain*, livre II, chap. I, § 2), et en développera la critique dans ses *Nou-*

veaux Essais : « Il s'agit de savoir si l'âme en elle-même est vide entièrement comme des tablettes, où l'on n'a encore rien écrit ("tabula rasa") suivant Aristote et l'auteur de l'*Essai,* et si tout ce qui y est tracé vient uniquement des sens et de l'expérience, ou si l'âme contient originairement les principes de plusieurs notions et doctrines que les objets externes réveillent seulement dans les occasions, comme je le crois avec Platon et même avec l'École » (Préface, Brunschwig, pp. 37-38 ; cf. aussi livre I, chap. I, § 5, et II, I, § 2).

98. Au sens de façons de parler conformes aux opinions reçues ou aux besoins pratiques.

99. Cf. *Monadologie*, § 30.

100. *Raturé sur le brouillon* : « ... nous voyons toutes choses *en lui, comme lorsque nous pensons voir...* » Leibniz s'est corrigé pour éviter de reprendre la formule malebranchiste de la vision en Dieu.

101. « La [vraie] lumière, qui illumine tout homme venant en ce monde », *Évangile selon saint Jean*, I, 9.

102. À propos de « l'intellect agent de l'âme rationnelle », Leibniz évoque ici l'interprétation donnée par Averroès (Ibn-Rushd, 1126-1198) de la distinction aristotélicienne de l'intellect agent et de l'intellect patient (Aristote, *De l'Âme*, III, 4 et 5 ; voir Averroès, *L'intelligence et la pensée. Grand Commentaire du* De Anima, *Livre III*, traduction, introduction et notes par Alain de Libera, Paris, GF-Flammarion, 1998) : selon Averroès, suivi au XIIIe siècle par des scolastiques tel Siger de Brabant, l'intellect agent est unique, chaque esprit créé recevant une parcelle de l'entendement divin. D'où la négation de l'individualité de l'esprit humain dans ses opérations de connaissance, ce que Leibniz ne peut bien sûr que rejeter. Cf. l'exposé de Leibniz dans la *Théodicée Discours préliminaire*, § 7 : « Ce commentateur [Averroès], poussant ce que des interprètes grecs avaient déjà enseigné, prétendait que, suivant Aristote et même suivant la raison (ce qu'on prenait presque alors pour la même chose), l'immortalité de l'âme ne pouvait subsister. Voici son raisonnement. Le genre humain est éternel, selon Aristote ; donc, si les âmes particulières ne périssent pas, il faut venir à la métempsycose rejetée par ce philosophe ; ou, s'il y a toujours des âmes nouvelles, il

faut admettre l'infinité de ces âmes conservées de toute éternité ; mais l'infinité actuelle est impossible, selon la doctrine du même Aristote : donc il faut conclure que les âmes, c'est-à-dire les formes des corps organiques, doivent périr avec ces corps, ou du moins l'entendement passif appartenant en propre à un chacun. De sorte qu'il ne restera que l'entendement actif, commun à tous les hommes, qu'Aristote disait venir de dehors, et qui doit travailler partout où les organes y sont disposés, comme le vent produit une espèce de musique lorsqu'il est poussé dans des tuyaux d'orgue bien ajustés. » Autre exposé dans les *Considérations sur la doctrine d'un Esprit universel unique* [1702], GP VI, 529, Frémont [b], 221.

103. Maître séculier de l'université de Paris, il joua un rôle de premier plan dans la querelle opposant, entre 1252 et 1256, les séculiers et les réguliers au sujet des nominations aux chaires de l'Université.

104. C'est de nouveau Malebranche qui est ici principalement visé.

105. Leibniz emploie le terme d'indifférence en diverses acceptions, qui se définissent par des oppositions : le plus souvent il oppose la contingence à la nécessité, et l'indifférence à la détermination (par exemple *Conversation sur la liberté et le destin*, Grua, 478, Frémont [c], 47). En ce sens-là, l'indifférence doit être rejetée, puisque tout ce qui existe ou arrive est déterminé, sans laisser pour autant d'être contingent. Mais, en un autre sens, il y a aussi « une espèce d'indifférence qui accompagne la liberté », en ce qu'elle s'oppose à la nécessité métaphysique (ce dont le contraire est impossible) et même à la nécessité physique (celle de lois de la nature qui empêcheraient de choisir autrement) : cependant, il ne saurait y avoir d'indifférence métaphysique ou d'indifférence d'équilibre, dans laquelle il n'y aurait aucun motif raisonnable de détermination du choix (C, 21, TLM, 344-345).

106. Cf. *infra*, Appendice I-5, *Échantillon des découvertes...*, p. 306 et note 16.

107. *Épître de saint Paul aux Romains*, XI, 33 « Ô profondeur des trésors de la sagesse et de la science de Dieu ! » Cf. *Théodicée*, Préface (Brunschwig, p. 36), *Discours préliminaire*, § 44, *Essais*, § 134 (cité *infra*, ad *Monadologie*,

art. 90), §§ 179, 412. « Cet abîme de Paul est l'Harmonie des choses qui dépasse la capacité de l'esprit humain, même si notre esprit sait qu'elle existe » (Grua, 299 ; cf. 366, 376).

108. Leibniz nomme ainsi les théologiens, tels Calvin et Zwingli, qui « prétendent que Dieu, voulant manifester sa miséricorde et sa justice suivant des raisons dignes de lui, mais qui nous sont inconnues, a choisi les élus et rejeté par conséquent les réprouvés avant toute considération du péché, même d'Adam » (*Théodicée*, § 82).

109. *Enchiridion*, I, 3, 11, et *Cité de Dieu*, XIV, 13, 32.

110. Leibniz joue ici simultanément sur trois distinctions : la grâce est dite : 1. ordinaire ou extraordinaire, « la première promise par la paroles et les sacrements, la seconde laissée à l'initiative de Dieu, comme le ravissement de S. Paul » (Grua, *Jurisprudence universelle...*, p. 476) ; 2. interne, « disposition infuse par opération immédiate de Dieu », ou externe, « c'est-à-dire consistant dans les occasions et les circonstances » (*ibid.*, p. 478) ; enfin, 3. suffisante ou efficace : « la première procure le pouvoir de vouloir et agir salutairement, mais n'obtient pas ce résultat en fait, la seconde l'obtient » (*ibid.*, p. 482). Pour résumer de façon très sommaire une doctrine dont les précautions leibniziennes rendent la formulation complexe, on dira qu'en principe « Dieu veut sauver tous les hommes » et que sa grâce est suffisante pour « ceux qui ont bonne volonté » (*Théodicée*, § 134). La volonté humaine est donc requise pour que la grâce soit efficace, mais, par là même, la grâce tient aussi aux circonstances où la volonté se forme et « qui font une partie de l'enchaînement des choses » (§ 100). Parmi tant d'autres, on citera cet essai de synthèse : « On peut croire avec plusieurs théologiens que les hommes reçoivent plus de secours que nous ne savons, quand ce ne serait qu'à l'article de la mort. Il ne paraît point nécessaire non plus que tous ceux qui sont sauvés le soient toujours par une grâce efficace par elle-même, indépendamment des circonstances. Je ne trouve pas aussi qu'il soit nécessaire de dire que toutes les vertus des païens étaient fausses, ni que toutes leurs actions étaient des péchés, quoiqu'il soit vrai que ce qui ne vient pas de la foi ou de la droiture de l'âme devant Dieu est infecté du péché, au

moins virtuellement. Enfin je tiens que Dieu ne saurait agir comme au hasard par un décret absolument absolu, ou par une volonté indépendante de motifs raisonnables. Et je suis persuadé qu'il est toujours mû, dans la dispensation de ses grâces, par des raisons où entre la nature des objets ; autrement, il n'agirait point suivant la sagesse ; mais j'accorde cependant que ces raisons ne sont pas attachées nécessairement aux bonnes ou aux moins mauvaises qualités naturelles des hommes, comme si Dieu ne donnait jamais ses grâces que suivant ces bonnes qualités, quoique je tienne, comme je me suis déjà expliqué ci-dessus, qu'elles entrent en considération comme toutes les autres circonstances, rien ne pouvant être négligé dans les vues de la suprême sagesse » (*Théodicée*, § 283).

111. La doctrine de la science moyenne a été élaborée par certains théologiens franciscains et jésuites, pour résoudre la difficulté de la conciliation entre la contingence des événements et leur prescience par Dieu. C'est ainsi que, selon le jésuite espagnol Luis Molina (1536-1600), « il y a trois objets de la science divine : les possibles, les événements actuels et les événements conditionnels, qui arriveraient en conséquence d'une certaine condition, si elle était réduite en acte. La science des possibilités est ce qui s'appelle la science de simple intelligence ; celle des événements qui arrivent actuellement dans la suite de l'univers, est appelée la science de vision. Et comme il y a une espèce de milieu entre le simple possible et l'événement pur et absolu, savoir l'événement conditionnel, on pourra dire aussi, selon Molina, qu'il y a une science moyenne entre celle de la vision et celle de l'intelligence. On en apporte le fameux exemple de David, qui demande à l'oracle divin si les habitants de la ville de Kegila, où il avait dessein de se renfermer, le livreraient à Saul, en cas que Saul assiégeât la ville ; Dieu répondit que oui, et là-dessus David prit un autre parti. Or quelques défenseurs de cette science considèrent que Dieu, prévoyant ce que les hommes feraient librement en cas qu'ils fussent mis en telles ou telles circonstances, et sachant qu'ils useraient mal de leur libre arbitre, il décerne de leur refuser des grâces et des circonstances favorables ; et il le peut décerner justement, puisqu'aussi bien ces circonstances et ces aides ne leur

auraient de rien servi. Mais Molina se contente d'y trouver en général une raison des décrets de Dieu, fondée sur ce que la créature libre ferait en telles ou telles circonstances » (*Théodicée*, § 40). Finalement, Leibniz corrige cette distinction, en contestant l'autonomie d'une science moyenne : « Si pourtant l'on veut une science moyenne entre la science de simple intelligence et la science de vision, on pourrait concevoir et la première et la science moyenne autrement que l'on a coutume de le faire, à savoir, la science moyenne non seulement comme étant celle des futurs sous conditions, mais des possibles contingents en général. Alors, la science de simple intelligence sera prise dans une acception plus restreinte, comme étant celle des vérités possibles et nécessaires ; la science moyenne sera celle des vérités possibles et contingentes ; la science de vision, celle des vérités contingentes et actuelles. La science moyenne aura ainsi avec la première cela de commun qu'elle concernera les vérités possibles, avec la dernière, qu'elle concernera les contingentes » (*Causa Dei*, art. 17, trad. en *Théodicée*, Brunschwig, pp. 427-428).

112. « Ceux dont il savait d'avance qu'il se donnerait à leur foi », cf. Origène, *Commentatio in Epistola ad Romanos*, avec renvoi à saint Paul, *Épître aux Romains*, VIII, 28-30.

113. Saint Paul, cf. note 106.

114. Cf. art. XIII.

115. Saint Paul, *Première Épître aux Corinthiens*, XV, 28.

116. *Raturé sur le brouillon :* « ... on attribue l'action *aux causes occasionnelles...* » Leibniz s'est corrigé pour ne pas reprendre à son compte la formule malebranchiste des causes occasionnelles.

117. Aux articles XV-XVI.

118. Sainte Thérèse d'Avila, *Libro de la vida*, Salamanque, 1588 (posthume), XIII, 9. L'ouvrage a été traduit en français par Arnauld d'Andilly (Paris, 1670) ; le passage évoqué par Leibniz y est ainsi rendu : « Car dans ces commencements, elle [l'âme] ne doit prendre soin que d'elle-même, et rien ne lui peut être plus utile que de se considérer seule dans le monde avec Dieu seul. » Cf. lettre à Morell, 10 décembre 1696 : « Quant à Ste Thérèse, vous avez raison d'en estimer les ouvrages. J'y trouvai un jour

cette belle pensée que l'Âme doit concevoir les choses comme s'il n'y avait que Dieu et elle au monde. Ce qui donne même une réflexion considérable en philosophie, que j'ai employée utilement dans une de mes hypothèses » (Grua, 103).

119. Sur la conception de l'union de l'âme et du corps, ici indirectement réfutée, cf. Descartes, *Sixième Méditation*, AT IX, 64-65, et *Passions de l'âme*, art. 32 et 41.

120. Cf. *Principes de la nature et de la grâce*, § 13 : « Chaque âme connaît l'infini, connaît tout, mais confusément. Comme en me promenant sur le rivage de la mer, et entendant le grand bruit qu'elle fait, j'entends les bruits particuliers de chaque vague dont le bruit total est composé, mais sans les discerner ; nos perceptions confuses sont le résultat des impressions que tout l'univers fait sur nous. » La Préface des *Nouveaux Essais* contient l'exposé le plus riche de la doctrine des petites perceptions.

121. « Quelque chose d'un par soi. »

122. Nouveau cas remarquable où Leibniz annule sur la version finale l'alternative qu'il avait d'abord laissée ouverte lors du premier mouvement d'écriture.

123. La réflexion caractérise l'esprit en le distinguant des autres âmes et des substances en général, qui ont toujours quelque chose d'analogue à l'âme (dans le *DM*, c'est la forme substantielle). En cela, la caractérisation de la réflexion ne relève pas seulement de la psychologie, elle a une portée ontologique décisive dans l'approfondissement doctrinal qui conduit Leibniz « à remplacer la coupure cartésienne entre esprit et corps par une interprétation originale de la hiérarchie aristotélicienne des substances, toutes conçues analogues à l'esprit » (Grua, *Jurisprudence universelle...*, p. 74). Ultérieurement, la réflexion prendra le nom d'*aperception* : cf. *Monadologie*, § 14 et la note afférente.

124. Cf. *Monadologie*, note 4. Sur les rapports entre identité personnelle, conscience de soi et mémoire, cf. *Nouveaux Essais sur l'entendement humain*, II, XXVII, §§ 6-9.

125. L'insertion tardive de l'épithète « simple » plaide pour une relecture du Sommaire par Leibniz en 1695, au moment où les développements du *Système nouveau* rencontrent un nouveau lexique de la substantialité. Cf. Anne Becco, *Du simple selon Leibniz. Discours de métaphysique*

et Monadologie. Étude comparative critique des propriétés de la substance appuyée sur l'opération informatique « MONADO 74 », Paris, Vrin, 1975, pp. 66-68.

126. Sur le thème stoïcien, puis augustinien, de la *Cité de Dieu*, on ne peut de nouveau que renvoyer au chapitre qui y est consacré par Grua, *Jurisprudence universelle...*, p. 371 sq.

127. Noter une fois de plus la réserve conditionnelle sur la nature substantielle ou phénoménale des corps, biffée par Leibniz à l'état terminal du texte.

128. Cf. le passage du § 118 de la *Théodicée*, cité dans la note 82 de la *Monadologie*.

129. Cf. supra, note 5.

130. Sur la portée philosophique de l'enseignement du Christ, cf. *Théodicée*, Préface : « Moïse avait déjà donné les belles idées de la grandeur et de la bonté de Dieu, dont beaucoup de nations civilisées conviennent aujourd'hui : mais Jésus-Christ en établissait toutes les conséquences, et il faisait voir que la bonté et la justice divines éclatent parfaitement dans ce que Dieu prépare aux âmes. Je n'entre point ici dans les autres points de la doctrine chrétienne, et je fais seulement voir comment Jésus-Christ acheva de faire passer la religion naturelle en loi, et de lui donner l'autorité d'un dogme public. Il fit lui seul ce que tant de philosophes avaient en vain tâché de faire ; et les chrétiens ayant enfin eu le dessus dans l'empire romain, maître de la meilleure partie de la terre connue, la religion des sages devint celle des peuples. Mahomet, depuis, ne s'écarta point de ces grands dogmes de la théologie naturelle, ses sectateurs les répandirent même parmi les nations les plus reculées de l'Asie et de l'Afrique où le christianisme n'avait point été porté ; et ils abolirent en bien des pays les superstitions païennes, contraires à la véritable doctrine de l'unité de Dieu, et de l'immortalité des âmes » (Brunschwig, 26-27).

131. *Évangile selon saint Luc*, XII, 7. Sur la christologie exposée par Leibniz dans ce dernier article, lire Xavier Tilliette, *Le Christ des philosophes. Du maître de sagesse au divin témoin*, Namur, Culture et Vérité, 1993.

132. Saint Matthieu, XXIV, 35.

133. Saint Luc, XII, 4.

134. *Sagesse*, III, 1.
135. Saint Matthieu, XII, 36.
136. *Ibid.*, X, 42.
137. Saint Paul, *Épître aux Romains*, VIII, 28.
138. Saint Matthieu, XIII, 43.
139. Saint Paul, *Première Épître aux Corinthiens*, II, 9.

MONADOLOGIE

1. Comparer avec le § 1 des *Principes de la nature et de la grâce* (désormais *PNG*) : « La Substance est un Être capable d'Action. Elle est simple ou composée. La *Substance simple* est celle qui n'a point de parties. La *composée* est l'assemblage des substances simples, ou des *Monades*. *Monas* est un mot grec qui signifie l'unité, ou ce qui est un. » On observera que là où les *PNG* parlent de « substance composée », la *Monadologie* n'emploie « composé » que comme adjectif substantivé, et ne reconnaît d'autres substances que les « substances simples ».

2. Ce n'est pas au § 10 de la *Théodicée*, mais bien au § 10 du *Discours préliminaire* de la *Théodicée* qu'on peut lire, à propos de la doctrine de l'âme du monde : « Le système de l'harmonie préétablie est le plus capable de guérir ce mal. Car il fait voir qu'il y a nécessairement des substances simples et sans étendue, répandues par toute la nature ; que ces substances doivent toujours subsister indépendamment de tout autre que de Dieu, et qu'elles ne sont jamais séparées de tout corps organisé. » On ne trouve du reste dans la *Théodicée* qu'une seule occurrence du mot « monade », au § 396 : « Je soutiens que toutes les âmes, entéléchies ou forces primitives, formes substantielles, substances simples, ou monades, de quelque nom qu'on les puisse appeler, ne sauraient naître naturellement, ni périr » (cf. *infra*, §§ 4-7).

3. *Atome* s'entend au sens strict d'indivisible, et non dans l'acception physique usuelle : Leibniz combat l'atomistique au sens physique ; les véritables atomes ne sont pas des corpuscules matériels, mais des « atomes formels », ou « atomes de substance ». Cf. *Système nouveau* : « Cepen-

dant, s'il n'y avait point de véritables unités substantielles, il n'y aurait rien de substantiel ni de réel dans la collection. [...] Mais les atomes de matière sont contraires à la raison, outre qu'ils sont encore composés de parties, puisque l'attachement invincible d'une partie à l'autre (quand on le pourrait concevoir ou supposer avec raison), ne détruirait point leur diversité. Il n'y a que les atomes de substance, c'est-à-dire les unités réelles et absolument destituées de parties, qui soient les sources des actions et les premiers principes absolus de la composition des choses, et comme les derniers éléments de l'analyse des choses substantielles » (GP IV, 482, Frémont [b], p. 71).

4. Le § 89 de la *Théodicée*, auquel Leibniz renvoie, distingue l'indestructibilité de l'immortalité, cette dernière impliquant la conservation de la personnalité. C'est pourquoi, s'agissant par exemple des âmes des bêtes, il vaudra « mieux dire qu'elles sont impérissables que de les appeler immortelles ».

5. Leibniz fait allusion à la théorie de la perception sensible selon laquelle les choses enverraient aux sens une qualité réelle, détachée de l'objet émetteur et ayant la puissance de le représenter. On les appelait aussi « espèces intentionnelles », parce que les sens pouvaient au travers d'elles se diriger vers l'objet (cf. Étienne Gilson, *Index scolastico-cartésien*, Vrin, Paris, 1966, p. 98). La science moderne, et d'abord l'Optique, a définitivement éliminé la fiction de « toutes ces petites images voltigeantes par l'air, nommées des *espèces intentionnelles*, qui travaillent tant l'imagination des Philosophes » (Descartes, *Dioptrique*, Discours I, AT VI, 85).

6. Cf. dans le *Système nouveau* les lignes qui font suite à celles citées *supra* note 3 : « On les [= les atomes de substance] pourrait appeler points métaphysiques ; ils ont quelque chose de vital et une espèce de perception, et les points mathématiques sont leurs points de vue, pour exprimer l'univers. Mais quand les substances corporelles sont resserrées, tous leurs organes ensemble ne font qu'un point physique à notre égard. Ainsi les points physiques ne sont indivisibles qu'en apparence : les points mathématiques sont exacts, mais ce ne sont que des modalités : il n'y a que les points métaphysiques ou de substance (constitués par

les formes ou âmes) qui soient exacts et réels, et sans eux, il n'y aurait rien de réel, puisque, sans les véritables unités, il n'y aurait point de multitude » (GP IV, 482-483, Frémont [b], p. 71).

7. Cet article doit être lu soigneusement pour éviter toute confusion. Il n'est évidemment pas question d'attribuer le mouvement aux monades, ni même, à ce niveau du texte, de les associer à un lieu. Lieu et mouvement relèvent de l'étendue, et les monades sont exclusives de l'étendue et de tout ce qui s'y rapporte. Seulement, il est permis d'inférer certains caractères propres des monades à partir de ce qui est directement observable « dans les choses » ou « dans le composé », pour autant que celui-ci n'est ce qu'il est que par dérivation des « ingrédients simples ». On conjoindra donc deux arguments : 1. Puisqu'il y a du mouvement (changement de lieu) dans les phénomènes observables, les monades doivent différer les unes des autres. Or elles ne diffèrent pas en quantité, car la quantité suppose la division en parties. Donc elles doivent différer en qualité. 2. Si les monades ne différaient point en qualité, elles seraient indistinguables. Donc, dans le composé, les états de mouvements distribués dans n'importe quel lieu seraient partout équivalents et indistinguables, ce qui revient à dire que le mouvement lui-même n'apparaîtrait pas. Or les phénomènes comportent bien cette distinguabilité observable. La version observationnelle restreinte du principe des indiscernables permet en ce sens de conclure à sa formulation métaphysique la plus forte, qui sera énoncée en toute généralité à l'article suivant.

8. Les références à la Préface de la *Théodicée* renvoient aux pages et colonnes de l'édition originale de 1710. On n'y trouve aucun texte vraiment parallèle à ce qui fait l'objet de ce § 8 ; le passage qui pourrait le moins mal y être comparé est le suivant : « On peut dire aussi, dans un sens métaphysique, que l'âme agit sur le corps et le corps sur l'âme. Aussi est-il vrai que l'âme est l'entéléchie ou le principe actif, au lieu que le corporel tout seul ou le simple matériel ne contient que le passif, et que par conséquent le principe de l'action est dans les âmes, comme je l'ai expliqué plus d'une fois dans le Journal de Leipzig, mais plus particulièrement en répondant à feu M. Sturm, phi-

losophe et mathématicien d'Altdorf, où j'ai même démontré que s'il n'y avait rien que de passif dans les corps, leurs différents états seraient indiscernables » (Brunschwig, pp. 45-46) ; la réponse à Sturm à laquelle Leibniz fait allusion était apportée par son article *De Ipsa Natura*, paru dans les *Acta eruditorum* de Leipzig en septembre 1698 (trad. Schrecker).

9. Cf. *DM*, art. IX. « Dénomination intrinsèque » *(denominatio intrinseca)* est une expression du vocabulaire scolastique : lorsque le prédicat attribué au sujet correspond à une propriété interne de celui-ci, il y a dénomination intrinsèque (« Aristote est savant ») ; dans le cas de l'attribution d'une propriété relationnelle, on parlera de « dénomination extrinsèque » (« Aristote est plus savant qu'Alexandre »). Toutefois, la thèse de Leibniz est que les dénominations extrinsèques elles-mêmes ont toujours un « fondement dans la chose même » *(fundamentum in re)*, c'est-à-dire dans une dénomination intrinsèque.

10. L'autographe ajoute cette précision : *qu'on peut appeler force active*. Leibniz se réapproprie la définition aristotélicienne de la nature comme principe interne du changement (*Physique*, II, 1). Il souligne par là qu'il y a bien dans les choses mêmes une capacité interne par laquelle elles sont la cause de leurs états, à l'encontre des doctrines qui placent en Dieu seul la causalité directe de tout ce qui arrive aux créatures. C'est ce qu'a développé l'article de 1698 *De Ipsa Natura* (cf. note 8). Le § 400 de la *Théodicée*, auquel Leibniz renvoie, rappelle ce point : « J'avoue que l'âme ne saurait remuer les organes par une influence physique, car je crois que le corps doit avoir été formé de telle sorte par avance, qu'il fasse en temps et lieu ce qui répond aux volontés de l'âme ; quoiqu'il soit vrai cependant que l'âme est le principe de l'opération. Mais de dire que l'âme ne produit point ses pensées, ses sensations, ses sentiments de douleur et de plaisir, c'est de quoi je ne vois aucune raison. Chez moi, toute substance simple (c'est-à-dire toute substance véritable) doit être la véritable cause immédiate de toutes ses actions et passions internes ; et, à parler dans la rigueur métaphysique, elle n'en a point d'autres que celles qu'elle produit. Ceux qui sont d'un autre sentiment, et qui font Dieu seul acteur, s'embarrassent sans sujet dans

des expressions, dont ils auront bien de la peine à se tirer sans choquer la religion : outre qu'ils choquent absolument la raison. »

11. On remarquera le caractère tout à fait formel et universel de la définition de la perception : « Il suffit qu'il y ait une variété dans l'unité pour qu'il y ait une perception » (à Bourguet, 5 août 1715, GP III, 581). On se reportera à l'article d'Yvon Belaval « La perception », *Études leibniziennes*, Paris, Gallimard, 1976.

12. Dans le *DM* (art. XXXIV), cette distinction était enveloppée dans celle qui opposait aux esprits les âmes des bêtes et les formes substantielles des corps « qui font *unum per se* » : ces dernières expriment l'univers mais « ne connaissent pas ce qu'elles sont, ni ce qu'elles font », alors que l'âme intelligente connaît ce qu'elle est et peut « dire ce Moi, qui dit beaucoup ». Comparer avec *PNG*, § 4 : « Il est bon de faire distinction entre la perception qui est l'état intérieur de la monade représentant les choses externes, et l'aperception qui est la conscience, ou la connaissance réflexive de cet état intérieur, laquelle n'est point donnée à toutes les âmes, ni toujours à la même âme. » Cf. l'article d'Yvon Belaval « La réflexion », *Études leibniziennes*, *op. cit.*

13. Cf. *infra*, § 18, puis les §§ 48, 62, 63, 66, 70, 74. Le terme d'entéléchie a été forgé par Aristote, chez qui il désigne d'une part la perfection de l'accomplissement de l'acte, par opposition à l'acte en train de s'accomplir, et d'autre part la forme ou raison qui détermine l'actualisation d'une puissance ; c'est en ce sens que l'âme est dite « entéléchie première d'un corps naturel ayant la vie en puissance » (*De l'Âme*, II, 1, 412 a). — En 1684, dans les *Méditations sur la connaissance, la vérité et les idées*, Leibniz citait ce terme comme l'exemple même du mot sans définition précise, n'exprimant qu'une notion obscure, qui rend à son tour obscure toute proposition dans laquelle elle entre (GP IV, 422, Schrecker, p. 9). Mais Leibniz, de même qu'à l'époque du *Discours de métaphysique* il a réhabilité les formes substantielles, rétablira l'emploi de l'entéléchie, soutenu par l'approfondissement du concept dynamique de force ; ainsi écrit-il dans le *Système nouveau* : « Il fallut donc rappeler et comme réhabiliter les *formes substantielles*, si décriées aujourd'hui, mais d'une manière qui les rendît intelligibles

et qui séparât l'usage qu'on doit en faire, de l'abus qu'on en fait. Je trouvai donc que leur nature consiste dans la force, et que de cela s'ensuit quelque chose d'analogique au sentiment et à l'appétit ; et qu'ainsi il fallait les concevoir à l'imitation de la notion que nous avons des *âmes*. Mais comme l'âme ne doit pas être employée pour rendre raison du détail de l'économie du corps de l'animal, je jugeai de même qu'il ne fallait pas employer ces formes pour expliquer les problèmes particuliers de la nature, quoiqu'elles soient nécessaires pour établir des vrais principes généraux. Aristote les appelle *Entéléchies premières*. Je les appelle peut-être plus intelligemment *Forces primitives*, qui ne contiennent pas seulement l'acte ou le complément de la possibilité, mais encore une *activité* originale » (GP IV, 478-479, Frémont [b], p. 67). Au § 87 de la *Théodicée*, Leibniz précise le sens de son emprunt terminologique : « Le philosophe Stagirite conçoit qu'il y a deux espèces d'actes, l'acte permanent et l'acte successif. L'acte permanent ou durable n'est autre chose que la forme substantielle ou accidentelle : la forme substantielle (comme l'âme par exemple) est permanente tout à fait, au moins selon moi, et l'accidentelle ne l'est que pour un temps. Mais l'acte entièrement passager, dont la nature est transitoire, consiste dans l'action même. J'ai montré ailleurs que la notion de l'entéléchie n'est pas entièrement à mépriser, et qu'étant permanente, elle porte avec elle non seulement une simple faculté active, mais aussi ce qu'on peut appeler force, effort, conatus, dont l'action même doit suivre si rien ne l'empêche. »

14. Argument plus explicite dans *PNG*, § 4 : « Et c'est faute de cette distinction que les cartésiens ont manqué, en comptant pour rien les perceptions dont on ne s'aperçoit pas, comme le peuple compte pour rien les corps insensibles. C'est aussi ce qui a fait croire aux mêmes cartésiens que les seuls esprits sont des monades, qu'il n'y a point d'âme des bêtes, et encore moins d'autres principes de vie. Et comme ils ont trop choqué l'opinion commune des hommes en refusant le sentiment aux bêtes, ils se sont trop accommodés au contraire aux préjugés du vulgaire en confondant un long étourdissement qui vient d'une grande confusion des perceptions avec une mort à la rigueur où

toute la perception cesserait ; ce qui a confirmé l'opinion mal fondée de la destruction de quelques âmes et le mauvais sentiment de quelques esprits forts prétendus, qui ont combattu l'immortalité de la nôtre. »

15. C'est ce que l'on peut appeler la formule du *Cogito* leibnizien. D'une part, il y a bien un accès à la substance à partir de l'expérience de l'Ego : « Je demeure d'accord que, pour juger de la notion d'une substance individuelle, il est bon de consulter celle que j'ai de moi-même » (à Arnauld, 4/14 juillet 1686, Le Roy 118). D'autre part, cette expérience, ou *vérité primitive de fait*, contient immédiatement la multiplicité des *cogitata*, de sorte que le *cogito* est toujours solidaire d'un *varia a me cogitantur*. Pas de « Je pense » sans un « Je pense des pensées différentes » : « Pour ce qui est des vérités primitives de fait, ce sont les expériences immédiates internes d'une immédiation de sentiment. Et c'est ici où a lieu la première vérité des cartésiens ou de saint Augustin : Je pense, donc je suis, c'est-à-dire : Je suis une chose qui pense. Mais il faut savoir que de même que les identiques sont générales ou particulières, et que les unes sont aussi claires que les autres (puisqu'il est aussi clair de dire que A est A, que de dire qu'une chose est ce qu'elle est), il en est encore ainsi des premières vérités de fait. Car non seulement il m'est clair immédiatement que je pense, mais il m'est tout aussi clair que j'ai des pensées différentes, que tantôt je pense à A, et que tantôt je pense à B, etc. Ainsi le principe cartésien est bon, mais il n'est pas le seul de son espèce. On voit par là que toutes les vérités primitives de raison ou de fait ont cela de commun, qu'on ne saurait les prouver par quelque chose de plus certain » (*Nouveaux Essais*, livre IV, chap. 2, § 2). Pris de la sorte, le *Cogito* leibnizien implique l'existence des choses en dehors de la pensée, sans avoir besoin du détour cartésien par la véracité divine : « Il y a deux vérités générales absolues, c'est-à-dire qui parlent de l'existence actuelle des choses, l'une que nous pensons, l'autre qu'il y a une grande variété dans nos pensées. De la première il s'ensuit que nous sommes, de l'autre il s'ensuit qu'il y a quelque autre chose que nous, c'est-à-dire autre chose que ce qui pense, qui est cause de la variété de nos apparences. Or l'une de ces deux vérités est aussi incontestable [et] aussi

indépendante que l'autre, et Mons. Descartes ne s'étant attaché qu'à la première dans l'ordre de ses Méditations a manqué à venir à la perfection qu'il s'était proposée » (GP I, 370, Prenant, 114).

16. Pierre Bayle (1647-1706) est l'auteur du *Dictionnaire historique et critique* (Amsterdam, 1695-1697, nouvelle édition 1702). À l'article *Rorarius* (du nom de Hieronymus Rorarius [1485-1566], auteur d'un ouvrage, imprimé près d'un siècle après sa mort, où il voulait démontrer que les hommes sont moins raisonnables que les bêtes : *Quod animalia bruta ratione utantur melius homine*, Amsterdam, 1654), Bayle critiquait longuement l'explication leibnizienne de l'union de l'âme et du corps par l'harmonie préétablie. Leibniz répondit en 1698 dans l'*Histoire des ouvrages des savants* par un « Éclaircissement des difficultés que Monsieur Bayle a trouvées dans le système nouveau de l'union de l'âme et du corps » (GP IV, 517-524, Frémont [b], 137-145). Bayle ayant renouvelé ses arguments dans la seconde édition du *Dictionnaire*, Leibniz répondit aussitôt de nouveau, mais ce nouvel article ne parut qu'en 1716 dans l'*Histoire critique de la République des Lettres* (« Réponse aux réflexions contenues dans la seconde Édition du Dictionnaire Critique de M. Bayle, article Rorarius, sur le système de l'Harmonie préétablie », GP IV, 554-571, Frémont [b], 191-211). La *Théodicée* (parue en 1710) se présente comme une longue confrontation avec Bayle, sur la question des rapports de la foi et de la raison.

17. « Mécanique » doit donc s'entendre ici au sens établi par Descartes, et partagé depuis par tous les promoteurs de la science moderne (Robert Boyle, Christian Huygens, etc.) : expliquer tous les phénomènes physiques par la disposition spatiale, la configuration géométrique et les déplacements des petites parties (en principe imperceptibles) qui composent les corps.

18. Ou comme dans la boîte d'un ordinateur, où on ne trouvera en le visitant au-dedans que des circuits dans lesquels se déplacent des électrons, et jamais de quoi expliquer une perception.

19. Cette indication se rapporte autant au début du paragraphe suivant. On lit au § 87 de la *Théodicée* : « Aristote et l'école après lui ont appelé forme ce qui est un principe

de l'action, et se trouve dans celui qui agit. Ce principe interne est, ou substantiel, qui est appelé âme, quand il est dans un corps organique, ou accidentel, qu'on a coutume d'appeler qualité. Le même philosophe a donné à l'âme le nom générique d'entéléchie ou d'acte » (voir la suite du texte *infra*, note au § 48).

20. Cf. *supra*, § 14, avec le passage cité du § 87 de la *Théodicée*.

21. On y lit : « Tout ce qui arrive à l'âme dépend d'elle, mais il ne dépend pas toujours de sa volonté ; ce serait trop. Il n'est pas même toujours connu de son entendement ou aperçu distinctement. Car il y a en elle non seulement un ordre de perceptions distinctes qui fait son empire, mais encore une suite de perceptions confuses ou de passions, qui fait son esclavage, et il ne faut pas s'en étonner ; l'âme serait une divinité, si elle n'avait que des perceptions distinctes. »

22. On y lit : « C'est une des règles de mon système de l'harmonie générale, que le présent est gros de l'avenir, et que celui qui voit tout, voit dans ce qui est ce qui sera. Qui plus est, j'ai établi d'une manière démonstrative que Dieu voit, dans chaque partie de l'univers, l'univers tout entier, à cause de la parfaite connexion des choses. Il est infiniment plus pénétrant que Pythagore, qui jugea de la taille d'Hercule par la mesure du vestige de son pied. Il ne faut donc point douter que les effets ne s'ensuivent de leurs causes d'une manière déterminée, nonobstant la contingence et même la liberté, qui ne laissent pas de subsister avec la certitude ou détermination. »

23. Cette suite de paragraphes de la *Théodicée* développent la thèse selon laquelle « toute substance simple (c'est-à-dire toute substance véritable) doit être la véritable cause immédiate de toutes ses actions et passions internes ; et, à parler dans la rigueur métaphysique, elle n'en a point d'autres que celles qu'elle produit » ; de ce fait, l'âme produit spontanément toutes ses perceptions, mais pour autant elle n'est pas généralement consciente de cette opération interne, car il n'y a aucune nécessité « qu'on sache toujours comment se fait ce qu'on fait » : « Nous ne formons pas nos idées parce que nous le voulons ; elles se forment en nous, elles se forment par nous, non pas en

conséquence de notre volonté, mais suivant notre nature et celle des choses. » Ainsi la loi selon laquelle « toute perception présente tend à une perception nouvelle, comme tout mouvement qu'elle représente tend à un autre mouvement », définit l'âme comme un « automate spirituel ».

24. Aux §§ 62 et suivants.

25. « Les sens extérieurs, à proprement parler, ne nous trompent point. C'est notre sens interne qui nous fait souvent aller trop vite ; et cela se trouve aussi dans les bêtes, comme lorsqu'un chien aboie contre son image dans le miroir : car les bêtes ont des consécutions de perceptions qui imitent le raisonnement, et qui se trouvent aussi dans le sens interne des hommes, lorsqu'ils n'agissent qu'en empiriques. Mais les bêtes ne font rien qui nous oblige de croire qu'elles aient ce qui mérite d'être appelé proprement un raisonnement. »

26. Le passage de la Préface de la *Théodicée* qui se rapproche le plus du présent article est le suivant : « Les perfections de Dieu sont celles de nos âmes, mais il les possède sans bornes ; il est un océan, dont nous n'avons reçu que des gouttes : il y a en nous quelque puissance, quelque connaissance, quelque bonté ; mais elles sont tout entières en Dieu. L'ordre, les proportions, l'harmonie nous enchantent, la peinture et la musique en sont des échantillons ; Dieu est tout ordre, il garde toujours la justesse des proportions, il fait l'harmonie universelle : toute la beauté est un épanchement de ses rayons » (Brunschwig, p. 27).

27. Ces deux paragraphes de la *Théodicée* traitent des principes des raisonnements en relation avec la question des futurs contingents. On relèvera, au § 169, l'évocation amusée d'Épicure, qui, pour sauver l'indétermination des propositions se rapportant aux événements futurs, se croyait obligé de nier le principe de contradiction : « Il paraît qu'Épicure, pour conserver la liberté et pour éviter une nécessité absolue, a soutenu après Aristote que les futurs contingents n'étaient point capables d'une vérité déterminée. Car s'il était vrai hier que j'écrirais aujourd'hui, il ne pouvait donc point manquer d'arriver : il était déjà nécessaire ; et, par la même raison, il l'était de toute éternité. Ainsi tout ce qui arrive est nécessaire, et il est impos-

sible qu'il en puisse aller autrement. Mais cela n'étant point, il s'ensuivrait, selon lui, que les futurs contingents n'ont point de vérité déterminée. Pour soutenir ce sentiment, Épicure se laissa aller à nier le premier et le plus grand principe des vérités de raison ; il niait que toute énonciation fût ou vraie ou fausse. Car voici comment on le poussait à bout : Vous niez qu'il fût vrai hier que j'écrirais aujourd'hui, il était donc faux. Le bonhomme, ne pouvant admettre cette conclusion, fut obligé de dire qu'il n'était ni vrai ni faux. Après cela, il n'a point besoin d'être réfuté. »

28. Comparer avec la formulation donnée au § 44 de la *Théodicée* : « L'autre principe est celui de la raison déterminante : c'est que jamais rien n'arrive, sans qu'il y ait une cause ou du moins une raison déterminante, c'est-à-dire quelque chose qui puisse servir à rendre raison a priori, pourquoi cela est existant plutôt que non existant, et pourquoi cela est ainsi plutôt que de toute autre façon. Ce grand principe a lieu dans tous les événements, et on ne donnera jamais un exemple contraire ; et quoique le plus souvent ces raisons déterminantes ne nous soient pas assez connues, nous ne laissons pas d'entrevoir qu'il y en a. Sans ce grand principe, nous ne pourrions jamais prouver l'existence de Dieu, et nous perdrions une infinité de raisonnements très justes et très utiles, dont il est le fondement ; et il ne souffre aucune exception, autrement sa force serait affaiblie. »

29. Tous ces passages traitent plutôt de la distinction entre les deux nécessités : l'une est métaphysique ou géométrique, et s'applique aux vérités (ou propositions vraies) dont le contraire implique contradiction ; l'autre, hypothétique ou morale, vaut pour les événements singuliers comme pour les lois générales de la nature, dont la vérité est fondée sur le choix du meilleur, sans que, absolument parlant, le contraire soit impossible. En outre, ils appliquent cette distinction à la prédétermination des actions volontaires.

30. Cf. le rappel des *Nouveaux Essais* (livre III, chap. 4, § 7) de la thèse développée en 1684 dans les *Méditations sur la connaissance, la vérité et les idées* : « J'ai aussi remarqué dans le petit Essai sur les idées, inséré dans les *Actes de Leipzig* il y a environ vingt ans, que les termes simples

ne sauraient avoir de définition nominale : mais j'y ai ajouté en même temps que ces termes, lorsqu'ils ne sont simples qu'à notre égard (parce que nous n'avons pas le moyen d'en faire l'analyse pour venir aux perceptions élémentaires dont ils sont composés), comme chaud, froid, jaune, vert, peuvent recevoir une définition réelle qui en expliquerait la cause : c'est ainsi que la définition réelle du vert est d'être composé de bleu et de jaune bien mêlés, quoique le vert ne soit pas plus susceptible de définition nominale qui le fasse reconnaître, que le bleu et le jaune. Au lieu que les termes, qui sont simples en eux-mêmes, c'est-à-dire dont la conception est claire et distincte, ne sauraient recevoir aucune définition, soit nominale, soit réelle. »

31. Et en ce sens, il y a une infinité d'axiomes, puisque toute instance de l'identité A = A constitue un axiome. Cf. le fragment de 1676, en C, 186, A VI, 3, 435-436 : « Il est très important de concevoir que le nombre des premières propositions est infini, car elles sont ou définitions ou Axiomes. Le nombres des définitions aussi bien que des termes est infini. Le nombre des Axiomes l'est aussi. J'appelle *Axiome* proposition nécessaire indémontrable. *Nécessaire* c'est-à-dire dont le contraire implique contradiction. Or la seule proposition dont le contraire implique contradiction, sans qu'on la puisse démontrer, est l'identique formelle. Cela se doit expressément là-dedans, donc cela ne s'y peut pas démontrer ; démontrer, c'est-à-dire faire voir par la raison et par conséquences. Les sens font voir que A est A est une proposition dont l'opposée A n'est pas A implique contradiction formellement. Or ce que les sens font voir est indémontrable. Donc les Axiomes véritables et indémontrables sont les propositions identiques. Or leur nombre est infini. Car le nombre des termes étant infini, le nombre de telles propositions [l]'est aussi, car il [y] en peut avoir autant que des termes. »

32. Ces paragraphes de la *Théodicée* mettent en évidence une série de corollaires du principe de raison : la détermination des événements futurs, ou leur « certitude objective », l'absurdité d'une liberté d'indifférence, la généralité du concours de Dieu à la suite des choses et des événe-

ments, le caractère non arbitraire, contre les « cartésiens modernes », des idées tirées des sensations.

33. Thème particulièrement développé au début de l'opuscule *De Rerum originatione radicali* (GP VII, 302-303, Schrecker, 83-84).

34. Le § 7 de la *Théodicée*e vaut d'être cité en entier : « Dieu est la première raison des choses : car celles qui sont bornées, comme tout ce que nous voyons et expérimentons, sont contingentes et n'ont rien en elles qui rende leur existence nécessaire, étant manifeste que le temps, l'espace et la matière, unies et uniformes en elles-mêmes et indifférentes à tout, pouvaient recevoir de tout autres mouvements et figures, et dans un autre ordre. Il faut donc chercher la raison de l'existence du monde, qui est l'assemblage entier des choses contingentes, et il faut la chercher dans la substance qui porte la raison de son existence avec elle, et laquelle par conséquent est nécessaire et éternelle. Il faut aussi que cette cause soit intelligente ; car ce monde qui existe étant contingent, et une infinité d'autres mondes étant également possibles et également prétendants à l'existence, pour ainsi dire, aussi bien que lui, il faut que la cause du monde ait eu égard ou relation à tous ces mondes possibles, pour en déterminer un. Et cet égard ou rapport d'une substance existante à de simples possibilités ne peut être autre chose que l'entendement qui en a les idées ; et en déterminer une, ne peut être autre chose que l'acte de la volonté qui choisit. Et c'est la puissance de cette substance qui en rend la volonté efficace. La puissance va à l'être, la sagesse ou l'entendement au vrai, et la volonté au bien. Et cette cause intelligente doit être infinie de toutes les manières et absolument parfaite en puissance, en sagesse et en bonté, puisqu'elle va à tout ce qui est possible. Et comme tout est lié, il n'y a pas lieu d'en admettre plus d'une. Son entendement est la source des essences, et sa volonté est l'origine des existences. Voilà en peu de mots la preuve d'un Dieu unique avec ses perfections, et par lui l'origine des choses. »

35. Cf. le morceau de la Préface de la *Théodicée* cité *supra*, note à l'article 30. En revanche, le § 22, qui traite de la distinction entre les volontés antécédentes détachées de

Dieu, et sa volonté conséquente intégrale, n'a pas de rapport direct avec cet article de la *Monadologie*.

36. De tous ces passages cités de la *Théodicée*, le plus significatif est le § 30 : « Le célèbre Kepler et après lui M. Descartes (dans ses Lettres) ont parlé de l'inertie naturelle des corps, et c'est quelque chose qu'on peut considérer comme une parfaite image et même comme un échantillon de la limitation originale des créatures, pour faire voir que la privation fait le formel des imperfections et des inconvénients qui se trouvent dans la substance aussi bien que dans ses actions. Posons que le courant d'une même rivière emporte avec soi plusieurs bateaux qui ne diffèrent entre eux que dans la charge, les uns étant chargés de bois, les autres de pierre, et les uns plus, les autres moins. Cela étant, il arrivera que les bateaux les plus chargés iront plus lentement que les autres, pourvu qu'on suppose que le vent, ou la rame, ou quelque autre moyen semblable ne les aide point. Ce n'est pas proprement la pesanteur qui est la cause de ce retardement, puisque les bateaux descendent au lieu de monter, mais c'est la même cause qui augmente aussi la pesanteur dans les corps qui ont plus de densité, c'est-à-dire qui sont moins spongieux et plus chargés de matière qui leur est propre [...]. C'est donc que la matière est portée originairement à la tardivité ou à la privation de la vitesse, non pas pour la diminuer par soi-même quand elle a déjà reçu cette vitesse, car ce serait agir, mais pour modérer par sa réceptivité l'effet de l'impression quand elle le doit recevoir. Et par conséquent, puisqu'il y a plus de matière mue par la même force du courant lorsque le bateau est plus chargé, il faut qu'il aille plus lentement [...]. Comparons maintenant la force que le courant exerce sur les bateaux et qu'il leur communique, avec l'action de Dieu qui produit et conserve ce qu'il y a de positif dans les créatures, et leur donne de la perfection, de l'être et de la force ; comparons, dis-je, l'inertie de la matière avec l'imperfection naturelle des créatures, et la lenteur du bateau chargé avec le défaut qui se trouve dans les qualités et dans l'action de la créature, et nous trouverons qu'il n'y a rien de si juste que cette comparaison. Le courant est la cause du mouvement du bateau, mais non pas de son retardement ; Dieu est la cause de la perfection dans la nature et dans les actions de la

créature, mais la limitation de la réceptivité de la créature est la cause des défauts qu'il y a dans son action. » — On notera l'emploi du terme d'inertie dans l'acception déjà archaïque de *répugnance* ou *résistance* naturelle de la matière au mouvement (alors que, chez Newton, l'inertie est l'*indifférence* de la matière tant à l'égard du mouvement qu'à l'égard du repos). C'est en effet le sens où Kepler employait le terme. S'agissant de Descartes, Leibniz pense certainement à la lettre à Florimond de Beaune du 30 avril 1639 : « Pour ce que, si deux corps inégaux reçoivent autant de mouvement l'un que l'autre, cette pareille quantité de mouvement ne donne pas tant de vitesse au plus grand qu'au plus petit, on peut dire, en ce sens, que plus un corps contient de matière, plus il a d'*Inertie naturelle* » (AT II, p. 543 ; cf. p. 627, et V, pp. 135-136). Toutefois, la restriction du « en ce sens » doit être prise au sérieux, puisque Descartes avait d'abord écrit : « Je ne reconnais aucune Inertie ou tardiveté naturelle dans les corps [...]. Mais je ne laisse pas d'accorder [...] que les plus grands corps, étant poussés par une même force, comme les plus grands bateaux par un même vent, se meuvent toujours plus lentement que les autres ; ce qui serait peut-être assez [...] sans avoir recours à cette Inertie naturelle qui ne peut être aucunement prouvée » (à Mersenne, décembre 1638, AT II, pp. 466-467) : si le corps est seulement constitué par son étendue géométrique, il ne faut pas concevoir l'inertie comme une propriété intrinsèque, qui ne serait qu'une qualité obscure ; elle ne peut être admise que comme coefficient de distribution d'une même force ou d'une même quantité de mouvement entre des corps qui ne se distinguent que par la grandeur de leur étendue. Leibniz revient expressément au sens keplérien ; que l'inertie ainsi conçue soit une image de la limitation des monades constitue un usage métaphorique du principe qui sera formulé au § 61, selon lequel « les composés symbolisent avec les simples ».

37. « Réel » doit donc être soigneusement distingué d'existant, avec lequel il tend à se confondre dans l'usage courant actuel. Leibniz l'entend encore dans l'acception scolastique, où réel (*realis* en latin) désigne les caractères par lesquels une chose (*res* en latin) quelconque peut être conçue, qu'elle possède ou non l'existence actuelle. La réa-

lité de l'homme, en ce sens, ce ne sera pas son existence, mais la conjonction des caractères conceptuels qui le distinguent, d'être un animal et d'être raisonnable. Ce qu'il y a de réel dans la possibilité est donc d'une part ce en quoi elle est la possibilité d'une chose déterminée, distinguée par son essence ; mais en cela, et d'autre part, cette réalité a pour premier caractère d'être pensée : sans un entendement qui la pense, cette réalité serait anéantie.

38. On retiendra de ce paragraphe de la *Théodicée* : « Platon a dit dans le *Timée* que le monde avait son origine de l'entendement joint à la nécessité. D'autres ont joint Dieu et la nature. On y peut donner un bon sens. Dieu sera l'entendement, et la nécessité, c'est-à-dire la nature essentielle des choses, sera l'objet de l'entendement, en tant qu'il consiste dans les vérités éternelles. Mais cet objet est interne et se trouve dans l'entendement divin. Et c'est là-dedans que se trouve non seulement la forme primitive du bien, mais encore l'origine du mal : c'est la région des vérités éternelles qu'il faut mettre à la place de la matière, quand il s'agit de chercher la source des choses. Cette région est la cause idéale du mal, pour ainsi dire, aussi bien que du bien. »

39. Le principe de la preuve de l'existence de Dieu par les vérités éternelles vient de saint Augustin. On lit au § 184 de la *Théodicée* : « C'est, à mon avis, l'entendement divin qui fait la réalité des vérités éternelles, quoique sa volonté n'y ait point de part. Toute réalité doit être fondée dans quelque chose d'existant. Il est vrai qu'un athée peut être géomètre. Mais, s'il n'y avait point de Dieu, il n'y aurait point d'objet de la géométrie ; et sans Dieu, non seulement il n'y aurait rien d'existant, mais il n'y aurait même rien de possible. » On ajoutera, au § 189 : « Dans la région des vérités éternelles se trouvent tous les possibles, et par conséquent tant le régulier que l'irrégulier : il faut qu'il y ait une raison qui ait fait préférer l'ordre et le régulier, et cette raison ne peut être trouvée que dans l'entendement. De plus, ces vérités mêmes ne sont pas sans qu'il y ait un entendement qui en prenne connaissance, car elles ne subsisteraient point s'il n'y avait un entendement divin ou elles se trouvent réalisées, pour ainsi dire. »

40. Pierre Poiret (1646-1719), d'abord cartésien, devint

un adepte du mysticisme sous l'influence d'Antoinette Bourignon (1616-1680). Leibniz se réfère à ses *Cogitationum Rationalium de Deo, Anima, et Malo Libri Quatuor*, Amsterdam, 1677, ou à son *Œconomie Divine*, Amsterdam, 1687. Que quelqu'un comme Poiret ait repris à Descartes la doctrine de la création des vérités éternelles vaut pour Leibniz comme un argument qui doit rendre cette doctrine hautement suspecte. Sur l'attitude générale de Leibniz à l'égard des mystiques, on consultera le dossier réuni par Grua, et notamment les extraits des Correspondances avec l'abbé Nicaise et André Morell (Grua, 100-146).

41. On retiendra ce passage au § 183 de la *Théodicée* : « Cet empire [de Dieu] ne s'étend que sur l'existence des créatures, il ne s'étend point aussi sur leurs essences. Dieu a pu créer la matière, un homme, un cercle, ou les laisser dans le néant ; mais il n'a pu les produire, sans leur donner leurs propriétés essentielles. Il a fallu nécessairement qu'il fît l'homme un animal raisonnable, et qu'il donnât à un cercle la figure ronde, puisque, selon ses idées éternelles et indépendantes des décrets libres de sa volonté, l'essence de l'homme consistait dans les attributs d'animal et de raisonnable, et que l'essence du cercle consistait dans une circonférence également éloignée du centre quant à toutes ses parties. Voilà ce qui a fait avouer aux philosophes chrétiens que les essences des choses sont éternelles, et qu'il y a des propositions d'une éternelle vérité ; et, par conséquent, que les essences des choses et la vérité des premiers principes sont immuables. Cela ne se doit pas seulement entendre des premiers principes théorétiques, mais aussi des premiers principes pratiques, et de toutes les propositions qui contiennent la véritable définition des créatures. Ces essences, ces vérités émanent de la même nécessité de la nature que la science de Dieu : comme donc c'est par la nature des choses que Dieu existe, qu'il est tout-puissant, et qu'il connaît tout en perfection ; c'est aussi par la nature des choses que la matière, que le triangle, que l'homme, que certaines actions de l'homme, etc., ont tels et tels attributs essentiellement. Dieu a vu de toute éternité et de toute nécessité les rapports essentiels des nombres, et l'identité de l'attribut et du sujet des propositions qui contiennent l'essence de chaque chose. Il a vu de la même manière que

le terme juste est enfermé dans ceux-ci : estimer ce qui est estimable, avoir de la gratitude pour son bienfaiteur, accomplir les conventions d'un contrat, et ainsi de plusieurs autres propositions de morale. On a donc raison de dire que les préceptes de la loi naturelle supposent l'honnêteté et la justice de ce qui est commandé, et qu'il serait du devoir de l'homme de pratiquer ce qu'ils contiennent, quand même Dieu aurait eu la condescendance de n'ordonner rien là-dessus. Prenez garde, je vous prie, qu'en remontant par nos abstractions à cet instant idéal où Dieu n'a encore rien décrété, nous trouvons dans les idées de Dieu les principes de morale sous des termes qui emportent une obligation. Nous y concevons ces maximes comme certaines et dérivées de l'ordre éternel et immuable : il est digne de la créature raisonnable de se conformer à la raison ; une créature raisonnable qui se conforme à la raison est louable : elle est blâmable quand elle ne s'y conforme pas. Vous n'oseriez dire que ces vérités n'imposent pas un devoir à l'homme par rapport à tous les actes conformes à la droite raison, tels que ceux-ci : il faut estimer tout ce qui est estimable ; rendre le bien pour le bien ; ne faire tort à personne ; honorer son père ; rendre à un chacun ce qui lui est dû, etc. Or, puisque par la nature même des choses, et antérieurement aux lois divines, les vérités de morale imposent à l'homme certains devoirs, il est manifeste que Thomas d'Aquin et Grotius ont pu dire que s'il n'y avait point de Dieu, nous ne laisserions pas d'être obligés à nous conformer au droit naturel. »

42. On observe à cette rature que Leibniz répugne à laisser passer la désignation de Dieu même comme une Monade. L'expression de « Monades créées ou dérivatives » qui va être utilisée à l'instant ne doit pas être entendue comme l'énoncé d'une différence spécifique (comme s'il y avait une monade incréée ou primitive), mais plutôt comme une insistance sur ce qui est le statut essentiel de la Monade, qui, rappelons-le, a été posée d'emblée comme substance simple « qui entre dans les composés » ou « atome de la nature » : en ce sens-là, toute Monade est bien sûr créée. — L'expression célèbre de *Monas monadum* ou « Monade des monades » pour désigner Dieu vient de Hegel (cf. *Leçons sur l'Histoire de la philosophie*, t. VI, *La*

Philosophie moderne, traduction par Pierre Garniron, Paris, Vrin, 1985, p. 1623, avec la note complémentaire d'André Robinet, pp. 1793 sq.

43. L'occurrence de ce mot est, en l'état de notre connaissance des textes, un *hapax* du corpus leibnizien. Étymologiquement, ce terme signifie l'émission lumineuse de la foudre. Son sens philosophique sera à rapprocher de celui d'émanation (cf. *DM*, art. XIV : « Dieu (de qui tous les individus émanent continuellement...) », et art. XXXII : « Toutes les autres substances dépendent de Dieu comme les pensées émanent de notre substance »). Images approchantes dans une lettre à Sophie du 31 octobre 1705, débouchant sur une justification de la doctrine de la création continuée : « La durée des choses, ou la multitude des états momentanés, est l'amas d'une infinité d'éclats de la Divinité, dont chacun à chaque instant est une reproduction de toutes choses ; n'y ayant point de passage continuel, à proprement parler, d'un état à l'autre prochain. Ce qui prouve exactement cette célèbre vérité des Théologiens et des Philosophes chrétiens, que la conservation des choses est une création continuelle, et donne un moyen tout particulier de vérifier la dépendance de toutes choses changeantes de la divinité immuable, qui est la substance primitive, et absolument nécessaire, sans laquelle rien ne pourrait être ni durer » (GP VII, 564).

44. Les paragraphes 382 à 391 de la *Théodicée* discutent la notion de création continuée. On lit au § 385 : « La créature dépend continuellement de l'opération divine, et qu'elle n'en dépend pas moins depuis qu'elle a commencé, que dans le commencement. Cette dépendance porte qu'elle ne continuerait pas d'exister, si Dieu ne continuait pas d'agir ; enfin que cette action de Dieu est libre. Car si c'était une émanation nécessaire, comme celle des propriétés du cercle, qui coulent de son essence, il faudrait dire que Dieu a produit d'abord la créature nécessairement ; ou bien, il faudrait faire voir comment, en la créant une fois, il s'est imposé la nécessité de la conserver. Or rien n'empêche que cette action conservatrice ne soit appelée production et même création, si l'on veut. Car la dépendance étant aussi grande dans la suite que dans le commence-

ment, la dénomination extrinsèque, d'être nouvelle ou non, n'en change point la nature. »

45. Voir *supra*, note à l'article 38, la reproduction du § 7 de la *Théodicée*. Le § 150 renvoie ces perfections aux trois « primordialités », selon le vocabulaire utilisé par Tommaso Campanella (1568-1639), dans ses *Universalis philosophiae seu metaphysicarum rerum* <...> *partes tres* (Paris, 1638) : « Quelques-uns, comme Campanella, ont appelé ces trois perfections de Dieu les trois primordialités. Plusieurs même ont cru qu'il y avait là-dedans un secret rapport à la sainte Trinité ; que la puissance se rapporte au Père, c'est-à-dire à la source de la divinité ; la sagesse au Verbe éternel, qui est appelé λόγος par le plus sublime des évangélistes ; et la volonté ou l'amour au Saint-Esprit. Presque toutes les expressions ou comparaisons prises de la nature de la substance intelligente y tendent. »

46. On rapprochera cet emploi, assez rare, du mot base de ce passage d'une lettre à Bourguet, de décembre 1714 : « Selon Spinoza, il n'y a qu'une seule substance. Il aurait raison, s'il n'y avait point de monades ; alors tout, hors de Dieu, serait passager et s'évanouirait en simples accidents ou modifications, puisqu'il n'y aurait point la base des substances dans les choses, laquelle consiste dans l'existence des Monades » (GP III, 575). Sur les difficultés de ce passage, cf. Louis Guillermit, « Puissance de Dieu et base de la monade selon Leibniz », *Archives de Philosophie*, 51 (1988), pp. 401-411. — Les études définitionnelles des années 1680 font de la base *(basis)* l'équivalent du genre commun ou de la matière homogène, substrat des modifications : « J'appelle base ce par quoi plusieurs choses sont homogènes ou semblables et par la modification de quoi elles diffèrent, par exemple l'espace pour les figures, la matière pour les corps, le temps pour les heures, le mouvement pour ses parties » (A VI, 4 A, 278). C'est donc bien une traduction de l'*hupokeimenon* d'Aristote. En ce sens, « le sujet ou la base » des monades est leur puissance actualisée, qui les pose dans l'existence et est modifiée par les déterminations de leur faculté perceptive et de leur faculté appétitive.

47. « Perfectihabies » transpose en latin la formation du terme grec d'Entéléchie telle qu'elle a déjà été explicitée au

§ 18 : « ce qui possède la perfection ». Hermolaus Barbarus (1454-1493) est un humaniste vénitien, traducteur d'Aristote. La *Théodicée* rapporte à ce sujet : « Ce mot, entéléchie, tire apparemment son origine du mot grec qui signifie parfait, et c'est pour cela que le célèbre Hermolaus Barbarus l'exprima en latin mot à mot par perfectihabia, car l'acte est un accomplissement de la puissance ; et il n'avait point besoin de consulter le diable, comme il a fait, à ce qu'on dit, pour n'apprendre que cela » (§ 87).

48. Le § 66 de la *Théodicée* expose de façon plus détaillée la théorie de l'action, à partir du cas particulier de l'interprétation recevable de l'influence réciproque de l'âme et du corps : « On peut pourtant donner un sens véritable et philosophique à cette dépendance mutuelle que nous concevons entre l'âme et le corps. C'est que l'une de ces substances dépend de l'autre idéalement, en tant que la raison de ce qui se fait dans l'une peut être rendue par ce qui est dans l'autre ; ce qui a déjà eu lieu dans les décrets de Dieu, dès lors que Dieu a réglé par avance l'harmonie qu'il y aurait entre elles. Comme cet automate, qui ferait la fonction de valet, dépendrait de moi idéalement, en vertu de la science de celui qui, prévoyant mes ordres futurs, l'aurait rendu capable de me servir à point nommé pour tout le lendemain ; la connaissance de mes volontés futures aurait mû ce grand artisan, qui aurait formé ensuite l'automate : mon influence serait objective et la sienne physique. Car en tant que l'âme a de la perfection et des pensées distinctes, Dieu a accommodé le corps à l'âme et a fait par avance que le corps est poussé à exécuter ses ordres ; et en tant que l'âme est imparfaite et que ses perceptions sont confuses, Dieu a accommodé l'âme au corps, en sorte que l'âme se laisse incliner par les passions qui naissent des représentations corporelles : ce qui fait le même effet et la même apparence que si l'un dépendait de l'autre immédiatement et par le moyen d'une influence physique. Et c'est proprement par ses pensées confuses que l'âme représente les corps qui l'environnent. Et la même chose se doit entendre de tout ce que l'on conçoit des actions des substances simples les unes sur les autres. C'est que chacune est censée agir sur l'autre à mesure de sa perfection, quoique ce ne soit qu'idéalement et dans les raisons des

choses, en ce que Dieu a réglé d'abord une substance sur l'autre, selon la perfection ou l'imperfection qu'il y a dans chacune, bien que l'action et la passion soient toujours mutuelles dans les créatures, parce qu'une partie des raisons qui servent à expliquer distinctement ce qui se fait, et qui ont servi à le faire exister, est dans l'une de ces substances, et une autre partie de ces raisons est dans l'autre, les perfections et les imperfections étant toujours mêlées et partagées. C'est ce qui nous fait attribuer l'action à l'une et la passion à l'autre. »

49. Cf. *DM*, art. XIV-XV et art. XXXII. Voir aussi *Théodicée*, § 9 : « Il faut savoir que tout est lié dans chacun des mondes possibles : l'univers, quel qu'il puisse être, est tout d'une pièce, comme un océan ; le moindre mouvement y étend son effet à quelque distance que ce soit, quoique cet effet devienne moins sensible à proportion de la distance ; de sorte que Dieu y a tout réglé par avance une fois pour toutes, ayant prévu les prières, les bonnes et les mauvaises actions, et tout le reste ; et chaque chose a contribué idéalement avant son existence à la résolution qui a été prise sur l'existence de toutes les choses. De sorte que rien ne peut être changé, dans l'univers (non plus que dans un nombre) sauf son essence, ou si vous voulez, sauf son individualité numérique. »

50. La notion de « mondes possibles » est construite par Leibniz pour rendre compte à la fois de la contingence du monde existant et de la sagesse du choix de Dieu. On lit dans la *Théodicée*, au § 8 : « J'appelle monde toute la suite et toute la collection de toutes les choses existantes, afin qu'on ne dise point que plusieurs mondes pouvaient exister en différents temps et différents lieux. Car il faudrait les compter tous ensemble pour un monde, ou si vous voulez pour un univers. Et quand on remplirait tous les temps et tous les lieux, il demeure toujours vrai qu'on les aurait pu remplir d'une infinité de manières, et qu'il y a une infinité de mondes possibles dont il faut que Dieu ait choisi le meilleur, puisqu'il ne fait rien sans agir suivant la suprême raison. » Au § 173 : « [Spinoza] ne reconnaît point de bonté en Dieu, à proprement parler, et il enseigne que toutes les choses existent par la nécessité de la nature divine, sans que Dieu fasse aucun choix. Nous ne nous amuserons pas

ici à réfuter un sentiment si mauvais et même si inexplicable ; et le nôtre est établi sur la nature des possibles, c'est-à-dire des choses qui n'impliquent point de contradiction. Je ne crois point qu'un spinoziste dise que tous les romans qu'on peut imaginer existent réellement à présent, ou ont existé, ou existeront encore dans quelque endroit de l'univers : cependant on ne saurait nier que des romans, comme ceux de Mademoiselle de Scudéry, ou comme l'Octavia, ne soient possibles. » Au § 225 : « L'infinité des possibles, quelque grande qu'elle soit, ne l'est pas plus que celle de la sagesse de Dieu, qui connaît tous les possibles. On peut même dire que si cette sagesse ne surpasse point les possibles extensivement, puisque les objets de l'entendement ne sauraient aller au-delà du possible, qui en un sens est seul intelligible, elle les surpasse intensivement, à cause des combinaisons infiniment infinies qu'elle en fait, et d'autant de réflexions qu'elle fait là-dessus. La sagesse de Dieu, non contente d'embrasser tous les possibles, les pénètre, les compare, les pèse les uns contre les autres, pour en estimer les degrés de perfection ou d'imperfection, le fort et le faible, le bien et le mal ; elle va même au-delà des combinaisons finies, elle en fait une infinité d'infinies, c'est-à-dire une infinité de suites possibles de l'univers, dont chacune contient une infinité de créatures ; et par ce moyen la sagesse divine distribue tous les possibles qu'elle avait déjà envisagés à part en autant de systèmes universels, qu'elle compare encore entre eux : et le résultat de toutes ces comparaisons et réflexions est le choix du meilleur d'entre tous ces systèmes possibles, que la sagesse fait pour satisfaire pleinement à la bonté, ce qui est justement le plan de l'univers actuel. » — Les §§ 414-416 exposent la doctrine sous la forme d'un mythe : Pallas, déesse de l'intelligence, montre à Théodore tous les mondes possibles comme les appartements étagés d'une pyramide sans fond, dont le sommet correspond à l'unique monde qui se distingue des autres par l'*optimum* ; en chacun, l'histoire d'un individu, différent mais à certains égards approchant d'un individu existant (le roi de Rome Sextus Tarquin), connaît des destins différents. On soulignera que Leibniz n'admet pas qu'un *même* individu puisse appartenir à des mondes possibles différents (au contraire de ce qu'exige la notion de monde possible dans les théories logiques actuelles) : en raison de l'harmonie, chaque substance exprime dans son individualité toute la « série des choses » dont elle est solidaire, et ne peut donc en être séparée.

51. Sur la « prétention à l'existence » des possibles, cf. *Théodicée*, § 201 : « Comme tous les possibles ne sont point compatibles entre eux dans une même suite d'univers, c'est pour cela même que tous les possibles ne sauraient être produits, et qu'on doit dire que Dieu n'est point nécessité, métaphysiquement parlant, à la création de ce monde. L'on peut dire qu'aussitôt que Dieu a décerné de créer quelque chose, il y a un combat entre tous les possibles, tous prétendants à l'existence ; et que ceux qui joints ensemble produisent le plus de réalité, le plus de perfection, le plus d'intelligibilité l'emportent. Il est vrai que tout ce combat ne peut être qu'idéal, c'est-à-dire il ne peut être qu'un conflit de raisons dans l'entendement le plus parfait, qui ne peut manquer d'agir de la manière la plus parfaite, et par conséquent de choisir le mieux. »

52. Rapprocher de *Théodicée*, § 116 : « Les louanges de Dieu ne lui servent de rien, mais elles servent aux hommes qui le louent, et il a voulu leur bien. Cependant quand on dit que la bonté seule a déterminé Dieu à créer cet univers, il est bon d'ajouter que sa *bonté* l'a porté antécédemment à créer et à produire tout bien possible ; mais que sa *sagesse* en a fait le triage, et a été cause qu'il a choisi le meilleur conséquemment ; et enfin que sa *puissance* lui a donné le moyen d'exécuter actuellement le grand dessein qu'il a formé. »

53. Les paragraphes cités de la *Théodicée* évoquent, dans un contrepoint aux thèses malebranchistes, la simplicité des voies et la généralité des lois divines. Au § 78 : « À la vérité, Dieu, formant le dessein de créer le monde, s'est proposé uniquement de manifester et de communiquer ses perfections de la manière la plus efficace et la plus digne de sa grandeur, de sa sagesse et de sa bonté. Mais cela même l'a engagé à considérer toutes les actions des créatures encore dans l'état de pure possibilité pour former le projet le plus convenable. Il est comme un grand architecte qui se propose pour but la satisfaction ou la gloire d'avoir bâti un beau palais, et qui considère tout ce qui doit entrer

dans ce bâtiment : la forme et les matériaux, la place, la situation, les moyens, les ouvriers, la dépense, avant qu'il prenne une entière résolution. Car un sage, en formant ses projets, ne saurait détacher la fin des moyens : il ne se propose point de fin sans savoir s'il y a des moyens d'y parvenir. »

54. Cf. *DM*, art. IX. Et *Théodicée*, § 360 : « Il est vrai que Dieu voit tout d'un coup toute la suite de cet univers lorsqu'il le choisit ; et qu'ainsi il n'a pas besoin de la liaison des effets avec les causes, pour prévoir ces effets. Mais sa sagesse lui faisant choisir une suite parfaitement bien liée, il ne peut manquer de voir une partie de la suite dans l'autre. C'est une des règles de mon système de l'harmonie générale, que le présent est gros de l'avenir, et que celui qui voit tout, voit dans ce qui est ce qui sera. Qui plus est, j'ai établi d'une manière démonstrative que Dieu voit, dans chaque partie de l'univers, l'univers tout entier, à cause de la parfaite connexion des choses. Il est infiniment plus pénétrant que Pythagore, qui jugea de la taille d'Hercule par la mesure du vestige de son pied. Il ne faut donc point douter que les effets ne s'ensuivent de leurs causes d'une manière déterminée, nonobstant la contingence et même la liberté, qui ne laissent pas de subsister avec la certitude ou détermination. »

55. On lit au § 147 de la *Théodicée* : « Dieu se joue, pour ainsi dire, de ces petits dieux qu'il a trouvé bon de produire, comme nous nous jouons des enfants qui se font des occupations que nous favorisons ou empêchons sous main comme il nous plaît. L'homme y est donc comme un petit dieu dans son propre monde, ou microcosme, qu'il gouverne à sa mode ; il y fait merveille quelquefois, et son art imite souvent la nature [...]. Mais il fait aussi de grandes fautes, parce qu'il s'abandonne aux passions, et parce que Dieu l'abandonne à son sens [...]. L'homme s'en trouve mal à mesure qu'il a tort ; mais Dieu, par un art merveilleux, tourne tous les défauts de ces petits mondes au plus grand ornement de son grand monde. C'est comme dans ces inventions de perspective où certains beaux dessins ne paraissent que confusion, jusqu'à ce qu'on les rapporte à leur vrai point de vue, ou qu'on les regarde par le moyen d'un certain verre ou miroir. C'est en les plaçant et en s'en

servant comme il faut qu'on les fait devenir l'ornement d'un cabinet. Ainsi les difformités apparentes de nos petits mondes se réunissent en beautés dans le grand, et n'ont rien qui s'oppose à l'unité d'un principe universel infiniment parfait. »

56. Sur le principe de variété, cf. *Théodicée*, § 124 : « L'affection de Dieu pour quelque chose créée que ce soit est proportionnée au prix de la chose. La vertu est la plus noble qualité des choses créées, mais ce n'est pas la seule bonne qualité des créatures ; il y en a une infinité d'autres qui attirent l'inclination de Dieu : de toutes ces inclinations résulte le plus de bien qu'il se peut ; et il se trouve que s'il n'y avait que vertu, s'il n'y avait que créatures raisonnables, il y aurait moins de bien. Midas se trouva moins riche, quand il n'eut que de l'or. Outre que la sagesse doit varier. Multiplier uniquement la même chose, quelque noble qu'elle puisse être, ce serait une superfluité, ce serait une pauvreté : avoir mille Virgiles bien reliés dans sa bibliothèque, chanter toujours les airs de l'Opéra de Cadmus et d'Hermione, casser toutes les porcelaines pour n'avoir que des tasses d'or, n'avoir que des boutons de diamants, ne manger que des perdrix, ne boire que du vin de Hongrie ou de Shiras ; appellerait-on cela raison ? La nature a eu besoin d'animaux, de plantes, de corps inanimés ; il y a dans ces créatures non raisonnables des merveilles qui servent à exercer la raison. Que ferait une créature intelligente, s'il n'y avait point de choses non intelligentes ? à quoi penserait-elle, s'il n'y avait ni mouvement, ni matière, ni sens ? Si elle n'avait que des pensées distinctes, ce serait un dieu, sa sagesse serait sans bornes · c'est une des suites de mes méditations. »

57. Cf. note au § 16.

58. Cf. *Réponse aux réflexions contenues dans la seconde édition du Dictionnaire critique de M. Bayle*. (GP IV, 555 sq., Frémont [b], pp. 191 sq.). Bayle avait remarqué, à propos du système de l'harmonie préétablie : « Il élève au-dessus de tout ce qu'on peut concevoir la puissance et l'intelligence de l'art divin. » Ce que Leibniz rectifiait : « Je consens qu'il l'élève au-dessus de tout ce qu'on peut comprendre, mais non pas au-dessus de tout ce qu'on peut concevoir » (GP IV, 534).

59. Formule décisive qui exprime la corrélation entre la réalité monadique et l'univers phénoménal. La construction « symboliser avec... », pour dire « avoir de la conformité », est vieillie. Peut-être issue du vocabulaire alchimique et médical, elle exprime ici l'harmonie ou la correspondance entre deux ordres ontologiquement hiérarchisés.

60. « Tout sympathise », ou, comme Leibniz le traduit lui-même, « tout est conspirant » (*Nouveaux Essais*, Préface, Brunschwig, p. 42) : citation du livre *De l'aliment* faussement attribué à Hippocrate (460-370 environ av. J.-C.).

61. Cf. *DM*, art. XXXIII, *Théodicée*, § 400 : « J'avoue que l'âme ne saurait remuer les organes par une influence physique, car je crois que le corps doit avoir été formé de telle sorte par avance, qu'il fasse en temps et lieu ce qui répond aux volontés de l'âme ; quoiqu'il soit vrai cependant que l'âme est le principe de l'opération. Mais de dire que l'âme ne produit point ses pensées, ses sensations, ses sentiments de douleur et de plaisir, c'est de quoi je ne vois aucune raison. Chez moi, toute substance simple (c'est-à-dire toute substance véritable) doit être la véritable cause immédiate de toutes ses actions et passions internes ; et, à parler dans la rigueur métaphysique, elle n'en a point d'autres que celles qu'elle produit. Ceux qui sont d'un autre sentiment, et qui font Dieu seul acteur, s'embarrassent sans sujet dans des expressions, dont ils auront bien de la peine à se tirer sans choquer la religion : outre qu'ils choquent absolument la raison. »

62. On lit au § 403 de la *Théodicée* : « L'opération des automates spirituels, c'est-à-dire des âmes, n'est point mécanique ; mais elle contient éminemment ce qu'il y a de beau dans la mécanique . les mouvements, développés dans les corps, y étant concentrés par la représentation, comme dans un monde idéal, qui exprime les lois du monde actuel et leurs suites ; avec cette différence du monde idéal parfait qui est en Dieu, que la plupart des perceptions dans les autres ne sont que confuses. Car il faut savoir que toute substance simple enveloppe l'univers par ses perceptions confuses ou sentiments, et que la suite de ces perceptions est réglée par la nature particulière de cette substance, mais d'une manière qui exprime toujours toute la nature

universelle : et toute perception présente tend à une perception nouvelle, comme tout mouvement qu'elle représente tend à un autre mouvement. Mais il est impossible que l'âme puisse connaître distinctement toute sa nature, et s'apercevoir comment ce nombre innombrable de petites perceptions, entassées, ou plutôt concentrées ensemble, s'y forme : il faudrait pour cela qu'elle connût parfaitement tout l'univers qui y est enveloppé, c'est-à-dire qu'elle fût un Dieu. » Même thèse dans *PNG*, § 3 : « Chaque substance simple ou monade distinguée, qui fait le centre d'une substance composée (comme par exemple d'un animal), et le principe de son unicité, est environnée d'une masse composée par une infinité d'autres monades, qui constituent le corps propre de cette monade centrale suivant les affections duquel elle représente, comme dans une manière de centre, les choses qui sont hors d'elle. Et ce corps est organique, quand il forme une manière d'automate ou de machine de la nature, qui est machine non seulement dans le tout, mais encore dans les plus petites parties qui se peuvent faire remarquer. Et comme à cause de la plénitude du monde tout est lié, et chaque corps agit sur chaque autre corps, plus ou moins selon la distance, et en est affecté par réaction, il s'ensuit que chaque monade est un miroir vivant, ou doué d'action interne, représentatif de l'univers, suivant son point de vue, et aussi réglé que l'univers lui-même. »

63. De laiton.

64. Boutroux et Robinet impriment 483, alors que la *Théodicée* s'arrête au § 417. Il faut lire 403, paragraphe déjà cité à la suite de l'article précédent, auquel nous renvoyons. Sur les corps organiques, machines à l'infini, cf. *Nouveaux Essais*, livre III, chap. 6, § 42 : « L'unité parfaite doit être réservée aux corps animés, ou doués d'entéléchies primitives ; car ces entéléchies ont de l'analogie avec les âmes, et sont aussi indivisibles et impérissables qu'elles : et j'ai fait juger ailleurs que leurs corps organiques sont des machines en effet, mais qui surpassent autant les artificielles, qui sont de notre invention, que l'inventeur des naturelles nous surpasse. Car ces machines de la nature sont aussi impérissables que les âmes mêmes, et l'animal avec l'âme subsiste toujours ; c'est (pour me mieux expli-

quer par quelque chose de revenant, tout ridicule qu'il est) comme Arlequin qu'on voulait dépouiller sur le théâtre, mais on n'en put venir à bout, parce qu'il avait je ne sais combien d'habits les uns sur les autres : quoique ces réplications des corps organiques à l'infini, qui sont dans un animal, ne soient pas si semblables ni si appliquées les unes sur les autres, comme des habits, l'artifice de la nature étant d'une tout autre subtilité. Tout cela fait voir que les philosophes n'ont pas eu tout le tort du monde de mettre tant de distance entre les choses artificielles et entre les corps naturels doués d'une véritable unité. »

65. On lit au *Discours préliminaire* de la *Théodicée*, § 70 : « Il semble que M. Descartes avoue aussi dans un endroit de ses *Principes* qu'il est impossible de répondre aux difficultés sur la division de la matière à l'infini, qu'il reconnaît pourtant pour véritable. Arriaga et d'autres scolastiques font à peu près le même aveu ; mais s'ils prenaient la peine de donner aux objections la forme qu'elles doivent avoir, ils verraient qu'il y a des fautes dans la conséquence, et quelquefois de fausses suppositions qui embarrassent. En voici un exemple : Un habile homme me fit un jour cette objection : Soit coupée la ligne droite B A en deux parties égales par le point C, et la partie C A par le point D, et la partie D A par le point E, et ainsi à l'infini ; toutes les moitiés B C, C D, D E, etc., font ensemble le tout B A : donc il faut qu'il y ait une dernière moitié, puisque la ligne droite B A finit en A. Mais cette dernière moitié est absurde : car puisqu'elle est une ligne, on la pourra encore couper en deux. Donc la division à l'infini ne saurait être admise. Mais je lui fis remarquer qu'on n'a pas droit d'inférer qu'il faille qu'il y ait une dernière moitié, quoiqu'il y ait un dernier point A, car ce dernier point convient à toutes les moitiés de son côté. Et mon ami l'a reconnu lui-même, lorsqu'il a tâché de prouver cette illation par un argument en forme : au contraire, par cela même que la division va à l'infini, il n'y a aucune moitié dernière. Et quoique la ligne droite A B soit finie, il ne s'ensuit pas que la division qu'on en fait ait son dernier terme. On s'embarrasse de même dans les séries des nombres qui vont à l'infini. On conçoit un dernier terme, un nombre infini ou infiniment petit ; mais tout cela ne sont que des fictions. Tout nombre est fini et assi-

gnable, toute ligne l'est de même, et les infinis ou infiniment petits n'y signifient que des grandeurs qu'on peut prendre aussi grandes ou aussi petites que l'on voudra, pour montrer qu'une erreur est moindre que celle qu'on a assignée, c'est-à-dire qu'il n'y a aucune erreur : ou bien on entend par l'infiniment petit, l'état de l'évanouissement ou du commencement d'une grandeur, conçus à l'imitation des grandeurs déjà formées. » — Sur Descartes, Leibniz se réfère à *Principes de la Philosophie*, IIe Partie, art. 34-35. — Rodrigo Arriaga (1592-1667), jésuite espagnol, est l'auteur de *Disputationes theologicae* sur différentes parties de la *Somme théologique* de saint Thomas d'Aquin. On citera encore la fameuse déclaration de Leibniz, lettre à Foucher (1693) : « Je suis tellement pour l'infini actuel, qu'au lieu d'admettre que la nature l'abhorre, comme l'on dit vulgairement, je tiens qu'elle l'affecte partout, pour mieux marquer les perfections de son auteur. Ainsi je crois qu'il n'y a aucune partie de la matière qui ne soit, je ne dis pas divisible, mais actuellement divisée, et par conséquent, la moindre particelle doit être considérée comme un monde plein d'une infinité de créatures différentes » (GP I, 416).

66. Le passage correspondant de la Préface de la *Théodicée* est le suivant : « [L'] harmonie [...] fait encore la liaison, tant de l'avenir avec le passé que du présent avec ce qui est absent. La première espèce de liaison unit les temps et l'autre les lieux. Cette seconde liaison se montre dans l'union de l'âme avec le corps, et généralement dans le commerce des véritables substances entre elles et avec les phénomènes matériels. Mais la première a lieu dans la préformation des corps organiques ou plutôt de tous les corps, puisqu'il y a de l'organisme partout, quoique toutes les masses ne composent point des corps organiques : comme un étang peut fort bien être plein de poissons ou autres corps organiques, quoiqu'il ne soit point lui-même un animal ou corps organique, mais seulement une masse qui les contient » (Brunschwig, pp. 44-45).

67. Allusion à Bayle, *Dictionnaire critique*, article *Rorarius* (cf. *supra*, note 16). Voir l'étude préparatoire à l'*Éclaircissement des difficultés que M. Bayle a trouvées dans le Système nouveau de l'union de l'âme et du corps* (1698) ; là

où Bayle avait écrit : « L'Hypothèse de M. Leibniz [...] nous porte à croire [...] que les âmes subsistent toujours [...] unies au premier corps organisé dans lequel Dieu les a logées », Leibniz fait observer : « Non pas qu'une certaine masse demeure toujours inséparable de l'animal ou de l'âme, mais tellement qu'il demeure toujours certains organes, du moins par la substitution d'un équivalent, comme lorsqu'une rivière demeure la même, quoique la matière semblable y entre et sorte toujours » (GP IV, 529).

68. Réminiscence de la célèbre formule d'Héraclite, citée par Platon (*Cratyle,* 402 a).

69. On lit au § 90 de la *Théodicée* : « Comme la formation des corps organiques animés ne paraît explicable dans l'ordre de la nature que lorsqu'on suppose une préformation déjà organique, j'en ai inféré que ce que nous appelons génération d'un animal, n'est qu'une transformation et augmentation : ainsi puisque le même corps était déjà organisé, il est à croire qu'il était déjà animé, et qu'il avait la même âme, de même que je juge vice versa de la conservation de l'âme lorsqu'elle est créée une fois, que l'animal est conservé aussi, et que la mort apparente n'est qu'un enveloppement ; n'y ayant point d'apparence que dans l'ordre de la nature il y ait des âmes entièrement séparées de tout corps, ni que ce qui ne commence point naturellement, puisse cesser par les forces de la nature. » Développement plus complet en *PNG,* § 6 : « Les recherches des modernes nous ont appris, et la raison l'approuve, que les vivants dont les organes nous sont connus, c'est-à-dire les plantes et les animaux, ne viennent point d'une putréfaction ou d'un chaos comme les anciens ont cru, mais de semences préformées, et par conséquent de la transformation des vivants préexistants. Il y a de petits animaux dans les semences des grands, qui, par le moyen de la conception, prennent un revêtement nouveau qu'ils s'approprient, et qui leur donne moyen de se nourrir et de s'agrandir pour passer sur un plus grand théâtre et faire la propagation du grand animal. Il est vrai que les âmes des animaux spermatiques humains ne sont point raisonnables, et ne le deviennent que lorsque la conception détermine ces animaux à la nature humaine. Et comme les animaux généralement ne naissent point entièrement dans la conception

ou génération, ils ne périssent pas non plus entièrement dans ce que nous appelons mort car il est raisonnable que ce qui ne commence pas naturellement ne finisse pas non plus dans l'ordre de la nature. Ainsi, quittant leur masque ou leur guenille, ils retournent seulement à un théâtre plus subtil, où ils peuvent pourtant être aussi sensibles et bien réglés que dans le plus grand. Et ce qu'on vient de dire des grands animaux a encore lieu dans la génération et la mort des animaux spermatiques mêmes ; c'est-à-dire, ils sont les accroissements d'autres spermatiques plus petits, à proportion desquels ils peuvent passer pour grands, car tout va à l'infini dans la nature. Ainsi non seulement les âmes, mais encore les animaux sont ingénérables et impérissables : ils ne sont que développés, enveloppés, revêtus, dépouillés, transformés ; les âmes ne quittent jamais tout leur corps et ne passent point d'un corps dans un autre corps qui leur soit entièrement nouveau. Il n'y a donc point de métempsycose, mais il y a métamorphose ; les animaux changent, prennent et quittent seulement des parties ; ce qui arrive peu à peu et par petites parcelles insensibles, mais continuellement, dans la nutrition ; et tout d'un coup, notablement, mais rarement, dans la conception ou dans la mort, qui les font acquérir ou perdre tout à la fois. »

70. La théorie de la préformation, selon laquelle le corps de chaque animal est déjà présent en réduction dans la semence mâle (« animalculisme ») ou femelle (« ovulisme »), a été encouragée par les découvertes permises par l'usage du microscope, notamment par Antoine Van Leeuwenhoek (1632-1723) et Jean Swammerdam (1637-1680).

71. On retiendra le § 397 de la *Théodicée*, qui résume la thèse médiane de Leibniz sur l'origine des âmes ou formes : « J'ai fait voir ci-dessus (part. 1ère, §. 86 et suiv.) que les âmes ne sauraient naître naturellement, ni être tirées les unes des autres ; et qu'il faut, ou que la nôtre soit créée, ou qu'elle soit préexistante. J'ai même montré un certain milieu entre une création et une préexistence entière, en trouvant convenable de dire que l'âme, préexistante dans les semences depuis le commencement des choses, n'était que sensitive ; mais qu'elle a été élevée au degré supérieur, qui est la raison, lorsque l'homme, à qui cette âme doit appartenir, a été conçu, et que le corps organisé, accom-

pagnant toujours cette âme depuis le commencement, mais sous bien des changements, a été déterminé à former le corps humain. J'ai jugé aussi qu'on pouvait attribuer cette élévation de l'âme sensitive (qui la fait parvenir à un degré essentiel plus sublime, c'est-à-dire à la raison) à l'opération extraordinaire de Dieu. Cependant il sera bon d'ajouter que j'aimerais mieux me passer du miracle dans la génération de l'homme, comme dans celle des autres animaux : et cela se pourra expliquer, en concevant que dans ce grand nombre d'âmes et d'animaux, ou du moins de corps organiques vivants qui sont dans les semences, ces âmes seules qui sont destinées à parvenir un jour à la nature humaine, enveloppent la raison qui y paraîtra un jour, et que les seuls corps organiques sont préformés et prédisposés à prendre un jour la forme humaine ; les autres petits animaux ou vivants séminaux, où rien de tel n'est préétabli, étant essentiellement différents d'eux, et n'ayant rien que d'inférieur en eux. Cette production est une manière de traduction, mais plus traitable que celle qu'on enseigne vulgairement : elle ne tire pas l'âme d'une âme, mais seulement l'animé d'un animé ; et elle évite les miracles fréquents d'une nouvelle création, qui feraient entrer une âme neuve et nette dans un corps qui la doit corrompre. »

72. Cf. *supra*, § 72.

73. Cf. *DM*, art. XXXIII. L'expression d'harmonie préétablie est l'une de celles (avec « Monadologie ») à laquelle on réduit parfois abusivement tout le « Système » de Leibniz. Il est vrai qu'il s'est souvent désigné lui-même comme l'Auteur du Système de l'Harmonie préétablie », où il ne faut entendre d'abord par « système » rien d'autre qu'une *hypothèse* explicative destinée à résoudre le problème local de l'union de l'âme avec le corps qui lui est affecté. En ce sens, l'harmonie préétablie présuppose la thèse de l'harmonie universelle qui gouverne les relations de toutes les substances entre elles. Doctrinalement, comme du reste dans la genèse de la philosophie leibnizienne, l'harmonie universelle est première (elle est formulée dès 1666), et l'harmonie dite préétablie est seconde ; elle a d'abord été désignée sous l'appellation *d'hypothèse des accords* ou de la *concomitance*, et n'a reçu sa dénomination canonique que dans les discussions soulevées par la publication du *Sys-*

tème nouveau (précisément dans l'*Éclaircissement du nouveau système de la communication des substances*, en réponse aux objections de l'abbé Foucher, paru dans le *Journal des savants* d'avril 1696, GP IV, 496, Frémont [b], p. 80). Mais Leibniz ne s'en tient pas strictement à cette distinction terminologique : l'affinité de l'hypothèse explicative de l'union particulière de l'âme et du corps avec la thèse fondamentale de l'harmonie de toutes les substances et de tous leurs phénomènes le conduit à désigner aussi l'harmonie universelle par les termes d'harmonie préétablie, comme il le fait justement dans cet article.

74. Ces paragraphes portent principalement sur le tort que Bayle a fait à ses propres raisonnements en n'admettant pas le système de l'harmonie préétablie et ses vertus conciliatrices : « M. Bayle ne s'est point souvenu du système de l'harmonie préétablie, qu'il avait examiné autrefois, et qui venait si à propos ici. Mais comme dans ce système tout est lié et harmonique, tout va par raisons, et rien n'est laissé en blanc ou à la téméraire discrétion de la pure et pleine indifférence, il semble que cela n'accommodait point M. Bayle, prévenu un peu ici de ces indifférences qu'il combattait pourtant si bien en d'autres occasions. Car il passait aisément du blanc au noir, non pas dans une mauvaise intention ou contre sa conscience, mais parce qu'il n'y avait encore rien d'arrêté dans son esprit sur la question dont il s'agissait. Il s'accommodait de ce qui lui convenait pour contrecarrer l'adversaire qu'il avait en tête ; son but n'étant que d'embarrasser les philosophes, et faire voir la faiblesse de notre raison » (§ 353).

75. Leibniz passe sous silence l'ancienne polémique où il avait reproché à Descartes d'avoir confondu la quantité de force avec la quantité de mouvement (cf. *supra*, note à l'art. XVII du *DM*). Il s'attaque ici à la conception exposée par Descartes dans le *Les Passions de l'âme*, I, art. 31-41 : l'âme, ayant son « siège principal » dans la « glande pinéale » (l'hypophyse), meut cette glande de manière qu'elle pousse les « esprits animaux » (qui sont les parties les plus subtiles du sang) vers les nerfs qui les conduiront jusqu'aux muscles, « au moyen de quoi elle leur fait mouvoir les membres ». Cette théorie a aussi été fortement critiquée par Spinoza (*Éthique*, Préface de la Ve Partie).

76. La conservation de la même direction équivaut à l'acception moderne de la conservation de la quantité de mouvement, où cette quantité est prise algébriquement, en valeur relative et non en valeur absolue (ou mieux, interprétée comme un vecteur). Leibniz, qui ne dispose pas du concept de vecteur, s'est approché cependant de très près d'une représentation quasi vectorielle, associée à un principe général de symétrie appliqué à l'univers : « Il y a encore dans la nature une autre loi générale, dont M. Descartes ne s'est point aperçu, qui n'est pas moins considérable, savoir que la même détermination ou direction en somme doit toujours subsister ; car je trouve que si on menait quelque ligne droite que ce soit, par exemple d'orient en occident par un point donné, et si on calculait toutes les directions de tous les corps du monde autant qu'ils avancent ou reculent dans des lignes parallèles à cette ligne, la différence entre les sommes de toutes les directions orientales et de toutes les directions occidentales se trouverait toujours la même, tant entre certains corps particuliers, si on suppose qu'ils ont seuls commerce entre eux maintenant, qu'à l'égard de tout l'univers, où la différence est toujours nulle, tout étant parfaitement balancé et les directions orientales et occidentales étant parfaitement égales dans l'univers » (GP II, 94, Le Roy, 162).

77. En complément à la note précédente, on retiendra les §§ 60-61 de la *Théodicée* : « M. Descartes a voulu capituler et faire dépendre de l'âme une partie de l'action du corps. Il croyait savoir une règle de la nature qui porte, selon lui, que la même quantité de mouvement se conserve dans les corps. Il n'a pas jugé possible que l'influence de l'âme violât cette loi des corps, mais il a cru que l'âme pourrait pourtant avoir le pouvoir de changer la direction des mouvements qui se font dans le corps, à peu près comme un cavalier, quoiqu'il ne donne point de force au cheval qu'il monte, ne laisse pas de le gouverner en dirigeant cette force du côté que bon lui semble. Mais comme cela se fait par le moyen du frein, du mors, des éperons et d'autres aides matérielles, on conçoit comment cela se peut ; mais il n'y a point d'instruments dont l'âme se puisse servir pour cet effet, rien enfin, ni dans l'âme ni dans le corps, c'est-à-dire ni dans la pensée, ni dans la masse, qui

puisse servir à expliquer ce changement de l'un par l'autre. En un mot, que l'âme change la quantité de la force et qu'elle change la ligne de la direction, ce sont deux choses également inexplicables (§ 61). Outre qu'on a découvert deux vérités importantes sur ce sujet depuis M. Descartes, la première est que la quantité de la force absolue qui se conserve en effet est différente de la quantité de mouvement, comme j'ai démontré ailleurs ; la seconde découverte est qu'il se conserve encore la même direction dans tous les corps ensemble qu'on suppose agir entre eux, de quelque manière qu'ils se choquent. Si cette règle avait été connue de M. Descartes, il aurait rendu la direction des corps aussi indépendante de l'âme que leur force, et je crois que cela l'aurait mené tout droit à l'hypothèse de l'harmonie préétablie où ces mêmes règles m'ont mené. » Les §§ 345 et suivants ainsi que 354-355 précisent le statut des lois de la nature et des principes théoriques qui les gouvernent : vérités contingentes, elles ne sont pas de nécessité métaphysique ou géométrique, comme si d'autres lois et principes eussent été intrinsèquement impossibles, et elles ne sont pas non plus arbitraires : « Le milieu qu'il y a à prendre, est qu'elles sont un choix de la plus parfaite sagesse » (§ 349).

78. Cf. *DM*, art. XXXII : « Et il est aussi impossible qu'elle périsse sans annihilation qu'il est impossible que le monde (dont elle est une expression vivante, perpétuelle) se détruise lui-même. »

79. Cf. *supra*, la citation du § 397 en note au § 74.

80. Cf. *DM*, art. XXXIV. Le § 147 de la *Théodicée* est cité *supra*, note au § 57.

81. Cf. *DM*, art. XXXVI. Sur la Cité de Dieu, cf. *Théodicée*, § 146 : « Toutes les fois que nous voyons un [...] ouvrage [entier et isolé] de Dieu, nous le trouvons si accompli qu'il en faut admirer l'artifice et la beauté ; mais lorsqu'on ne voit pas un ouvrage entier, lorsqu'on n'envisage que des lambeaux et des fragments, ce n'est pas merveille si le bon ordre n'y paraît pas. Le système de nos planètes compose un tel ouvrage isolé, et parfait lorsqu'on le prend à part ; chaque plante, chaque animal, chaque homme en fournit un, jusqu'à un certain point de perfection : on y reconnaît le merveilleux artifice de l'auteur ; mais le genre humain,

en tant qu'il nous est connu, n'est qu'un fragment, qu'une petite portion de la cité de Dieu ou de la république des esprits. Elle a trop d'étendue pour nous, et nous en connaissons trop peu pour en pouvoir remarquer l'ordre merveilleux. » — La Réponse à l'Objection 2 de l'*Abrégé de la controverse* souligne que la Cité de Dieu ne se limite pas au genre humain : elle est aussi « composée tant de génies que d'animaux raisonnables sans nombre et d'une infinité d'espèces » (Brunschwig, pp. 365-366).

82. Application de ce principe au § 118 de la *Théodicée* : « J'accorde que le bonheur des créatures intelligentes est la principale partie des desseins de Dieu, car elles lui ressemblent le plus : mais je ne vois point cependant comment on puisse prouver que c'est son but unique. Il est vrai que le règne de la nature doit servir au règne de la grâce mais, comme tout est lié dans le grand dessein de Dieu, il faut croire que le règne de la grâce est aussi en quelque façon accommodé à celui de la nature : de telle sorte que celui-ci garde le plus d'ordre et de beauté, pour rendre le composé de tous les deux le plus parfait qu'il se puisse. Et il n'y a pas lieu de juger que Dieu, pour quelque mal moral de moins, renverserait tout l'ordre de la nature. Chaque perfection ou imperfection dans la créature a son prix ; mais il n'y en a point qui ait un prix infini. Ainsi le bien et le mal moral ou physique des créatures raisonnables ne passe point infiniment le bien et le mal qui est métaphysique seulement, c'est-à-dire celui qui consiste dans la perfection des autres créatures : ce qu'il faudrait pourtant dire si la présente maxime était vraie à la rigueur. [...] Aucune substance n'est absolument méprisable ni précieuse devant Dieu. Et l'abus ou l'extension outrée de la présente maxime paraît être en partie la source des difficultés que M. Bayle propose. Il est sûr que Dieu fait plus de cas d'un homme que d'un lion ; cependant je ne sais si l'on peut assurer que Dieu préfère un seul homme à toute l'espèce des lions à tous égards : mais quand cela serait, il ne s'ensuivrait point que l'intérêt d'un certain nombre d'hommes prévaudrait à la considération d'un désordre général répandu dans un nombre infini de créatures. Cette opinion serait un reste de l'ancienne maxime assez décriée, que tout est fait uniquement pour l'homme. » On lit encore au § 247 : « [Le]

système de l'harmonie générale que je conçois [...] porte que le règne des causes efficientes et celui des causes finales sont parallèles entre eux ; que Dieu n'a pas moins la qualité du meilleur monarque que celle du plus grand architecte ; que la matière est disposée en sorte que les lois du mouvement servent au meilleur gouvernement des esprits ; et qu'il se trouvera par conséquent qu'il a obtenu le plus de bien qu'il est possible, pourvu qu'on compte les biens métaphysiques, physiques et moraux ensemble. »

83. Évocation de la thèse cosmologique stoïcienne des conflagrations périodiques du monde, mais réinterprétée dans une perspective chrétienne de l'histoire du salut des esprits. Le § 18 de la *Théodicée* décrit la « théologie presque astronomique » attribuée à « un homme d'esprit » non identifié, qui aurait poussé « le principe de l'harmonie jusqu'à des suppositions arbitraires » : dans cette « vision plaisante [...] digne d'un origéniste », quand l'incendie purificateur « aura purgé le globe de la terre de ses taches », « l'enfer rendra ses morts, la mort même sera détruite, la raison et la paix recommenceront à régner dans les esprits qui avaient été pervertis », l'ange déchu sera réconcilié (sur la thématique stoïcienne et origéniste de l'apocastase, cf. Michel Fichant, « *Plus Ultra* », Postface à G. W. Leibniz, *De l'horizon de la doctrine humaine* et Ἀποκατάστασις πάντων *(La Restitution universelle)*, Paris, Vrin, 1991, p. 172). Sur les catastrophes de l'histoire de la Terre, incendie primitif suivi de déluge, cf. les §§ 244-245, où Leibniz conclut : « Mais ces bouleversements ont enfin cessé, et le globe a pris la forme que nous voyons. Moïse insinue ces grands changements en peu de mots : la séparation de la lumière et des ténèbres indique la fusion causée par le feu ; et la séparation de l'humide et du sec marque les effets des inondations. Mais qui ne voit que ces désordres ont servi à mener les choses au point où elles se trouvent présentement, que nous leur devons nos richesses et nos commodités, et que c'est par leur moyen que ce globe est devenu propre à être cultivé par nos soins ? Ces désordres sont allés dans l'ordre. Les désordres, vrais ou apparents, que nous voyons de loin, sont les taches du soleil et les comètes : mais nous ne savons pas les usages qu'elles apportent, ni ce qu'il y a de réglé. Il y a eu un temps que

les planètes passaient pour des étoiles errantes, maintenant leur mouvement se trouve régulier : peut-être qu'il en est de même des comètes ; la postérité le saura. »

84. « Tout contribue au bien de ceux qui aiment Dieu », saint Paul, *Épître aux Romains*, VIII, 28.

85. Cf. *supra*, note 19 à l'art. IV du *DM*.

86. Voici la fin du § 134 de la *Théodicée*, où l'on retrouve l'exclamation de saint Paul déjà exploitée en *DM*, art. XXX : « L'objet de Dieu a quelque chose d'infini, ses soins embrassent l'univers ; ce que nous en connaissons n'est presque rien, et nous voudrions mesurer sa sagesse et sa bonté par notre connaissance : quelle témérité, ou plutôt quelle absurdité ! Les objections supposent faux ; il est ridicule de juger du droit quand on ne connaît point le fait. Dire avec saint Paul : *O altitudo divitiarum et sapientiae*, ce n'est point renoncer à la raison, c'est employer plutôt les raisons que nous connaissons ; car elles nous apprennent cette immensité de Dieu dont l'apôtre parle ; mais c'est avouer notre ignorance sur les faits, c'est reconnaître cependant, avant que de voir, que Dieu fait tout le mieux qu'il est possible, suivant la sagesse infinie qui règle ses actions. Il est vrai que nous en avons déjà des preuves et des essais devant nos yeux, lorsque nous voyons quelque chose d'entier, quelque tout accompli en soi, et isolé, pour ainsi dire, parmi les ouvrages de Dieu. Un tel tout, formé, pour ainsi dire, de la main de Dieu, est une plante, un animal, un homme. Nous ne saurions assez admirer la beauté et l'artifice de sa structure. Mais lorsque nous voyons quelque os cassé, quelque morceau de chair des animaux, quelque brin d'une plante, il n'y paraît que du désordre, à moins qu'un excellent anatomiste ne le regarde ; et celui-là même n'y reconnaîtrait rien, s'il n'avait vu auparavant des morceaux semblables attachés à leur tout. Il en est de même du gouvernement de Dieu : ce que nous en pouvons voir jusqu'ici n'est pas un assez gros morceau pour y reconnaître la beauté et l'ordre du tout. Ainsi la nature même des choses porte que cet ordre de la cité divine, que nous ne voyons pas encore ici-bas, soit un objet de notre foi, de notre espérance, de notre confiance en Dieu. S'il y en a qui en jugent autrement, tant pis pour eux, ce sont des mécontents dans l'État du plus grand et

du meilleur de tous les monarques, et ils ont tort de ne point profiter des échantillons qu'il leur a donnés de sa sagesse et de sa bonté infinie pour se faire connaître, non seulement admirable, mais encore aimable au-delà de toutes choses. »

AUTOUR DU *DISCOURS DE MÉTAPHYSIQUE*

1. « *Il y a deux sectes de Naturalistes...* »

1. Conrad von dem Vorst, *Tractatus theologicus de Deo, seu Disputationes decem de natura et attributis Dei*, 1610.

2. La critique de l'Âme du Monde est acquise depuis la période parisienne, notamment dans le fragment d'avril 1676 (A VI, 3, 521). Cf., ultérieurement, les mises au point très claires de la *Théodicée, Discours préliminaire*, §§ 7-10 et § 217 (voir *supra*, note 2 à la *Monadologie*).

3. Allusion à Spinoza, principalement *Éthique*, I, prop. 17, scolie.

4. Leibniz comprend ainsi la proposition XVI de la Première Partie de l'*Éthique* de Spinoza, selon laquelle « de la nécessité de la nature divine doivent suivre en une infinité de modes une infinité de choses, c'est-à-dire tout ce qui peut tomber sous un entendement infini ». La lettre de Leibniz à Oldenburg, probablement de la seconde moitié d'octobre 1676, identifie dans la proposition spinoziste l'affirmation que « tous les possibles existent » (GP I, 124, et A VI, 3, 365). Le rejet de cette affirmation est confirmé, définitivement, par une note du 2 décembre 1676 (C, 530, et A VI, 3, 582). Que tous les possibles existent équivaut à la thèse de Diodore, reprise par Hobbes et Spinoza, selon laquelle n'est possible que ce qui a réellement lieu. Or, suivant les formules de la *Théodicée*, les « philosophes qui ont soutenu qu'il n'y a rien de possible que ce qui arrive effectivement [...] sont les mêmes qui ont cru, ou ont pu croire, que tout est nécessaire absolument » (§ 168). Le rejet du nécessitarisme passe donc par la légitimation de « la pos-

sibilité des choses qui n'arrivent point » (*ibid.*, §§ 169-174). La discussion sur les possibles est au cœur de l'argument du *Dialogue* reproduit *infra*, et la note 4.

5. La « patience par force » résume pour Leibniz toute la morale stoïcienne. Cf. *DM*, art. IV et la note 21.

6. Sur le le rejet des causes finales par Descartes, Cf. *Principes de la Philosophie*, art. 28 ; sur la création des vérités, de la justice et de la bonté, cf. les notes à la *Monadologie*, § 46 ; enfin sur la proposition selon laquelle la matière passe successivement par toutes les formes possibles, *Principes de la Philosophie*, 3e Partie, art. 47. Leibniz interprète cette proposition comme équivalente à la thèse de Spinoza, selon laquelle tout ce qui est possible parvient à l'existence (cf. *Dialogue entre Théophile et Polidore*, note 3) ; en réalité, il ne s'agissait pour Descartes que d'une proposition accessoire relative à la possibilité de dériver hypothétiquement de la supposition d'un état initial du monde sa configuration actuelle, par le jeu des lois de la nature.

7. Le *Phédon*. Sur la lecture de ce dialogue par Leibniz, cf. les références données *supra* à la fin de la présentation du morceau.

8. Ce qui suit est la traduction assez libre de deux passages du *Phédon*, 63 b-c, puis 97 b-99 c. L'usage éditorial est d'utiliser cette traduction pour combler la lacune laissée par Leibniz dans le texte du *Discours de métaphysique* à l'article XX.

9. Sur Anaxagore (497 ?-428 ? av. J.-C.), voir sa *Vie*, d'après Diogène Laërce, et sa doxographie, dans *Les Présocratioues*, édition établie par Jean-Paul Dumont, Paris, Gallimard, Bibliothèque de la Pléiade, 1988, pp. 615 sq. (sur sa thèse de la domination de toutes choses par l'Intellect [Νοῦς], pp. 641-643).

2. *Dialogue entre Théophile et Polidore*

1. Citation de Lucain, *La Pharsale*, I, v. 459.

2. Polidore reprend sommairement la théorie physique que Leibniz exposait dans son *Hypothesis physica nova* (1671) : le mouvement unique universel de l'éther, véhicule de la lumière, permet d'expliquer mécaniquement l'élasti-

cité des corps et leur pesanteur, que supposent les lois de la nature.

3. Sur l'Âme du Monde, cf. *supra* Appendice I.1, note 2.

4. Cf. *supra « Il y a deux sectes de Naturalistes... »*, note 4. Leibniz impute d'une part à Spinoza la proposition selon laquelle tout ce qui est possible parvient à l'existence, et par conséquent existe nécessairement par suite de sa seule nature. C'est là aussi sa manière de traduire l'exclusion par Spinoza du contingent et du possible, considérés comme des notions fondées sur notre ignorance des causes déterminées, en affirmant la nécessité de tout ce qui existe (*Éthique*, I, prop. 33, scolie 1, et IV, déf. 3 et 4). D'autre part, la contingence réelle et non illusoire du monde suppose pour Leibniz que tous les possibles ne puissent parvenir à l'existence à laquelle ils prétendent : pour cela, il faut qu'ils ne soient pas tous compatibles entre eux. Le texte va donc postuler l'incompatibilité, pour montrer comment en résultent des combinaisons toutes différentes, entre lesquelles l'une contient plus de réalité que les autres. Mais d'où vient l'incompatibilité elle-même ? Leibniz dit ailleurs que l'homme n'a pu que l'ignorer (GP VII, 194-195). Cf. Michel Fichant, « L'origine de la négation », *Les Études philosophiques*, janvier-mars 1971, pp. 29-52, repris dans *Science et métaphysique dans Descartes et Leibniz*, Paris, PUF, 1998.

5. La correction est encore fautive : il y a 11 combinaisons viables de trois éléments ; Leibniz a omis *C, D, E* et *D, E, G*. Cette erreur n'affecte pas l'interprétation métaphysique du modèle combinatoire.

6. Définition constante et définitive, qu'on trouve par exemple dans les suites de définitions consacrées à la justice ou à la classification des sentiments : GP VII, 73, 75, 86, 112 ; Grua, 11, 579, 582.

7. Bonheur défini comme une joie durable, la joie à son tour étant l'état de plaisir, mêmes références qu'à la note précédente.

8. Sur la croissance de la perfection du monde, sa décroissance, ou sa conservation, voir le beau texte de 1694-1696 publié par Grua, 94-95 (traduit en Michel Serres, *Le Système de Leibniz et ses modèles mathématiques*, Paris, PUF, 1968, pp. 233-235). Sur la question du progrès,

voir les textes de Leibniz édités par nos soins, et notre essai en Postface : *L'Horizon de la Doctrine humaine. La Restitution universelle*, Paris, Vrin, 1991.

9. La notion d'expression, qui sera ultérieurement étendue à toutes les substances et à toutes les monades, est ici significativement restreinte aux seuls esprits, qui, il est vrai, seront aussi à proprement parler les seules substances individuelles reconnues dans le *Discours de métaphysique*.

10. Sur Dieu Monarque, cf. *Discours de métaphysique*, art. XXXVII.

11. Cf. *Discours de métaphysique*, art. XXXV.

12. *Ibid.*, art. XIII, début.

13. Comparer avec le beau morceau de 1686-1687 *Sur la générosité*, déclaration de l'anti-individualisme éthique de Leibniz : « Or le Principe de la Justice est le bien de la Société, ou pour mieux dire le bien général, car nous sommes tous une partie de la République universelle, dont Dieu est le Monarque, et la grande loi établie dans cette république est de procurer au monde le plus de bien que nous pouvons [...]. Nous ne sommes donc pas nés pour nous-mêmes, mais pour le bien de la société, comme les parties sont pour le tout, et nous ne nous devons considérer que comme des instruments de Dieu, mais des instruments vivants et libres, capables d'y concourir suivant notre choix » (GP VII, 106-107, et A VI C, 3721-3722).

14. Cf. *Discours de métaphysique*, art. IV.

15. *Ibid.*

16. On rappellera la définition leibnizienne constante de la charité comme « bienveillance universelle », la bienveillance étant elle-même l'« habitude d'aimer » : la charité est donc l'habitude d'aimer toutes les personnes. Cf. GP VII, 27, 73 ; Grua, 538, 541, 608, 618, 622, 640.

17. *Évangile selon saint Matthieu*, XII, 40.

18. Cf. *DM*, art. XXXVII. Citations respectivement de saint Matthieu : X, 30 — X, 42 — XIII, 43.

19. « Trop heureux ceux qui connaissent leur bonheur. » Transposition des vers célèbres de Virgile, à propos des agriculteurs, *Deuxième Géorgique*, v. 459.

3. *Échantillon des Démonstrations universelles, ou Apologie de la foi tirée de la raison*

1. Cf. Michel Fichant, « Mécanisme et Métaphysique : le rétablissement des formes substantielles (1679) », *Philosophie*, n° 39 (1993), pp. 27-59, reproduit dans *Science et métaphysique dans Descartes et Leibniz*, Paris, PUF, 1998.

2. Le concile de 1512-1517 avait notamment condamné la doctrine, attribuée à Averroès, de la double vérité selon la foi et selon la raison. Cf. *Théodicée, Discours préliminaire*, § 11.

3. Thèse que Leibniz attribue à Spinoza. Cf. ci-dessus le texte « *Il y a deux sectes de Naturalistes...* », note 4, et le *Dialogue entre Polidore et Théophile*, note 4.

4. Le caractère corporel de l'esprit est notamment affirmé par Hobbes, pour qui tout étant est un sujet matériel. Cf. par exemple sa critique de Descartes, dans les *Troisièmes Objections* aux *Méditations métaphysiques*, Objection seconde, AT VII, 172-174, et IX, 134-135.

5. Cf. *supra*, le texte « *Il y a deux sectes de Naturalistes...* », note 2.

6. On se souviendra du titre d'*Elementa Verae Pietatis, sive de Amore Dei super omnia* (Éléments de la véritable piété, ou De l'Amour de Dieu sur toutes choses), donné par Leibniz à une ébauche de 1677-début 1678, Grua, 7-17, et A VI, 4 B, 1357-1366.

7. Cf. *Discours de métaphysique*, art. XII, et notre Introduction, pp. 61 sq.

8. Sur l'entéléchie, cf. *Monadologie*, § 14. En la caractérisant ici plutôt comme une simple désignation, Leibniz reste encore proche de la position qui était la sienne dans les *Meditationes de Cognitione, Veritate et Ideis* de 1684, ou le mot d'entéléchie était cité comme exemple de notion obscure, qui ne permet pas de reconnaître de quel objet il s'agit (GP IV, 422, Schrecker, 9, Prenant, 151).

9. Cf., parmi d'innombrables textes similaires, cette annonce faite dans une lettre du 3 novembre 1682 au Landgrave de Hesse-Rheinfels : « À l'égard des dogmes, la principale difficulté, à mon avis, consiste dans la Transsubstantiation. Et cette transsubstantiation implique contradiction, si la philosophie des Modernes est véritable, qui

soutient que l'essence du corps est d'être étendu et de remplir un certain espace [...]. Comme cette même philosophie ne détruit pas moins la présence réelle, je m'y suis appliqué quelquefois, et j'ai trouvé certaines démonstrations dépendantes des mathématiques et de la nature du mouvement, qui me donnent une grande satisfaction sur ces matières, et même qu'on pourrait en déduire la possibilité de la Transsubstantiation » (A I, 3, 272-273). En d'autres termes : la réduction cartésienne du corps à l'étendue rend impossible la Transsubstantiation. Mais si l'établissement de nouvelles lois mathématiques du mouvement établit que la force enveloppée dans l'essence du corps le rend irréductible à l'étendue, alors la possibilité (sinon son effectivité) du mystère peut être démontrée.

10. On comparera ce passage avec les témoignages autobiographiques ultérieurs de Leibniz cités dans notre Introduction, pp. 32 sq.

11. On reconnaît la règle générale de vérité de Descartes, rejetée au nom de la véritable analyse des idées dans les *Meditationes de Cognitione, Veritate et Ideis* (GP IV, 425, Schrecker, 14, Prenant, 155).

12. Sur l'emploi fait ici des termes de clair, confus, distinct, on se reportera au *Discours de métaphysique*, art. XXIV, et aux notes afférentes.

13. Sur cette caractérisation de l'analyse, voir par exemple le fragment sur la résolution des qualités confuses en qualités distinctes, C, 190, et A VI, 4 C, 1961-1962 (texte traduit par François Duchesneau dans *Leibniz et la méthode de la science*, Paris, PUF, 1993, p. 91).

4. *[Définitions logico-grammaticales]*

1. Il faut cependant faire état de l'étude pionnière de Heinrich Schepers, exploitant des données alors complètement inédites : « Leibniz' Arbeiten zu einer Reformation der Kategorien », *Zeitschrift für philosophische Forschung*, 20 (1966).

2. Les *Remarques générales* définissent ainsi la « substance universelle » : « Substance universelle signifie une quelconque substance singulière ayant quelque chose de

déterminé en commun, comme quand je dis *homme*, j'entends quelque substance singulière ayant un corps organique et usant de raison » (A VI, 4 A, 554, TLM, 452). Une substance universelle ne désigne donc pas une réalité différente des substances singulières : elle se réfère toujours à une substance individuelle quelconque, désignée par des propriétés qu'elle possède en commun avec d'autres substances singulières.

3. Reprise d'un thème formulé dès 1675, dans une lettre à Foucher (GP I, 372-373, et A II, 1, 248-249 ; Frémont [a], 87-88) : « Dans le fond, toutes nos expériences ne nous assurent que de deux, savoir qu'il y a une liaison dans nos apparences qui nous donne le moyen de prédire avec succès des apparences futures, l'autre que cette liaison doit avoir une cause constante. Mais de tout cela il ne s'ensuit pas à la rigueur qu'il y a de la matière ou des corps, mais seulement qu'il y a quelque chose qui nous présente des apparences bien suivies. Car si une puissance invisible prenait plaisir de nous faire paraître des songes bien liés avec la vie précédente et conformes entre eux, les pourrions-nous distinguer des réalités qu'après avoir été éveillés ? [...] Il est vrai que d'autant plus nous voyons de la liaison dans ce qui nous arrive, d'autant plus sommes nous confirmés dans l'opinion que nous avons de la réalité de nos apparences ; et il est vrai aussi que d'autant que nous examinons nos apparences de plus près, d'autant les trouvons-nous mieux suivies, comme les microscopes et autres moyens de faire des expériences font voir. Cet accord perpétuel donne une grande assurance, mais après tout elle ne sera que morale jusqu'à ce que quelque homme découvre *a priori* l'origine du monde que nous voyons, et qu'il puise dans le fond de l'essence pourquoi les choses sont de la manière qu'elles paraissent. » Reprise développée du même thème, à l'époque du *Discours de métaphysique*, dans le *De Modo distinguedi phaenomena realia ab imaginariis* (GP VII, 319-322, A VI, 4 B, 1499-1504 ; trad. Frémont [a], 191-200].

4. Comparer avec ce passage d'un texte de 1677 : « [*Traduction*] Du fait que je suis, on peut assez concevoir que je ne suis pas seul ; car je conçois facilement qu'il peut en être d'autres semblables à moi, bien plus parfaits que moi,

et que je peux d'autant moins être la cause qu'eux aussi existent. Il est certain qu'il y a des apparences en moi, mais il ne s'ensuit pas qu'il y a autant de substances hors de moi qu'il semble qu'il y ait de causes des apparences, c'est-à-dire qu'il y ait autant de corps. On ne peut d'aucune manière prouver par raison naturelle que sont données des substances divisibles, c'est-à-dire corporelles » (Grua, 511).

5. Cette incertitude sera levée, au moins conditionnellement, par la réhabilitation des formes substantielles.

6. Les particules sont les prépositions, conjonctions, adverbes et pronoms. Leur analyse est requise « pour concevoir les notions qui enveloppent une relation » (*Analysis particularum*, A VI, 4 A, 647 sq., qui développe systématiquement la traduction, ou « exposition », des particules en syntagmes nominaux).

7. On remarquera d'après les exemples donnés ici que le suppôt peut aussi bien être un individu réel qu'un individu fictif.

8. Cf. la reprise à l'article VIII du *Discours de métaphysique* : « Ainsi la qualité de roi qui appartient à Alexandre le Grand, faisant abstraction du sujet, n'est pas assez déterminée à un individu et n'enferme point les autres qualités du même sujet ni tout ce que la notion de ce prince comprend. »

9. Le recours simultané aux notions de forme substantielle et d'entéléchie est intéressant, à cette date, en ce qu'il peut témoigner d'une hésitation passagère de Leibniz à choisir la réhabilitation de l'une ou de l'autre, ou bien des deux ensemble. Finalement, c'est d'abord la forme substantielle qui prévaudra, et il faut attendre des textes postérieurs à 1690 pour que l'entéléchie retrouve à son tour droit de cité dans le lexique métaphysique de Leibniz (cf. André Robinet, *Architectonique disjonctive..., op. cit.*, pp. 61-72).

10. Ces quelques lignes condensent deux thèses dont Leibniz s'emploiera à montrer qu'elles sont indissociables : 1. selon l'une, les prédicats d'une substance individuelle sont contenus dans sa notion tout comme les propriétés d'une figure géométrique dans le concept de cette figure, 2. mais selon l'autre, il faut tenir compte de la différence qu'il y a entre un concept d'espèce et une notion d'individu.

À titre d'illustration : 1. *Discours de métaphysique*, art. XIII : « La notion d'une substance individuelle enferme une fois pour toutes tout ce qui lui peut jamais arriver, et qu'en considérant cette notion on y peut voir tout ce qui se pourra véritablement énoncer d'elle, comme nous pouvons voir dans la nature du cercle toutes les propriétés qu'on en peut déduire » ; 2. *Remarques sur la lettre de M. Arnaud*... (GP II, 38-39 ; Le Roy, 105-106) : « Il faut philosopher autrement de la notion d'une substance individuelle que de la notion spécifique de la sphère [...]. La notion de la sphère en général est incomplète ou abstraite, c'est-à-dire on n'y considère que l'essence de la sphère en général ou en théorie, sans avoir égard aux circonstances singulières, et par conséquent elle n'enferme nullement ce qui est requis à l'existence d'une certaine sphère ; mais la notion de la sphère qu'Archimède a fait mettre sur son tombeau est accomplie et doit enfermer tout ce qui appartient au sujet de cette forme. »

11. Cf. *supra*, note 8. Toujours la même thèse : l'accident singulier (par exemple la qualité de roi d'Alexandre, en faisant abstraction du sujet) n'enveloppe pas les autres prédicats de son sujet. Mais si on traite l'accident comme un concret, il est pris comme la désignation d'un « sujet avec un prédicat » : dès lors, il permet de retrouver, *via* la notion du sujet, tous ses autres « co-prédicats ». — Sur le roi-astronome Alphonse de Castille, cf. note 28 au *Discours de métaphysique*.

12. Cf. *supra*, note 2.

13. On notera que cette action interne des parties ne consiste pas en une solidarité mécanique de mouvements, qui a été exclue quelques lignes plus haut : il s'agit donc d'une autre cohésion, dont l'indétermination ici indique en creux l'identification du corps organique.

14. Leibniz forme en latin l'appellatif « Capito », pour désigner un animal doté d'une grosse tête *(caput)*. *Têtu* voulant dire autre chose en français, nous proposons un équivalent approximatif.

15. Si le propre est « ce qui convient à un seul », il peut bien y avoir aussi un « propre commun », qui « convient à plusieurs et à eux seuls », par exemple à l'ange et à Dieu, en tant qu'ils sont immortels (A VI, 4 A, 39 et 11).

16. En ce sens les noms propres désignent aussi les concepts de substances universelles.

17. Cas de la « substance universelle », cf. *supra* note 2.

18. Ces trois derniers alinéas exposent sommairement une tentative encore maladroite de relier la notion complète aux clauses d'identité et d'unicité. Dans un premier temps, Leibniz déduit de l'unicité de la notion complète l'identité de tous les sujets qui satisfont cette notion : si *N* est une notion complète, alors si *x est N* et *y est N*, *x* est identique à *y*. Dans un second temps, il préfère se donner d'abord une définition de l'identité (si *x est y* et *y est x*, alors *x* est identique à *y*), d'où il tire une définition logique de l'unicité et de la pluralité numériques : *Un* est la propriété d'un concept *C*, tel que, si *x est C* et *y est C*, alors *x* est identique à *y*. Ces mêmes éléments logiques sont exposés dans les *Remarques générales*, où ils sont expressément utilisés comme des antécédents de la construction de la définition de la substance singulière (A VI, 4 A, 552-553 ; TLM, 449-450).

5. Échantillon des découvertes concernant de merveilleux secrets de la nature en général

1. Dans l'article qu'il a consacré à cet opuscule, G.H.R. Parkinson suggère de traduire le titre en « ... secrets de nature générale », tout en observant que, dans la suite du texte, Leibniz utilise *natura generalis* comme un nom propre, « la nature en général ». Nous préférons nous en tenir à cette seconde acception dans l'intitulé lui-même (« Science and Metaphysics in Leibniz's "Specimen Inventorum" », *Studia Leibnitiana*, VI/1 [1974], p. 1).

2. Marine Picon, alors élève de l'École normale supérieure, a donné une traduction inédite de ce texte dans un travail présenté en 1997 dans le cadre du DEA d'Histoire de la philosophie de l'Université de Paris X-Nanterre. Je la remercie vivement de m'avoir autorisé à utiliser librement cette traduction.

3. Raison ultime que Leibniz fait valoir auprès d'Arnauld pour légitimer sa doctrine de la notion complète : « Enfin j'ai donné une raison décisive qui, à mon avis, tient lieu de

démonstration : c'est que toujours, dans toute proposition affirmative véritable, nécessaire ou contingente, universelle ou singulière, la notion du prédicat est comprise en quelque façon dans celle du sujet ; *praedicatum inest subjecto* ; ou bien je ne sais ce que sais que la vérité » (lettre du 14 juillet 1686, GP II, 56 ; Le Roy, 121). Le *praedicatum inest subjecto* était impliqué dans l'élaboration de l'article VIII du *Discours*, mais c'est la controverse avec Arnauld qui conduit Leibniz à l'ériger en raison décisive, et qui peut motiver désormais l'ordre d'exposition des textes où il figure au rang de thèse initiale.

4. Cf. la seconde lettre à Arnauld du 14 juillet 1686 : « Et quant à la métaphysique, je prétends d'y trouver des démonstrations géométriques, en ne supposant presque que deux vérités primitives, savoir, en premier lieu, le principe de contradiction, car autrement, si deux contradictoires peuvent être vraies en même temps, tout raisonnement devient inutile ; et en deuxième lieu, que rien n'est sans raison, ou que toute vérité a sa preuve *a priori*, tirée de la notion des termes, quoiqu'il ne soit pas toujours en notre pouvoir de parvenir à cette analyse » (GP II, 62 ; Le Roy, 128).

5. Leibniz précise ailleurs la référence au traité *Des corps en équilibres (De Aequiponderantibus)* : deux poids égaux à égale distance du centre de la balance sont en équilibre, puisqu'il n'y a pas de raison que l'un penche plutôt que l'autre (C, 514, et A VI, 4 A, 530 ; TLM, 133 ; GP VII, 301, et A VI, 4 A, 806 ; TLM, 458).

6. Nous conservons cette expression vieillie, qui désignait dans la langue du XVIIe siècle les nombres irrationnels. Analogie touchée en passant dans les *Recherches générales sur l'analyse des notions et des vérités* (C, 388-389, A VI, 4 A, 776-777 ; TLM, 277-279) et exploitée ensuite systématiquement dans de nombreux opuscules : Grua, 303-304, A VI, 4 B, 1650 ; TLM, 326-327 ; *De Libertate*, FC, 183-184, A VI, 4 B, 1657-8 ; TLM, 334 ; C 1-3, A VI, 4 B, 1661-3 ; TLM, 335-337.

7. Cf. *DM*, art. V.

8. Sur la définition réelle et les définitions causales, *DM*, art. XXIV ; sur la preuve de Dieu par l'idée de l'Être tout-parfait, *ibid.*, art. XXIII.

9. La transposition de la preuve *a priori* de l'existence de Dieu en démonstration faisant appel aux modalités est acquise depuis les premières réflexions de Leibniz liées à la critique de la formulation anselmienne et cartésienne de la preuve. Elle est parfaitement explicitée dans un mémoire de janvier 1678 (A II, 1, 390-393). Un texte publié en 1701 par le *Journal de Trévoux* résumera les thèses de Logique modale mises en œuvre par la démonstration de l'existence de Dieu : « On pourrait [...] faire à ce sujet une proposition modale qui serait un des meilleurs fruits de la Logique, savoir que *si l'Être nécessaire est possible, il existe*. Car l'*Être nécessaire* et l'*Être par son essence* ne sont qu'une même chose. Ainsi le raisonnement pris de ce biais paraît avoir de la solidité, et ceux qui veulent que des seules notions, idées, définitions ou essences possibles on ne peut jamais inférer l'existence actuelle, retombent en effet dans ce que je viens de dire, c'est-à-dire qu'ils nient la possibilité de l'Être de soi. Mais ce qui est bien à remarquer, ce biais même sert à faire connaître qu'ils ont tort, et remplit enfin le vide de la démonstration. Car si l'*Être de soi* est impossible, tous les êtres par autrui le sont aussi, puisqu'ils ne sont enfin que par l'*Être de soi* : ainsi rien ne saurait exister. Ce raisonnement nous conduit à une autre importante proposition modale égale à la précédente, et qui jointe avec elle achève la démonstration. On pourrait énoncer ainsi : *si l'Être nécessaire n'est point, il n'y a point d'Être possible* » (GP IV, 406, Frémont [b], 168-169).

10. La notion de *réquisit* joue un rôle capital dans la logique leibnizienne. Généralement parlant « le réquisit est ce qui peut rentrer dans la définition » d'un terme composé, ou « ce qui est à la définition comme la partie au tout, ou le nombre facteur au produit » (A VI, 4 A, 153). Pour autant que la définition expose la composition réelle du défini, « le réquisit est quelque chose d'antérieur par nature à la chose » définie (*ibid.*, 308). Plus formellement, on pourra caractériser le réquisit comme une espèce de *condition* : « Si, supposé que *B* n'existe pas, il suit que *A* n'existe pas, *B* est la condition, *A* le conditionné [...]. Si la condition est antérieure par nature au conditionné, elle est dite *réquisit* » (*ibid.*, 563 ; cf. aussi 871 : « Soit : si *A* n'est pas, *B* n'est pas, et que *A* soit antérieur par nature à *B*, *A*

sera réquisit »). La décomposition d'un terme en ses réquisits aboutit en droit à des réquisits simples, conçus par eux-mêmes et qui n'ont pas besoin d'autres réquisits : tels sont les « termes primitifs », et il faut qu'il y en ait puisque « si rien n'est conçu par soi, rien du tout n'est conçu » (*ibid.*, 277). Si la *raison* est en outre « une proposition antérieure par nature d'où une autre proposition est démontrée » (*ibid.*, 278), on comprend que la raison soit, en fin de compte, « la somme des réquisits » (A VI, 3, 515). Que la raison ultime des choses soit en Dieu signifie dès lors que les termes primitifs ou les pensées absolument simples constituent ses attributs. C'est ainsi que « l'idée de Dieu renferme en elle l'Être absolu, c'est-à-dire ce qu'il y a de simple en nos pensées, dont tout ce que nous pensons prend son origine », ou que « la nature de Dieu [...] enferme toutes les formes simples absolument prises » (GP IV, 292 et 296, A II, 1, 434 et 438 ; Frémont [a], 153 et 158).

11. Cf. *Monadologie*, §§ 43-44.

12. Tout ce qui précède réitère la critique de Descartes, suivant la manière dont Leibniz a cru devoir comprendre la doctrine de la création par Dieu des vérités éternelles. Comme toute vérité éternelle, la vérité de l'existence de Dieu a son site dans son entendement, or « Dieu n'est pas cause de son propre entendement » (Grua, 16).

13. L'ichnographie est la représentation horizontale d'un édifice (son géométral), alors que la scénographie est sa figuration en perspective. Que l'ichnographie unique exprime la vision des choses selon Dieu sera précisé dans une pièce jointe à la lettre à Des Bosses de 1712 : « Entre l'apparition des corps à notre égard et leur apparition à l'égard de Dieu, la distinction est pour ainsi dire celle qu'il y a entre scénographie et ichnographie. Il y a en effet diverses scénographies selon la situation du spectateur, mais l'ichnographie ou représentation géométrique est unique ; c'est que Dieu verra exactement les choses telles qu'elles sont selon la vérité géométrique, quoiqu'il sache aussi comment chaque chose apparaît à chaque autre, et ainsi il contient en lui éminemment toutes les autres apparences » (GP II, 438 ; texte traduit dans *L'Être et la relation* avec *Trente-cinq lettres de Leibniz au R. P. Des Bosses*, traduites du latin et annotées par Christiane Frémont, Paris, Vrin, 1981, p. 200).

14. Cf. *Monadologie*, § 61.

15. Toute dénomination extrinsèque, c'est-à-dire dérivée de la relation d'une chose à une autre chose, doit être fondée sur une dénomination intrinsèque, ou exprimant un attribut interne : C 520, A VI, 4 B, 1645-1646 ; TLM, 461. Voir notes 6 au *DM* et 9 à la *Monadologie*.

16. Cf. *DM*, article XXX. Même mention dans *Sur la liberté, le destin, la grâce de Dieu*, Grua, 314, A VI, 4 B, 1603 (texte traduit dans l'édition du *Discours de métaphysique*, Introduction et notes par Jean-Baptiste Rauzy, Paris, Agora-Pocket, 1993, p. 122).

17. Formule qui fait écho à celle que Leibniz a mise au point pour trouver un milieu entre les deux termes de l'alternative où Arnauld voulait l'enfermer : ou bien la liaison entre Adam et toute sa postérité est indépendante des décrets libres de Dieu, ou bien elle en est dépendante ; dans le premier cas, toute la suite des événements serait nécessaire. Réponse : « Je crois [...] que le dilemme de la double explication que vous proposez reçoit un milieu et la liaison que je conçois entre Adam et les événements humains est *intrinsèque*, mais elle n'est pas *nécessaire* indépendamment des décrets libres de Dieu, parce que les décrets libres de Dieu, pris comme possibles, entrent dans la notion de l'Adam possible, ces mêmes décrets devenus actuels étant cause de l'Adam actuel. [...] Les possibles sont possibles avant les décrets de Dieu actuels, mais non sans supposer quelquefois les mêmes décrets pris comme possibles. Car les possibilités des individuels ou des vérités contingentes enferment dans leur notion la possibilité de leurs causes, savoir des décrets libres de Dieu, en quoi elles sont différentes des vérités éternelles ou possibilités des espèces, qui dépendent du seul entendement de Dieu sans en présupposer la volonté » (lettre du 14 juillet 1686, GP II, 50-51 ; Le Roy, 116).

18. Cf. *DM*, art. VI.

19. Cf. *Monadologie*, art. 42.

20. Cf. *DM*, art. XV, XVI et XXXII.

21. Cf. le texte cité *supra*, *Discours de métaphysique*, note 74.

22. Transposition à la physique de la doctrine de la spontanéité de la substance : les interactions des corps, qui se

ramènent fondamentalement à la communication du mouvement dans le choc, ne sont qu'apparentes et se fondent en réalité sur une force interne *(vis insita).*

23. Ces hommes éminents sont principalement John Wallis et Edme Mariotte. Mais Leibniz lui-même avait reconnu l'élasticité comme cause du rejaillissement dans son *Hypothesis physica nova* (1673), tout en rendant déjà compte de l'élasticité des corps par la circulation dans les interstices de leurs particules d'un fluide universel, alors appelé éther. Il va renouveler ici même ce principe d'explication, qui lui permet de rendre compte de la possession de la force interne mécaniquement, par la composition des corps.

24. Le texte s'éclaire par des distinctions que Leibniz a mises en œuvre dans l'analyse du choc direct de deux mobiles. Soit deux mobiles *A* et *B* qui se heurtent sur la même ligne de direction. Leur mouvement commun est le déplacement de leur centre commun de gravité, dont Huygens avait établi qu'il se conserve avant et après le choc. Dans le cas où les masses des corps sont inversement proportionnelles aux vitesses de concours, le centre de gravité demeure en repos ; les deux corps interagissent alors par leurs seules vitesses propres, et, s'ils sont parfaitement élastiques, ils rebondissent l'un sur l'autre en conservant leur vitesse absolue. Ce sont ces vitesses qui caractérisent le mouvement propre de chaque corps. Pour retrouver à partir de ce cas symétrique les autres cas où le centre commun de gravité se déplace, il suffira de se figurer les deux mobiles allant l'un vers l'autre avec leurs mouvements propres entraînés en commun (par exemple par le déplacement uniforme d'un bateau) par un mouvement égal à celui de leur centre de gravité. Mais, en vertu du principe de relativité de Huygens, ce mouvement commun n'influe pas sur les effets du choc. Sur l'ensemble de ces notions, voir notre publication de *G. W. Leibniz. La réforme de la Dynamique*, Paris, Vrin, 1994.

25. Cf. *DM*, art. XXXIII.

26. L'édition Gerhardt (VII, 313-314) reproduit ici en note un fragment indépendant qui figure sur un feuillet séparé. L'édition académique reproduit à part ce morceau,

qui complète l'examen des causes occasionnelles (A VI, 4 B, 1640-1641) :

« Le système des causes occasionnelles doit être en partie admis et en partie rejeté. Chaque substance est la cause vraie et réelle de ses actions *immanentes*, et possède la force d'agir, mais bien qu'elle soit soutenue par le concours de Dieu, il ne peut pourtant pas arriver qu'elle se comporte seulement de manière passive ; cela est vrai aussi bien pour les substances corporelles que pour les substances incorporelles. Mais de plus chaque substance (Dieu seul excepté) n'est que la cause occasionnelle de ses actions *transitives* sur une autre substance. Par suite la véritable *raison de l'union entre l'âme et le corps*, et la cause pour laquelle un corps s'accommode à l'état d'un autre corps, n'est autre que celle-ci : différentes substances qui appartiennent au même système du monde ont été créées dès le commencement de telle sorte qu'elles conspirent entre elles suivant les lois de leur propre nature. »

27. Cf. *DM*, art. IX.

28. Cf. *DM*, art. XII, texte du brouillon avant la réduction de la formule franchement disjonctive.

29. Géraud de Cordemoy, dans son ouvrage *Le discernement du corps et de l'âme*, Paris, 1666, avait défendu l'atomisme comme moyen de concilier le dilemme opposant le caractère substantiel, donc indivisible, des corps et la divisibilité infinie de la matière étendue : la nature serait composée d'atomes indivisibles, dont les assemblages formeraient les différents corps. Cf. la lettre à Arnauld du 8 décembre 1686 (GP II, 78 ; Le Roy, 147, ainsi que la note de lecture du livre de Cordemoy, prise en 1685, en A VI, 4 B, 1797-1800, citée en *Introduction*, p. 118-119).

30. Le texte de l'*Échantillon* rejoint désormais les développements de la lettre à Arnauld du 30 avril 1687 : « Là où il n'y a que des êtres par agrégation, il n'y aura pas même des êtres réels ; car tout être par agrégation suppose des êtres doués d'une véritable unité parce qu'il ne tient sa réalité que de celle de ceux dont il est composé, de sorte qu'il n'en aura point du tout si chaque être dont il est composé est encore un être par agrégation ; ou il faut encore chercher un autre fondement de sa réalité qui, de cette manière, s'il faut toujours continuer de chercher, ne se peut

trouver jamais. [...] Il faut donc venir nécessairement ou aux points de mathématique dont quelques auteurs composent l'étendue, ou aux atomes d'Épicure ou de M. Cordemoy [...], ou bien il faut avouer qu'on ne trouve aucune réalité dans les corps, ou enfin il faut y reconnaître quelques substances qui aient une véritable unité » (GP II, 96 ; Le Roy, 164).

31. Dans le *Discours de métaphysique*, article XII, Leibniz requérait pour les corps un « principe d'identité », et le trouvait dans la forme substantielle. Cette fois, il s'agit bien d'une nature individuelle, résultant aussi pour les corps de la caractérisation de la substance véritable par sa notion complète, mais qui se trouve immédiatement assimilée à la puissance d'agir et de pâtir, équivalente à la force inhérente.

32. Cf. lettre à Arnauld du 30 avril 1687 : « Je conçois des propriétés dans les substances qui ne sauraient être expliquées par l'étendue, la figure et le mouvement, outre qu'il n'y a aucune figure exacte et arrêtée dans les corps à cause de la subdivision actuelle du continu à l'infini » (GP II, 97 ; Le Roy, 165).

33. Cf. *ibid.* : « Les difficultés *de compositione continui* ne se résoudront jamais, tant qu'on considérera l'étendue comme faisant la substance des corps, et nous nous embarrassons de nos propres chimères » (GP II, 98 ; Le Roy, 166). Même thèse dans la lettre du 8 décembre 1686 : « Nous sommes obligés d'admettre bien des choses dont la connaissance n'est pas assez claire et distincte. Je tiens que celle de l'étendue l'est encore bien moins, témoin les étranges difficultés de la composition du continu ; et on peut même dire qu'il n'y a point de figure arrêtée et précise dans les corps à cause de la subdivision actuelle des parties. De sorte que les corps seraient sans doute quelque chose d'imaginaire et d'apparent seulement, s'il n'y avait que la matière et ses modifications » (GP II, 77 ; Le Roy, 146).

34. Descartes, *Principes de la Philosophie*, IIe Partie, art. 13 et 25-27.

35. Suite du passage de la lettre du 30 avril cité ci-dessus, note 32 : « ... et que le mouvement, en tant qu'il n'est qu'une modification de l'étendue et changement de voisinage, enveloppe quelque chose d'imaginaire ; en sorte qu'on ne

saurait déterminer à quel sujet il appartient parmi ceux qui changent si on n'a recours à la force qui est cause du mouvement et qui est dans la substance corporelle » (GP II, 98 ; Le Roy, 165).

36. Cf. lettre à Foucher, s. d. (1687) : « L'étendue, la figure et le mouvement enferment quelque chose d'imaginaire et d'apparent, et quoiqu'on les conçoive plus distinctement que la couleur et la chaleur, néanmoins quand on pousse l'analyse [...], on trouve que ces notions ont encore quelque chose de confus, et que, sans supposer quelque substance qui consiste en quelque autre chose, elles seraient aussi imaginaires que les qualités sensibles, ou que les songes bien réglés. Car par le mouvement en lui-même, on ne saurait déterminer à quel sujet il appartient » (GP I, 392).

37. Comme le précise le premier projet de la lettre à Arnauld finalement datée du 8 décembre 1686, il s'agit d'Antoine Leeuwenhoeck, qui avait publié en 1677 dans les *Philosophical Transactions* de la Royal Society de Londres ses *Observationes de natis e semine genitali animalculis* : « Comme il se peut que selon les sentiments de M. Leeuwenhoeck toute génération d'un animal ne soit qu'une transformation d'un animal déjà vivant, il y a lieu de croire aussi que la mort n'est qu'une autre transformation » (GP II, 72 ; Le Roy, 141 ; cf. aussi lettre du 9 octobre 1687, GP II, 122-123, et Le Roy, 189). Se reporter aussi à *Monadologie*, §§ 73-74.

38. Mêmes références, pour exposer les mêmes idées, dans la lettre à Arnauld du 9 octobre 1687. Le Traité hippocratique *De la Diète* comporte cet aphorisme : « Aucun parmi les êtres ne périt, et rien ne naît qui n'existait auparavant. » Sur Albert le Grand (1306-1480), voir Alain de Libera, *Albert le Grand et la philosophie*, Paris, Vrin, 1990, chap. IV, pp. 117 sq. ; Jean Bacon ou Baconthorp (né à la fin du XIIe siècle, mort vers 1348) passa pour averroïste.

39. Cf. lettre à Arnauld du 30 avril 1687 : « Les Anciens se sont trompés d'avoir admis les transmigrations des âmes au lieu des transformations du même animal qui garde toujours la même âme : *metempsychoses pro metaschematismis* » (GP II, 99 ; Le Roy, 167). Et dans la lettre du 9 octobre : « Il est sans comparaison plus raisonnable de concevoir les transformations de corps animés que de

s'imaginer le passage des âmes d'un corps à l'autre, dont la persuasion très ancienne ne vient apparemment que de la transformation mal entendue » (GP II, 124 ; et Le Roy, 191). Cf. *Principes de la nature et de la grâce*, § 6 : « Ainsi non seulement les âmes, mais encore les animaux sont ingénérables et impérissables : ils ne sont que développés, enveloppés, revêtus, dépouillés, transformés. Les âmes ne quittent jamais tout leur corps et ne passent point d'un corps dans un autre corps qui leur soit entièrement nouveau. Il n'y a donc point de Métempsycose, mais il y a Métamorphose. Les animaux changent, prennent et quittent seulement des parties ce qui arrive peu à peu et par petites parcelles insensibles, mais continuellement, dans la nutrition ; et tout d'un coup, notablement mais rarement, dans la conception ou dans la mort, qui les font acquérir ou perdre tout à la fois. »

40. Cf. *DM*, art. XXXIV-XXXV.

41. Même formule dans la lettre à Arnauld du 9 octobre 1687 (GP II, 125 ; Le Roy, 192) dans un développement sur les Esprits très semblable à ce qui précède ici.

42. Retour à *DM*, art. VIII, avec cependant désormais l'extension sans réticence de la notion complète à des substances corporelles individualisées par la force d'agir et de pâtir.

43. Cf. dans les Remarques sur la lettre d'Arnauld, qui préparent la réponse de Leibniz du 14 juillet 1686, la distinction entre « la notion de la sphère en général » et « la notion de la sphère qu'Archimède a fait mettre sur son tombeau », dans laquelle « entre la matière dont elle est faite, le lieu, le temps et les autres circonstances qui, par un enchaînement continuel, envelopperaient enfin toute la suite de l'univers, si l'on pouvait poursuivre tout ce que ces notions enferment » (GP II, 39 ; Le Roy, 106).

44. L'expression de la substance se déduit de sa force d'agir ou de pâtir, alors que dans le *Discours de métaphysique* c'était plutôt le degré d'expression de chaque substance qui déterminait la distribution en elle de ses actions et passions. On remarquera que le trait constitutif de la substantialité bascule de la notion complète vers l'unité

45. Cf. *DM*, art. XXXIV et note 123.

II. AUTOUR DE LA *MONADOLOGIE*

1. *La discussion avec Fardella (1690)*

1. Voir André Robinet, *G. W. Leibniz. Iter italicum (mars 1689-mars 1690)*, Florence, Olschki, 1988, pp. 404-413.

2. De façon générale, un réquisit est « ce sans quoi quelque chose ne peut pas être » (A VI, 4 B, 1413). Et c'est aussi une condition « antérieure en nature au conditionné (A VI, 4 A, 305). La cause, en ce sens, est un réquisit de son effet, mais un réquisit externe. La partie est aussi un réquisit du tout, mais ce n'est pas un réquisit essentiel, car il peut y avoir plusieurs regroupements de parties différentes qui composent le même tout.

3. L'expérience interne du Moi constitue bien toujours pour Leibniz un mode d'accès à la réalité de la substance et à l'identification de ses attributs constitutifs ; en ce sens, on peut bien parler d'une voie égologique de la substance, qui permet de reconnaître en chacune un *analogon* de l'Ego. Absente du *Discours de métaphysique*, cette voie est attestée dès la lettre à Arnauld du 8 décembre 1686, GP II, 76 ; Le Roy, 145, cité *infra*, texte 2.6, note 38), et bientôt reprise dans le *Système nouveau de la nature et de la communication des substances* : « Par le moyen de l'âme ou forme, il y a une véritable unité qui répond à ce qu'on appelle *moi* en nous » (GP IV, 482 ; Frémont [b], 71). Elle est clairement affirmée dans l'opuscule *De Ipsa Natura*, dans un contexte où la substance est caractérisée essentiellement par l'action, pour attester la réalité de l'activité immanente des substances : « Est-ce qu'en effet personne n'a jamais mis en doute que l'esprit pense et veut, qu'en nous-mêmes, nous-mêmes pouvons faire naître beaucoup de pensées et de volontés et que nous possédons la spontanéité [...]. Or si nous attribuions à notre âme la force inhérente de produire des actions immanentes ou, ce qui revient au même, d'agir de façon immanente, alors rien n'empêche et il est, au contraire, logique, d'admettre que

la même force est aussi inhérente à d'autres âmes ou formes, ou, si l'on préfère, aux natures des autres substances » (GP IV, 510 ; trad. Schrecker, 215). On citera encore : « Je tiens pour indivisible ou parfaite monade la substance même, dotée de puissance passive et de puissance active primitives, telle que le Moi ou semblable à lui »(lettre à De Volder, 20 juin 1703, GP II, 251 ; cf. *ibid.*, 270 et 276).

4. Observer le progrès déterminé par rapport à la position d'attente exprimée dans la lettre à Arnauld du 8 décembre 1686 : « Si on me demande en particulier ce que je dis du soleil, du globe de la terre, de la lune, des arbres et de semblables corps, et même des bêtes, je ne saurais assurer absolument s'ils sont animés, ou au moins s'ils sont des substances, ou bien s'ils sont simplement des machines ou agrégés de plusieurs substances. Mais au moins je puis dire que, s'il n'y a aucunes substances corporelles, telles que je veux, il s'ensuit que les corps ne seront que des phénomènes véritables, comme l'arc-en-ciel » (GP II, 77 ; Le Roy, 146). Désormais, la substantialisation des corps en général impose la reconnaissance sans réserve de l'âme des bêtes et même de celle des plantes.

5. Fardella pointe une difficulté réelle de l'argumentation de Leibniz, du moins telle qu'elle se présente à un certain niveau d'exposition : si la preuve de la réalité des unités de substance tient simplement à ce que, pour qu'il y ait une multitude de pierres, il faut qu'existe chaque pierre, une à une, la conséquence n'est pas conforme à ce qui est exigé de la substance : en effet, chaque pierre étant une partie du tas, l'unité est homogène à la multitude définie ou au nombre de l'ensemble. Or la substance exige davantage : elle est d'un autre niveau ontologique que les phénomènes qu'elle sous-tend. Comment préserver l'argument qui conclut des multitudes aux unités avec la différence essentielle qui doit séparer les unités réelles et les phénomènes ? Leibniz va s'employer à répondre à cette objection.

6. Cf. *Monadologie*, §§ 67-68.

7. Quelles qu'aient été les modalités conceptuelles de son élaboration, c'est là une conviction essentielle et originaire de Leibniz. Dès 1671, il écrivait dans l'*Hypothesis physica*

nova, en faisant référence à l'usage du microscope par Kircher et par Hooke : « La plupart de ce que nous sentons dans les choses plus grandes, un lynx les apercevrait dans les choses plus petites. Et si elles vont à l'infini, ce qui est certainement possible, puisque le continu est divisible à l'infini, chaque atome sera comme un monde d'une infinité d'espèces, et il y aura *des mondes dans des mondes à l'infini*. Qui considère plus à fond ces vérités ne pourra qu'être emporté par une sorte d'extase d'admiration, qui doit être rapportée à l'Auteur des choses » (GP IV, 201, A VI, 2, 241-242). Cf. aussi la célèbre profession de foi de la lettre à Foucher de 1692 : « Je suis tellement pour l'infini actuel, qu'au lieu d'admettre que la nature l'abhorre, comme l'on dit vulgairement, je tiens qu'elle l'affecte partout, pour mieux marquer les perfections de son auteur. Ainsi je crois qu'il n'y a aucune partie de la matière qui ne soit, je ne dis pas divisible, mais actuellement divisée, et par conséquent, la moindre particelle doit être considérée comme un monde plein d'une infinité de créatures différentes » (GP I, 416).

8. Cordemoy est pour Leibniz l'illustration de ce double mouvement. Cf. Appendice I-5, note 29, et *infra*, Appendice II-2.6, note 39.

9. Cf. *supra*, note 3, et *infra*, Appendice II.3, note 7. Leibniz sera amené à préciser qu'en cela le corps demeure aussi *le même*, quoique d'une autre manière que l'Ego, dont toute âme est l'analogue : « L'âme ne passe pas d'un corps organique à un autre, mais demeure toujours dans le même corps organisé : la mort même ne viole pas cette loi. Mais il faut observer que le corps organique demeure le même comme le vaisseau de Thésée, ou comme un fleuve, c'est-à-dire qu'il est en flux perpétuel, et qu'il n'est peut-être pas possible d'assigner aucune portion de matière qui demeure propre au même animal ou à la même âme » (à Des Bosses, 24 avril 1709, GP II, 370 ; trad. Frémont, 153-154).

10. Dans la nouvelle théorie de la substance qui s'élabore en direction de la *Monadologie*, le concept de *série des opérations* remplace celui de la *notion complète enveloppant tous les prédicats*. Au passage de la lettre à Arnauld du 23 mars 1690, cité dans la présentation de ce morceau, on ajoutera les précisions apportées dans la correspondance

avec De Volder, dans un contexte fortement déterminé par les concepts issus de la Dynamique : « [*Traduction*] Dans la force active s'exerçant diversement dans les mouvements, je reconnais une Entéléchie primitive et, pour ainsi dire, quelque chose d'analogue à l'âme, dont la nature consiste dans une loi permanente de la même série de changements » (3 avril 1699, GP II, 171). Plus précisément, on devra distinguer deux niveaux, celui de la force dérivative et celui de la force primitive, cette dernière constituant véritablement la substance. La force dérivative dont procède le mouvement (ou le changement) est « l'état présent du moment où il tend vers le suivant ou pré-enveloppe le suivant, de sorte que tout présent est gris de l'avenir. Mais le persistant lui-même, pour autant qu'il enveloppe tous les cas, possède la force primitive, de sorte que la force primitive est comme la loi de la série, et la force dérivative comme la détermination qui désigne un terme dans la série » (21 janvier 1704, *ibid.*, 262). « La loi de la série montre vers quoi on doit parvenir en y progressant, de sorte que, admis le point de départ et la loi de progrès, les termes se présentent en ordre, que l'ordre soit ou une priorité de nature seulement ou aussi une priorité de temps » (*ibid.*, 263). La succession des changements de la monade est donc subordonnée à cette loi : « Il y a une loi persistante, qui enveloppe les états futurs de ce que nous concevons comme le même, et c'est précisément cela que je dis constituer la même substance » (*ibid.*, 264).

11. Esquisse de la distinction entre la composition idéale du continu et la composition réelle des agrégats de substances. Cf. *infra*, notes 38 et 43 en Appendice II-2.6, note 4 en II-4, et note 4 en II-5.

12. Cf. *supra*, note 8.

2. « *Ma doctrine des Unités* »

1. B. Russell, *A Critical Exposition of the Philosophy of Leibniz*, Préface à la seconde édition, Londres, Allen and Unwin, 1937.

2. Ce point a été exposé avec une grande élégance par Javier Echeverria dans la « Lettre dédicatoire du traduc-

teur » qui ouvre sa belle anthologie *G W. Leibniz. Filosofia para princesas*, Madrid, Alianza Editorial, 1989.

3. Leibniz avait adressé en octobre 1696 à Sophie et à la duchesse d'Orléans, Isabelle-Charlotte, une lettre (en allemand) discutant les idées exposées par François-Mercure van Helmont durant son séjour à Hanovre (A I, 13, 46-51). Cette discussion a pu être présentée comme une source possible de l'adoption par Leibniz du vocable de monade (cf. Anne Becco, « Leibniz et François-Mercure van Helmont », *Studia Leibnitiana*, Sonderheft 7, 1978). C'est à l'approbation de la duchesse d'Orléans qu'il fait ici allusion.

4. Il s'agit bien entendu de l'article par lequel Leibniz avait fait connaître publiquement les thèses essentielles de sa métaphysique, *Système nouveau de la nature et de la communication des substances, aussi bien que de l'union qu'il y a entre l'âme et le corps*, paru dans le *Journal des savants*, juin 1695 (GP IV, 477-487 ; Frémont, [b] 65-76).

5. À son habitude, Leibniz interprète à son avantage l'attitude d'Arnauld dans leur correspondance. En réalité, Arnauld a abandonné la discussion sur la définition de la substance individuelle par sa notion complète, en s'avouant désarmé devant l'argument tiré de la vérité des propositions, fondée sur le *praedicatum inest subjecto* (lettre du 28 septembre 1686, GP II, 63-64 ; Le Roy, 133). Mais sur les deux problèmes débattus dans la suite de la correspondance — celui de l'union de l'âme et du corps et celui des formes substantielles —, Arnauld n'a rien cédé à Leibniz.

6. Il s'agit de l'*Analyse des infiniment petits pour l'intelligence des lignes courbes*, Paris, 1696. Avec cet ouvrage, le marquis de l'Hôpital a été l'auteur du premier traité systématique exposant le calcul infinitésimal selon les concepts leibniziens.

7. Leibniz a attaché la plus grande importance aux observations permises par le microscope, et, spécialement, aux découvertes de Leeuwenhoek. Il y trouve une confirmation que, derrière l'apparence de choses sensiblement identiques, il y a toujours des différences internes que le microscope peut rendre perceptibles, et, en ce sens, il donne crédit au principe des indiscernables : « Il n'y a point deux individus indiscernables. Un gentilhomme d'esprit de mes amis, en parlant avec moi en présence de Madame

l'Électrice dans le jardin de Herrenhausen, crut qu'il trouverait bien deux feuilles entièrement semblables. Madame l'Électrice l'en défia, et il courut longtemps en vain pour en chercher. Deux gouttes d'eau ou de lait regardées par le Microscope, se trouveront discernables. C'est un argument contre les Atomes [...] » (GP VII, 372, *Quatrième Écrit contre Clarke*, § 4). Mais surtout, il y reconnaît la preuve qu'il doit y avoir partout, aussi loin qu'on descende dans les ordres de petitesses, des corps organiques et des animaux : « Ce sont aussi les expériences des Microscopes, qui ont montré, que le papillon n'est qu'un développement de la chenille, mais surtout que les semences contiennent déjà la plante ou l'animal formé, quoiqu'il ait besoin par après de transformation et de nutrition ou d'accroissement pour devenir un de ces animaux, qui sont remarquables à nos sens ordinaires. Et comme les moindres insectes s'engendrent aussi par la propagation de l'espèce, il en faut juger de même de ces petits animaux séminaux, savoir qu'ils viennent eux mêmes d'autres animaux séminaux encor plus petits, et qu'ainsi ils n'ont jamais commencé qu'avec le monde » (GP VI, 534, *Considérations sur la doctrine d'un esprit universel unique*). En ce sens, on retiendra la formule : « J'aime mieux un Leeuwenhoek qui me dit ce qu'il voit qu'un cartésien qui me dit ce qu'il pense » (lettre à Huygens du 30 février 1691, GM II, 85).

8. Le sentiment est ainsi un degré de l'*expression*, telle que l'a définie la lettre à Arnauld du 9 octobre 1687 : « L'expression est commune à toutes les formes, et c'est un genre dont la perception naturelle, le sentiment animal, et la connaissance intellectuelle sont des espèces. Dans la perception naturelle et dans le sentiment il suffit que ce qui est divisible et matériel, et se trouve dispersé en plusieurs êtres, soit exprimé ou représenté dans un seul être indivisible, ou dans la substance qui est douée d'une véritable unité » (GP II, 112 ; Le Roy, 181).

9. Naissance et mort comme passages d'un plus petit théâtre à un plus grand, et réciproquement ; cf. *PNG*, § 6 : « Il y a de petits animaux dans les semences des grands, qui, par le moyen de la conception, prennent un revêtement nouveau qu'ils s'approprient, et qui leur donne moyen de se nourrir et de s'agrandir pour passer sur un plus grand

théâtre et faire la propagation du grand animal. Il est vrai que les âmes des animaux spermatiques humains ne sont point raisonnables, et ne le deviennent que lorsque la conception détermine ces animaux à la nature humaine. Et comme les animaux généralement ne naissent point entièrement dans la conception ou génération, ils ne périssent pas non plus entièrement dans ce que nous appelons mort car il est raisonnable que ce qui ne commence pas naturellement ne finisse pas non plus dans l'ordre de la nature. Ainsi, quittant leur masque ou leur guenille, ils retournent seulement à un théâtre plus subtil, où ils peuvent pourtant être aussi sensibles et bien réglés que dans le plus grand. »

10. L'adage « Qu'on recule pour mieux sauter » est cité, en français, dans le *De Rerum originatione radicali* de décembre 1697 (GP VII, 308, et [Schrecker] 92). Cf. aussi lettre à Morell, de mai 1698 : « Je pense que l'univers va toujours en mieux, ou s'il recule, c'est pour mieux sauter » (Grua, 127). Sur l'ensemble de la question du progrès, nous renvoyons à G. W. Leibniz, *De l'horizon de la doctrine humaine. La Restitution universelle*, textes inédits, traduits et annotés par Michel Fichant, suivis d'une Postface : « *Plus Ultra* », Paris, Vrin, 1991.

11. Le texte donné par GP donne ici une phrase écartée par Leibniz de la copie définitive reproduite par A : « Ce savant jaloux Cartésien qui se trouva embarrassé de cette question de Madame, si dans sa jalousie il était homme ou machine, ne fut point bête ni machine, en quittant la partie, car que pouvait-il répondre de bon ? » Dans sa lettre du début novembre 1696, Sophie écrivait à Leibniz (en allemand) : « Que les bêtes ne puissent complètement mourir me donne bien du réconfort pour mes chiens chéris. L'opinion de Descartes sur la machine m'a semblé bien insane. J'ai embarrassé un jour un Évêque, qui est tout à fait de l'opinion de Descartes : le même Évêque est de nature jaloux ; je lui dis : *Quand vous êtes jaloux, êtes-vous machine ou homme, car après vous je ne connais rien de plus jaloux que mes chiens, ainsi je voudrais savoir si c'est un mouvement de la machine ou une passion de l'âme ?* Il se fâcha et s'en alla sans répondre » (A VI, 13, 80-81, les mots en italiques en français dans le texte). Une note de

Leibniz signale qu'il s'agit de l'archevêque de Reims, Charles-Marie Le Tellier.

12. Fontenelle, *Entretiens sur la pluralité des mondes*, Paris, 1686. Cf. l'allusion comparable dans le *Système nouveau de la nature et de la communication des substances* : « Je suis le mieux disposé du monde à rendre justice aux modernes, cependant je trouve qu'ils ont porté la réforme trop loin, entre autres en confondant les choses naturelles avec les artificielles, pour n'avoir pas eu assez grande idée de la majesté de la nature. Ils conçoivent que la différence qu'il y a entre ses machines et les nôtres n'est que du grand au petit, ce qui a fait dire depuis peu à un très habile homme, auteur des *Entretiens sur la pluralité des mondes*, qu'en regardant la nature de près, on la trouve moins admirable qu'on n'avait cru, n'étant que comme la boutique d'un ouvrier » (GP IV, 482 ; Frémont [b], 70).

13. Un souvenir d'enfance de Leibniz, par anticipation de la doctrine des métamorphoses et de la mort comme sommeil apparent. Cf. lettre à Arnauld, 9 octobre 1687 : « Le sommeil qui est une image de la mort, les Extases, l'ensevelissement d'un ver à soie dans sa coque, qui peut passer pour une mort, la ressuscitation des mouches noyées avancée par le moyen de quelque poudre sèche dont on les couvre (au lieu qu'elles demeureraient mortes tout de bon, si on les laissait sans secours), et celle des hirondelles qui prennent leurs quartiers d'hiver dans les roseaux et qu'on trouve sans apparence de vie ; les expériences des hommes morts de froid, noyés ou étranglés, qu'on a fait revenir [...], toutes ces choses peuvent confirmer mon sentiment que ces états différents ne diffèrent que du plus et du moins » (GP II, 123 ; Le Roy, 190).

14. Esquisse de ce que développera plus au long, en 1702, la *Lettre* à la reine Sophie-Charlotte *touchant ce qui est indépendant des sens et de la matière*, qui elle-même s'inscrit dans le champ ouvert par la confrontation avec Locke dans les *Nouveaux Essais* (GP VI, 499-508 ; Frémont [b], 233-247).

15. Cf. *Monadologie*, § 4 et note.

16. Sur la monade (ou entéléchie) dominante, dont l'agrégat tire son unité organique, cf. *Principes de la nature et de la grâce*, § 12, et *Monadologie*, § 70.

17. Sur la *droite raison*, cf. *Théodicée*, Discours préliminaire, § 62 : « Mais, comme M. Descartes l'a fort bien remarqué, le bon sens est donné en partage à tous ; ainsi il faut croire que les orthodoxes et les hérétiques en sont doués. La droite raison est un enchaînement de vérités, la raison corrompue est mêlée de préjugés et de passions, et pour discerner l'une de l'autre on n'a qu'à procéder par ordre, n'admettre aucune thèse sans preuve, et n'admettre aucune preuve qui ne soit en bonne forme selon les règles les plus vulgaires de la logique. »

18. Locke représente pour Leibniz le cas typique du philosophe que l'ignorance des mathématiques conduit à méconnaître l'origine véritable des connaissances rationnelles, qui ne peuvent être fondées sur l'expérience sensible. Cf. projet de lettre à Burnett, fin 1699-début 1700, GP III, 258-259, et au même, 3 décembre 1703, *ibid.*, 291.

19. Même exemple, sous une présentation différente, dans la *Lettre touchant ce qui est indépendant des sens et de la matière* (GP VI, 504-505 ; Frémont [b], 240), et, la même année (1702), dans la *Méditation sur la notion commune de justice*, dans G. W. Leibniz, *Le Droit de la raison*, textes réunis et présentés par René Sève, Paris, Vrin, 1994, pp. 112-113.

20. Dans la *Monadologie*, au § 7, Leibniz dira la même chose : « Les Monades n'ont point de fenêtres, par lesquelles quelque chose y puisse entrer ou sortir. » L'usage d'attribuer à Leibniz la formule, qu'aucune donnée textuelle n'atteste, des « monades sans portes ni fenêtres », procède sans doute d'un amalgame des deux textes.

21. *Espèces*, au sens vieilli d'*apparences sensibles*, qui ne subsiste plus que dans le vocabulaire théologique (communion *sous les deux espèces* du pain et du vin).

22. La méditation de la doctrine des angles, comme modèle de la pluralité dans l'unité, a été constante chez Leibniz. Dans ce qu'il est convenu d'appeler sa « première philosophie », à l'époque des deux *Théories du mouvement* de 1671, Leibniz montrait, d'une part, que les points indivisibles peuvent cependant être dits plus grands ou plus petits les uns que les autres, suivant l'ouverture de l'angle dont ils sont les sommets : « [*Traduction*] En effet un angle n'est rien d'autre que la section d'un point, et la doctrine

des angles n'est pas autre chose que la doctrine des quantités du point » (lettre à Oldenburg, 28 septembre 1670, GM A II, 1, 64 ; cf. aussi lettre à Arnauld, de novembre 1671, *ibid.*, 172, et *Theoria motus abstracti*, GP IV, 230-231, A VI, 2, 266-267). D'autre part, il professait alors que « l'âme consiste en un point ou centre » (A VI, 1, 162). Mieux encore : « [*Trad. de l'allemand*] Tout comme tous les rayons concourent dans le centre, toutes les impressions sensibles se rassemblent au travers des nerfs dans l'esprit, et ainsi l'esprit est un petit monde compris dans un point, et consiste en idées comme le centre en angles, car l'angle est partie du centre, bien que le centre soit indivisible, par où toute la nature de l'esprit peut être expliquée géométriquement » (A II, 1, 163). Le *Système nouveau* rompra avec cette identification trop directe en prenant soin de distinguer les points métaphysiques réels des points mathématiques idéaux (texte cité dans notre Introduction, p. 108 *sq.*). Rétrospectivement, Leibniz pourra écrire, dans le Post-scriptum non envoyé d'une lettre à Des Bosses du 24 avril 1709 : « Il y a bien des années, alors que ma philosophie n'était pas encore mûre, je localisais les âmes dans des points [...] Mais je devins plus circonspect, et m'aperçus que c'était s'enfoncer dans d'innombrables difficultés [...] car il ne faut attribuer aux âmes rien qui relève de l'étendue, ni concevoir leur unité ou multitude sous la catégorie de la quantité, mais sous celle de la substance ; c'est-à-dire non pas à partir des points, mais de la force d'agir primitive » (GP II, 372 ; trad. Frémont, *op. cit.*, p. 156). — Sur cette question, on consultera la remarquable étude de Philip Beeley, « Points, Extension, and the Mind-Body Problem. Remarks on the Development of Leibniz's Thought from the *Hypothesis physica nova* to the *Système Nouveau* », dans *Leibniz's 'New System' (1695)*, ed. by Roger S. Woolhouse, Firenze, Olschki, 1996, pp. 15-35.

23. « Comme des angles » : on remarquera qu'il ne s'agit plus ici d'identification, mais d'une comparaison figurée.

24. Leibniz accorde donc jusqu'à un certain point les prémisses de la théorie cartésienne de la substance (cf. Descartes, *Principes de la Philosophie*, Ire Partie, art. 53 et art. 63, et les *Remarques* de Leibniz *sur la Partie générale*

des Principes de Descartes. Sur l'art. 52 et sur l'art. 63, GP IV, 564-565 ; trad. Schrecker, 6 [et 69]).

25. En vertu même de l'harmonie préétablie : « Car c'est par une admirable économie de la nature que nous ne saurions avoir des pensées abstraites qui n'aient point besoin de quelque chose de sensible, quand ce ne serait que des caractères tels que sont les figures des lettres et les sons ; quoiqu'il n'y ait aucune connexion nécessaire entre tels caractères arbitraires et telles pensées. Et si les traces sensibles n'étaient point requises, l'harmonie préétablie entre l'âme et le corps, dont j'aurai occasion de vous entretenir plus amplement, n'aurait point de lieu. Mais cela n'empêche point que l'esprit ne prenne les vérités nécessaires de chez soi » (*Nouveaux Essais*, I, 1, § 5).

26. Molanus a repris à sa façon l'exemple du chiliogone, dont Descartes soutenait qu'on pouvait seulement le concevoir, mais sans pouvoir en former une imagination précise : « Que si je veux penser à un chiliogone, je conçois bien à la vérité que c'est une figure composée de mille côtés, aussi facilement que je conçois qu'un triangle est une figure composée de trois côtés seulement ; mais je ne puis pas imaginer les mille côtés d'un chiliogone, comme je fais les trois d'un triangle, ni, pour ainsi dire, les regarder comme présents avec les yeux de mon esprit. Et quoique, suivant la coutume que j'ai de me servir toujours de mon imagination, lorsque je pense aux choses corporelles, il arrive qu'en concevant un chiliogone je me représente confusément quelque figure, toutefois il est très évident que cette figure n'est point un chiliogone, puisqu'elle ne diffère nullement de celle que je me représenterais, si je pensais à un myriogone, ou à quelque autre figure de beaucoup de côtés ; et qu'elle ne sert en aucune façon à découvrir les propriétés qui font la différence du chiliogone d'avec les autres polygones » (*Méditations métaphysiques*, Méditation sixième, AT IX-1, 57-58).

27. Leibniz traduit par « pensées sourdes » ce qu'il appelle en latin *cogitationes caecas* (ou « pensée aveugle »), au sens défini dans les *Méditations sur la vérité, la connaissance et les idées* (*Nouveaux Essais*, III, 21, § 31). Voir *Discours de métaphysique*, art. XXV.

28. Il s'agit bien sûr du *Système nouveau de la nature et de la communication des substances*, publié en 1695.

29. On remarquera que la nature représentative de la monade implique une ontologie pluraliste et la négation du solipsisme. D'où la réfutation de Spinoza : « C'est justement par ces Monades que le Spinozisme est détruit, car il y a autant de substances véritables, et, pour ainsi dire, de miroirs vivants de l'Univers toujours subsistants, ou d'Univers concentrés, qu'il y a de monades, au lieu que, selon Spinoza, il n'y a qu'une seule substance » (à Bourguet, décembre 1714, GP III, 575).

30. Cf. ci-après Appendice II-4, note 2.

31. Cf. dans la *Lettre touchant ce qui est indépendant des sens et de la matière* (voir *supra*, notes 14 et 19) : « La perception ne saurait être expliquée par quelque machine que ce soit » (GP VI, 507).

32. C'est le principe même de l'*acosmisme*, dont Hegel pourra dire que, bien plutôt que l'athéisme, il est posé par la philosophie de Spinoza (*Encyclopédie des sciences philosophiques. I. La Science de la Logique*, § 50, trad. Bernard Bourgeois, Paris, Vrin, 1979, pp. 313 et 586). *A contrario*, le pluralisme des monades « détruit le Spinozisme » (cf. *supra* note 29), dont le Dieu est rendu solitaire par le refus d'accorder la force et l'action aux « créatures » (pour autant qu'on puisse ainsi désigner les « modes finis ») : « Il ne me paraît pas qu'il faille ôter l'action ou la force aux créatures [...]. C'est Dieu qui conserve et crée continuellement leurs forces, c'est-à-dire une source de modifications, qui est dans la créature, ou bien un état, par lequel on peut juger qu'il y aura changement de modifications ; parce que sans cela je trouve [...] que Dieu ne produirait rien, et qu'il n'y aurait point de substances hormis la sienne, ce qui nous ramènerait toutes les absurdités du Dieu de *Spinoza*. Aussi paraît-il que l'erreur de cet Auteur ne vient que de ce qu'il a poussé les suites de la doctrine, qui ôte la force et l'action aux créatures », *Réponse aux réflexions contenues dans la seconde Édition du Dictionnaire Critique de M. Bayle, article Rorarius, sur le système de l'Harmonie préétablie* (GP IV, 567-568 ; Frémont [b], 207).

33. Platon, *Théétète*, 191 c-d.

34. Cf. sur ce thème le mémoire écrit par Leibniz à Berlin, toujours en 1702, *Considérations sur la doctrine d'un esprit universel unique* (GP VI, 529-538 ; Frémont [b], 217-232).

35. Sophie-Charlotte (1668-1705), de 1701 à sa mort reine de Prusse par son mariage avec Frédéric III. En 1705, sa résidence du château de Lützenburg reçut en son honneur le nom de Charlottenburg, qu'on va trouver ci-après dans cette lettre.

36. Louis, duc de Bourgogne, oncle de Louis XIV et père du futur Louis XV, avait eu pour précepteur Nicolas de Malezieux (1650-1727), membre de l'Académie des sciences. Ce sont ses leçons, rédigées par son illustre élève, qui parurent en 1705 sous le titre d'*Éléments de géométrie de Monseigneur le duc de Bourgogne*. Il ne semble pas que Leibniz ait connu cet ouvrage autrement que par le compte rendu du *Journal des savants* ; on ne le trouve mentionné nulle part dans les correspondances et écrits mathématiques de Leibniz publiés à ce jour. Tout l'intérêt de la mention de ce livre tient dans la citation de l'extrait donné par le *Journal des savants*, qui illustre, aux yeux de Leibniz, la capacité de la « droite raison » de celui qu'il croit n'être qu'un mathématicien amateur à retrouver d'elle-même l'argument monadologique fondamental.

37. Le texte cité rejoint en effet la réponse que Leibniz avait apportée à une objection d'Arnauld : si c'est la forme substantielle qui fait qu'un carreau de marbre est un, « que devient cette forme substantielle quand il cesse d'être un, parce qu'on l'a cassé en deux ? ». Ou elle est anéantie, mais alors elle n'est qu'une modalité, et non quelque chose de substantiel ; ou bien elle devient deux, mais en ce cas, pourquoi ne pas constituer simplement le corps par l'étendue, sans se servir de la forme substantielle (lettre d'Arnauld du 28 septembre 1686, GP II, 66 ; Le Roy, 135). À quoi Leibniz répondait en disqualifiant l'exemple utilisé : « Je crois qu'un carreau de marbre n'est peut-être que comme un tas de pierre, et ainsi ne saurait passer pour une seule substance, mais pour un assemblage de plusieurs [...]. Je tiens donc qu'un carreau de marbre n'est pas une seule substance accomplie, non plus que le serait l'eau d'un étang avec tous les poissons y compris, quand même toute l'eau avec tous ces poissons se trouverait glacée ; ou bien un troupeau de moutons, quand bien même ces moutons seraient tellement liés qu'ils ne pussent marcher que d'un pas égal et que l'un ne pût être touché sans que tous les

autres criassent. » L'unité substantielle requiert autre chose que cette cohésion des parties de ce qui est divisible, elle « demande un être accompli indivisible », qu'on ne peut trouver que « dans une âme ou forme substantielle, à l'exemple de ce qu'on appelle *moi* » (lettre du 8 décembre 1686, GP II, 76 ; Le Roy 145).

38. Formulation classique de ce que Leibniz appelle depuis 1671 le « labyrinthe du continu », et qui formera la matrice de la seconde antinomie de la raison pure chez Kant. La solution leibnizienne passe par la distinction de l'idéal et du réel : « C'est la confusion de l'idéal et de l'actuel qui a tout embrouillé et fait le labyrinthe *de compositione continui* » (GP IV, 491). La continuité, caractérisée par la divisibilité à l'infini, relève de l'idéal, c'est-à-dire des rapports abstraits qui constituent l'espace et le temps mathématiques, les lignes géométriques et les nombres purs : il n'y a là aucun élément dernier, puisque les points et les instants ne sont que les extrémités des parties virtuelles et indéterminées, et que les fractions ne sont pas des composantes de l'unité arithmétique mais des rapports. En revanche, le réel (ou l'actuel) est un agrégat discret dont les éléments, si voisins soient-ils, constituent le tout, dont la décomposition en partie est parfaitement déterminée. Cette solution est formulée, entre autres, dans les *Remarques* déjà citées *sur les Objections de M. Foucher* (GP IV, 491-492, dans le contexte de la doctrine des unités métaphysiques formulée dans le *Système nouveau*), dans la lettre à De Volder du 19 janvier 1706 (GP II, 282, morceau traduit *supra*, p. 122) et dans la lettre à Des Bosses du 31 juillet 1709 (GP II, 379, trad. Chr. Frémont, *L'Être et la relation* avec *Trente-cinq lettres de Leibniz au R. P. Des Bosses*, Paris, Vrin, 1981, p. 162).

39. Sur Cordemoy, cf. *supra*, Introduction, p. 17 sq. et n. 8, p. 528. Arnauld avait écrit à Leibniz, dans sa lettre du 28 septembre 1686 : « Il y a des Cartésiens qui pour trouver de l'unité dans les corps, ont nié que la matière fût divisible à l'infini, et qu'on devait admettre des atomes indivisibles » (GP II, 67 ; Le Roy 135). Le texte est évidemment fautif ; il faut suppléer quelque chose comme : « ... *et ont soutenu* qu'on devait admettre des atomes indivisibles. » Leibniz identifie aisément Cordemoy, dans sa réponse du 8 décem-

bre (GP II, 78 ; Le Roy 147). On notera avec intérêt que Leibniz reconnaît ici la correspondance avec Arnauld comme ayant fourni le laboratoire de la doctrine des unités, avant qu'elles trouvent le nom de monades.

40. « Et comme le nombre rompu, par exemple 1/2, peut être rompu davantage en deux quatrièmes ou 4 huitièmes, etc., et cela à l'infini, sans qu'on puisse venir aux plus petites fractions ou concevoir le nombre comme un Tout formé par l'assemblage des derniers éléments, il en est de même qu'une ligne, qu'on peut diviser tout comme ce nombre. Aussi, à proprement parler, le nombre 1/2 en abstrait est un rapport tout simple, nullement formé par la composition des autres fractions, quoique dans les choses dénombrées il se trouve de l'égalité entre deux quatrièmes et un demi » (*Remarques sur les Objections de M. Foucher*, GP IV, 191).

41. Bonaventura Cavalieri (1598 ?-1647), mathématicien italien, promoteur d'une méthode de démonstration résolvant les grandeurs continues en indivisibles. Leibniz fait ici probablement référence à ses *Exercitationes Geometricae sex*, 1647.

42. Par opposition à l'extension, l'intention s'entend ici au sens d'intensité ou de grandeur intensive, ou grandeur d'une qualité. On notera que Leibniz, fidèle en cela à Galilée, traite la vitesse comme une qualité, dont la mesure est un degré d'intensité, l'accélération étant la variation continue de ce degré.

43. « On peut dire qu'un 1/2 et 1/4 pris en abstrait sont indépendants l'un de l'autre, ou plutôt le rapport total 1/2 est antérieur [...] au rapport partiel 1/4, puisque c'est par la sous-division du demi qu'on vient au quatrième, en considérant l'ordre idéal et il en est de même de la ligne, où le tout est antérieur à la partie, parce que cette partie n'est que possible et idéale. Mais dans les réalités, où il n'entre que des divisions faites actuellement, le tout n'est qu'un résultat ou assemblage, comme un troupeau de moutons il est vrai que le nombre des substances simples qui entrent dans une masse quelque petite qu'elle soit, est infini, puisque outre l'âme qui fait l'unité réelle de l'animal, le corps du mouton (par exemple) est sous-divisé actuellement, c'est-à-dire qu'il est encore un assemblage d'animaux

ou de plantes invisibles, composés de même, outre ce qui fait aussi leur unité réelle ; et quoique cela aille à l'infini, il est manifeste qu'au bout du compte tout revient à ces unités, le reste ou les résultats n'étant que des phénomènes bien fondés » (*Remarques sur les Objections de M. Foucher*, GP IV, 192).

44. Cf. *supra*, note 7, p. 530.

45. Cf. la version de la même anecdote dans les *Nouveaux Essais sur l'entendement humain*, livre II, chap. 27, § 3 : « Je me souviens qu'une grande princesse, qui est d'un esprit sublime, dit un jour en se promenant dans son jardin qu'elle ne croyait pas qu'il y avait deux feuilles parfaitement semblables. Un gentilhomme d'esprit, qui était de la promenade, crut qu'il serait facile d'en trouver ; mais quoiqu'il en cherchât beaucoup, il fut convaincu par ses yeux qu'on pouvait toujours y remarquer de la différence. » Voir aussi *Quatrième Écrit contre Clarke*, § 4, GP VII, 372, [Prenant] 422, cité *supra* note 7.

46. Cf. ce passage de la *Réponse aux réflexions contenues dans la seconde Édition du Dictionnaire Critique de M. Bayle*, publiée en 1716, mais rédigée en 1702 : « Je reconnais que le temps, l'étendue, le mouvement, et le continu en général, de la manière qu'on les prend en Mathématiques, ne sont que des choses idéales, c'est-à-dire, qui expriment les possibilités, tout comme font les nombres. [...] Mais pour parler plus juste, l'Étendue est l'ordre des coexistences possibles, comme le Temps est l'ordre des possibilités inconsistantes, mais qui ont pourtant de la connexion. Ainsi, l'un regarde les choses simultanées ou qui existent ensemble, l'autre celles qui sont incompatibles et qu'on conçoit pourtant toutes comme existantes, et c'est qui fait qu'elles sont successives. Mais l'Espace et le Temps pris ensemble font l'ordre des possibilités de tout un Univers, de sorte que ces ordres (c'est-à-dire l'Espace et le Temps) cadrent non seulement à ce qui est actuellement, mais encore à ce qui pourrait être mis à la place, comme les nombres sont indifférents à tout ce qui peut être *res numerata*. Et cet enveloppement du possible avec l'Existant fait une continuité uniforme et indifférente à toute division. Et quoique dans la nature il ne se trouve jamais des changements parfaitement uniformes, tels que

demande l'idée que les Mathématiques nous donnent du mouvement, non plus que des figures actuelles à la rigueur de la nature de celles que la Géométrie nous enseigne, parce que le monde actuel n'est point demeuré dans l'indifférence des possibilités, étant venu à des divisions ou multitudes effectives, dont les résultats sont les phénomènes qui se présentent et qui sont variés dans les moindres parties : néanmoins les phénomènes actuels de la nature sont ménagés et doivent l'être de telle sorte, qu'il ne se rencontre jamais rien où la loi de la continuité [...] et toutes les autres règles les plus exactes des Mathématiques soient violées » (GP IV, 568 ; Frémont [2], 207).

47. La *Monadologie* qualifiera ces mêmes « éclats » de « fulgurations », § 47 et note 43.

48. Sur cette notion, cf. les *Considérations sur les principes de vie et les natures plastiques*, parues en 1705 (GP VI, 539-546 ; Frémont [c], 93-102).

49. Sur la notion de « force primitive », cf. notre Introduction, pp. 102 sq.

3. *Âme, vie, esprit*

1. Il s'agit du *De Ipsa Natura*, paru dans les *Acta eruditorum* de Leipzig en 1698 : Leibniz y établit, « pour illustrer et confirmer la Dynamique », que tous les êtres créés possèdent une force active qui leur est inhérente. Trad. Schrecker, p. 193-237.

2. « Mon opinion est [...] que la matière n'étant qu'une chose essentiellement passive, la pensée et même l'action n'en sauraient être les modifications, mais de la substance corporelle complète qui reçoit son accomplissement de deux constitutifs, savoir du principe actif et du principe passif, dont le premier s'appelle forme, âme, entéléchie, force primitive, et le second s'appelle matière première, solidité, résistance. Ainsi il faudrait dire que l'action, sentiment, vie, pensée, sont les affections ou différences du premier, et non pas les modifications du second » (à Burnett, début 1698, GP III, 227).

3. Cf. *supra*, Appendice I.5, avec les notes 22 et 23. Le rejaillissement des corps qui s'entrechoquent est l'effet de

leur force élastique inhérente aux corps, ou, dans le langage de l'époque, de leur « ressort » : Leibniz explique cette force par le mouvement interne d'un fluide subtil et pénétrant circulant entre les parties en lesquelles le corps est divisé à l'infini. Cf. *Essay de dynamique*, GM VI, 228-229.

4. C'est-à-dire, s'agissant d'une référence à un texte public, dans le *Système nouveau* de 1695.

5. Les définitions du « sentiment » sont variables. Leibniz l'a d'abord défini comme une espèce de l'expression, pour autant que celle-ci consiste dans la représentation de la multitude dans l'unité de la substance indivisible ; en ce sens, il ne se distingue pas de la perception, dans l'acception la plus générale du terme (cf. la définition de la lettre à Arnauld du 9 octobre 1687, citée ci-dessus Appendice II.2.1, note 8, et le passage correspondant de la lettre à Sophie du 4 novembre 1696, p. 334). Mais Leibniz a de plus en plus distingué le sentiment comme impliquant davantage que la perception. Ainsi, au § 4 des *PNG*, dont les définitions coïncident avec celles de la présente lettre à Wagner : « Quand la monade a des organes si ajustés que par leur moyen il y a du relief et du distingué dans les impressions qu'ils reçoivent, et par conséquent dans les perceptions qui les représentent (comme par exemple, lorsque par le moyen de la figure des humeurs des yeux, les rayons de la lumière sont concentrés et agissent avec plus de force), cela peut aller jusqu'au sentiment, c'est-à-dire jusqu'à une perception accompagnée de mémoire, à savoir, dont un certain écho demeure longtemps pour se faire entendre dans l'occasion ; et un tel vivant est appelé animal, comme sa monade est appelée une âme. »

6. La couleur verte fournit un exemple constant chez Leibniz de la perception confuse qui fait passer pour simple une qualité en réalité composée. Par exemple, dans les *Nouveaux Essais sur l'entendement humain* (désormais *NE*), IV, 6, § 7 : « [Les] idées sensitives dépendent du détail des figures et mouvements et les expriment exactement, quoique nous ne puissions pas y démêler ce détail dans la confusion d'une trop grande multitude et petitesse des actions mécaniques, qui frappent nos sens. Cependant si nous étions parvenus à la constitution interne de quelques corps, nous verrions aussi quand ils devraient avoir ces

qualités, qui seraient réduites elles mêmes à leur raisons intelligibles ; quand même il ne serait jamais dans notre pouvoir de les reconnaître sensiblement dans ces idées sensitives, qui sont un résultat confus des actions des corps sur nous, comme maintenant que nous avons la parfaite analyse du vert en bleu et jaune, et n'avons presque plus rien à demander à son égard que par rapport à ces ingrédients, nous ne sommes pourtant point capables de démêler les idées du bleu et du jaune dans notre idée sensitive du vert, pour cela même, que c'est une idée confuse. »

7. Sur le bateau de Thésée, image du perpétuel renouvellement de la composition matérielle des corps, cf. *supra*, Appendice II. 1, note 9. Voir aussi *NE*, II, 27, § 4 : « L'organisation ou configuration sans un principe de vie subsistant, que j'appelle Monade, ne suffirait pas pour faire demeurer *idem numero* ou le même individu ; car la configuration peut demeurer spécifiquement, sans demeurer individuellement. Lors qu'un fer à cheval se change en cuivre dans une eau minérale de la Hongrie, la même figure en espèce demeure, mais non pas le même en individu ; car le fer se dissout et le cuivre, dont l'eau est imprégnée, se précipite et se met insensiblement à la place. Or la figure est un accident, qui ne passe pas d'un sujet à l'autre *(de subjecto in subjectum)*. Ainsi il faut dire, que les corps organisés aussi bien que d'autres ne demeurent les mêmes qu'en apparence, et non pas en parlant avec rigueur. C'est à peu près comme un fleuve qui change toujours d'eau, ou comme le navire de Thésée que les Athéniens réparaient toujours. Mais quant aux Substances, qui ont en elles une véritable et réelle Unité substantielle, à qui puissent appartenir les actions vitales proprement dites, et quant aux Êtres substantiels, *quae uno spiritu continentur*, comme parle un ancien jurisconsulte, c'est-à-dire qu'un certain esprit indivisible anime, on a raison de dire qu'elles demeurent parfaitement le même individu par cette âme ou cet esprit, qui fait le moi dans celles qui pensent. »

8. Cf. *Monadologie*, § 71, avec les textes cités note 69.

9. Définition des Génies donnée par Leibniz, *NE*, II, 3, § 10 : « Les génies sont des substances raisonnables dont la nature n'est point animale, ou commune avec les bêtes. » L'existence d'êtres intelligents supérieurs aux animaux rai-

sonnables que sont les hommes est une conséquence stricte de la hiérarchie des états monadiques (*ibid.*, IV, 3, § 23) ; il faut, en vertu de l'universalité de l'harmonie préétablie, les concevoir comme dotés de corps dont les organes sont adaptés à des fonctions intellectuelles supérieures aux nôtres : « Quant aux esprits ou génies, comme je tiens que toutes les intelligences créées ont des corps organisés, dont la perfection répond à celle de l'intelligence ou de l'esprit qui est dans ce corps, en vertu de l'harmonie préétablie, je tiens que pour concevoir quelque chose des perfections des esprits au-dessus de nous, il servira beaucoup de se figurer des perfections encore dans les organes du corps qui passent celles du nôtre. C'est où l'imagination la plus vive et la plus riche et, pour me servir d'un terme italien que je ne saurais bien exprimer autrement, l'*invenzione la piu vaga*, sera le plus de saison pour nous élever au-dessus de nous. Et ce que j'ai dit pour justifier mon système de l'harmonie, qui exalte les perfections divines au-delà de ce qu'on s'était avisé de penser, servira aussi à avoir des idées des créatures incomparablement plus grandes qu'on n'en a eu jusqu'ici » (*ibid.*, III, 6, § 12).

10. L'immortalité au sens strict demande plus que l'indestructibilité : il y faut le souvenir de ce que l'on a été, sur lequel se fonde la conservation de la personne, susceptible de récompenses et de châtiments (cf. *NE*, Préface, Brunschwig, 44-45, *Monadologie*, § 4, et *Théodicée*, § 89).

11. C'est la doctrine de la *transcréation* des âmes raisonnables, qui concilie leur appartenance à la nature animale et leur vocation à l'ordre de la grâce. Elle est exposée en *Théodicée*, § 91 : « Après avoir établi un si bel ordre, et des règles si générales à l'égard des animaux, il ne paraît pas raisonnable que l'homme en soit exclu entièrement, et que tout se fasse en lui par miracle par rapport à son âme. Aussi ai-je fait remarquer plus d'une fois, qu'il est de la sagesse de Dieu que tout soit harmonique dans ses ouvrages, et que la nature soit parallèle à la grâce. Ainsi, je croirais que les âmes, qui seront un jour âmes humaines comme celles des autres espèces, ont été dans les semences et dans les ancêtres jusqu'à Adam, et ont existé par conséquent depuis le commencement des choses, toujours dans une manière de corps organisé [...]. Mais il me paraît encore convenable

pour plusieurs raisons qu'elles n'existaient alors qu'en âmes sensitives ou animales, douées de perception et de sentiment, et destituées de raison ; et qu'elles sont demeurées dans cet état jusqu'au temps de la génération de l'homme à qui elles devaient appartenir, mais qu'alors elles ont reçu la raison ; soit qu'il y ait un moyen naturel d'élever une âme sensitive au degré d'âme raisonnable (ce que j'ai de la peine à concevoir), soit que Dieu ait donné la raison à cette âme par une opération particulière, ou, si vous voulez, par une espèce de transcréation. Ce qui est d'autant plus aisé à admettre que la révélation enseigne beaucoup d'autres opérations immédiates de Dieu sur nos âmes. Cette explication paraît lever les embarras qui se présentent ici en philosophie ou en théologie, puisque la difficulté de l'origine des formes cesse entièrement, et puisqu'il est bien plus convenable à la justice divine de donner à l'âme, déjà corrompue physiquement ou animalement par le péché d'Adam, une nouvelle perfection qui est la raison, que de mettre une âme raisonnable par création ou autrement dans un corps où elle doive être corrompue moralement. »

12. Cf., dans les Évangiles, les épisodes de Jésus faisant revenir à la vie la jeune fille et Lazare : saint Matthieu, IX, 24 ; saint Marc, V, 39 ; saint Luc, VIII, 53 ; saint Jean, X, 11-13.

13. Sociniens : sectateurs de la doctrine de Lelius Socin (ou Sozzini) (1525-1562) et de son neveu Fausto Socin (1539-1604).

4. *Éclaircissement sur les Monades*

1. Cf. *supra*, Appendice II.3, note 9.

2. Sur la notion de « force primitive », cf. notre Introduction, pp. 102 sq.

3. Cf. *Monadologie*, § 57. L'image apparaît dès les lettres à Thomasius du 26 septembre 1668 et du 20 avril 1669 (GP I, 10, 19, A II, 1, 11, 18, Bodéüs, 56, 104). Elle sert alors, dans une reprise de la théorie hobbesienne des « phantasmata », à figurer le rapport entre la forme, au sens aristotélicien, d'une chose avec ses apparences sensibles. Sa fonction proprement leibnizienne se dégage dans

une note de 1676, en suite de la thèse selon laquelle tout esprit est omniscient, mais de façon confuse : « [*Traduction*] Dieu a voulu obtenir de l'univers par la création d'une pluralité d'esprits ce qu'un peintre ferait d'une grande ville, en voulant présenter ses aspects variés ou ses projections dessinées, le peintre sur le tableau comme Dieu dans l'esprit » (C 10, A V, 3, 524).

4. Distinction fondamentale de l'idéal et de l'actuel (lettre à Des Bosses, 31 juillet 1709) : « L'espace, comme le temps, est un certain ordre, je veux dire (pour l'espace) celui des coexistants, qui est rempli par les choses actuelles, mais aussi par les possibles. Et partant il est quelque chose d'indéfini, comme tout continu dont les parties ne sont pas en acte, mais peuvent être prises à volonté comme les parties d'unité ou fraction. [...] L'espace est un continu, mais idéal, tandis que la masse est une quantité discrète, j'entends une multitude actuelle, ou un être par agrégation, mais résultant d'unités en nombre infini. Dans les choses actuelles les simples sont antérieurs aux agrégats, mais dans les choses idéales le tout est antérieur à la partie. Qui néglige cette remarque engendre le labyrinthe du continu » (GP II, 379 ; trad. Chr. Frémont, *L'Être et la relation* avec *Trente-cinq lettres de Leibniz au R. P. Des Bosses*, Paris, Vrin, 1981, p. 162).

5. Remarque capitale : il ne faut en aucun cas se figurer la multitude des monades comme une répartition de points dans un espace réel. *Stricto sensu*, il s'agit d'une multiplicité non spatiale et non quantitative.

6. « Concours » pris ici au sens du choc de corps concourants, où la communication du mouvement s'opère selon les lois de la nature.

7. Interprétation constante du platonisme dans la dernière période de la philosophie de Leibniz : cf. *Lettre touchant ce qui est indépendant des sens et de la matière*, GP VI, 502-503, et Frémont [b], 239 ; *Théodicée*, § 382 ; lettre (1711) à Des Maizeaux : « Dans cette variété de pensées des Anciens, il se peut qu'il y en ait dont les opinions eussent approché des miennes. Platon croyait que les choses matérielles étaient dans un flux perpétuel, mais que les véritables substances subsistaient ; il paraît ne l'avoir entendu que des âmes » (GP VII, 535). — Leibniz a bien marqué ce qui sépare ce platonisme de la monadologie de l'idéalisme

de Berkeley : dans ses observations marginales au *Treatise concerning the Principles of Human Knowledge* de l'évêque irlandais, il observe : « [*Traduction*] Beaucoup de ceci est juste et conforme à mon sens. Mais exprimé de façon trop paradoxale. Car il n'est pas besoin de dire que la matière n'est rien, mais il suffit de dire qu'elle est un phénomène, comme l'arc-en-ciel ; qu'elle n'est pas substance, mais résultat des substances ; que l'espace n'est pas plus réel que le temps, en ce sens qu'il n'est rien d'autre que l'ordre des coexistences comme le temps est l'ordre des existences successives. Les vraies substances sont les Monades c'est-à-dire les percevants. Mais l'auteur aurait dû aller plus loin, c'est-à-dire jusqu'à l'infinité des Monades qui constituent toutes choses, et à leur harmonie préétablie. Il rejette à tort, ou du moins en vain, les idées abstraites ; il réduit les idées aux imaginations et méprise les subtilités arithmétiques et géométriques. Bien à tort il rejette la division de l'étendu à l'infini, quoique, à juste titre, il rejette les quantités infinitésimales » (texte publié par André Robinet, « Leibniz : Lecture du *Treatise* de Berkeley », *Les Études philosophiques*, nº 2/1983, p. 218. — Voir le jugement sur Berkeley, « de ce genre d'hommes qui veulent se faire connaître par leurs paradoxes », dans la lettre à Des Bosses du 15 mars 1715, GP II, 492 ; trad. Chr. Frémont, *op. cit.*, p. 237).

5. *Monadologie et mathématiques*

1. Et donc contrairement à l'opinion de Descartes. Cf., par exemple, *Remarques sur la partie générale des Principes de Descartes*, Sur l'art. 52, GP IV, 564, trad. Schrecker, 65.

2. « Non pas substance, mais substantiée. »

3. Leibniz se trompe en effet : on ne trouve pas vraiment cette thèse exprimée quelque part dans la *Théodicée*. En revanche, s'agissant de ce qu'il a publié, il pourrait songer plutôt à sa *Réponse aux réflexions contenues dans la seconde Édition du Dictionnaire Critique de M. Bayle, article Rorarius, sur le système de l'Harmonie préétablie*, rédigée en 1702, mais qui venait seulement d'être publiée en 1716 dans l'*Histoire critique de la République des Lettres* (GP IV, 568-569 ; Frémont [b], 207-209).

4. L'unité est un tout intellectuel et idéal, divisible en fractions *ad libitum*. Mais la division en fractions ne parvient jamais à des éléments ultimes : comme il n'y a pas de nombre maximum, il n'y a pas non plus de nombre minimum (quel que soit $1/n$, puisqu'il y a toujours des nombres $m > n$, on a aussi $1/m < 1/n$). Les fractions virtuellement contenues dans l'unité ne sont pas ses composantes. En revanche, on peut se donner des fractions actuellement déterminées, et former l'unité à partir de leur composition (par exemple, $1/2 + 1/3 + 1/6 = 1$). Cf. *supra*, Appendice II-2.6, notes 38, 40 et 43 et Appendice II-4, note 4.

5. Allusion à l'une des polémiques qui a accueilli le calcul infinitésimal, celle soulevée par le mathématicien Bernard Nieuwentijt (1654-1718), et à laquelle Leibniz a répondu dans les *Acta eruditorum* en juillet 1695 (cf. présentation et traduction de l'article dans Marc Parmentier, *G. W. Leibniz. La naissance du calcul différentiel*, Paris, Vrin, 1989, pp. 316-337). Leibniz y justifie l'extension du concept d'égalité requise par le nouveau calcul : au lieu de considérer comme égales des grandeurs dont la différence est nulle ou égale à zéro, on jugera que « des termes sont égaux non seulement lorsque leur différence est absolument nulle, mais aussi lorsqu'elle est incomparablement petite, et bien qu'on ne puisse dire en ce cas que cette différence soit absolument Rien, elle n'est pourtant pas une quantité comparable à celles dont elle est la différence. Ajoutons à une ligne un point d'une autre ligne, ou une ligne à une surface, nous n'accroissons pas leur grandeur. Il en va de même si nous ajoutons à une ligne une autre ligne mais incomparablement plus petite » (*op. cit.*, pp. 326-327). Le concept d'*incomparable* permet donc de justifier l'usage dans les calculs des éléments dx, d^2x, etc., sans avoir besoin d'admettre des « infiniment petits » pris à la rigueur. La plupart des amis de Leibniz, défenseurs du nouveau calcul, dont son élève et protégé Jacques Hermann (1678-1733), ne partageaient pas sa prudence et son pragmatisme.

6. Jean Gallois (1632-1707) et Thomas Gouye (1650-1725) avaient été des adversaires du nouveau calcul de l'infini au sein de l'Académie des sciences de Paris.

7. Cette explication imagée des *incomparables* a été constamment invoquée par Leibniz dans ses publications

et correspondances, et notamment dans un bref *Mémoire* inséré en 1701 dans le *Journal de Trévoux* : « On n'a pas besoin de prendre ici l'infini à la rigueur, mais seulement comme lorsqu'on dit dans l'optique que les rayons du Soleil viennent d'un point infiniment éloigné, et ainsi sont estimés parallèles. Et quand il y a plusieurs degrés d'infini ou infiniment petits, c'est comme le globe de la Terre est estimé un point à l'égard de la distance des fixes, et une boule que nous manions est encore un point en comparaison du semidiamètre du globe de la terre, de sorte que la distance des fixes est un infiniment infini ou infini de l'infini par rapport au diamètre de la boule. Car au lieu de l'infini ou de l'infiniment petit, on prend des quantités aussi grandes et aussi petites qu'il faut pour que l'erreur soit moindre que l'erreur donnée » (GM V, 350). Cette analogie a été presque unanimement critiquée (cf. Belaval, *Leibniz critique de Descartes*, Paris, Gallimard, 1960, pp. 355-360). Cependant, cette analogie est justifiée par Leibniz comme un moyen de « rendre sensible le raisonnement » et de s'assurer « qu'on n'a pas besoin de faire dépendre l'analyse mathématique des controverses métaphysiques » : « J'ai cru que pour rendre sensible le raisonnement, il suffisait d'expliquer l'infini par l'incomparable, c'est-à-dire de concevoir des quantités incomparablement plus grandes ou plus petites que les nôtres ; ce qui fournit autant qu'on veut de degrés d'incomparables, puisque ce qui est incomparablement plus petit entre inutilement en ligne de compte en regard de celui qui est incomparablement plus grand que lui ; c'est ainsi qu'une parcelle de la matière magnétique qui passe à travers du verre n'est pas comparable avec un grain de sable, ni ce grain de sable avec le globe de la terre, ni ce globe avec le firmament » (lettre à Varignon, 2 février 1702, GM, IV, 91-92).

8. Cf. *supra*, Appendice II.2.1, note 4.

INDEX DES NOMS

Adam : 46, 56, 306, 463 n. 108, 520 n. 17, 545 n. 11.
ALBERT le Grand : 313, 524 n. 38.
ALEXANDRE le Grand : 46, 53, 55, 56, 57, 62, 115, 135, 160, 161, 289, 298, 417 n. 100, 442 n. 42 et 43, 471 n. 9, 514 n. 8, 515 n. 11.
ALPHONSE X, roi de Castille : 296, 438 n. 28, 515 n. 11.
ALVENSLEBEN, Carl August von : 358, 541 n. 45.
ANAXAGORE : 186, 187, 249, 253, 254, 455 n. 78, 508 n. 9.
ANSELME de Cantorbéry, saint : 303, 457 n. 86, 518 n. 9.
APPUHN, Charles : 432 n. 3.
ARCHIMÈDE : 302, 380, 412 n. 76, 414 n. 87, 514 n. 10, 525 n. 43.
ARISTOTE : 21, 32, 33, 34, 45, 47, 48, 73, 82, 104, 133, 198, 200, 280, 298, 321, 405 n. 40, 406 n. 41, 407 n. 42, 412 n. 68, n. 72, 416 n. 96, 423 n. 126 et 127, 425 n. 136, 441 n. 38, n. 40, 449 n. 62, 460 n. 97, 461 n. 102, 466 n. 123, 471 n. 9 et 10, 472 n. 13, 475 n. 19, 477 n. 27, 487 n. 46 et 47, 546 n. 3.
  Aristotélisme : 67.
Arlequin : 366, 495 n. 64.
ARNAULD, Antoine : 8, 9, 18, 30, 31, 44, 45, 54, 56, 59, 73, 78, 80, 81, 82, 83, 84, 87, 88, 89, 90, 93, 95, 96, 98, 99, 100, 104, 105, 106, 117, 131, 138, 141, 142, 143, 300, 301, 319, 320, 333, 355, 385, 387, 397 n. 3 et 4, 400 n. 14, 401 n. 17, 405 n. 39, 411 n. 67, 412 n. 76, 413 n. 78, 414 n. 87, 417 n. 100, 418 n. 101, 419 n. 107, n. 112, 420 n. 114,

424 n. 132, 426 n. 149, 436 n. 19, 437 n. 24, 444 n. 48, 454 n. 74 et 75, 459 n. 93, 474 n. 15, 514 n. 10, 516 n. 3, 517 n. 4, 520 n. 17, 522 n. 29 et 30, 523 n. 32, 524 n. 37 à 39, 525 n. 41, n. 43, 526 n. 3, 527 n. 4, 528 n. 10, 530 n. 5, 531 n. 8, 533 n. 13, 534 n. 22, 538 n. 37, 539 n. 39, 543 n. 5.
ARNAULD D'ANDILLY, Robert : 465 n. 118.
ARRIAGA, Rodrigo : 496 n. 65.
Athéna : 402 n. 22.
AUGUSTIN, saint : 204, 277, 474 n. 15, 483 n. 39, 463 n. 109, 467 n. 126.
AVERROÈS (Ibn-Rushd) : 461 n. 102, 511 n. 2.
Averroïstes : 200, 524 n. 38.
AVICENNE (Ibn-Sina) : 407 n. 42.

BACHELARD, Suzanne : 456 n. 80, 457 n. 83.
BACON, Sir Francis : 386, 408 n. 46.
BARON, Vincent : 434 n. 11.
BARUZI, Jean : 7, 95, 114, 256, 257, 404 n. 32, n. 34, 405 n. 39, 414 n. 85, 419 n. 108, 426 n. 143.
BASNAGE DE BEAUVAL, Henri : 420 n. 114.
BAUMGARTEN, Alexander Gottlieb : 24.
BAYLE, Pierre : 99, 223, 234, 399 n. 11, 426 n. 145, 427 n. 151 et 152, 429 n. 166, n. 169, 431 n. 2, 475 n. 16, 493 n. 58, 497 n. 67, 501 n. 74, 504 n. 82, 537 n. 32, 541 n. 46, 548 n. 3.
BEAUNE, Florimond de : 481 n. 36.
BECCO, Anne : 424 n. 131 et 132, 425 n. 138, 466 n. 125, 530 n. 3.
BEELEY, Philip : 425 n. 140, 534 n. 22.
BELAVAL, Yvon : 397 n. 3, 472 n. 11 et 12, 549 n. 7.
BELLARMIN, cardinal Robert (Roberto Bellarmino) : 434 n. 11.
BERKELEY, George : 547 n. 7.
BERNOULLI, Jean : 80.
BODEMANN, Eduard : 141.
BODÉÜS, Richard : 250, 408 n. 44 à 46, 546 n. 3.
BOEHM, Rudolf : 144, 399 n. 9, 400 n. 13.
BOINEBOURG, baron Jean-Christophe de : 26, 274, 384, 386, 387, 403 n. 27.
BOINEBOURG, Philippe-Guillaume de : 387, 403 n. 27.

BONNEVAL, comte de : 400 n. 12.
BOSSUET, Jacques-Bénigne : 387, 405 n. 39, 435 n. 18.
BOURGEOIS, Bernard : 537 n. 32.
BOURGOGNE, Louis, duc de : 353, 354, 355, 538 n. 36.
BOURGUET, Louis : 472 n. 11, 487 n. 46, 537 n. 29.
BOURIGNON, Antoinette : 483 n. 40.
BOUTROUX, Émile : 144, 145, 146, 147, 398 n. 8, 431 n. 3, 495 n. 64.
BOYLE, Robert : 387, 475 n. 17.
BRINON, Marie de : 387.
BRUNO, Giordano : 111.
BRUNSCHVICG, Léon : 427 n. 153.
BRUNSCHWIG, Jacques : 219 n. a, 221, 227, 229, 238, 239, 240, 241, 244, 433 n. 9, 437 n. 21, 448 n. 53, 460 n. 97, 462 n. 107, 464 n. 111, 467 n. 130, 470 n. 8, 477 n. 26, 494 n. 60, 497 n. 66, 503 n. 81, 545 n. 10.
BRUNSWICK, maison de : 319, 385, 387.
BRUNSWICK-LUNEBOURG, Élisabeth de (Elizabeth Stuart) : 331.
BRUNSWICK-LUNEBOURG, Ernest-Auguste de (Électeur de Hanovre) : 331, 385.
BRUNSWICK-LUNEBOURG, Frédéric V de (Électeur Palatin de Hanovre) : 331.
BRUNSWICK-LUNEBOURG, Georges-Louis de : voir George Ier d'Angleterre.
BRUNSWICK-LUNEBOURG, Jean-Frédéric de (duc de Hanovre) : 27, 30, 37, 256, 257 n. a, 274, 331, 385, 396 n. 1, 437 n. 24.
BRUNSWICK-LUNEBOURG, Sophie de (Électrice de Hanovre) : 331, 332, 333, 336, 338, 345, 347, 349, 350, 351, 352, 353, 355, 358, 385, 427 n. 153, 428 n. 158, 443 n. 45, 486 n. 43, 530 n. 3, n. 7, 532 n. 11, 541 n. 45, 543 n. 5.
BRUNSWICK-LUNEBOURG, Sophie-Charlotte de : voir Sophie-Charlotte de Prusse.
Bucéphale : 289.
BURNETT, Thomas : 20, 25, 125, 331, 403 n. 31, 534 n. 18, 542 n. 2.
BUZON, Frédéric de : 421 n. 118.

Caius : 286.
CALVIN, Jean : 463 n. 108.

Calvinistes : 397 n. 3.
CAMPANELLA, Tommaso : 487 n. 45.
CAROLINE, princesse de Galles (Caroline von Brandenburg-Ansbach) : 332.
CASTAÑEDA, Hector-Neri : 402 n. 22.
CATELAN, abbé : 399 n. 11, 452 n. 68.
CAVALIERI, Bonaventura : 356, 540 n. 41.
CHARLES VI, empereur d'Autriche · 11, 386.
CICÉRON (Marcus Tullius Cicero) . 437 n. 22, 449 n. 62.
CLAIR, Pierre : 426 n. 148.
CLARKE, Samuel : 388, 430 n. 1, 431 n. 2, 530 n. 7, 541 n. 45.
CLAVELIN, Maurice : 453 n. 71.
CONDILLAC, Étienne Bonnot de : 429 n. 170.
COPERNIC, Nicolas : 198, 336, 438 n. 28.
CORDEMOY, Géraud de : 87, 92, 117, 118, 119, 311, 355, 419 n. 112, 522 n. 29 et 30, 528 n. 8, 539 n. 39, 426 n. 148 et 149.
COSTE, Pierre : 371.
COUTURAT, Louis : 17, 18, 38, 48, 50, 75, 142, 283, 284, 401 n. 18 et 19, 403 n. 30, 415 n. 89, 436 n. 19, 444 n. 48.
CUDWORTH, Ralph : 111.
CUREAU DE LA CHAMBRE, Marin : 457 n. 83.

DANGICOURT, Pierre : 377, 378.
DARIUS : 53, 57, 160.
DARWIN, Charles : 402 n. 22.
David : 464 n. 111.
DE VOLDER, Burcher : 122, 127, 422 n. 124, 423 n. 128, 526 n. 3, 528 n. 10, 539 n. 38.
DÉMOCRITE : 21, 93, 109.
DES BOSSES, Père Bartholome : 80, 129, 425 n. 137, 426 n. 145, 428 n. 155, 519 n. 13, 528 n. 9, 534 n. 22, 539 n. 38, 547 n. 4, n. 7.
DES MAIZEAUX, Pierre : 130, 429 n. 169, 547 n. 7.
DESCARTES, René : 23, 29, 36, 37, 46, 64, 65, 66, 67, 68, 69, 70, 72, 73, 76, 83, 84, 125, 178 et 178 n. b, 181, 191, 231, 241, 249, 252, 274, 275, 303, 311-312, 333, 338, 339, 344, 384, 387, 399 n. 11, 402 n. 25, 405 n. 38, 406 n. 41, 408 n. 52, 415 n. 90 à 93, 416 n. 96, 419 n. 109, 432 n. 3, 434 n. 10, 438 n. 27, 440 n. 36, 447 n. 51, 448 n. 52, n. 59, 453 n. 70, n. 72, 454 n. 74, 455 n. 76 et 77, n. 79, 456

n. 81, 457 n. 83 et 84, n. 86, 459 n. 93, 466 n. 119, n. 123, 469 n. 5, 474 n. 15, 475 n. 17, 481 n. 36, 483 n. 40, 496 n. 65, 501 n. 75, 502 n. 76 et 77, 508 n. 6, 509 n. 4, 511 n. 1, n. 4, n. 9, 512 n. 11, 518 n. 9, 519 n. 12, 523 n. 34, 532 n. 11, 534 n. 17, 535 n. 24, 536 n. 26, 548 n. 1, 549 n. 7.

Cartésianisme : 118, 333, 432 n. 3.

Cartésiens : 9, 12, 37, 66, 84, 115, 117, 118, 178, 181, 222, 275, 333, 339, 345, 355, 387, 399 n. 11, 408 n. 46, 448 n. 52, 452 n. 68, 457 n. 86, 473 n. 14, 474 n. 15, 479 n. 32, 483 n. 40, 530 n. 7, 532 n. 11, 539 n. 39.

DI BELLA, Stefano : 414 n. 83.

DIGBY, Sir Kenelm : 408 n. 46.

DIODORE : 507 n. 4.

DIOGÈNE LAËRCE (Diogenes Laertius) : 508 n. 9.

DIROYS, François : 434 n. 11.

DUCHESNEAU, François : 512 n. 13.

DUMONT, Jean-Paul : 508 n. 9.

DUNS SCOT, Jean : 441 n. 41.

DUTENS, Louis : 377, 398 n. 8, 429 n. 169.

ECHEVERRIA, Javier : 529 n. 2.

ÉLISABETH, princesse Palatine de Bohême : 23, 415 n. 91.

ENGELHARDT, Wolf von : 418 n. 105.

ÉPICURE : 92, 109, 120, 249, 250, 251, 477 n. 27, 522 n. 30.

Épicuriens : 250, 251, 252.

ERDMANN, G. G. : 144, 398 n. 8.

Ésaü : 306.

EUCLIDE : 108, 109, 111, 425 n. 133 et 134, 427 n. 153.

EUGÈNE, prince de Savoie : 11, 12, 145, 398 n. 8.

FARDELLA, Père Michel (Michelangelo) : 96, 100, 112, 319, 320, 321, 324, 427 n. 153, 527 n. 5.

FÉNELON, François de Salignac de La Mothe : 435 n. 18.

FERMAT, Pierre de : 191, 457 n. 83.

FICHANT, Michel : 408 n. 51 et 52, 411 n. 65, 419 n. 109, 448 n. 57, 453 n. 73, 455 n. 76, 505 n. 83, 509 n. 4, n. 8, 511 n. 1, 532 n. 10.

FONTENELLE, Bernard Le Bouvier de : 336, 386, 533 n. 12.

FOUCHER, abbé Simon : 99, 397 n. 4, 420 n. 114, 424 n. 132, 426 n. 145, 428 n. 154, 455 n. 79, 457 n. 86, 459 n. 93,

496 n. 65, 500 n 73, 513 n. 3, 524 n. 36, 527 n. 7, 539 n. 38, 540 n. 40, n. 43.
FOUCHER DE CAREIL, Louis-Alexandre : 142, 347, 450 n. 63.
FRAGUIER, Père Claude-François : 11, 371, 372, 373
FRÉDÉRIC III, roi de Prusse : 538 n. 35.
FRÉMONT, Christiane : 32, 72, 101, 103, 104, 106, 107, 128, 129, 131, 301, 397 n. 4, 420 n. 114, 421 n. 117 et 118, 423 n. 126, 424 n. 130 et 131, 425 n. 135, n. 137, 426 n. 145, 427 n. 150, n. 152, 428 n. 155, n. 163, 429 n. 164, n. 169, 456 n. 80, 458 n. 90, 461 n. 102, 462 n. 105, 468 n. 3, n. 6, 472 n. 13, 475 n. 16, 493 n. 58, 500 n. 73, 513 n. 3, 518 n. 9 et 10, 519 n. 13, 526 n. 3, 528 n. 9, 530 n. 4, 533 n. 12, n. 14, 534 n. 19, n. 22, 537 n. 32, n. 34, 539 n. 38, 541 n. 46, 542 n. 48, 547 n. 4, n. 7, 548 n. 3.
FROMONDUS, Liber (Libert Froidmont) : 448 n. 53.

GALILÉE (Galileo Galilei) : 431 n. 2, 453 n. 71, n. 73, 540 n. 42.
GALLOIS, abbé Jean : 380, 431 n. 2, 549 n. 6.
GARNIRON, Pierre : 485 n. 42.
GASSENDI, Pierre : 64, 120, 384, 386, 408 n. 46, 448 n. 52, 455 n. 79.
Gassendistes : 118.
GEORGE Ier, roi d'Angleterre : 331, 332, 338, 385, 386.
GERHARDT, Carl Immanuel : 9, 142, 145, 301, 398 n. 8, 400 n. 14, 419 n. 107, 422 n. 122, 428 n. 157, n. 159, 521 n. 26.
GILSON, Étienne : 406 n. 41, 447 n. 51, 469 n. 5.
GIRBAL, François : 426 n. 148.
GOUHIER, Henri : 143.
GOUYE, Père Thomas : 380, 549 n. 6.
GROSHOLZ, Emily : 414 n. 83.
GROTEFEND, Carl Ludwig : 9, 142.
GROTIUS, Hugo : 484 n. 41.
GRUA, Gaston : 40, 257, 275, 404 n. 32 et 33, 409 n. 55, 411 n. 63, 430 n. 171, 431 n. 1, 434 n. 11, 435 n. 18, 462 n. 105, n. 107, 463 n. 110, 465 n. 118, 466 n. 123, 467 n. 126, 483 n. 40, 509 n. 6, n. 8, 510 n. 16, 511 n. 6, 513 n. 4, 517 n. 6, 519 n. 12, 520 n. 16, 532 n. 10.
GUEROULT, Martial : 110, 425 n. 137, 452 n. 68.
GUILLAUME d'Occam : 410 n. 62.
GUILLAUME de Saint-Amour : 200, 462 n. 103.

GUILLERMIT, Louis : 487 n. 46.
Gygès : 62, 414 n. 87, 442 n. 43.

HANNEQUIN, Arthur : 408 n. 49.
Hanovre, dynastie de : voir Brunswick-Lunebourg.
HARTSOECKER, Nicolas : 429 n. 165.
HEGEL, Georg Wilhelm Friedrich : 485 n. 42, 537 n. 32.
HEIDEGGER, Martin : 18, 401 n. 20.
HÉLIODORE de Larisse : 191, 456 n. 82.
HÉRACLITE : 498 n. 68.
Hercule : 476 n. 22, 492 n. 54.
HERMANN, Jacques : 379, 549 n. 5.
HERMOLAUS BARBARUS : 232, 487 n. 47.
HÉRODOTE : 442 n. 43.
HESSE-RHEINFELS, Landgrave Ernest de : 8, 9, 22, 23, 142, 396 n. 1, 397 n. 3, 404 n. 33, 405 n. 35 et 36, n. 39, 444 n. 46, 511 n. 9.
HIPPOCRATE : 236, 305, 313, 494 n. 60.
HOBBES, Thomas : 35, 41, 64, 249, 251, 384, 386, 408 n. 46, 410 n. 62, 433 n. 9, 448 n. 52, 455 n. 79, 458 n. 90, 507 n. 4, 511 n. 4, 546 n. 3.
HOOKE, Robert : 527 n. 7.
HUGONY, Charles : 11, 372.
HUGUES de Saint-Victor : 306.
HUYGENS, Christian : 34, 35, 385, 387, 405 n. 40, 415 n. 94, 453 n. 73, 475 n. 17, 521 n. 24.
HUYGENS, Constantin : 453 n. 72, 530 n. 7.

ITARD, Jean : 425 n. 133.

Jacob : 306.
JAQUELOT, Isaac : 447 n. 49.
JALABERT, Jacques : 19, 402 n. 21.
JEAN, saint : 55, 206, 298, 461 n. 101, 546 n. 12.
JEAN BACON ou BACONTHORP : 313, 524 n. 38.
JÉSUS-CHRIST : 44, 46, 217, 275, 276, 369, 467 n. 130, 546 n. 12.
Judas : 46, 55, 201, 203.
JULES CÉSAR : 46, 55, 79, 115, 130, 135, 137, 168, 169, 417 n. 100, 429 n. 166, 451 n. 64.
Jupiter : 190.

KANT, Emmanuel : 48, 430 n. 174, 457 n. 86, 539 n. 38.
Postkantiens : 114.
KEPLER, Johannes : 438 n. 28, 481 n. 36.
KIRCHER, Athanasius : 527 n. 7.
KLOPP, Onno : 332, 338, 339, 346, 347, 350, 351.
KOETHEN, Johann Jacob : 398 n. 8.
KÖHLER, Heinrich : 10, 13, 144, 398 n. 6 et 7, 400 n. 13, 430 n. 1.
KULSTAD, Mark : 444 n. 48.

L'HOSPITAL, Guillaume-François-Antoine de : 333, 380, 530 n. 6.
LAMARRA, Antonio : 104, 398 n. 6 et 7, 399 n. 9, 422 n. 120, 424 n. 129, 430 n. 173.
Lazare : 546 n. 12.
LE LONG, Jacques : 411 n. 66.
LE ROY, Georges : 8, 22, 24, 54, 73, 82, 83, 86, 88, 100, 105, 119, 143, 320, 400 n. 14, 411 n. 67, 414 n. 82, n. 87, 418 n. 101 à 103, 419 n. 107, n. 112, 426 n. 149, 436 n. 19, 444 n. 46, n. 48, 454 n. 74 et 75, 474 n. 15, 502 n. 76, 514 n. 10, 516 n. 3, 517 n. 4, 520 n. 17, 522 n. 29 et 30, 523 n. 32 et 33, n. 35, 524 n. 37, n. 39, 525 n. 41, n. 43, 526 n. 3, 527 n. 4, 530 n. 5, 531 n. 8, 533 n. 13, 538 n. 37, 539 n. 39.
LE TELLIER, Charles-Marie (archevêque de Reims) : 532 n. 11.
LEIBNIZ, Friedrich : 383.
LESTIENNE, abbé Henri : 9, 141, 142, 143, 145, 398 n. 5, 442 n. 43.
LEWIS, Geneviève : 397 n. 4, 400 n. 14, 420 n. 114.
LIBERA, Alain de : 461 n. 102, 524 n. 38.
LOCKE, John : 371, 388, 452 n. 69, 460 n. 97, 533 n. 14, 534 n. 18.
LOEMKER, Leroy E. : 418 n. 105.
LOUIS XIV : 387, 397 n. 3, 538 n. 36.
LOUIS XV : 538 n. 36.
LUC, saint : 217-218, 467 n. 131, n. 133, 546 n. 12.
LUCAIN : 259, 508 n. 1.
LUCRÈCE (Titus Lucretius Carus) : 373.

MAHOMET : 467 n. 130.
MALEBRANCHE, Nicolas : 44, 74, 384-385, 387, 397 n. 3, 399

n. 11, 411 n. 64, n. 66, 431 n. 2, 434 n. 12, 435 n. 15, 437 n. 26, 439 n. 32, 440 n. 35, 452 n. 67, 457 n. 85, 459 n. 93, 461 n. 100, 462 n. 104, 465 n. 116, 491 n. 53.
MALEZIEUX, Nicolas de : 538 n. 36.
MARC, saint : 546 n. 12.
MARIOTTE, Edme : 521 n. 23.
MASHAM, Damaris Cudworth, Lady : 423 n. 125.
MATES, Benson : 409 n. 57.
MATTHIEU, saint : 218, 272, 467 n. 132, 468 n. 135, n. 138, 510 n. 17 et 18, 546 n. 12.
MAUPERTUIS, Pierre-Louis Moreau de : 457 n. 83.
Mayence, Électeur de : voir Schönborn, Johann Philipp von.
MERSENNE, Marin : 434 n. 10, 457 n. 83, 481 n. 36.
Midas : 493 n. 56.
Moïse : 467 n. 130, 505 n. 83.
MOLANUS, Gerhard Wolter : 338, 536 n. 26.
MOLINA, Luis : 464 n. 111.
MOLINOS, Miguel : 435 n. 18.
MONDADORI, Fabrizio : 409 n. 57.
MORE, Henry : 111.
MORELL, André : 435 n. 18, 465 n. 118, 483 n. 40, 532 n. 10.
MUGNAI, Massimo : 409 n. 57, 420 n. 115.

NAUDÉ, Philippe : 380.
NEWTON, Isaac : 388.
NICAISE, abbé Claude : 483 n. 40.
NIEUWENTIJT, Bernard : 380, 549 n. 5.
NIZOLIUS (Mario Nizzoli) : 410 n. 62, 458 n. 90.

OLDENBURG, Heinrich : 387, 507 n. 4, 534 n. 22.
ORIGÈNE : 465 n. 112.
ORLÉANS, Élisabeth-Charlotte, duchesse d' : 333, 530 n. 3.
ORLÉANS, Philippe II, duc d' : 11, 371.

PALAIA, Roberto : 398 n. 6.
Pallas : 489 n. 50.
PARKINSON, George H. R. : 301, 516 n. 1.
PARMENTIER, Marc : 549 n. 5.
PASCAL, Blaise : 25, 26, 385, 427 n. 153, 430 n. 171.
PAUL, saint : 207, 208, 218, 437 n. 23, 462 n. 107, 463 n. 110,

465 n. 112 et 113, n. 115, 468 n. 137, n. 139, 506 n. 84, n. 86.
PELLISSON-FONTANIER, Paul : 387, 423 n. 127.
PENJON, Auguste : 142.
PÉRIER, famille : 385.
PERTZ, Georg Heinrich : 397 n. 4.
PETAU, Denis : 434 n. 11.
PHILIPP, Christian : 249.
PHILIPPE : 420 n. 115.
PICON, Marine : 516 n. 2.
PIERRE, saint : 55, 206, 292, 293, 296, 298, 451 n. 64.
PIMPINELLA, Pietro : 398 n. 6.
PLATON : 111, 186 et 186 n. a, 187, 188, 196, 197, 198, 200, 249, 250, 252, 255, 350, 373, 375, 405 n. 40, 427 n. 153, 433 n. 9, 442 n. 43, 455 n. 78, 459 n. 93, 460 n. 95 à 97, 483 n. 38, 498 n. 68, 508 n. 7 et 8, 537 n. 33, 547 n. 7.
Platoniciens : 76, 166 n. a, 373.
Platonisme : 547 n. 7.
PLOTIN : 111, 405 n. 40.
POIRET, Pierre : 231, 483 n. 40.
POISSON, Père Nicolas-Joseph : 453 n. 72.
Polycrate : 62, 414 n. 87, 442 n. 43.
PORUS : 53, 57, 161.
PRENANT, Lucy : 403 n. 26, 408 n. 43, 431 n. 2, 455 n. 76, 457 n. 85 et 86, 474 n. 15, 511 n. 8, 512 n. 11, 541 n. 45.
PTOLÉMÉE : 438 n. 28.
PYTHAGORE : 111, 252, 425 n. 136, 476 n. 22, 492 n. 54.

QUESNEL, Père Pasquier : 397 n. 4.

RAUZY, Jean-Baptiste : 143, 410 n. 58, 520 n. 16.
RAVIER, Émile : 431 n. 2.
REGIUS, Henricus (Henri Le Roy) : 415 n. 92.
RÉMOND, Nicolas : 11, 12, 13, 371, 372, 373, 376, 400 n. 12, 402 n. 24, 405 n. 40.
RIVELAYGUE, Jacques : 145, 398 n. 8.
ROBINET, André : 143, 144, 145, 147, 398 n. 5, n. 8, 399 n. 9, 400 n. 12, 411 n. 64, n. 66, 417 n. 98 et 99, 418 n. 105, 419 n. 107, n. 109, 422 n. 122, 423 n. 127, 451 n. 66, 485 n. 42, 495 n. 64, 514 n. 9, 526 n. 1, 547 n. 7.
RODIS-LEWIS, Geneviève : voir Lewis, Geneviève.

RORARIUS, Hieronymus (Girolamo Rorario) : 223, 234, 427 n. 151 et 152, 429 n. 166, n. 169, 475 n. 16, 497 n. 67, 537 n. 32, 548 n. 3.
RÜDIGER, Andreas : 430 n. 1.
RUSSELL, Bertrand : 17, 38, 284, 332, 401 n. 17, 529 n. 1.
RUTHERFORD, Donald : 409 n. 57, 413 n. 79, 421 n. 116.

SALLUSTE : 437 n. 20.
Saül : 464 n. 111.
SCHEPERS, Heinrich : 143, 430 n. 173, 512 n. 1.
SCHNEIDERS, Werner : 421 n. 118.
SCHÖNBORN, Johann Philipp von (Électeur de Mayence) : 384, 387, 397 n. 3.
SCHRECKER, Paul : 96, 132, 133, 403 n. 26, 423 n. 126, 426 n. 145, 427 n. 152, 455 n. 76, 457 n. 85 et 86, 470 n. 8, 472 n. 13, 480 n. 33, 511 n. 8, 512 n. 11, 526 n. 3, 532 n. 10, 535 n. 24, 542 n. 1, 548 n. 1.
SCUDÉRY, Madeleine de : 489 n. 50.
SÉRIS, Jean-Pierre : 415 n. 94.
SERRES, Michel : 400 n. 15, 402 n. 23, 417 n. 100, 509 n. 8.
SÈVE, René : 433 n. 9, 534 n. 19.
SEXTUS TARQUIN, roi de Rome : 420 n. 115, 489 n. 50.
SIGER de Brabant : 461 n. 102.
SNELL, William : 190, 191, 456 n. 81.
SOCIN, Fauste (Fausto Sozzini) : 546 n. 13.
SOCIN, Lelius (Lelio Sozzini) : 546 n. 13.
Socrate : 186 et 186 n. a, 187, 188, 249, 252, 254, 255, 455 n. 78.
SOPHIE-CHARLOTTE, reine de Prusse : 131, 351, 352, 385, 428 n. 163, 533 n. 14, 538 n. 35.
SPINOZA, Baruch : 249, 252, 385, 387, 404 n. 33, 432 n. 3, 433 n. 7, 448 n. 52, 487 n. 46, 489 n. 50, 501 n. 75, 507 n. 3 et 4, 508 n. 6, 509 n. 4, 511 n. 3, 537 n. 29, n. 32.
  Spinozisme : 432 n. 3, 537 n. 29, n. 32.
  Spinozistes : 433 n. 7, 489 n. 50.
STENON, Nicolas (Niels Stensens) : 404 n. 33.
STRACK Clara : 219 n. a.
STURM, Johann Christoph : 115, 363, 426 n. 145, 470 n. 8.
SULLY, Henry : 12.
SWAMMERDAM, Jean : 499 n. 70.

TEMNIK, Aloys : 420 n. 115.
THÉRÈSE d'Avila, sainte : 61, 209, 465 n. 118.
Thésée : 366, 528 n. 9, 544 n. 7.
THOMAS d'Aquin, saint : 108, 161, 165, 277, 441 n. 37, 443 n. 45, 444 n. 46, 484 n. 41, 496 n. 65.
THOMASIUS, Christian : 33, 97, 250, 408 n. 44, 419 n. 110, 428 n. 160, 546 n. 3.
THOMASIUS, Jacob : 97, 384, 386.
Thrasymaque : 433 n. 9.
TILL, Dietmar : 430 n. 1.
TILLIETTE, Xavier : 467 n. 131.
Titius : 286.
TRICOT, Jean : 441 n. 38.

UTERMÖHLEN, Gerda : 96, 419 n. 110 et 111.

VAN HELMONT, François-Mercure : 111, 425 n. 138, 530 n. 3.
VAN HELMONT, Jean-Baptiste : 448 n. 54.
VAN LEEUWENHOEK, Antoine : 313, 499 n. 70, 524 n. 37, 530 n. 7.
VARIGNON, Pierre : 549 n. 7.
VIRGILE (Publius Vergilius Maro) : 273, 493 n. 56, 510 n. 19.
VITRAC, Bernard : 425 n. 134.
VORST, Conrad von dem : 250, 507 n. 1.

WAGNER, Rudolf Christian : 363, 364, 365, 370, 426 n. 142, 428 n. 162, 543 n. 5.
WALLIS, John : 521 n. 23.
WEIGEL, Ehrard : 386.
WILSON, Catherine : 74, 417 n. 97, 426 n. 146.
WOLFF, Christian : 24, 144, 398 n. 7 et 8, 430 n. 174, n. 1.
WOOLHOUSE, Roger S. : 421 n. 116, 422 n. 120, 426 n. 146, 534 n. 22.
WREN, Christopher : 387.

YAKIRA, Elhanan : 414 n. 83.

Zeus : 402 n. 22.
ZWINGLI, Ulrich : 463 n. 108.

Introduction. *L'invention métaphysique* 7
Note sur l'édition 141
Discours de métaphysique 149
Monadologie 219

APPENDICES

Note de l'éditeur 246
Autour du *Discours de métaphysique* 249
Autour de la *Monadologie* 319
Chronologie 383
Bibliographie 389
Notes 396
Index des noms 551

DANS LA COLLECTION FOLIO / ESSAIS

415 Simone de Beauvoir : *Pour une morale de l'ambiguïté* suivi de *Pyrrhus et Cinéas.*
416 Shihâboddîn Yahya Sohravardî : *Le livre de la sagesse orientale (Kitâb Hikmat al-Ishrâq).*
417 Daniel Arasse : *On n'y voit rien (Descriptions).*
418 Walter Benjamin : *Écrits français.*
419 Sous la direction de Cécile Dogniez et Marguerite Harl : *Le Pentateuque (La Bible d'Alexandrie).*
420 Harold Searles : *L'effort pour rendre l'autre fou.*
421 Le Talmud : *Traité Pessahim.*
422 Ian Tattersall : *L'émergence de l'homme (Essai sur l'évolution et l'unicité humaine).*
423 Eugène Enriquez : *De la horde à l'État (Essai de psychanalyse du lien social).*
424 André Green : *La folie privée (Psychanalyse des cas-limites).*
425 Pierre Lory : *Alchimie et mystique en terre d'Islam.*
426 Gershom Scholem : *La Kabbale (Une introduction. Origines, thèmes et biographies).*
427 Dominique Schnapper : *La communauté des citoyens.*
428 Alain : *Propos sur la nature.*
429 Joyce McDougall : *Théâtre du corps.*
430 Stephen Hawking et Roger Penrose : *La nature de l'espace et du temps.*
431 Georges Roque : *Qu'est-ce que l'art abstrait ?*
432 Julia Kristeva : *Le génie féminin, I. Hannah Arendt.*
433 Julia Kristeva : *Le génie féminin, II. Melanie Klein.*
434 Jacques Rancière : *Aux bords du politique.*
435 Herbert A. Simon : *Les sciences de l'artificiel.*
436 Vincent Descombes : *L'inconscient malgré lui.*
437 Jean-Yves et Marc Tadié : *Le sens de la mémoire.*
438 D. W Winnicott : *Conversations ordinaires.*
439 Patrick Pharo : *Morale et sociologie (Le sens et les valeurs entre nature et culture).*

440 Joyce McDougall : *Théâtres du je.*
441 André Gorz : *Métamorphoses du travail.*
442 Julia Kristeva : *Le génie féminin, III. Colette.*
443 Michel Foucault : *Philosophie (Anthologie).*
444 Annie Lebrun : *Du trop de réalité.*
445 Christian Morel : *Les décisions absurdes.*
446 C. B. Macpherson : *La theorie politique de l'individualisme possessif.*
447 Frédéric Nef : *Qu'est-ce que la métaphysique ?*
448 Aristote : *De l'âme.*
449 Jean-Pierre Luminet : *L'Univers chiffonné.*
450 André Rouillé : *La photographie.*
451 Brian Greene : *L'Univers élégant.*
452 Marc Jimenez : *La querelle de l'art contemporain.*
453 Charles Melman : *L'Homme sans gravité.*
454 Nûruddîn Abdurrahmân Isfarâyinî : *Le Révélateur des Mystères.*
455 Harold Searles : *Le contre-transfert.*
456 Le Talmud : *Traité Moed Katan.*
457 Annie Lebrun : *De l'éperdu.*
458 Pierre Fédida : *L'absence.*
459 Paul Ricœur : *Parcours de la reconnaissance.*
460 Pierre Bouvier : *Le lien social.*
461 Régis Debray : *Le feu sacré.*
462 Joëlle Proust : *La nature de la volonté.*
463 André Gorz : *Le traître* suivi de *Le vieillissement.*
464 Henry de Montherlant : *Service inutile.*
465 Marcel Gauchet : *La condition historique.*
466 Marcel Gauchet : *Le désenchantement du monde.*
467 Christian Biet et Christophe Triau : *Qu'est-ce que le théâtre ?*
468 Trinh Xuan Thuan : *Origines (La nostalgie des commencements).*
469 Daniel Arasse : *Histoires de peintures.*
470 Jacqueline Delange : *Arts et peuple de l'Afrique noire (Introduction à une analyse des créations plastiques).*
471 Nicole Lapierre : *Changer de nom.*
472 Gilles Lipovetsky : *La troisième femme (Permanence et révolution du féminin).*

473 Michael Walzer : *Guerres justes et injustes (Argumentation morale avec exemples historiques).*
474 Henri Meschonnic : *La rime et la vie.*
475 Denys Riout : *La peinture monochrome (Histoire et archéologie d'un genre).*
476 Peter Galison : *L'Empire du temps (Les horloges d'Einstein et les cartes de Poincaré).*
477 George Steiner : *Maîtres et disciples.*
479 Henri Godard : *Le roman modes d'emploi.*
480 Theodor W. Adorno/Walter Benjamin : *Correspondance 1928-1940.*
481 Stéphane Mosès : *L'Ange de l'Histoire (Rosenzweig, Benjamin, Scholem).*
482 Nicole Lapierre : *Pensons ailleurs.*
483 Nelson Goodman : *Manières de faire des mondes.*
484 Michel Lallement : *Le travail (Une sociologie contemporaine).*
485 Ruwen Ogien : *L'Éthique aujourd'hui (Maximalistes et minimalistes).*
486 Sous la direction d'Anne Cheng, avec la collaboration de Jean-Philippe de Tonnac : *La pensée en Chine aujourd'hui.*
487 Merritt Ruhlen : *L'origine des langues (Sur les traces de la langue mère).*
488 Luc Boltanski : *La souffrance à distance (Morale humanitaire, médias et politique)* suivi de *La présence des absents.*
489 Jean-Marie Donegani et Marc Sadoun : *Qu'est-ce que la politique ?*
490 G. W. F. Hegel : *Leçons sur l'histoire de la philosophie.*
491 Collectif : *Le royaume intermédiaire* (*Psychanalyse, littérature, autour de J.-B. Pontalis*).
492 Brian Greene : *La magie du Cosmos* (*L'espace, le temps, la réalité : tout est à repenser*).
493 Jared Diamond : *De l'inégalité parmi les sociétés* (*Essai sur l'homme et l'environnement dans l'histoire*).
494 Hans Belting : *L'histoire de l'art est-elle finie ?* (*Histoire et archéologie d'un genre*).
495 J. Cerquiglini-Toulet, F. Lestringant, G. Forestier et

E. Bury (sous la direction de J.-Y. Tadié) : *La littérature française : dynamique et histoire I.*
496 M. Delon, F. Mélonio, B. Marchal et J. Noiray, A. Compagnon (sous la direction de J.-Y. Tadié) : *La littérature française : dynamique et histoire II.*
497 Catherine Darbo-Peschanski : *L'*Historia (*Commencements grecs*).
498 Laurent Barry : *La parenté.*
499 Louis Van Delft : *Les moralistes. Une apologie.*
500 Karl Marx : *Le Capital* (*Livre I*).
501 Karl Marx : *Le Capital* (*Livres II et III*).
502 Pierre Hadot : *Le voile d'Isis* (*Essai sur l'histoire de l'idée de Nature*).
503 Isabelle Queval : *Le corps aujourd'hui.*
504 Rémi Brague : *La loi de Dieu* (*Histoire philosophique d'une alliance*).
505 George Steiner : *Grammaires de la création.*
506 Alain Finkielkraut : *Nous autres, modernes (Quatre leçons).*
507 Trinh Xuan Thuan : *Les voies de la lumière (Physique et métaphysique du clair-obscur).*
508 Marc Augé : *Génie du paganisme.*
509 François Recanati : *Philosophie du langage (et de l'esprit).*
510 Leonard Susskind : *Le paysage cosmique (Notre univers en cacherait-il des millions d'autres ?)*
511 Nelson Goodman : *L'art en théorie et en action.*
512 Gilles Lipovetsky : *Le bonheur paradoxal (Essai sur la société d'hyperconsommation).*
513 Jared Diamond : *Effondrement (Comment les sociétés décident de leur disparition et de leur survie),*
514 Dominique Janicaud : *La phénoménologie dans tous ses états (Le tournant théologique de la phénoménologie française* suivi de *La phénoménologie éclatée).*
515 Belinda Cannone : *Le sentiment d'imposture.*
516 Claude-Henri Chouard : *L'oreille musicienne (Les chemins de la musique de l'oreille au cerveau).*
517 Stanley Cavell : *Qu'est-ce que la philosophie américaine ? (De Wittgenstein à Emerson, une nouvelle Amé-*

rique encore inapprochable suivi de *Conditions nobles et ignobles* suivi de *Status d'Emerson).*

518 Frédéric Worms : *La philosophie en France au XXᵉ siècle (Moments).*

519 Lucien X. Polastron : *Livres en feu (Histoire de la destruction sans fin des bibliothèques).*

520 Galien : *Méthode de traitement.*

521 Arthur Schopenhauer : *Les deux problèmes fondamentaux de l'éthique (La liberté de la volonté — Le fondement de la morale).*

522 Arthur Schopenhauer : *Le monde comme volonté et représentation I.*

523 Arthur Schopenhauer : *Le monde comme volonté et représentation II.*

524 Catherine Audard : *Qu'est-ce que le libéralisme ? (Éthique, politique, société).*

525 Frédéric Nef : *Traité d'ontologie pour les non-philosophes (et les philosophes).*

526 Sigmund Freud : *Sur la psychanalyse (Cinq conférences).*

527 Sigmund Freud : *Totem et tabou (Quelques concordances entre la vie psychique des sauvages et celle des névrosés).*

528 Sigmund Freud : *Conférences d'introduction à la psychanalyse.*

529 Sigmund Freud : *Sur l'histoire du mouvement psychanalytique.*

530 Sigmund Freud : *La psychopathologie de la vie quotidienne (Sur l'oubli, le lapsus, le geste manqué, la superstition et l'erreur).*

531 Jared Diamond : *Pourquoi l'amour est un plaisir (L'évolution de la sexualité humaine).*

532 Marcelin Pleynet : *Cézanne.*

533 John Dewey : *Le public et ses problèmes.*

534 John Dewey : *L'art comme expérience.*

535 Jean-Pierre Cometti : *Qu'est-ce que le pragmatisme ?*

536 Alexandra Laignel-Lavastine : *Esprits d'Europe (Autour de Czeslaw Milosz, Jan Patočka, István Bibó. Essai sur les intellectuels d'Europe centrale au XXᵉ siècle).*

537 Jean-Jacques Rousseau : *Profession de foi du vicaire savoyard.*
538 Régis Debray : *Le moment fraternité.*
539 Claude Romano : *Au cœur de la raison, la phénoménologie.*
540 Marc Dachy : *Dada & les dadaïsmes (Rapport sur l'anéantissement de l'ancienne beauté).*
541 Jean-Pierre Luminet : *Le Destin de l'Univers (Trous noirs et énergie sombre) I.*
542 Jean-Pierre Luminet : *Le Destin de l'Univers (Trous noirs et énergie sombre) II.*
543 Sous la direction de Jean Birnbaum : *Qui sont les animaux ?*
544 Yves Michaud : *Qu'est-ce que le mérite ?*
545 Luc Boltanski : *L'Amour et la Justice comme compétences (Trois essais de sociologie de l'action).*
546 Jared Diamond : *Le troisième chimpanzé (Essai sur l'évolution et l'avenir de l'animal humain).*
547 Christian Jambet : *Qu'est-ce que la philosophie islamique ?*
548 Lie-tseu : *Le Vrai Classique du vide parfait.*
549 Hans-Johann Glock : *Qu'est-ce que la philosophie analytique ?*
550 Hélène Maurel-Indart : *Du plagiat.*
551 Collectif : *Textes sacrés d'Afrique noire.*
552 Mahmoud Hussein : *Penser le Coran.*
553 Hervé Clerc : *Les choses comme elles sont (Une initiation au bouddhisme ordinaire).*
554 Étienne Bimbenet : *L'animal que je ne suis plus.*
555 Sous la direction de Jean Birnbaum : *Pourquoi rire ?*
556 Tchouang-tseu : *Œuvre complète.*
557 Jean Clottes : *Pourquoi l'art préhistorique ?*
558 Luc Lang : *Délit de fiction (La littérature, pourquoi ?).*
559 Daniel C. Dennett : *De beaux rêves (Obstacles philosophiques à une science de la conscience).*
560 Stephen Jay Gould : *L'équilibre ponctué.*
561 Christian Laval : *L'ambition sociologique (Saint-Simon, Comte, Tocqueville, Marx, Durkheim, Weber).*
562 Dany-Robert Dufour : *Le Divin Marché (La révolution culturelle libérale).*

563 Dany-Robert Dufour : *La Cité perverse (Libéralisme et pornographie).*
564 Sander Bais : *Une relativité bien particulière...* précédé de *Les équations fondamentales de la physique (Histoire et signification).*
565 Helen Epstein : *Le traumatisme en héritage (Conversations avec des fils et filles de survivants de la Shoah).*
566 Belinda Cannone : *L'écriture du désir.*
567 Denis Lacorne : *De la religion en Amérique (Essai d'histoire politique).*
568 Sous la direction de Jean Birnbaum : *Où est passé le temps ?*
569 Simon Leys : *Protée et autres essais.*
570 Robert Darnton : *Apologie du livre (Demain, aujourd'hui, hier).*
571 Kora Andrieu : *La justice transitionnelle (De l'Afrique du Sud au Rwanda).*
572 Leonard Susskind : *Trous noirs (La guerre des savants).*
573 Mona Ozouf : *La cause des livres.*
574 Antoine Arjakovsky : *Qu'est-ce que l'orthodoxie ?*
575 Martin Bojowald : *L'univers en rebond (Avant le big-bang).*
576 Axel Honneth : *La lutte pour la reconnaissance.*
577 Marcel Gauchet : *La révolution moderne (L'avènement de la démocratie I).*
578 Ruwen Ogien : *L'État nous rend-il meilleurs ? (Essai sur la liberté politique).*
579 Gilles Cohen-Tannoudji et Michel Spiro : *Le boson et le chapeau mexicain (Un nouveau grand récit de l'univers).*
580 Thomas Laqueur : *La Fabrique du sexe (Essai sur le corps et le genre en Occident).*
581 Hannah Arendt : *De la révolution.*
582 Albert Camus : *À « Combat » (Éditoriaux et articles 1944-1947).*
583 Sous la direction de Jean Birnbaum : *Amour toujours ?*
584 Jacques André : *L'Imprévu (En séance).*
585 John Dewey : *Reconstruction en philosophie.*
586 Michael Hardt et Antonio Negri : *Commonwealth.*

587 Christian Morel : *Les décisions absurdes II (Comment les éviter).*
588 André Malraux : *L'Homme précaire et la Littérature.*
589 François Noudelmann : *Le toucher des philosophes (Sartre, Nietzsche et Barthes au piano).*
590 Marcel Gauchet : *La crise du libéralisme. 1880-1914 (L'avènement de la démocratie II).*
591 Dorian Astor : *Nietzsche (La détresse du présent).*
592 Erwin Panofsky : *L'œuvre d'art et ses significations (Essais sur les « arts visuels »).*
593 Annie Lebrun : *Soudain un bloc d'abîme, Sade.*
594 Trinh Xuan Thuan : *Désir d'infini (Des chiffres, des univers et des hommes).*
595 Sous la direction de Jean Birnbaum : *Repousser les frontières ?*
596 Vincent Descombes : *Le parler de soi.*
597 Thomas Pavel : *La pensée du roman.*
598 Claude Calame : *Qu'est-ce-que c'est que la mythologie grecque ?*
599 Jared Diamond : *Le monde jusqu'à hier.*
600 Lucrèce : *La nature des choses.*
601 Gilles Lipovetsky, Elyette Roux : *Le luxe éternel.*
602 François Jullien : *Philosophie du vivre.*
603 Martin Buber : *Gog et Magog.*
604 Michel Ciment : *Les conquérants d'un nouveau monde.*
605 Jean Clair : *Considérations sur l'État des Beaux-Arts.*
606 Robert Michels : *Sociologie du parti dans la démocratie moderne.*
607 Philippe Descola : *Par-delà nature et culture.*
608 Marcus du Sautoy : *Le mystère des nombres (Odyssée mathématique à travers notre quotidien).*
609 Jacques Commaille : *À quoi nous sert le droit ?*
610 Giovanni Lista : *Qu'est-ce que le futurisme ? suivi de Dictionnaire des futuristes.*
611 Collectif : *Qui tient promesse ?*
612 Dany-Robert Dufour : *L'individu qui vient (... après le libéralisme).*
613 Jean-Pierre Cometti : *La démocratie radicale (Lire John Dewey).*

614 Collectif : *Des psychanalystes en séance (Glossaire clinique de psychanalyse contemporaine).*
615 Pierre Boulez (avec Michel Archimbaud) : *Entretiens.*
616 Stefan Zweig : *Le Monde d'hier.*
617 Luc Foisneau : *Hobbes (La vie inquiète).*
618 Antoine Compagnon : *Les Antimodernes (De Joseph de Maistre à Roland Barthes).*
619 Gilles Lipovetsky, Jean Serroy : *L'esthétisation du monde (Vivre à l'âge du capitalisme artiste).*
620 Collectif : *Les origines du vivant (Une équation à plusieurs inconnues). Par l'Académie des sciences.*
621 Collectif : *Où est le pouvoir ? Édition publiée sous la direction de Jean Birnbaum.*
622 Jean-Pierre Martin : *La honte (Réflexions sur la littérature).*
623 Marcel Gauchet : *L'avènement de la démocratie III (À l'épreuve des totalitarismes (1914-1974).*
624 Moustapha Safouan : *La psychanalyse (Science, thérapie et cause).*
625 Alain Roger : *Court traité du paysage.*
626 Olivier Bomsel : *La nouvelle économie politique (Une idéologie du XXIe siècle).*
627 Michael Fried : *La place du spectateur (Esthétique et origines de la peinture moderne).*
628 François Jullien : *L'invention de l'idéal et le destin de l'Europe.*
629 Danilo Martuccelli : *La condition sociale moderne (L'avenir d'une inquiétude).*
630 Ioana Vultur : *Comprendre (L'herméneutique et les sciences humaines).*
631 Arthur Schopenhauer : *Lettres, tome I.*
632 Arthur Schopenhauer : *Lettres, tome II.*
633 Collectif : *Hériter, et après ? Édition publiée sous la direction de Jean Birnbaum.*
634 Jan-Werner Müller : *Qu'est-ce que le populisme ? (Définir enfin la menace).*
635 Wolfgang Streeck : *Du temps acheté (La crise sans cesse ajournée du capitalisme démocratique).*

Composition IGS.
Impression Maury Imprimeur
45330 Malesherbes
le 2 octobre 2018.
Dépôt légal : octobre 2018.
1er dépôt légal dans la collection : mars 2004.
Numéro d'imprimeur : 230875.

ISBN 978-2-07-032964-9. / Imprimé en France.

344291